Wie sich die Welt seit der letzten Eiszeit verändert hat

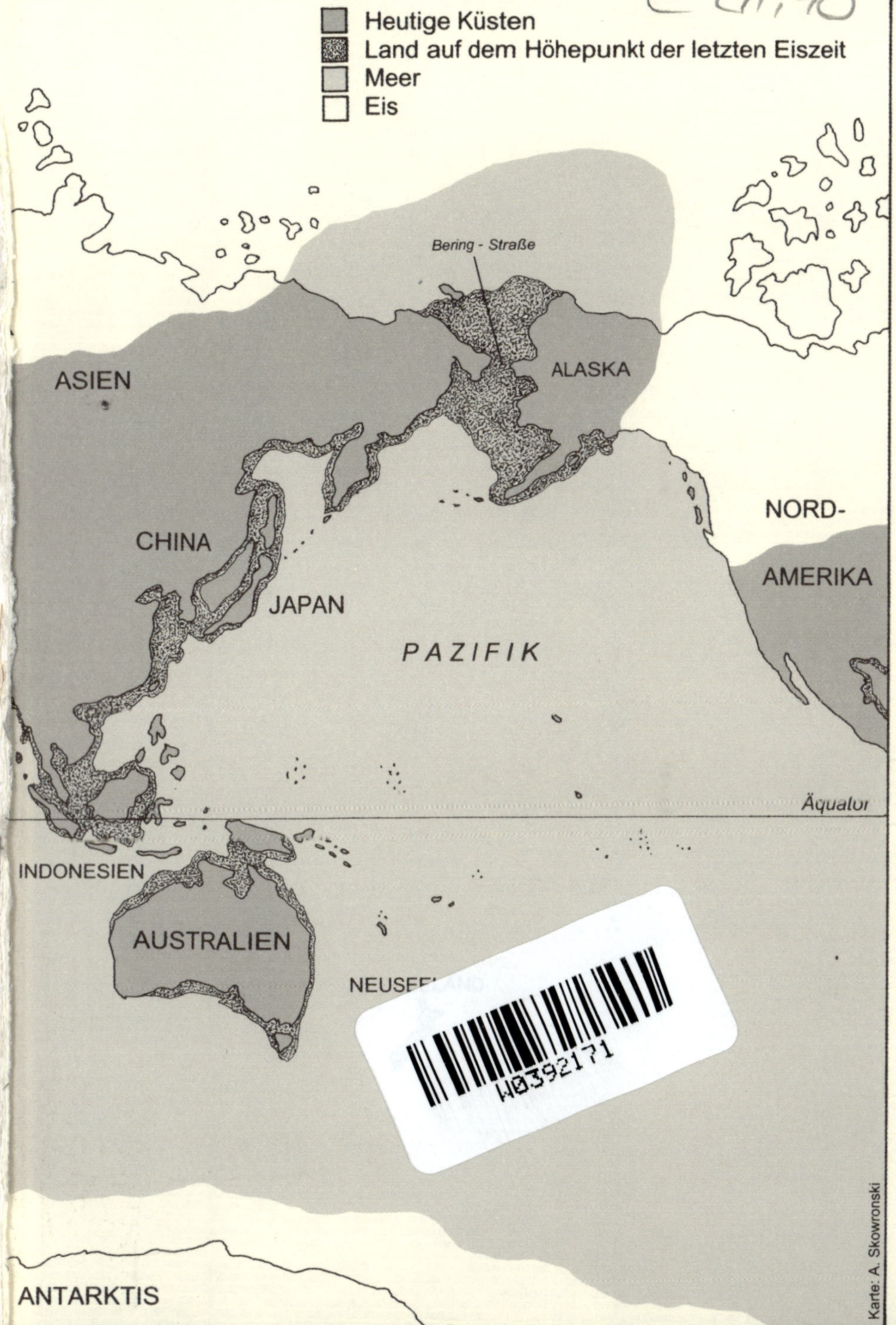

Karte: A. Skowronski

Wolfgang Ebert · Graham Hancock ·
Michael Tauchert

Jäger verlorener Schätze

Gold, Geisterstädte und schreiende Mumien

Hoffmann und Campe

1. Auflage 2002

www.hoffmann-und-campe.de
Schutzumschlaggestaltung: Büro Hamburg/Mirja Winkelmann
Foto: Patricia East
Satz und Repro: LVD GmbH, Berlin
Druck und Bindung: GGP Media, Pößneck
Printed in Germany
ISBN 3-455-09356-6

HOFFMANN
UND CAMPE

Ein Unternehmen der
GANSKE VERLAGSGRUPPE

INHALT

Wolfgang Ebert

GOLD, GEISTERSTÄDTE UND SCHREIENDE MUMIEN

Schätze liegen in der Vorstellung der Menschen, versteckt im Urwald, vergraben im Wüstensand oder versunken in den Tiefen des Meeres. Schätze haben mit romantischen Träumen zu tun, mit Magie, Mythos und Macht, mit Triumph und Niederlage, aber manchmal auch mit Hybris, revolutionären Theorien und bahnbrechenden Visionen.

Dieses Buch erzählt von tödlichem Goldfieber, provokantem Entdeckergeist und spektakulären Tauchfahrten in die Vergangenheit. Es berichtet von Schatzjägern, die im glühend heißen Herzen Australiens dem Mammon verfallen, in Südamerika geheimnisvolle Städte aufspüren und vor den Küsten Europas und Asiens sagenhafte Königreiche der Eiszeit orten. Alle diese Männer verbindet ihre Besessenheit, aber nur einer tanzt um das Goldene Kalb, während die anderen Geheimnissen der menschlichen Zivilisation auf der Spur sind, ob diese nun 1000 oder gar 14 000 Jahre zurückliegen. Alle drei sind auf ihre Art Glücksritter und Beutejäger.

Der griechische Dichter Pindar hat Gold »ein Kind des Zeus« genannt und seine Zwiespältigkeit enthüllt. Rost könne diesem glänzenden Metall nichts anhaben, schreibt er, »der menschliche Geist jedoch wird durch Gold verdorben«. Dass diese Erkenntnis offenbar Ewigkeitswert hat, zeigt die Geschichte von *Harold*

Lasseter, der im Outback Australiens eine riesige Goldader entdeckt hat, mit »Nuggets so groß wie Pflaumen in einem Plumpudding«. 1930, mitten in der düsteren Zeit der Weltwirtschaftskrise, elektrisiert die sensationelle Nachricht vom unerschöpflichen Füllhorn eine ganze Nation. Die Regierung plant, das marode Land mit Hilfe dieses Schatzes aus dem Tief zu holen. Tausende Arbeitslose schöpfen Hoffnung auf ein besseres Leben, und im Armenhaus Europa sehen Heere armer Schlucker am anderen Ende der Welt plötzlich das Land der Zukunft. Wen schert es bei all der überspannten Euphorie, dass Lasseter nicht mehr weiß, wo genau sein Schatz liegt? Tatsächlich hat er die Position seines Sesam-öffne-dich falsch gemessen, weil seine Uhr defekt war. Mit dem Erlös hastig verkaufter Aktienanteile rüsten Gewerkschaftsführer Lasseters Expedition aus, mieten Lastwagen, kleine Flugzeuge und Kamele, um die Mine so schnell wie möglich zu finden. Harold Lasseter begegnet Ureinwohnern Australiens, die noch nie einen weißen Menschen gesehen haben, und wird unfreiwillig Zeuge ihres harten Nomadendaseins in einer der lebensfeindlichsten Wüsten der Welt. Mit dem Goldsucher tauchen wir in eine steinzeitliche Aboriginal-Welt voller Traumzeitwesen ein, die Teil einer der faszinierendsten Schöpfungsgeschichten der Mythenwelt sind.

Erschütternd die klagenden Briefe des tragisch Gestrandeten an seine geliebte Frau Rene: »Ich habe eine Patrone zurückbehalten, aber ich will bis zum bitteren Ende kämpfen. Ich habe Dich immer geliebt. Bitte, kümmere Dich um die Kinder und lasse Bob Ingenieur werden.«

Bob nimmt einen besonders anrührenden Platz in dieser bewegenden Geschichte ein. Unermüdlich sind die Anstrengungen von Lasseters inzwischen 78-jährigem Sohn, der seit drei Dekaden immer wieder den australischen Busch durchstreift, weil er das Rätsel um den verschwundenen Goldberg lösen und den lädierten Ruf seines Vaters rein waschen will. »Für mich geht es um die Familienehre«, resümiert er.

Die Dramen voller Widersprüche, die dieses abenteuerliche Unternehmen begleiten, die Rätsel, die es nach dem Scheitern des Abenteuers und Lasseters Tod zu lösen gilt, sind Thema einer der bekanntesten Folklore-Geschichten der Aussies, wie die Australier im Volksmund heißen. Lasseters Millionentraum ist *down under* zum Mythos geworden. Uns bewegt die spannende Frage: Gibt es Lasseters Goldberg wirklich, oder hat der Träumer nach seinem Tod Tausende Schatzsucher wegen einer größenwahnsinnigen Lüge mit Goldfieber infiziert?

Man nennt ihn den echten Indiana Jones, weil er Stephen Spielberg zu seiner berühmten Abenteuerfigur anregte: *Gene Savoy*. Niemand hat so viele verschollene Städte aufgespürt wie der amerikanische Entdecker-Archäologe. Ein halbes Dutzend Expeditionen lenkte er schon auf Inka-Routen über steile Andenpässe in die Dschungelwelt Perus und fand von der Wildnis verschluckte Metropolen, wie das legendäre Vilcabamba, die letzte Zufluchtsstätte der Inka, und die mächtigen steinernen Bollwerke der sagenhaften Wolkenmenschen, der Chachapoya. Ausufernde Steinstrukturen verteilen sich in den größten Stadtanlagen Südamerikas über riesige Urwaldflächen. In Höhlen an den Steilhängen der Anden wachen mannshohe Lehmfiguren vor Felsmausoleen, in denen die geschrumpften Überreste der Fürsten eines mächtigen, angeblich weißhäutigen Volkes ruhen. Kurz vor Ankunft der Spanier soll es von den Inka besiegt worden sein. Hier stieß der Visionär auch immer wieder auf Steinplatten mit Bildern von Booten, die Zeichnungen von König Salomos Schiffen gleichen. Sie seien zum sagenhaften Goldland Ophir gefahren, berichtet die Bibel. Gene Savoy leitet aus der erstaunlichen Ähnlichkeit dieser Darstellungen die Annahme ab, dass die Zivilisationen der Alten und der Neuen Welt schon in frühgeschichtlicher Zeit miteinander in Verbindung standen.

Im Sommer 2001 schloss sich ein Filmteam des ZDF diesem Jäger verlorener Schätze an, als er auf einer groß angelegten Expedition in die Amazonas-Gebiete Perus Beweise für seine Theorie über die Herkunft der weißen Indianer finden wollte. Amerikanische Bergsteiger und peruanische Archäologen halfen ihm dabei, schreiende Mumien zu bergen; 60 Macheteros schlugen im Dickicht des 3000 Meter hoch gelegenen Anden-Dschungels immer neue Ruinen frei. Mit zurückgebracht haben wir unvergessliche Eindrücke, ungewöhnliches Filmmaterial und das Porträt eines besessenen Abenteurers, der abseits ausgetretener historischer Pfade auf umstrittene Weise uralte Rätsel zu lösen hofft.

Auch *Graham Hancock* ist ein Indiana-Jones-Typ, der gegen festgefügte Vorstellungen akademischer Zirkel aufmuckt. Er denkt das scheinbar Undenkbare. Hancock behauptet, dass die Zivilisation nicht in Mesopotamien entstanden sei, sondern vor mehr als 10 000 Jahren in großen Städten begann, die eine Katastrophe ungeheuren Ausmaßes zerstörte. Haben Archäologen die Stunde Null alter Hochkulturen verschlafen? Ging Atlantis im Schmelzwasser der Eiszeit unter, als der Meeresspiegel über 100 Meter stieg und Landmassen von der Größe Südamerikas und der Vereinigten Staaten überspült wurden?

In seinem Beitrag »Königreiche der Eiszeit« erweckt Hancock eine vergessene Periode unserer Geschichte zum Leben und präsentiert völlig neue, unorthodoxe Thesen zur Endperiode der Eiszeit: Als die riesige Packeiskappe vor Jahrtausenden schmolz und der Meeresspiegel stieg, wandelte sich die bewohnte Welt radikal. Mit Hilfe neuester Computerberechnungen hat Hancock die Veränderungen eiszeitlicher Küstenregionen rekonstruiert und die Ereignisse mit uralten Sintflut-Mythen sowie den Orten ihrer Entstehung verglichen. Und er ist fündig geworden. Im Mittelmeer und vor den Küsten Indiens und Japans entdeckte er im Wasser versunkene Städte. Wie Geisterorte liegen die weitläufigen Ruinenfelder in der Tiefe. Vor Malta stieß Hancock auf scharf eingegrabene Wagenspuren, bei Gujerat im Nordwesten Indiens und nördlich von Sri Lanka auf Stadtanlagen, die in grauer Vorzeit von einer gewaltigen Sturzflut umgerissen wurden. Am eindrucksvollsten erscheinen uns heutigen Betrachtern jedoch zyklopenartige Burgareale aus exakt behauenen Felsquadern vor Japans Küsten. Kontroverse Argumentationen zwischen nüchternen Wissenschaftlern und dem provozierend selbstbewussten Visionär konnten nicht ausbleiben. Während er seine Entdeckungen als Revolution unseres Geschichtsunterrichts feiert, sehen andere darin nur phantastische Naturformen. Faszinierend sind die Ergebnisse von Hancocks Tauchgängen allemal.

Wolfgang Ebert

LASSETERS MILLIONENTRAUM

> »Was sind die Millionen eines Goldbergs schon wert? Ich würde sie alle für einen Laib Brot hergeben.«
>
> *Harold Bell Lasseter*

Das Drama um Harry Bell Lasseter beginnt im März 1930 in Sydney, als der Streik der Schafscherer gerade seinen Höhepunkt erreicht. Ein kleiner, kräftig gebauter Mann mit O-Beinen, breitem, pausbäckigem Gesicht und Boxernase betritt das Büro von John Bailey und erzählt dem verdutzten Gewerkschaftsboss in knappen Worten schier Unglaubliches: von einem sagenhaften Goldfund im wüsten Zentrum des Kontinents, das die Australier kurz »Centralia« nennen, von einer Felsformation, die so mit Goldklumpen gespickt sei wie ein englischer Plumpudding mit Pflaumen. »Natürlich lachten wir alle amüsiert auf Kosten des komischen Kauzes«, berichtet der Reporter Errol Coote, der Zeuge des überraschenden Auftritts ist. Kein Wunder, schließlich hat mitten in der Wirtschaftskrise schon so mancher Gauner auf die unverschämt einfallsreiche Lügentour versucht, Leichtgläubige aufs Kreuz zu legen.

Aber den unangemeldeten Gast kann der Spott nicht beirren. Lasseter erklärt, dass er arbeitslos sei und auf Regierungshilfe hoffe, um sein Dorado wiederzufinden. »Kurz vor der Jahrhundertwende, ich war gerade 17, heuerte ich auf einem Küstendampfer an und schipperte die Ostküste von Queensland nach Norden hoch«, erzählt er mit knappen Worten. »Als ich in Cairns von reichen Rubinfunden in Centralia hörte, besorgte ich mir ein paar Pferde und Verpflegung und zog meinem vermeintlichen Glück entgegen.« Als Lasseter schließlich nach elend harten Wochen die 1700 Kilometer durch das Outback bis zu den Macdonnell Ranges hinter sich gebracht hat, stellt sich heraus, dass die angeblichen Rubine nichts als wertloser, rötlich schimmernder Quarzkristall sind. Enttäuscht entschließt sich der junge Bursche, weiter nach Westen bis zur Küste zu reiten, immer der Kompassnadel nach, eine Strecke von abermals 2000 Kilometern. Bald hat er die schluchtenreiche Kette der Macdonnell-Berge hinter sich gelassen, die sich im Zentrum des Kontinents von Ost nach West erstrecken. In einer trostlosen Gegend voller Sandhügel, am Rand der endlos roten Gibson-Wüste, fallen Lasseter seltsam gefärbte Steine auf, die in einer geraden Linie aus dem Sand ragen. »Wie ein Riff aus dem Wasser. Ich zerschlug ein paar Brocken und entdeckte zu meinem Erstaunen feine Goldsplitter. Aufgeregt folgte ich der Formation, die in Abständen im Sand verschwand und wieder auftauchte, etwa eine Meile lang und von Nordwest nach Südwest laufend. Ich schlug ein paar Gesteinsproben ab und verstaute sie in einem leeren Mehlsack. Ich war plötzlich reich, unermesslich reich, und wollte so schnell wie möglich zur Küste, um meinen Claim anzumelden, aber dann ging mir das Wasser aus, und die Pferde verreckten.«

Durch Zufall findet ein Kamelführer den halb Verdursteten, der im Delirium von Gold faselt, und bringt ihn ins Camp eines Landvermessungstrupps. Ein Mann namens Harding untersucht die Gesteinsproben, die Lasseter noch immer krampfhaft an sich presst. »Harding war begeistert, die beste Ausbeute, die er je gesehen hatte. Er redete auf mich ein, sofort mit ihm zum Riff zurückzukehren, aber ich hatte Albträume bei dem Gedanken, mich noch einmal in den wüsten Glutofen zu wagen.« Drei Jahre arbeitet Lasseter in Coolgardie in den Goldminen, dann lässt er sich endlich darauf ein, mit Harding zum Riff zurückzukehren. Von der Hafenstadt Carnarvon aus reisen sie auf Kamelen direkt nach Osten, bis Lasseter die einschlägigen Landmarken wieder erkennt und schließlich den Goldhort findet. Die Glücksjäger untersuchen den Felsaustritt, nehmen Proben, bestimmen die Position mit Hilfe eines Sextanten und kehren voller Hoffnung zur Zivilisation zurück. Hier erst merken die Schatzjäger, dass ihre Uhren eine Stunde und 15 Minuten nachgehen, ihre Positionsbestimmung also falsch sein muss. Mit einem Sextanten misst man zu einem bestimmten Zeitpunkt den Winkel zwischen Sonnenstand und Horizont. Der Unterschied zwischen dem errechneten Winkel und dem bekannten Winkel des Sonnenstandes über dem Äquator legt den Breitengrad fest. Der Längengrad ergibt sich aus dem Zeitunterschied zwischen dem Messpunkt und dem Null-Meridian bei Greenwich in England.

So überzeugend nüchtern beschreibt er die Lage des Riffs und die Möglichkeit, dem maroden Land mit Hilfe des Schatzes neuen Schwung zu geben, dass der Gewerkschaftsboss Feuer fängt. »Ein paar Millionen Pfund kämen bei dem Wirtschaftsschlamassel gerade recht«, soll er nachdenklich gesagt haben. Und so beginnt die unendliche Geschichte vom sagenhaften Goldriff.

Aber vorher lässt Bailey den unsicheren Kandidaten vom Geologen George Sutherland und dem erfahrenen Buschmann Fred Blakeley in die Mangel nehmen. Fred kennt das Outback, das wüstenartige Innere des Kontinents, wie kein Zweiter.

»Wie sah der Stein mit den Goldproben aus?«

»Er hatte eine milchig grüne Farbe.«

»Beschreibe die Felsformation.«

»Sie ist etwa zehn Meilen lang, ein Meter zwanzig bis dreieinhalb Meter breit und ragt bis 120 Zentimeter aus dem Mulgagras.«

»Weshalb versuchst du erst nach 30 Jahren an das Gold zu kommen?«

»Um 1900 boomte die Wirtschaft, und die Goldminen von Kalgoorlie schienen unerschöpflich. Da interessierte sich keiner für ein Riff, das irgendwo im unzugänglichen Inneren des Kontinents drei Unzen Gold pro Tonne Gestein abwerfen soll. Als der

Boom jedoch immer mehr abebbte, schickte die Regierung ein paar Expeditionen los, aber die hatten Ärger mit den Eingeborenen. Einige Männer wurden sogar mit Speeren getötet.«

»Du hast gesagt, dass die Uhren bei der Standortbestimmung eine Stunde nachgingen. Da die Erde in 24 Stunden eine volle Umdrehung macht, heißt das, dass die von euch errechnete Position ein 24stel des Erdumfangs von eurem Messpunkt entfernt war. Das wiederum würde bedeuten, dass der gemessene Längengrad irgendwo im Indischen Ozean liegen muss.«

»So gesehen würde das stimmen, aber bei unserer Abreise stimmten die Uhren noch und gingen dann während der Expedition allmählich nach. Ich kann die Stelle nur finden, indem ich mich an prominenten Landmarken orientiere. Sie haben mich einmal hingeführt und werden es auch wieder tun. Auf jeden Fall liegt das Riff an der Grenze zwischen Centralia und West-Australien. Etwa 300 Meilen westlich von Alice Springs.«

»Woher konnte ein junger Typ wie du damals Gold von Katzengold unterscheiden?«

»Mein Vater war Prospektor, bei dem bin ich in die Lehre gegangen.«

»Was hast du in den letzten drei Jahrzehnten gemacht?«

»Nachdem Harding gestorben war, fuhr ich wieder zur See, ging dann nach Amerika, kam 1909 zurück, meldete mich bei Kriegsausbruch zur Armee und arbeitete nach meiner Entlassung im Farmgeschäft und beim Bau.«

Und so geht es weiter, so lange, bis die skeptische Runde von Lasseters selbstsicherer Vorstellung überzeugt ist. Fast jeder zeigt inzwischen Symptome von Goldfieber. Schnell wird entschieden, ein Syndikat zu gründen und eine Suchexpedition auszurüsten. Wie ein Lauffeuer spricht sich die Chance, über Nacht reich zu werden, in Sydney herum. Im Nu ist der Gewerkschaftssaal überfüllt – nicht nur mit Arbeitern.

»Australien ist Teil des großen Britischen Imperiums und hat somit die Verpflichtung, alles nur Erdenkliche zu tun, das niederschmetternde Wirtschaftsdesaster überwinden zu helfen«, ruft der vierschrötige Bailey der Menge beschwörend entgegen, bevor der unscheinbare Star des Abends seine Gold-Geschichte zum dritten Mal erzählt. Kein Laut ist in dem rauchverhangenen Raum zu hören, bis Lasseter, der endlich seine große Stunde gekommen sieht, seine Vorstellung beendet hat und werbewirksam Goldproben herumreicht. Dann macht sich die aufgestaute Spannung Luft. Alle springen auf, alles redet durcheinander, und immer wieder wird die Frage gestellt: »Was ist für mich drin? Wie viel kann man aus der Mine herausholen?«

Atemlos hängen die Männer an George Sutherlands Lippen, der kalkulierend vor sich hin murmelt. »Bei einer Länge des Riffs von zehn Meilen, einer durchschnittlichen Breite von 360 Zentimetern, etwa drei Unzen pro Tonne bis zu einer Tiefe von 36 Metern und einem Preis pro Unze Gold von 4,17 Pfund, macht das 66 Millionen Pfund.« Da ist keiner, dem nicht der Mund offen stehen bleibt. Immerhin elektrisiert die Männer so eine phantastische Summe, die nach heutigem Wert einer Milliarde Euro entspräche. Machen wir uns nichts vor, derartige Zahlen vernebeln auch den Verstand der nüchternsten Beobachter. Wer will den Hoffnungsträger da wirklich in die Zange nehmen und so möglicherweise die Gefahr heraufbeschwören, hochfliegende Träume vom großen Glück wie eine Seifenblase platzen zu lassen? Ein paar skeptischen Zuhörern sind so manche Ungereimtheiten aufgefallen, aber die werden mit der wohlfeilen Entschuldigung verdrängt, dass man sich nach 30 Jahren schließlich nicht an alle Details erinnern könne. Jeder im Raum sieht sich schon gierig Gold scheffeln. Über Nacht wird die »Central Australian Gold Exploration Company Limited«, kurz C. A. G. E., gegründet. Männer mit schwieligen Händen kratzen hoffnungsvoll ihr letztes Geld zusammen und zeichnen Anteile im Wert von 5000 Pfund. Eine enorme Summe inmitten von so viel Arbeitslosigkeit und Not.

Und dann rotieren die Zeitungspressen. Mitten in der düsteren Zeit der Weltwirtschaftskrise elektrisiert die sensationelle

Nachricht vom angeblich unerschöpflichen Füllhorn im Outback eine ganze Nation. Die Regierung plant, das marode Land mit Hilfe des Schatzes aus dem Tief zu holen. Tausende Arbeitslose schöpfen Hoffnung auf eine bessere Zukunft, und im Armenhaus Europa sehen Heere armer Schlucker den Kontinent am anderen Ende der Welt plötzlich als Land der Zukunft. Jeder weiß doch, dass Gold schon immer das Rückgrat der aufstrebenden Nation war. Auf so einen Schatz hat Australien gewartet. So ein Fund wäre wieder einmal Garant für einen neuen Wirtschaftsboom. Lasseters Zeit ist endlich gekommen – nach 30 Jahren.

Im Herzen Australiens

Im Jahr 2001 treffe ich Bob Lasseter. »Nachdem mein Vater schon 60 Jahre tot war, habe ich noch ein Dutzend Anrufe pro Woche bekommen, von Leuten, die nach dem Riff suchten.« Der alte Mann, der das mit leuchtenden blauen Augen sagt, ist der Sohn des Goldsuchers Harold Bell Lasseter, der vor 70 Jahren im Outback verschollen ist. Damals war Bob erst sechs Jahre alt. Wir – ein deutsches Filmteam, Bob Lasseter, sein Sohn Robert und Enkel Ben – fliegen über die Unendlichkeit der australischen Wüste von Sydney nach Alice Springs, der Hauptstadt des Outback im Zentrum des Kontinents, um uns auf die Suche nach dem Mythos Lasseter zu machen und der Route seiner berühmten Expedition zu folgen.

Der schmächtige Bob sieht mit seinen weißen Haaren, dem schmalen Backenbart, der sich wie ein weißer Kranz ums Kinn zieht, und dem breitkrempigen Hut wie ein Quäker aus. Auch Robert scheint aus einer anderen Zeit zu stammen. Mit dem grauen Rauschebart wäre er eine ideale Besetzung für Bibelfilme. Nur der 21-jährige Ben passt mit seinem jungenhaft glatten Gesicht in die heutige Zeit. Drei Generationen auf der Suche nach der Familienehre.

»Ich habe 1966 mit der Suche nach dem Riff begonnen, vor 35 Jahren«, erzählt Bob, »und war seitdem an die achtmal in Centralia. Davon waren zehn gut ausgerüstete Expeditionen. Es gibt nicht viele Familien, die ein Rätsel geerbt haben. Aber die Verpflichtung, es zu lösen, hält die Familie zusammen. Ich will beweisen, dass mein Vater das Goldriff tatsächlich gefunden hat, um den Namen der Familie rein zu waschen. Ich kann es nicht ertragen, dass mein Vater Zeit meines Lebens von vielen Menschen als Lügner verunglimpft wurde, der eine ganze Nation an der Nase herumgeführt haben soll.« Und dann fügt Bob nach langem Zögern hinzu: »Als ich 40 wurde, war ich sicher, das Riff innerhalb von zehn Jahren zu finden. Das ist 37 Jahre her, und ich habe es noch immer nicht gefunden.« Was für eine Treue gegenüber dem Vater, den er kaum gekannt hat! Welche Hingabe an eine Aufgabe, die unlösbar scheint! »Ja, es ist wohl eine Art Obsession. Ich habe großes Glück, so ein Ziel zu haben. Den meisten Menschen wird so eine Herausforderung nicht gestellt. Es ist nicht entscheidend, dass ich das Riff finde, sondern dass es überhaupt entdeckt wird. Es wäre wunderbar, wenn es zu meinen Lebzeiten geschehen würde.«

Während ich auf die menschenleere, gelbgraue Wüstenlandschaft blicke, lässt mich der Gedanke, in dieser toten Welt ausgesetzt zu sein, schaudern. Man muss das »tote Zentrum Australiens« aus der Luft gesehen haben, um den Ausdruck zu begreifen. Lake Eyre, der größte Salzsee der Welt, zieht vorbei. Statistisch gesehen fällt im trockensten und kahlsten Gebiet Australiens nur alle acht Jahre so viel Regen, dass sich das Becken mit Wasser füllt. Dann kommen Heerscharen von Pelikanen und anderer Wasservögel, um hier zu brüten. Der See war einst Teil eines Inlandmeers, an dessen Küsten Wälder wuchsen, in denen Riesen-Kängurus lebten, und im Wasser tummelten sich Krokodile so groß wie die Drachen alter Sagen. Fossilienfunde zeugen davon. Als das Meer austrocknete, entstand ein riesiger Salzsee, der 13 Meter unterhalb des Meeresspiegels liegt.

Das »rote Herz Australiens« ist einer der Hauptakteure des Golddramas. Robert Lasseter unterrichtet uns, wie es entstanden ist. Die Felsen in Centralia künden von der Geburt der Welt, sie gehören zu den ältesten Formationen der Erde und entstanden aus geschmolzener Lava, die 15 Kilometer tief unter der Erdkruste langsam abkühlte. Viel später, nachdem zwei Bergplateaus aus der Tiefe gewachsen und wieder zerfallen waren, versank Centralia unter einem großen Inlandmeer. Vor einer Milliarde Jahren sah das Zentrum wie eine gigantische Schüssel aus, die Geologen Amadeus-Becken nennen. In dieses über zehn Kilometer tiefe Loch wurden durch das Kommen und Vergehen von Meeren und urzeitlichen Flüssen Sedimente aufgeschichtet, die so lange erhitzt, zusammengepresst und gebacken wurden, bis daraus Quarzfels wurde. Vor 300 Millionen Jahren, als nur Amphibien und Reptilien die Erde bewohnten, begann die Erde zu rumoren und sich aufzuwölben, bis der flach liegende Fels des Amadeus-Beckens an einer Seite bis zu 5000 Meter nach oben kippte. Jahrmillionen nagten Wind und Wetter an der Hochfläche – so lange, bis nur noch ein paar Wurzeln des gigantischen Felsbuckels übrig blieben, wie der berühmte Ayers Rock und die Macdonnell Ranges, an deren Fuß Alice Springs liegt. Der Rest zerbröselte zu Sand, der die Wüsten Australiens bildete. Der Wind blies die Sedimente zu endlosen Dünenketten, die wir kurz vor der Landung sehen.

Ein schnurgerader, schwarzer Streifen hebt sich zehn Kilometer unter der Boeing vom weißgelben Sand der Wüste ab. Der Stuart Highway erinnert an eine der berühmtesten Expeditionen in der Geschichte Australiens, die hier vor 140 Jahren stattfand. John MacDouall Stuart gelang es 1862 nach einer unglaublichen Höllenfahrt als Erstem, den Kontinent von der Süd- bis zur Nordküste zu durchqueren. Der Entdecker hatte die Strecke gewählt, weil er dort immer wieder zuverlässig auf Quellen stieß. Entlang der Strecke kleiner Oasen wurden später die Telegrafen- und Bahnlinien gebaut. Es gab genügend Wasser für die Dampflokomotiven. Es stammt aus dem großen artesischen Becken, einem gigantischen unterirdischen Wasserspeicher, der sich in den Schichten unter dem Lake Eyre und den angrenzenden Wüsten verbirgt. Er wird von Regenfällen an den Berghängen der Great Dividing Range gespeist, einem Gebirgszug, der parallel zur Ostküste des Kontinents verläuft. Jeder Tropfen braucht zweieinhalb Millionen Jahre, um den 1400 Kilometer langen Weg vom Küstengebirge bis zu den Quellen am Oodnadatta-Track zurückzulegen.

Allmählich schieben sich die Macdonnell Ranges ins Bild, die Centralia in eine Nord- und eine Südhälfte teilen. Vom Flugzeug aus kann man den schmalen Einschnitt in der Gebirgskette sehen, Heavytree Gap, durch den die Straße und Eisenbahnlinie von Südaustralien bis nach Darwin an der Nordküste des Kontinents führt. Heavytree, so heißt der orangerote Felsquarz der Macdonnell Ranges, westlich und östlich von Alice Springs. Der einsame Ort wurde am zentralen Tor zum Norden als Versorgungsstation gebaut. Als Harry Bell hier 1897 zum ersten Mal Halt machte, standen nur ein paar Wellblechhütten; heute ist Alice Springs zu einer florierenden Kleinstadt gewachsen, die hauptsächlich vom Tourismus lebt. Magischer Anziehungspunkt ist vor allem der legendäre Felsbuckel, das Sinnbild Australiens, der rotglühende Ayers Rock, zu dem man am schnellsten über den Lasseter Highway fährt.

»Ein trostloser, amerikanisierter Ort mit lauter Reiseagenturen, Souvenirgeschäften und Schnellimbissläden« verhöhnt der berühmte Reiseschriftsteller Bruce Chatwin den Ort. Ganz so schlimm ist es nicht. Einen gewissen Charme kann man dem abgelegensten Städtchen Australiens nicht absprechen. Überall sieht man Gruppen von Ureinwohnern herumlungern. Seit der australische Staat in einer Art Wiedergutmachungsaktion für das durch weiße Eroberer erlittene Leid deren Lebensunterhalt besorgt, scheinen viele Eingeborene wie Fremde im eigenen Land. Die britischen Eroberer nannten die Ureinwohner, die schon 40 000 Jahre vor ihnen da waren, »Aborigines«, »die vom Ursprung abstammen«, *ab origine*. Die 130 000 Ureinwohner Australiens nennen sich *koori*, Einheimische. Sie sind kein einheitliches Volk, sondern setzen sich aus vielen Kleinvölkern zusammen, wie den Arrernte, Warlpiri, Pitjantjatjara oder Aranda, die in der Gegend von Alice zu Hause sind.

Wann immer man am ausgetrockneten Bett des Todd River vorbeikommt, sieht man Gruppen von Eingeborenen unter den riesigen Gummibäumen sitzen, die entlang des Flusses wachsen. Die Ureinwohner hausen in Towncamps, vorgefertigten, eilig aufgestellten Bungalows, die so gar nicht dem traditionellen Leben der einstigen Nomaden entsprechen. Sie haben Probleme, sich an Wände, Fenster und sanitäre Anlagen zu gewöhnen, und sitzen lieber im Freien. Der Umzug vom Todd River war ein Sprung von der Steinzeit in die Moderne. Richtig angenommen haben die Aborigines die aufgezwungene Welt der weißen Eroberer noch immer nicht.

Nur wenige Autominuten außerhalb von Alice hält Ron Steiner in seinem Bushcamp von 9 bis 12 Uhr einen Schnellkurs in Aboriginal-Kultur ab. Da werden für Touristen Didgeridoos geblasen, Bumerangs geworfen und bunte Stammestänze aufgeführt. Täglich buchen ganze Busladungen Rons »Aboriginal Dreamtime & Bushtucker Tour«.

Bob Lasseter hat im Hotel »Lasseter's Casino« Zimmer reserviert. Der Name Lasseter gilt im Outback noch immer als Synonym für Gold. Touristen füttern einarmige Banditen mit Cent- und Dollar-Münzen, und daneben zocken Aborigines mit leeren Gesichtern beim elektronischen Pferderennen oder setzen erstaunlich hohe Summen beim Roulette. Kaum vorstellbar, dass ihre Eltern und Großeltern noch als steinzeitlich nackte Nomaden durchs Outback gezogen sind.

»Hier in Alice beginnt das zentrale Kapitel der Geschichte meines Vaters«, sagt Bob in der Fußgängerzone und zeigt dabei mit ironisch ausladender Geste auf eine McDonald's-Filiale und jede Menge bunter Souvenirshops. »Hier startete die C. A. G. E.-Truppe, die am besten ausgerüstete Expedition, die je ins Innere Australiens vorgedrungen ist.«

Die Glückssucher-AG

Juli 1930. Überall liegen Berge von Ausrüstungsgegenständen herum, Kisten, Zeltplanen, Benzin- und Wasserfässer, säckeweise Verpflegung übereinander gestapelt. Dahinter stehen zwei Lastwagen mit heruntergelassenen Heckklappen. Den großen Zweieinhalb-Tonner hat die englische Autofirma »Thornycroft Motors« gestiftet, die Pritsche des Bedford-Lasters ist schon mit Öl- und Benzinkanistern beladen. Insgesamt werden 2700 Liter Benzin, 455 Liter Wasser und zwei Tonnen Verpflegung und Ausrüstung aufgenommen; ferner 300 Pfund getrocknetes Rindfleisch, 100 Pfund Schinken, 200 Pfund Corned Beef, 150 Pfund Dosenfisch, 300 Pfund Mehl, 50 Kanister kondensierte Milch, 100 Pfund getrocknete Früchte, Rum, Brandy. Darben müssen die Männer sicher nicht.

Inmitten des Tohuwabohus rückt ein Pressefotograf die Teilnehmer der Expedition zu einem letzten Gruppenfoto in Position. Da pafft der kleine, kräftige Fred Blakeley genüsslich seine Pfeife. Der erfahrene Outback-Spezialist, ein Mann Ende 40 mit blauen Augen und rötlichem Haar, wurde zum Leiter der Expedition bestimmt. Als negative Attribute führen seine Gefährten überzogene Empfindlichkeit und autoritären Führungsstil an. 1908 stellte der Bushie, wie man Buschmänner kurz nennt, einen ungewöhnlichen Rekord auf, als er mit zwei Freunden die 3000 Kilometer lange Sandpiste vom Süden bis zur Nordküste mit dem Fahrrad bewältigte. Ein sportliches Unternehmen, bei dem die Rekordsucher mehrmals nur knapp dem Tod entkamen. Da kauert Fred Colson, den der Expeditionsleiter im letzten Augenblick in Alice – gegen den Einspruch Lasseters – angeheuert

Vor dem Aufbruch ins Innere Australiens: (v.li.) Der Pilot Errol Coote, der Geologe George Sutherland, Captain Blakeston-Houston, Expeditionsleiter Fred Blakeley, Fred Colson und Harold Bell Lasseter (vorn).

hat. Der 40-jährige Buschmann begleitet das Team mit seiner »Sunrise«, einem Chevrolet-Geländewagen, der im Notfall als Nachschubwagen eingesetzt werden soll. »Mein Vater misstraute dem Freund Blakeleys von Anfang an«, erzählt Bob Lasseter, der die Geschichte der Expedition besser kennt als jeder andere. »Er witterte ein Komplott, das ihn um seinen Anteil am Goldriff bringen könnte. Colson war ja kein Teilhaber der Aktiengesellschaft C. A. G. E.« Links von Blakeley posiert Captain Blakeston-Houston. Er hat es seiner Stellung als Adjutant des Gouverneurs Seiner Majestät König Georgs V. von England, dem Oberhaupt der Kronkolonie Australien, zu verdanken, dass er sich als „Entdecker« in die Crewliste eintragen darf. Der sportliche Offizier möchte gern einen Abenteuerurlaub im Busch erleben. Daneben reckt sich der schlaksige George Sutherland. Der 55-jährige Geologe ist ein alter Freund von Blakeley. Der knochige, wortkarge Mann heitert die Mannschaft immer wieder mit Liedern aus der schottischen Heimat auf. Den Mittelpunkt bildet Harold »Harry« Bell Lasseter, der wie immer Weste und Homburger trägt. Lasseter wird als ein feuriger, aufbrausend zäher Bursche geschildert, der sich nur mit Widerwillen unterordnet und kaum einem seiner Partner traut. Der wichtigste Mann im Team erhält vom Syndikat ein Pfund pro Tag für seine Dienste. Wohl eher ein symbolisches Gehalt, wenn man bedenkt, dass Lasseters Anteil am Goldberg Millionen Pfund sein werden. Die Kameraden wissen, dass Harry Bell den Spitznamen »Possum« hat, erfahren aber nicht, warum er nach der Beutelratte benannt wurde, die sich tot stellt, wenn Gefahr droht. Der temperamentvolle, zum Jähzorn neigende Mann mit dem großen Geltungsbedürfnis kann es nicht verwinden, dass Blakeley zum Leiter der Expedition, er aber, der Goldjunge, nur zum Pfadfinder ernannt wurde. Wenn so unterschiedliche Charaktere aufeinander stoßen, wenn Neid, Misstrauen und Rechthaberei im Spiel sind, ist Streit programmiert. Immer wieder wird Lasseter seinen Unmut äußern, über mangelnde Wasserversorgung nörgeln, den Routenplan in Frage stellen, Verrat wittern.

Der schnieke Errol Coote lässt sich im bunten Outfit, aber auch noch extra in Pilotenmontur ablichten, mit Lederkappe und Fliegerbrille, dickem Manchester-Jackett und Schaftstiefeln. Seine Lust auf Abenteuer ist größer als seine Erfahrung. Der dünne, drahtige Journalist trägt dabei eine Schreibmaschine auf dem Arm, als sei das Symbol seiner Zunft ein Schoßhund. Seine aufgeregte, manchmal unbedacht beleidigende Art wird seinen Kameraden oft auf die Nerven gehen. Der 32-jährige Stellvertreter Blakeleys machte während des Ersten Weltkriegs seinen Pilotenschein und wurde 1921 Journalist. Er wird das Begleitflugzeug der Expedition steuern, eine einmotorige »Gipsy Moth«. »Golden Quest« hat Coote passend auf den tuchbespannten Doppeldecker malen lassen, »Goldsuche«. Wie eine riesige Hornisse sieht die Maschine mit den goldenen Lettern, schwarzen Flügeln und dem rot bemalten Tank aus. Festgezurrt parkt sie mit hochgeklappten Flügeln auf der Hauptstraße von Alice Springs und soll erst eingesetzt werden, wenn ein geeigneter Landeplatz im Outback gefunden ist.

Das Gebiet, in dem sich das Drama um Lasseters Gold abspielt, erstreckt sich in einem 800 Kilometer weiten Bogen westlich der alten Telegrafenstation. Es ist ein weites, offenes Land, das immer wieder von niedrigen Gebirgsketten durchzogen wird. Die Macdonnell Ranges erheben sich bis zu 600 Meter über die Ebene und flankieren die Route der Reisenden auf den ersten 300 Kilometern. Die durchschnittliche Regenmenge erreicht im Jahr kaum 25 Zentimeter, und so manches Jahr fällt überhaupt kein Regen. Ein hartes, unerbittliches Land, das keine Fehler verzeiht. Auch 70 Jahre später leben nur etwas über drei Prozent der Bevölkerung Australiens, gerade einmal eine halbe Million Menschen, im Outback, das etwa 80 Prozent der Fläche des Kontinents ausmacht. Einige wenige Karten existierten 1930 von der Gegend, aber sie sind voller weißer Flecken und falscher Angaben. Es ist das Land der Aranda und Luritja, Pintubi und Pinjantjatjara Aborigines. Ein fremdartig schönes Land, das tausendmal älter ist als das älteste Leben, ein Land, das bisher nur wenige Weiße betreten haben.

Ohne den 21-jährigen Flugzeugingenieur Phil Taylor aus Yorkshire in England wäre die Expedition keine 50 Kilometer weit gekommen. Der einfallsreiche Mechaniker, den unser Bild freilich nicht zeigt, macht immer wieder die lädierten Lastwagen und diversen Flugzeuge fit, die während der Expedition verschlissen werden.

Voller Hoffnung

Am 21. Juli 1930 ist es so weit. Die hundert Einwohner von Alice winken den Goldsuchern lachend nach. Jeder hofft hier insgeheim, dass auch auf ihn etwas Goldstaub aus dem scheinbar unerschöpflichen Füllhorn rieselt. Erst einmal ist es der goldrote Staub des Outback, der den Konvoi einhüllt. »Bulldust« nennen Buschleute den staubfeinen Sand, der in jede Pore dringt. Bevor die hellen Wellblechdächer der Bungalowhäuser der Hauptstadt des Outback im roten Dunst verschwinden, steckt der schwere Thornycroft schon fest. Es ist der Auftakt zu einem nicht enden wollenden Kampf mit der Wildnis. Die Ränder der Sandpiste über dem ausgetrockneten Flussbett des Todd River sind butterweich und trügerisch, da sitzt der Laster schnell mit dem Chassis auf und muss mühsam freigeschaufelt werden. Sutherland witzelt: »Wir hätten Kamele nehmen sollen, die fahren sich nicht fest, saufen kein Benzin und haben keinen Kühler, der überhitzen kann.« Der Schotte kann nicht wissen, wie prophetisch seine Worte sind.

Fünf Jahrzehnte später werden hier die seltsamsten Regatten der Welt ausgetragen. Jeweils im September treten komische Käuze und Spaßvögel zum Hanley-on-Todd-Gaudi an. Männer und Frauen hängen sich Kanu- und Ruderboot-, Jollen- und Yacht-Attrappen um und rennen im ausgetrockneten Todd um die Wette. Leider verpassen wir den Spaß um zwei Wochen.

Bevor unser Filmteam im Herbst 2001 aufbricht, um das Lasseter-Drama nachzustellen, gehen wir mit Bob zum »Aboriginal Land Council«. Bob kennt sich mit Genehmigungen aus. Wer in Gebiete fahren will, die von Aborigines kontrolliert und verwaltet werden, der muss in Alice eine Erlaubnis einholen. Diese Maßnahme gilt dem Schutz der Ureinwohner; sie soll ihre heiligen Plätze vor Entehrung bewahren und Männer wie Bob, die nach Gold suchen, in Schach halten, denn auf Eindringlinge, die das Land aufreißen und den heiligen Boden zerstören wollen, sind die Aborigines nicht gut zu sprechen. Auch wenn Bob nicht am Gold interessiert ist, würde die gelungene Ehrenrettung seines Vaters doch Glücksucher in Scharen anlocken. Aber schließlich ringt der liebenswürdige, zähe Bob den Aboriginal-Beamten eine Lizenz ab.

Am Abend campen wir wie die Goldsucher von einst am Fuß der Macdonnell Ranges. Große Planen werden zwischen die Wagen gehängt, um den kühlen Wind abzuhalten. Aber während wir Ende September angenehme Temperaturen haben, kriechen die Goldsucher mitten in der Nacht aus ihren Schlafsäcken, Swags, wie die Buschleute sie nennen, weil die Kälte unerträglich wird. Klatschend schlagen die Männer die Arme um den Leib, um sich etwas aufzuwärmen. Im Juli, mitten im australischen Winter, sinken die Temperaturen im Outback nachts auf null Grad, da helfen auch die groben Wollanzüge nichts, die alle Männer tragen. Bis auf Mickie schlafen alle auf Feldbetten. Um sich etwas vor der Kälte zu schützen, füllen die Männer Säcke mit trockenem Gras und laschen sie zu Matratzen zusammen. Schnell wird der Billie aufgesetzt, der Topf, in dem man im Busch bei jeder sich bietenden Gelegenheit Tee aufbrüht. Colson packt den Henkel des kochend heißen Topfes und schleudert ihn mit ausgestrecktem Arm im Kreis, damit sich die Teeblätter schneller setzen. Ein gefährliches Ritual, das viel Übung erfordert, wie ich während einer Kamelrallye quer durch Australien einmal schmerzlich feststellen musste, als ich mir bei dem Akrobatenakt kochend heißes Wasser über die Füße kippte.

Kaum graut der Morgen, macht sich die Geißel des Outback über die Reisenden her: Fliegen, Schwärme von Fliegen besetzen jede freie Hautstelle. Die Goldsucher tragen Netze über den Hüten, als wären sie Imker, die im Busch nach Honig suchen, aber die Quälgeister schlüpfen durch die kleinste Ritze. Wer einen Bissen unter die Barrikade schiebt oder zu trinken versucht, der verschluckt ein halbes Dutzend der verdammten Brummer. Über keine Plage fluchen die Männer mehr, keine zehrt häufiger an ihren Nerven.

Der Konvoi macht einen Umweg über Archie Giles Rinderstation Hamilton Downs, um einen Eingeborenen-Führer anzuheuern. Blackfellows sind billig, ihr einziger Lohn ist die tägliche Verpflegung. »Blackfellows« nennt man 1930 im Outback die schwarzen Ureinwohner, »Whitefellows« sind die weißen Australier. Der 55-jährige Archie gehört zu den ersten Pionieren, die das scheinbar wüste Centralia für die Rinderzucht erobern. Es ist ein riskantes Unternehmen, das von den Launen des extremen Klimas abhängig ist. Drei Jahre dauert die katastrophale Dürreperiode nun schon. Überall im Busch sieht man die mumifizierten Kadaver verendeter Tiere liegen. Von der großen Herde hat nur ein kleines Häuflein überlebt. Wehe, die Regenperiode bleibt im November wieder aus, dann muss sich Archie geschlagen geben. Sein breites Lächeln und die breite, fleischige Nase im braunen Gesicht hat Archie von seiner Mutter geerbt, einer Eingeborenen, seine Zähigkeit vom Vater, dem Entdecker Ernest Giles. Giles durchquerte auf seinen Expeditionen zwischen 1873 und 1876 als erster Weißer die Große Victoria- und die Gibson-Wüste, die er nach seinem Partner Alfred Gibson benannte, der im Busch verdurstete.

Archie Giles' letzter Rat für die Männer: »Lasst ihre Frauen in Ruhe, kampiert nicht an Wasserlöchern, dann habt ihr keinen Ärger mit den Eingeborenen. Hört auf Mickie.« Der große, fleischige Mickie, der »Boy«, wie man in den englischen Kolonien von Indien über Afrika bis Australien herablassend farbiges Personal nennt, macht es sich zwischen Kisten auf dem Chevrolet bequem. Mickie gehört zu den Eingeborenen, die zwischen zwei Welten stehen. Die Lebensweise der Nomaden ist ihnen fremd geworden, und von der Welt der Weißen werden sie keineswegs als gleichwertig akzeptiert. Der etwa 40-jährige Mann gehört zum Volk der Aranda und spricht einigermaßen gut Englisch, ein Kauderwelsch aus Brocken seiner Stammessprache und englischen Wörtern, die er in Hermannsburg gelernt hat, einer Missionsstation, die deutsche Pastoren eines Lutheraner-Ordens 1880 rund 160 Kilometer westlich von Alice Springs eingerichtet haben, um die Eingeborenen zum christlichen Glauben zu bekehren.

Der Einfluss der deutschen Mission auf die Eingeborenen kann gar nicht hoch genug eingeschätzt werden. Fast alle Aborigines in der näheren und weiteren Umgebung werden durch sie entscheidend beeinflusst. Lange, harte Trockenperioden treiben verzweifelte Nomaden zur Mission, weil dort jeder Hilfesuchende nach christlichem Vorbild verpflegt wird. Einige Aborigines bleiben immer wieder bei den Deutschen, vor allem Kinder. Wenn sie alt genug sind, selbst für sich zu sorgen, gehen sie zu ihren Familien zurück und werden so zu Botschaftern des weißen *way of life*. Viele missionierte Ureinwohner arbeiten in Zukunft für weiße Rinderzüchter. Aber die in den verschiedenen Missionsstationen gebotenen Vorteile, sei es medizinische Betreuung, sei es elementare Erziehung, werden mit dem Verlust der traditionellen Identität bezahlt. Der Missionsbesitz umfasst ein Gebiet von 1500 Quadratkilometern Wüste. 1975 haben die Missionare dem Abbott-Klan das Land geschenkt, das zu Hermannsburg gehörte. Aus 15 Erwachsenen und ein paar Kindern ist inzwischen eine Familiengesellschaft von 150 Mitgliedern geworden; die sieben Rinder haben sich auf 4000 vermehrt und die drei Ziegen auf 70.

Die Expedition ist vor allem bei der Suche nach Wasserstellen auf den großen, molligen Eingeborenenführer mit dem buschigen grauen Bart angewiesen. Jeder Mann trinkt mindestens drei Liter pro Tag, und die Wagen schlucken riesige Mengen Kühlwasser. Die Motoren sind nicht für die Hitze im Outback gebaut. Wenn sich der Wüstenboden bis auf 70 Grad aufheizt, verdunsten die 150 Liter Flüssigkeit im Kühler schnell. Wenn der Dampf in Schwaden unter dem Kühlergrill aufsteigt, sehen die Lastwagen wie fauchende Ungetüme aus. In seinem typischen Sprachkauderwelsch sagt Mickie: »Me think him water this way!« Mickie kennt jede Wasserstelle auf den nächsten 130 Kilometern. Danach beginnt für ihn fremdes, feindliches Land. Mickie hat Angst, »sein Territorium« zu verlassen. »Myall Blackfellow töten schnell mit Speer!«, erklärt er und lacht dabei verkniffen. *Myalls* heißen die Eingeborenen, die noch ein freies Nomadenleben führen. Mickie isst immer etwas abseits der weißen

Männer. Der Blackfellow fühlt sich inmitten der Whitefellows unwohl. Selbst heute noch reisen Aborigines selten ohne *marlpa*, eine Gruppe Verwandter oder Freunde. Die riesigen Lastwagen nennt Mickie Raupen mit runden Füßen, die so viel Krach machen wie brunftige Kamelbullen oder durstige Kühe. »Him thirsty cow!«

Die Blackfellows, die im Film »Lasseters Millionentraum« die Rolle ihrer Vorfahren übernehmen, haben beileibe nicht den Status von »Boys«. Wenn man sieht, wie der weiße Australier Peter Yates die Mitglieder seiner Schauspieltruppe hofiert, glaubt man eher Hollywood-Stars vor sich zu haben. »Bill, würde es dir etwas ausmachen, eventuell noch einmal die Spuren zu untersuchen«, redet er wie ein Vater auf sein Kind ein. »Du hast es ganz großartig gemacht, aber der Kameramann möchte die Szene noch einmal von vorne aufnehmen, wenn es dir nichts ausmacht.« Da Yates' Männer wissen, wie wenige Aborigines sich bereit finden, das mit vielen Tabus beladene Leben ihres Volkes darzustellen, verlangen sie auch höhere Gagen als ihre weißen Kollegen.

Aufbruch zum Goldriff

Auf geht's! Parallel zur Nordflanke der Macdonnell Ranges folgte die C.A.G.E.-Expedition der Kompassnadel nach Westen. Hätten die Goldsucher ein paar Steine am Fuß der Macdonnells aufgehoben, wie Bob es tut, dann hätten sie mitten im größten Trockengebiet der Südhalbkugel Fossilien von Fischen und Schnecken gefunden, auch Abdrücke von Muscheln und Seegurken. Sie stammen aus der Amadeus-See, die sich noch vor der Zeit der Dinosaurier in Centralia ausbreitete. Noch nie zuvor sind Motorfahrzeuge über diese verdorrte Hochebene voller Sanddünen, Eukalyptusbäume und Stachelgras gefahren. Der schwere Thornycroft walzt einen engen Korridor durch den Busch, Taylor folgt im Bedford, und Colson bildet mit seinem Chevrolet die Nachhut, die immer in dichte, nervtötende Staubwolken gehüllt ist. Die Gangschaltung kracht und stöhnt, als wäre das Vehikel eine lebende Kreatur. Jeder Meter der Strecke muss erkämpft werden. Taylors Hände und Füße bewegen sich ständig: Lenken, Kupplung, Zwischengas, Gangschaltung. Den Wagen einreiten, nennt er es.

Dass die Wüste sich nicht so einfach von fremden Monstren bezwingen lässt, erfahren die Männer auf die harte Tour. »Bog, verdammt!«, das ist der Standardfluch, der die Expedition so penetrant begleiten wird wie die elenden Fliegen. »Bog«, das heißt festgefahren. »Alle Hände an die Matten!«, brüllt Blakeley, und seine Mannen antworten lachend im Chor: »Aye, aye, Sir!« Immer wieder rollen sie die vier 45 Zentimeter breiten und 15 Meter langen Kokosfasermatten aus. Vorher müssen alle Steine aus dem Weg geräumt werden, sonst zerreißen die Matten zu Fetzen. Der smarte Blakeston-Houston packt zu wie ein Kuli, und auch der bärenstarke Mickie schuftet wie nie in seinem Leben. Immer wenn ein Wagen das Ende der Matten erreicht, rollen die Beiden die Läufer wieder zusammen, schleppen sie nach vorne und rollen sie wieder aus, vier- oder fünfmal, so lange bis alle Autos die trügerische Sandfalle überwunden haben. Neben Taylors schmierigem Mechaniker-Job ist das Mattenlegen die dreckigste Arbeit. Igelgras zersticht die Hände, Stachelbüsche brennen wie Feuer. Natürlich rutschen die Laster immer wieder von den schmalen Bahnen, oder sie stecken fest, weil die Achse zu niedrig liegt. Dann heißt es schaufeln, und wenn auch das nicht hilft, müssen die Räder hochgebockt und mit Grasbüscheln und Ästen unterlegt werden.

Was für eine Erholung, wenn das Gelände in kurzen Abschnitten felsig wird und die Wagen gute Fahrt machen. Auch Spinifex-Ebenen sind beliebt, auf denen die fest verankerten Grasbüschel so dicht stehen, dass sie einen griffigen Boden bilden und den Reifen Widerstand bieten. Wenn eine Pflanze typisch für Centralia ist, dann Spinifex, wovon es immerhin 30 verschiedene Arten gibt. Aus der Luft sehen die Millionen eng zusammenstehenden, runden Grasbüschel wie ein Patchwork grüner Flechten auf zinnoberrotem Untergrund aus und erinnern an die Sandbilder der Eingeborenen. Die häufigsten Gräser werden in »weich« und »hart« unterteilt. Man kann den Unterschied leicht feststellen, wenn man die bis zu 60 Zentimeter hohen Halme auszureißen versucht. Stachelschwein-Spinifex schneidet die Hände auf, und die nadelartigen Spitzen stechen eitrige Wunden. Das Mulgagras, wie es auch heißt, ist im Sommer silberweiß gebleicht. Spinifex ist ein gutes Beispiel, wie Pflanzen in der Wüste überleben. Die äußeren Halmstiele beugen sich nach innen, wenn sie abtrocknen. Sie legen sich übereinander und bilden so eine Art Zelt, wodurch das grüne Gras in der Mitte eines Büschels vor der direkten Sonneneinstrahlung geschützt ist.

Expeditionen abseits der Straßen sind im Outback auch heute noch eine große Herausforderung, trotz moderner Geländewagen. Bob Lasseter erzählt immer wieder von den vielen Pannen, die seine Expeditionen aufhielten: »Einmal fuhren wir 500 Kilometer durch den Busch. Als wir starteten, hatten wir 62 Flicken für die Schläuche; als wir ankamen, waren noch zehn übrig. Dreimal hatten wir Achsenbruch. Das heißt, wir mussten den Wagen mit einem zweiten Landrover durch den Busch schleppen. Den meisten Ärger hatten wir aber mit gebrochenen Federn. Einmal plagten uns in vier Tagen vier große Pannen. Erst ein aufgerissener Kühler, am nächsten Tag eine gebrochene Achse, dann eine gebrochene Lenkachse, und schließlich streikte der Motor.« Die Lasseters wurden erfahrene Busch-Mechaniker, die ihre Geländewagen mit den einfachsten Mitteln reparieren können.

Als Bob seine ersten Expeditionen startete, suchte der Ingenieur nach immer neuen Wegen, das Outback so effektiv wie möglich zu erkunden. »Wir montierten breite Flugzeugreifen, weil sie im Sand besser greifen, und bauten die Kühler auf die

Dächer der Wagen, um sie vom leicht entzündbaren Gras fernzuhalten.« Auf alten Amateuraufnahmen sieht man Bob hoch oben auf dem Dach seines großen Toyota Landcruiser thronen. Der Ingenieur hatte einen Beobachtungssitz montiert, von dem aus man die Landschaft mit dem Fernglas nach prominenten Orientierungspunkten absuchen konnte.

Blakeleys Mannen schlagen das Lager 500 Meter vom nächsten Wasserloch auf. Sechs Männer ziehen unter Mickies Führung los und folgen einem ausgetretenen Wildpferd-Pfad. Tausende Pferde wurden nach dem Ersten Weltkrieg in den Busch gescheucht, wo sie sich ungehindert vermehrten. Armeepferde, die vor allem für die Kolonialtruppen in Indien gezüchtet worden waren, hatten ausgedient. Grünlich schleimiger Schaum schwimmt auf dem Wasser. Vogelschwärme baden mehrmals am Tag in den Felslöchern, Fliegen und Mücken legen ihre Eier ab, und überall sieht man Hufabdrucke. Die Brühe ist nur als Kühlwasser zu gebrauchen. Die drei 13-Liter-Kanister den weiten Weg bis zum Lager zu schleppen ist Knochenarbeit. Von Mickie lernen die Männer, dass die Aborigines am Flug der Wasserfliege erkennen, in welcher Richtung Wasser zu finden ist. Die Insekten saugen sich so lange voller Flüssigkeit, bis sie wie kirschgroße, schimmernde Tropfen aussehen. Die Nomaden folgen der Richtung, aus der die fliegenden Tropfen kommen, bis sie auf Wasser stoßen. Anhand der Anzahl der Wasserlöcher schätzen sie ab, wie groß das Grundwasserreservoir ist.

»Wenn erfahrene Buschmänner Finkenschwärme sehen, wissen sie, dass Wasser in der Nähe sein muss«, klärt uns Bob Lasseter auf. »Da sich die kleinen, grünglänzenden Vögel selten weiter von einer Wasserstelle entfernen als acht Kilometer, braucht man nur der Richtung ihres Fluges zu folgen, um eine Quelle zu finden. Kakadus fliegen dagegen große Distanzen. Deshalb nützen sie nur nach Sonnenaufgang und kurz vor Sonnenuntergang als Wegweiser, weil sie stets in der Nähe von Wasserstellen übernachten. Blakeley sorgte dafür, dass Trinkwasser stets gekocht wurde, um Keime abzutöten, die schnell zu Durchfall oder gar Ruhr führen können, Krankheiten, die einen Mann in kurzer Zeit ruinieren.«

Ab und zu schießen die Männer Kängurus. Die saftigen Steaks aus den Schwanzteilen der *roos*, wie Buschleute die Beuteltiere nennen, schmecken wie Rumpsteak. Blakeley wundert sich, dass Lasseter scheinbar noch nie Känguru-Fleisch probiert hat, obwohl er doch behauptet, Monate durch das Outback gezogen zu sein. Errol Coote ist kein Freund von Känguru-Fleisch, »zu viele Sehnen und zu wenig Steak«. George Sutherland neckt den Freund wie üblich: »Lass dich nicht von ein paar Sehnen entmutigen, das sind nur die Sprungsehnen.« – »Endlich haben wir das Geheimnis der Langstreckensprünge gelüftet. Jedes Wesen mit solchen Sehnen kann über den Mond springen«, antwortet Phil und öffnet eine Dose Corned Beef. Mickie reserviert sich einen besonderen Schmaus. Er röstet Känguru-Babys, die er aus dem Beutel getöteter Tiere zieht, nach Aboriginalart unter glühender Kohle. Damper-Kochen nennt man diese Garmethode im Busch. Nach Tradition der Eingeborenen sind solche Leckerbissen für die alten, weisen Männer reserviert. Mickie ist froh, dass er nicht Bushtucker zu sammeln braucht, die Nahrung, die man mühsam im Busch holen oder jagen muss. Wie seine Herren, so isst auch er ganz selbstverständlich Schinken und Eier, Büchsenfleisch und eingelegte Früchte, Haferflockenbrei und Brot, das jeden Abend am Lagerfeuer gebacken wird.

Taylor flucht mal wieder gottserbärmlich. Das Motoröl ist dem jähzornigen Ingenieur mitten ins Gesicht gespritzt. Wie jeden Tag repariert er irgendeinen Schaden. Diesmal ist es eine Ölwanne, die beim Aufprall auf einen Stein leckgeschlagen ist. Der nackte Oberkörper glänzt voll brauner Schmiere, die mit dem feinkörnigen Wüstensand zu einer juckenden, kratzenden Kruste verklebt. Wann immer sich Taylor zu säubern versucht, hat er das Gefühl, Reibeisen über die entzündete Haut zu ziehen. Fast jeden Abend und Morgen die gleiche Prozedur. Die Wagen müssen aufgebockt, ein Dutzend durchlöcherte Schläuche geflickt, Reifen aufgezogen und Räder montiert werden. Die Strecke ist mörderisch, das Spinifexgras spitz und hart, Stachelschweingras gefährlich wie Eisennadeln. Wenn einer der Männer den Deckel des glühend heißen Kühlerdeckels öffnet, springt er schnell zurück, damit ihn die kochenden Fontänen nicht verbrühen. Solange ein Motor »krank« ist, ist Taylors Gesicht voll mürrisch ernster Konzentration, aber wenn er läuft, wenn er summt, dann beginnt auch der Mann zu singen: »The girl I left behind …«

Völlig ausgepumpt von der täglichen Schufterei liegen die Männer abends auf ihren Feldbetten und rauchen Pfeife. Nach der Hektik und Anspannung des Tages genießen sie die unerwartete Ruhe und den Frieden des Outback, als würde er die Aufnahmefähigkeit der Sinne wachsen lassen. Von Sonnenuntergang bis zum Augenblick, da die Nacht ihren weichen, schwarzen Mantel über den Himmel deckt, erleben die Goldsucher magische Minuten. Von Osten her nähert sich der dunkle Vorhang der Nacht. Die Farben wechseln von leuchtendem Rot zu Tönen aus weichem Blau und Violett. Die Whitefellows starren staunend zu dem glitzernden Sternen am Himmelszelt empor. In der klaren Wüstenluft scheinen die leuchtenden Punkte zum Greifen nah. Seit undenklichen Zeiten sind die himmlischen Zeichen ein wichtiger Teil der Mythen der Völker. Die Sternenkunde der Aborigines hat ebenso mythische Ausmaße wie etwa die Himmelskunde der antiken Griechen. Die Milchstraße, das Kreuz des Südens, Venus und Jupiter, die bei den Nomaden als Jäger und sein Hund gesehen werden, der mal hinter, mal vor seinem Herrn läuft, sind ihnen wohl vertraut. Das ist die rechte Stunde, um von Gold zu träumen – Gold, das Australien mehr geprägt hat als jedes andere Metall.

In der Ferne steigen immer wieder beunruhigende Rauchzeichen auf. Der unendliche Busch ist kein menschenleeres Niemandsland. Die Expedition fährt durch Myall-Gebiet. Der nur 1,61 Meter große Lasseter baut sich ein gemütliches Nest im Führerhaus des Thornycroft, aber dass sich der Außenseiter mitsamt Gewehren und Munition verbarrikadiert, erscheint den Männern höchst seltsam. Blakeley macht sich lustig über den Hasenfuß, der scheinbar Angst vor den Aborigines hat. Wer je im Outback gereist ist, müsste eigentlich wissen, dass die Eingeborenen Feinde nie nachts angreifen.

Bob Lasseter hat eine plausible Erklärung für die seltsame Art seines Vaters parat: »Er hat den Lastwagen die ganze holprige Sandpiste von Sydney durch den halben Kontinent bis nach Alice Springs gefahren und schlief dabei immer im Wagen. Der Thornycroft war doch fast wie ein Campingwagen gebaut. Er fühlte sich da einfach wohl, und vor allem war es warm. Die Waffen hortete er, weil er seinen Kumpanen misstraute.«

Tage später bricht Streit aus, weil Blakeley eine Patronenkiste vom Führerhaus auf dem Laster verstauen lässt. »Was passiert, wenn plötzlich die Schwarzen angreifen?«, zischt Lasseter, der nur mühsam seinen Jähzorn kontrolliert. »Da kommen wir nicht schnell genug an die Patronen heran.«

»Wenn du meinen Anweisungen folgst, wirst du nie eine Waffe gegen einen Eingeborenen richten müssen«, brüllt der Expeditionsleiter mit zornrotem Gesicht. »Warum benimmst du dich wie ein Neuling im Busch? Eins fällt mir auf, dass du nie davon erzählt hast, bei deinen Reisen auf Schwarze getroffen zu sein. Das ist unmöglich.« Misstrauen ist gesät, das immer neue Nahrung erhält.

Nur mit Mühe hat der Expeditionschef die Genehmigung erhalten, Waffen in das Land der Aborigines mitzunehmen. Allzu häufig schießen weiße Siedler Eingeborene einfach über den

Haufen und sorgen für anklagende Presseberichte. Jeder Teilnehmer durfte einen Revolver mitnehmen. Zwei Sportgewehre und eine Schrotflinte vervollständigen das Waffenarsenal. Man kann ja nie wissen. Blakeley musste auch unterschreiben, dass er keine Gegenstände aus Gräbern oder anderen heiligen Orten der Eingeborenen entwenden würde. Die Regierung unternimmt zaghafte Versuche, die Rechte der Eingeborenen vor den landhungrigen Weißen zu schützen.

An einem ausgetrockneten Flussbett macht Lasseter scheinbar einen folgenschweren Fehler. »Seht ihr die Höhle da oben!«, soll er gerufen haben. »Da habe ich damals auf meinem Weg nach Westen gelagert.«

Blakeley und Sutherland schauen sich erstaunt an, sagen aber nichts, obwohl sie der Meinung sind, dass in der Felswand höchstens ein Adler landen könnte. Vielleicht macht Lasseter nur einen dummen Scherz. Als der kleine, goldbesessene Bursche mit dem pausbäckigen Gesicht aber auf zwei Bohnenbäume weist und behauptet, zwischen die beiden alten Stämme habe er seine Hängematte gehängt, können die erfahrenen Buschmänner ihren Zweifel nicht mehr unterdrücken. Bohnenbäume überleben höchstens 20 Jahre. Als Sutherland Lasseter auf die Probe stellt und wissen will, wie die Landschaft auf dem Weg weiter westlich aussieht, verweigert der Pfadfinder die Antwort.

Lasseters Vergangenheit

Eigentlich hat niemand im Lager eine Ahnung von Lasseters umtriebiger Geschichte. Gesprächig zeigt sich Harry am Lagerfeuer im Kreis der gespannt lauschenden Männer nur, wenn es um seine Abenteuer während des sechsjährigen Aufenthaltes in Amerika geht. Im Land der unbegrenzten Möglichkeiten zog der junge Mann mit einem Vermessungstrupp durchs Land, machte sein Diplom als Landvermesser, heiratete 1903 die Amerikanerin

Florence Scott und wurde schließlich Mitglied der Sekte der Mormonen, bevor er 1909 mit Frau und Tochter nach Australien zurückkehrte. Die Kameraden hatten sich schon gewundert, warum Lasseter mit seiner rauen, unmelodischen Stimme immer wieder Kirchenlieder sang: »Wenn sich die Erlösten der Erde auf der einen Seite sammeln, wenn wir von drüben gerufen werden, dann bin ich dabei …«

Fred Blakeley weiß nicht viel über den Glauben der Mormonen, der »Kirche Christi der Heiligen der letzten Tage«, aber was er weiß, lässt ihn Lasseter noch kritischer betrachten. Der Gründer der Sekte, Joseph Smith, soll in der Nacht zum 21. September 1823 von einem Boten Gottes namens Moroni besucht worden sein, der ihm das Versteck eines heiligen Buches mitteilte, das auf goldenen Platten geschriebene »Buch der Mormonen«. Handelt Lasseter etwa wie Joseph Smith auf Geheiß eines Abgesandten Gottes? Ist Lasseters Glaube so fanatisch, dass er Australiens Joseph Smith werden will? Von nun an streiten sich die beiden Kampfhähne ständig über religiöse Fragen.

Hätte Blakeley gewusst, dass Lasseter schon zum dritten Mal verheiratet ist, ohne von seinen vorherigen Frauen geschieden zu sein, wäre der »Amerikaner« in seinen Augen noch tiefer gesunken. Tatsache ist, dass am Beginn des 20. Jahrhunderts noch viele Mormonen in Utah illegal in Vielehe lebten, obwohl diese schon 1873 verboten wurde, nachdem die Regierung in Washington den abtrünnigen Sektenstaat unter militärischem Druck in den amerikanischen Staatenbund zurückgeholt hatte. 1921 verließ Harry Florence und heiratete eine Krankenschwester, die er 1924 wegen Louise Irene »Rene« Lillywhite, der Mutter von Bob Lasseter, sitzen ließ.

Noch eine Episode im Leben von Possum hätte die Kameraden stutzen lassen. Am 22. September 1896 wurde Lasseter, der damals 15 Jahre alt war, wegen Diebstahls verklagt. Der junge Lasseter trug eine Maske und einen Revolver, als er mit seinem viel älteren Kumpan Henry Boreham in ein Haus einstieg. Sie

Familie Lasseter im Sommer 1930.

erbeuteten zwar nur ein paar Sattelriemen, sechs Teebeutel, eine Flasche Eukalyptussaft, ein paar Hosen und ein Hemd im Wert von zehn Pfund, aber das reichte, um den verwahrlosten Jungen für drei Jahre in ein Erziehungsheim zu bringen.

Biographen, die den Lebensweg Harrys recherchierten, wunderten sich, wie der Goldjunge 1897 das Goldriff finden konnte, obwohl er zu dieser Zeit doch in der Besserungsanstalt saß. »Ich habe herausgefunden, dass mein Vater aus dem Heim geflohen ist, weil er nach seiner Entlassung auf keinen Fall zu seinem Vater gebracht werden wollte. Er war ja schon mit neun Jahren von zu Hause ausgerückt«, erklärt Bob Lasseter.

Obwohl sich jeder bemüht, nicht mit dem leicht aufbrausenden Possum in Streit zu geraten, kommt es immer wieder zu Auseinandersetzungen. »Der Mann ist doch verrückt«, beschwert sich Captain Blakeston-Houston von den 11. Husaren empört. »Der unverschämte Lügner behauptet, er hätte die Brücke über den Hafen von Sydney entworfen!« Auch als Lasseter stolz einen

Zeitungsartikel schwenkt, glaubt niemand dem angeblichen Aufschneider. Dabei hatte Harry schon 1913 einen exakten Plan für eine neue Brücke an den »Sydney Morning Herald« geschickt. Als 1929 Dr. Bradfields Design für die Sydney Harbor Bridge verwirklicht wurde, die das Olympia-Feuerwerk im Jahr 2000 in weltberühmtes Licht tauchte, fühlte sich Harry betrogen. Beide Entwürfe sind so ähnlich, dass der Amateur-Ingenieur an Betrug glauben musste.

Harry Bell Lasseter ist ein ungewöhnlicher Mann auf vielerlei Art. Wenn man die Aussagen von Zeugen liest, die Lasseter während seines unruhigen Wanderlebens gekannt haben, werden einige charakteristische Eigenschaften immer wiederholt: Willenskraft, Durchhaltevermögen, Erfindungsreichtum. Gebildete Männer, denen er seine ungewöhnlichen Ideen vorträgt, sind überrascht über das Spezialwissen des Autodidakten, der nur wenige Jahre zur Schule gegangen ist. Vor allem erstaunt sein Einfallsreichtum als Erfinder. Zeit seines Lebens ist Harry bemüht, neue Möglichkeiten auszutüfteln, wie man technische Errungenschaften verbessern kann. »Seine Hauptbeschäftigung waren Erfindungen«, schreibt ein ehemaliger Nachbar. Er entwickelte Pläne für ein »Torpedo-sicheres Kriegsschiff«, für Silos zur trockenen Lagerung von Getreide, für eine neue Hafenstadt an der Ostküste, einen Angriffsplan für die sichere Eroberung türkischer Stellungen im Ersten Weltkrieg in Gallipoli, die örtliche Wasserversorgung oder neue Eisenbahnlinien. Alles gut durchdachte Einfälle, die sich viel später als sinnvoll erweisen. Aber die unterschiedlichen Zeugen berichten auch, dass Harry mit keiner seiner vielen Erfindungen und keinem seiner Verbesserungsvorschläge je Erfolg hatte. Nichts will diesem ruhelosen Mann, der ständig den Wohnort wechselt und neue Jobs annimmt, gelingen.

Lasseters Tochter Ruby schreibt: »Mein Vater plante immer etwas Neues und träumte; er träumte davon, ein großes Vermögen zu machen, und er träumte von Gold. Immer wieder hat er uns erzählt, dass er uns alle eines Tages reich machen würde und dass er wisse, wo ein Fels wäre, der mit Gold nur so gespickt sei. Aber er war zu intelligent, sein Leben für ein Märchen zu opfern.«

Harry war ein wissbegieriger Mann, interessiert an allem, was neu war. Das mag ein Grund sein, warum er nach Amerika ging. Harry liebte sein sonnenverbranntes Land, glaubte aber, dass es viel von Amerika lernen könnte. Wenn Amerikaner Ideen haben, dann setzen sie sie auch durch. Amerika war das Land der Erfinder, in dem Männer wie Ford, Edison oder Bell Furore machten und das Gesicht der Welt veränderten. »Mein Vater hat in einem seiner letzten Briefe geschrieben, dass ich Ingenieur werde sollte«, erinnert sich Bob. »Ich habe den Wunsch meines Vaters akzeptiert und bin tatsächlich Ingenieur geworden, wozu er nie die Möglichkeit hatte.«

Es gibt genügend Aussagen, die uns die Person Harry Bell Lasseter näher bringen. Verwandte, Bekannte oder ehemalige Nachbarn sagten aus: »Er war sehr aggressiv, sehr selbstgerecht und voll von großen, hoffnungsträchtigen Visionen.« Oder: »Er war stolz und hatte den Ruf eines Kämpfers, der sich für seine Rechte einsetzte und für seine Prinzipien.« »Jähzornig« fehlt in dieser Aufzählung noch, und »schnell mit den Fäusten dabei«. Lasseter war »erstaunlich gebildet, hat unter anderem für eine Zeitung geschrieben und regelmäßig in einer Kolumne auf Missstände hingewiesen«. Die Kehrseite: Mit ihm ist nicht gut Kirschen essen. Dieser Mann scheint verletzt und fühlt sich um die Früchte seiner Arbeit betrogen, ein Zu-kurz-Gekommener. Wenn erst das Goldriff gefunden ist, dann wird Harry der Welt schon zeigen, dass er kein Träumer ist.

Bob Lasseter hat seine eigenen, widersprüchlichen Erinnerungen an den Vater. »Ich durfte in meiner Kindheit nie mit meiner Mutter über den Vater sprechen. Nach ihrem frühen Tod fühlte ich dann plötzlich eine starke Verpflichtung, den Namen Lasseter rein zu waschen. Ich erinnere mich an meinen Vater als einen etwas aufbrausenden Mann. Er forderte mich Knirps häufig zum Kampf heraus. Aber ich war nie ein Kämpfer. Ich habe die Dinge, die auf mich zukamen, immer wie meine Mutter akzeptiert. Sie hat häufig gesagt: ›Der Junge hat eine Menge Entschlossenheit.‹ Andere würden sagen, ich bin genauso stur wie mein Vater.«

Sisyphusarbeit

Selbst für Mickie ist es sehr schwer, einen Weg durch das Gewirr niedriger Hügel zu finden. Er geht mit Blakeley zu Fuß voran und sucht Schneisen zwischen den roten Felsformationen. Wenn die Wagen einmal ungehindert im zweiten Gang dahinrollen, dann grölen die erleichterten Abenteurer schmissige Lieder in den heißen Kanzeln ihrer Autos. Der Schotte Taylor krächzt immer nur »Off to Bonny Scotland«, Folklore-Musik, die eine der blutigsten Niederlagen glorifiziert, die Highlander je im Kampf gegen die übermächtigen Engländer einstecken mussten. Lasseter stimmt zuweilen Hymnen an, die er bei den Mormonen in Amerika gelernt hat. Ansonsten aber hält sich der grüblerische Einzelgänger meist abseits. Wann immer ihm etwas nicht passt, schmollt er. Lasseter ist abwechselnd heiter und ernst.

Endlich haben die Goldsucher den 35 Meter breiten Dashwood Creek erreicht. Bisher haben sie bis auf den Todd River nur kleine, ausgetrocknete Flussbetten durchquert, unbedeutende Rinnen, die den Busch durchziehen und daran erinnern, dass es hier auch gelegentlich regnet. Doch je weiter man nach Westen vordringt, desto größer und tiefer werden die trockenen Wasserstraßen. Bei Regenstürmen schwemmen die Wassermassen den Boden immer mehr aus, bis die Uferböschung drei bis sechs Meter abfällt. Da heißt es, die hohe Kante abgraben, damit die Lastwagen das Flussbett durchqueren können. »Lasst uns auf einen Sturzbach warten und die Bastarde hinüberflößen!«, schreit George Sutherland. Die knochenbrecherische Schufterei ist nur mit trockenem Humor zu ertragen. Schon wieder hat sich der Thornycroft-Laster im weichen Wüstenboden festgefressen. Das zehnte Mal in der letzten Stunde drehen die sechs Räder des überladenen Zweieinhalb-Tonners in rasendem Tempo durch. Sandfontänen spritzen den stöhnenden Abenteurern wie Schrotkugeln gegen die Beine. Immer wieder stemmen sich die Männer schweißüberströmt gegen den Wagen, schaukeln das Monstrum hin und her. »Hau ruck! Hau ruck!« Keuchend graben die sieben verdreckten Gestalten schließlich die Räder frei und stopfen Matten unter die Pneus, hacken jede Menge Äste von den Eukalyptusbäumen und legen mühsam einen Knüppeldamm. Aber was spielt die Schufterei schon für eine Rolle, wenn irgendwo da draußen in diesem scheinbar menschleeren Niemandsland unermesslicher Reichtum winkt.

Die vielen von Pferdehufen aufgewühlten Löcher zeigen, dass unter dem Trockenbett des Flusses Wasser ablagert. In regenreichen Jahren erstreckt sich hier ein großer Teich, der sogar Meeresvögel anlockt, die nach Frischwasser-Shrimps und Brassen tauchen. Die Eier dieser Tiere haben sich wunderbarerweise an die extremen Bedingungen angepasst und können jahrelang unter dem trockenen Sand warten, bis ein Regenguss den Teich füllt und die Bedingungen zum Ausschlüpfen gegeben sind. Die Krustentiere und Fische entwickeln sich schnell bis zur Reife, legen Eier, und der Kreislauf beginnt von neuem.

Zur Zeit, als die Flüsse entstanden, wurden große Vertiefungen ausgewaschen, deren Grund aus Fels besteht, wodurch das Wasser nicht abfließen kann. Mit der Zeit füllten sich die Löcher mit Sand, was wiederum verhindert, dass das Wasser verdunstet. Solche versteckten Reservoirs überstehen lange Dürreperioden. Welche Bedeutung Wasserstellen für die Nomaden der Wüste haben, zeigt, dass etwa die Sippschaft der Pinturi zehn Wörter für das kennt, was wir »Loch« nennen. Sutherland, Colson und Blakeley graben ein drei Meter tiefes Loch, bis sie auf Wasser stoßen, das die Grube langsam auffüllt. Blakeston-Houston und

Mickie fällen ein paar Mulgabäume und stützen den Brunnenrand ab. Zwei Stunden später schon hieven nackte Kerle Eimer voll mit köstlichem Wasser hoch. Endlich können sie sich waschen. Mickie kichert erstaunt über den Sauberkeitswahn. Natürlich ist der schwarze Farmarbeiter neugierig, weil er noch nie einen nackten weißen Mann gesehen hat. Aber als die wassertriefenden Gestalten hinter dem Blackfellow herrennen, um ihm zu seinem ersten Bad zu zwingen, flieht er entsetzt. Obwohl die ständig schwitzenden Männer selbst zum Himmel stinken, können sich Whitefellows nicht an Mickies fremdartigen, strengen Geruch gewöhnen.

Centralias Bergriesen

Während sich die C. A. G. E.-Expedition mühsam durch den Busch schlagen muss, fährt das Filmteam 2001 auf der roten Staubpiste der Gary Junction Road zügig nach Westen. Wir passieren einige der höchsten Berge Centralias: Mt. Hay, Mt. Chappel, Mt. Edward. Der Botaniker Ferdinand Müller aus Württemberg verewigte eine Reihe deutscher Namen auf der Landkarte: Berge heißen Ziel, Liebig, Haast, Ehrhard oder Krass. Müller nahm 1855/56 an einer großen Expedition teil, weil er hoffte, Aufschluss über das Schicksal Ludwig Leichardts zu finden. Der Deutsche hatte 1844 als Erster Australiens unbekannten Nordosten durchquert. 1848 scheiterte sein zweiter Versuch, als Erster den Kontinent von der Ost- bis zur Westküste zu erkunden. Vergeblich versuchten immer wieder neue Expeditionen das Schicksal des Entdeckers aufzuklären. Das Drama, das sich um Leichardts Tod abgespielt haben muss, regt die Phantasie der Australier bis heute an.

Die Aborigines glauben, dass die Berge Wohnstätten von *pangkalangkas* sind, riesigen, haarigen, menschenähnlichen Kreaturen, die mit Fliegen bedeckt sind. Die Monster sind besonders gefürchtet, weil sie angeblich Menschenfleisch essen. In der Ferne taucht die Belt Range auf, eine der spektakulärsten Bergregionen in Centralia. Den Granit-Monolith am östlichen Ende der Range nennen die Aranda *Aniali,* auf der Landkarte heißt er Haasts Bluff. Im Abendlicht glüht der Koloss in brennend roten Farben. Das betörende Naturschauspiel versöhnt die erschöpften Männer für die tägliche Mühsal.

Der Aniali gilt als heiliger Ort und wird mit dem Känguru- und Zecken-Traum in Verbindung gebracht. Die Aranda glauben, dass man die Zecken vom Berg »heruntersingen« kann, damit sie jeden unerwünschten Eindringling angreifen. Auf die Goldsucher wirkt die Gegend wie eine Oase. Genügend Wasserstellen sorgen für dichten Pflanzenbewuchs. Beim Anblick dieses Garten Eden klingen hoffnungslose Begriffe wie »das tote Herz Australiens« unsinnig. Colson wird sich hier 640 Quadratkilometer Weideland sichern und mit seinen beiden Söhnen eine Rinderstation aufbauen. Mickie springt während der langsamen Fahrt immer wieder vom Wagen, wenn er einen wilden Kartoffelbaum erspäht. Bis zu 15 Meter lange Gräben legt er entlang der Wurzeln frei, bis er Büschel voller Yams findet, die wie kleine, runde Kartoffeln aussehen. Aborigines überleben in Trockenperioden mit Hilfe der wasserhaltigen Frucht. Manchmal pflückt Mickie auch unscheinbare Buschpflaumen, die mehr Vitamine enthalten als eine Orange.

Direkt hinter dem Kegel, der fast 300 Meter über der Ebene aufragt, geht die Sonne unter. Der Himmel voller Schäfchenwolken wird so pinkrot wie die Bauchseite der Gala-Kakadus. Die Reflexion des farbenprächtigen Lichts verwandelt die schattige Ostseite des Monolithen in einen rot glühenden Koloss. Blakeley ist fasziniert von der Schönheit der Gegend. »Ich bin überzeugt, dass es selbst in Ägypten nicht so eine wunderbare Aussicht gibt.« 30 Jahre später wird die Asche des Buschmanns von einem Helikopter aus über der Spitze von Haasts Bluff verstreut.

Heute führt eine Stichstraße von der Gary Junction Road zur Aboriginal-Siedlung Haasts Bluff. Um die Pintubi-Lurintja, die hauptsächlich durch ihre vielen begabten Maler bekannt geworden sind, besuchen zu können, muss man eine Genehmigung beim Land Council in Alice Springs einholen. In jüngster Zeit hat in der australischen Gesellschaft ein geradezu revolutionärer Sinneswandel stattgefunden. Regierung und Öffentlichkeit sind bemüht, das Verhältnis zu den Aborigines neu zu gestalten, um endlich ein dunkles Kapitel der australischen Geschichte zu bewältigen. Seit die Ureinwohner von weißen Siedlern in entlegene Gebiete abgedrängt wurden, spielten sie auch im allgemeinen Bewusstsein der Nation keine Rolle mehr. Der »Aboriginal Land Rights Act« garantiert Aborigines das Eigentumsrecht an großen Teilen des Landes in bestimmten Grenzen. Bereits 35 Prozent der Fläche des Northern Territory wurden an Aborigines-Gruppen überschrieben. Die vollen Rechte wurden aber nirgends eingeräumt. Beispielsweise bleiben Bodenschätze im Besitz des Staates. Nur im Northern Territory haben die Aborigines ein Vetorecht, wenn wichtige Kultplätze gefährdet sind. Dazu wurden Councils eingerichtet, die sozusagen als juristische Personen fungieren und moderne Führungszentren der Aborigines darstellen. Die im Pintjantjatjara Council zusammengeschlossenen Ureinwohner verwalten in Centralia ein Gebiet, das so groß ist wie einst Österreich-Ungarn.

Die Rechte der Ureinwohner klingen nicht wie Musik in den Ohren der Industrie-Bosse. Das Stück Erde, das erforscht und ausgebeutet werden soll, kann den Eingeborenen in der Regel erst nach langen Verhandlungen abgerungen werden. Das ist ein zähes und letztendlich teures Geschäft. Rund 60 Millionen Dollar hat zum Beispiel die »BHP Ltd.« in eine Stiftung gezahlt, um den Ureinwohnern Landrechte abzukaufen. Der Kommentar des Chefs des Unternehmens: »Es ist nicht damit getan, einen Scheck auszustellen. Die Aborigines müssen Chancen bekommen. Sie müssen aber auch lernen, sie wahrzunehmen.«

»Hier hatte mein Vater einen entscheidenden Disput mit Blakeley«, referiert Bob Lasseter. »Am Haast war es, wo die Expedition aus dem Ruder zu laufen begann.«

Wieder einmal geraten die so unterschiedlichen Streithähne aneinander, als der Expeditionsleiter darauf besteht, eine kürzere, nördliche Route zum geplanten Basislager in Illbilba zu nehmen, obwohl sein Widersacher vor 30 Jahren südlich der Belt Range entlanggeritten war. Schon in Sydney hatte Lasseter gesagt: »Am Ende der Macdonnell Range bin ich südwestlich in Richtung einer anderen Range gezogen.« An seinen Rechtsanwalt Edwards schreibt er eine Woche später, am 7. August: »Ich frage mich, wie ich das Riff finden soll, wenn der Expeditionsleiter nicht meinen Richtungsangaben folgt. Ich bin jetzt 110 Kilometer vom Kurs ab.« Tagelang sprechen die entscheidenden Männer der Expedition nicht mehr miteinander. Lasseter weigert sich sogar, Blakeley beim Namen zu nennen, und spricht von ihm immer nur als dem »Führer«. Zehn knochenharte Tage im Busch zehren an den Nerven aller Männer.

Errol Cootes Kommentar Jahre später: »Wäre ich Hellseher gewesen, hätte ich darauf bestanden, von Haasts Bluff aus nach Süden vorzustoßen. Dann hätte die Geschichte von Lasseters Riff anders geendet. Aber so vergingen Wochen voll tragischer Ereignisse, die die Menschen bis zum Äußersten trieben.«

Gummibäume kündigen schon von Ferne neue Flusssysteme an. Derwent Creek, Aii Creek. Die hellgrau schimmernden Riesen versenken ihre Wurzeln entlang ihrer trockenen Läufe und saugen Wasser aus dem Untergrund. Für die schweren Lastwagen werden die sandigen Betten immer wieder zu kaum überwindbaren Fallen. Die Wagen versinken im staubtrockenen Flussbett, als wäre es Treibsand. Die Räder greifen nicht mehr auf den Unterlegmatten. Die wild wirbelnden Reifen schrumpeln die zehn Meter langen Kokosbahnen blitzartig zusammen und schleudern sie mit Peitschenknall nach hinten. »Corduroy« nennen Buschmänner die mühsame Verlegung von Knüppeln und Ästen über weichen Sand, weil sie an die Rippen von Kordhosen erinnern.

Viele Besucher Australiens glauben, dies sei das Land der Eukalyptusbäume, zumal diese auch in Form von Büschen auftreten. Weil sie ein harziges Gummisekret ausschwitzen, werden sie Gummibäume genannt. Die am weitesten verbreitete Eukalyptusart ist der River Red Gum, der vor allem in Flussbetten bis zu 35 Meter hoch wächst. Die glatte Borke ist samtweich und schimmert silberweiß mit rosa Flecken, weshalb der Riese »Roter Fluss-Gummibaum« genannt wird. In der kühleren Jahreszeit liegen Millionen kleiner Samen unter den Baumkronen. Insekten und Spinnen hausen unter der Borke, Papageien, Fledermäuse und Eulen bauen sich ihre Nester in Höhlungen. Der Baum und die Insekten haben besondere spirituelle Bedeutung für die Aborigines in der Umgebung von Alice Springs, weil sie ihre mythologischen Ahnen repräsentieren. Viele Stellen im Todd River sind als heilige Stellen geschützt, weil sie mit dem *yeperenye,* dem Raupen-Dreaming, in Verbindung gebracht werden.

In Wirklichkeit ist der Kontinent das Land der Akazie. Das gilt vor allem für Centralia, wo ein Drittel der Trockengebiete mit Akaziensträuchern bedeckt ist. Von den 800 verschiedenen Arten wachsen 120 in Centralia. Die Mulga-Akazienart, die sich den Goldsuchern so oft in den Weg stellt, ist einer der zähesten Überlebenskämpfer der Wüste. Seine Wurzeln saugen Nährstoffe tief aus dem Boden, und die Blätter sind senkrecht ausgerichtet, um die Hitzeeinstrahlung zu reduzieren. Mulga wächst in so vielen verschiedenen Formen, dass es dem Laien unmöglich ist, sie zu bestimmen. In der Ebene kann ein Mulgabaum bis zu 15 Meter hoch werden. Vor allem in steinigen Regionen aber wächst Mulga in Buschform direkt aus der Erde. *Oodnadatta* nennen die Ureinwohner die gelbe, wuschelige Mulgablüte. Den exotischen Begriff findet man auf der Landkarte häufig als Namen kleiner Outback-Siedlungen.

Wer glaubte, die bisherige Strecke sei die schlimmste Tortur gewesen, der wird bald eines Besseren belehrt. Sechs Männer schwingen die Äxte bis zum Umfallen. Drei Kilometer pro Stunde schlagen sie die Piste frei, so dicht stehen die großen, harten Schirm-Mulga. Ihre Äste sind so dick, dass zwei Männer die klobigen Hindernisse aus dem Weg schleifen müssen. Bei dem Kräfteverschleiß bricht die Mannschaft fast zusammen, bis Blakeley eine Radikalkur versucht: »Volle Fahrt und drauf!« Erst werden die Windschutzscheibe wie das Visier eines Helms heruntergeklappt, dann fällen die Schwerarbeiter den Stamm eines Eukalyptusbaums, laschen das Hartholz an die Stoßstange, stützen den Prellbock durch Querbalken am Chassis und rammen einen Weg durch den Mulgawald. Krachend knickt der sieben Tonnen schwere Thornycroft dicke Stämme, überrollt trockenes Buschwerk, fährt harte, roterdige Termitenhügel über den Haufen, die bis zu einem Meter über die Spinifex-Polster ragen. Ein gefährlicher Sturmangriff. Brüllend und johlend vor Aufregung feiern die ausgelaugten Männer jeden umgelegten Baum, ducken sich vor dem ständigen Angriff spitzer Zweige und Äste, die wie Speere in die Fahrerkabine schießen, werden gottserbärmlich durchgerüttelt, als wäre es ein Veitstanz. Meile um Meile kämpft sich die Expedition voran, guter Geländegewinn und dennoch viel Arbeit. Das Kühlaggregat wird eingedrückt und muss ersetzt werden, die pfeilharten Wurzeln umgefahrener Mulgabäume durchstechen die Reifen, die Schrauben der Radaufhängungen fressen sich immer fester und sind nur noch durch gemeinsame Kraftanstrengung bewegbar.

Dabei kann es den Goldsuchern nicht schnell genug gehen, um zum Ziel zu gelangen. Mickie versteht nicht, warum die Whitefellows mit aller Macht vorwärts drängen. Während Zeit für sie eine große Rolle spielt, haben die Eingeborenen in ihrer

Sprache nicht einmal ein Wort dafür. Sie kennen keinen Zeitbegriff, der unserem westlichen Verständnis ähnelt.

Nach zwei Wochen Höllenfahrt erreicht der Konvoi den höchsten Berg der Macdonnell-Ausläufer, Mount Liebig. Es ist ein weißblauer Basaltriese, 350 Kilometer westlich von Alice Springs. Die Pintupi- und Walpiri-Aborigines nennen ihn *amanyturrngu*. In der Nähe lagern seltsam geformte Steinkissen, *wimparrku*, wo die Regenbogenschlange in der Traumzeit aus der Erde gestiegen sein und ihre Reise nach Norden begonnen haben soll. Geologen erkennen in den Säulen vulkanische Pfropfen, die sich vor Hunderttausenden von Jahren in einem Vulkan gebildet hatten. Erosion schliff die Vulkankegel ab und ließ nur noch das härtere Gestein der Stöpsel übrig, die wie Wachtürme an der südöstlichen Flanke des Mt. Liebig stehen.

Spektakuläre Canyons, verwunschene Bergspitzen im Morgennebel, in Purpur, Grau und Blau getaucht, wenn die Sonne aufgeht. Das Mulga-Buschland wechselt hier in Flecken voller Wüsteneichen. Mit europäischen Eichen haben die Bäume allerdings nichts gemein. Sie sehen eher wie Trauerweiden aus, mit langen, dunkelgrünen Nadeln, die sich wie stumpfer Stoff anfassen. Die jungen Bäume gleichen riesigen zusammengefalteten Schirmen. Blakeley bewundert zahlreiche Fels-Kängurus, Wallabys, die in Sekunden steile, 60 Meter hohe Berghänge empor hüpfen, als gelten die Gesetze der Gravitation nicht für sie.

Als Colson seinen Chevy den Uferhang des tief liegenden Flussbetts am Fuße des Berges hinaufjagt, beschädigt ein Baumstumpf das Differential. Da unbedingt Ersatzteile besorgt werden müssen und sich Captain Blakeston-Houstons Urlaub dem Ende zuneigt, wird beschlossen, einen Wagen nach Alice Springs zurückzuschicken, damit Colson Ersatzteile beschaffen und Coote gleichzeitig die »Gipsy Moth« überführen kann.

Inzwischen präpariert der Rest der Mannschaft im flachen Terrain eine Landebahn für den kleinen Doppeldecker. Ein knallharter Job. Salzbüsche müssen ausgegraben, Steine eingesammelt,

Dutzende Mulgabäume gefällt, Baumstümpfe mit Hilfe von Motorwinden aus dem Boden gerissen und unzählige Spinifex-Polster ausgegraben werden, bis eine Strecke von 450 Metern gesäubert ist. Die Zeit bis zur Ankunft der »Gipsy Moth« reicht kaum für diese »Sklavenarbeit«, wie sie der Buschmann Blakeley später nennt. »Und Abermillionen Fliegen, nicht zu vergessen die Ameisen, die in Schichten anzugreifen scheinen.«

Endlich haben die Männer Gelegenheit, das Funkgerät auszuprobieren und mit der inzwischen unendlich fernen Zivilisation Verbindung aufzunehmen. Und dann die große Enttäuschung: Das empfindliche Gerät kann zwar Nachrichten empfangen, aber der Sender hat bei der harten Schütteltour den Geist aufgegeben. Spaß haben die frustrierten Männer dennoch mit dem lädierten Apparat. Wie immer grinsend, lässt sich Mickie die Kopfhörer aufsetzen. Als er plötzlich das knatternde Geräusch atmosphärischer Störungen hört, springt er wie von einer Tarantel gestochen auf, das Gesicht vor Entsetzen verzerrt. Lasseter, Sutherland und Taylor gelingt es nur mit Mühe, den starken, schweren Mann niederzuhalten und allmählich zu beruhigen. Plötzlich lacht der liebenswürdige Kerl wieder und verdreht erstaunt die Augen. Mickie hört Musik, Mickie ist entzückt, Mickie wird zum Radio-Enthusiasten. Jazzrhythmen übertragen sich auf seine nackten Füße. Immer wieder springt der schwarze Kerl auf und untersucht das Funkgerät, hebt es hoch, schüttelt und horcht, aber nie gelingt es ihm, die versteckten Männer zu erwischen, die diese fremde Musik machen. Wann immer die Expedition Halt macht, will Mickie »big fellow *corroborree*« hören.

Die Macdonnells aus der Vogelperspektive

Der Rückweg von Coote und Colson nach Alice Springs dauert auf der vom Konvoi planierten Strecke kaum zwei Tage und der Rückflug mit dem Doppeldecker zum Aii Creek nur wenige Stunden.

Sieben Jahrzehnte später klettere ich in die älteste noch fliegende »Gipsy Moth«, einen knallrot gespritzten Oldtimer, der im Film die Rolle der »Golden Quest« übernimmt. Es ist ein aufregendes Gefühl, in einer offenen Kanzel zu sitzen und die Haare vom Fahrtwind zerzausen zu lassen. Die Flügel der »Zigeunermotte« sind mit silberschimmernden Plastikbahnen bespannt. Ihr stolzer Besitzer, David Salter, spielt den Piloten Errol Coote. Unter uns erstreckt sich die gleiche Landschaft wie dazumal. Die einzige Ausnahme sind die Asphaltstraßen Tanami, Namatjira und Larapinta, die bald in staubig rote Sandpisten übergehen. Unter uns ziehen sich die Macdonnell Ranges Hunderte Kilometer hin. Tiefe Täler werden von steilen, in peniblem Ordnungssinn parallel angeordneten Felsrippen flankiert. Aus der Luft sehen sie wie zu Stein erstarrte Brandungswellen aus. Die Aborigines glauben, dass in der Schöpfungszeit Raupen, zehntausendmal größer als Dinosaurier, ihre Schleifspuren durch die Welt gezogen haben. Die Felskette, die sich wie ein riesiger Lindwurm über der flachen Ebene erhebt, ist zum viel besuchten Nationalpark geworden. Wildromantische Schluchten zerfurchen die Bergkette: Simpson Gap, Serpentine-, Ormiston- und Glen Helen Gorge. Das trockene Bett des Finke River durchschneidet die Landschaft wie eine rote Wunde. Der Finke ist mit 350 Millionen Jahren einer der ältesten Flüsse der Welt.

Immer wieder blinkt die glitzernde Wasserfläche kleiner Felstümpel auf. Viele Wasserstellen überdauern in den Macdonnells auch die heißesten Sommer. Errol Coote erkannte aus der Luft, dass die Spuren des Konvois bisweilen dicht an einer Wasserquelle vorbeiführten, ohne dass sie jemand bemerkt hätte. Sie zeugen von der großen Schlange, die sich bei der Erschaffung der Welt durchs Land wand und ihren Bauch mit Wasser füllte, bis die Flussläufe ausgetrocknet waren und nur noch am Fuß der Gebirge Wasser übrig blieb.

Die Landschaft abseits der Berge wirkt nach einigen Stunden Flugdauer monoton und einschläfernd. Grasflächen wechseln immer wieder mit ausgedehnten Mulgabüschen, staubgrünen Eukalyptusbäumen und dichten Flickenteppichen voller Spinifexhügel ab. Von oben sieht alles so einfach aus, da unten aber mussten sich die Goldsucher mühsam einen Weg durch die unberührte Wildnis bahnen.

Plötzlich taucht eine riesige Wallburg unter dem linken Flügel der »Gipsy Moth« auf, ein wild gezacktes Felsenrund mit einem Loch in der Mitte, Gosse Bluff. Vor 140 Millionen Jahren hat ein Komet die höchst attraktive Delle in den Boden geschlagen, ein Kraterrund von 13 Kilometer Durchmesser. Tiefe Risse laufen sternenförmig von den Felswänden ins Buschland. Regenstürze waschen die Rinnen seit Ewigkeiten aus. Die Mythen der Aborigines sagen, dass der Morgen- und der Abendstern, dieses leichtsinnige Paar, beim Fest der Milchstraße nicht auf ihr Kind aufpassten. Von tanzenden Sternen wurde das Balg in einer Holzschüssel, die als Wiege diente, versehentlich vom Himmel gestoßen. Nur die Wiege, *tnorala,* das Kraterrund, wurde von den Eltern gefunden.

Wie Coote steuern auch wir die Pyramide des Mount Heughlin an, dann den Kegelhut des Haasts Bluff und schließlich den Riesen der Macdonnell-Ausläufer, Mount Liebig. Deutlich sind die ebenmäßigen Reihen der Dünenhügel zu sehen, die dem Konvoi immer wieder den Weg versperrten. Die Ketten mit dem spitzen Sandgrat verlaufen alle in einer Linie: von Osten nach Westen. Die größte Formation erstreckt sich über Hunderte Meilen in einer Breite von 60 Kilometern. Im flachen Morgenlicht verbirgt sich die eine Hügelseite im Schatten, während das Rot des Dünensandes auf der Sonnenseite hell leuchtet.

Bob Lasseter erklärt, woher das berühmte Rot der Erde Australiens kommt. Vor 80 bis 100 Millionen Jahren, als hier noch ein warmfeuchtes Klima vorherrschte, sammelten sich im Untergrund große Wasserreserven an, die Spuren von Eisen und Silizium aus dem Sandstein lösten. Während immer wiederkehrender Trockenperioden wurden die aufgelösten Mineralien über kapillare Systeme nach oben gesaugt und an der Erdoberfläche abgelagert, wo die Eisenpartikel den Quarzgneis des Sandsteins rot färbte.

Buschland

Dünen in Australien sind nicht mit dem toten Sandmeer der Sahara zu vergleichen. In der Regenzeit sind die Sandhügel in Centralia so dicht bewachsen, dass sie aus der Luft wie grüne Wellenberge aussehen. Bis zu 800 verschiedene Pflanzenarten können hier wachsen, auch eine Gummibaumart, die man wegen ihres weißen Stammes – und weil sie meist allein steht – Geisterbaum nennt.

Im Herbst 2001 haben Regengüsse die nackten, scheinbar vegetationslosen Hügel, die Lasseter und seine Kumpane sahen, in einen botanischen Garten verwandelt. Gelb blühende Mulgabüsche, Eukalyptusbäume, hartgesottene Spinifexgräser. All das Strauchwerk zeigt Zeichen eines ständigen Überlebenskampfes. Jede Wüstenpflanze ist ein Kämpfer, jede hat ihre eigene Methode entwickelt, in dieser unwirtlichen Umgebung am Leben zu bleiben, auch nach Jahren ohne einen Tropfen Regen. Als seien die Pflanzen in ihrer kurzen Lebensdauer darauf aus, besonders attraktiv zu sein, leuchten ihre Blüten in grellen Farben, das Pink der kleinen Wüstenrosen, das Dunkelrosa der Myrte, das Eigelb der Salzlöffel Daisy, das Lila des Busch-Hibiskus, das Zitronengelb der Akazien- und Mulgabäume schaffen eine Farbsymphonie. Der Bohnenbaum imponiert mit leuchtend roten Blüten. Seine flügelartigen Blätter erinnern an die Schwingen von Fledermäusen. Die großen, bohnenartig geformten Schoten tragen rote Samen, die Aboriginal-Frauen zu Ketten aufreihen.

Um seinem skeptischen Enkel Ben zu beweisen, dass man auch die großen, gelben Blumen der Honey Grevillea essen kann, macht sich Bob Lasseter über den blühenden Busch her und verspeist ein Büschel nach dem anderen. Natürlich kosten wir alle, können dem süßen Geschleim aber nicht allzu viel abgewinnen.

Überall ist Leben in dieser angeblich »toten Wüste«. Uns fallen seltsame kleine, zwölf Zentimeter hohe Wallburgen aus den langen Nadeln der Wüsteneiche und aufgeworfenem, rostfarbenem Sand auf, in deren Mitte ein Loch in die Erde führt, als wäre es ein Vulkan aus Sand. Es sind die Wälle, mit denen die Mulga-Ameisen ihre Wohnlabyrinthe vor dem Eindringen von Regenwasser schützen. Selten sieht man einen jener berühmten Dornenteufel, deren lateinischer Name viel über ihr Aussehen aussagt, *Moloch horridus*. Das kleine, bis zu 15 Zentimeter große Reptil scheint tatsächlich aus der Traumzeit zu stammen. Der fette, zerknautscht wirkende Körper ist mit großen, konischen Stacheln und Dornen bewehrt. So hässlich die Echse auch aussehen mag, so eindrucksvoll ist das kunstvolle Muster des noppenartigen Panzers voller gelber und ockerbrauner Flecken. Am Kopf wächst dem Drachenwinzling ein Horn, wie bei einem Rhinozeros, während er mit einem aufragenden Stachelschwanz droht.

Eine Lieblingsspeise der Aborigines sind Goanas, Reptilien, die eine beachtliche Größe erreichen können. Der *Goana Varanus giganteus* ist nach dem Komodo-Drachen in Indonesien die größte Echse der Welt; sie kann bis zu zwei Meter lang werden. Nirgendwo gibt es eine größere Artenvielfalt als in Australien. Die meisten Goanas, die wir aufscheuchen, sind kaum größer als 50 Zentimeter. Ihr Panzer sieht aus wie Schlangenhaut. Die Rückenpartie ist mit schwarz umrandeten, cremig gelben Flecken gesprenkelt. Da sie keineswegs scheu und offenbar höchst neugierig sind, können Aborigines die Leckerbissen leicht fangen und in heißer Glut rösten. Das Fleisch schmeckt wie eine Mischung aus Hühnerfleisch und Fisch.

Im Gegensatz zu den Goldsuchern, die während einer lang andauernden Trockenperiode reisten, sehen wir überall in der regennassen Landschaft kleine Wassertümpel, die wegen einer grüngrauen, Markstück großen Krabbenart Krabbenlöcher genannt werden. Wie Frösche so überdauern auch Krabben lange Trockenperioden, indem sie sich tief in den Wüstenboden graben. Beim ersten Anzeichen von Regen krabbeln sie zu Tausenden an die Oberfläche. Viele der Tiere in den Löchern haben sich nicht verändert, seit die ersten Amphibien das Wasser verlassen haben. Ähnliche Arten findet man nur noch im tropischen Regenwald von Neuguinea oder Neuseeland. Wie aus dem Nichts tauchen plötzlich große Vogelschwärme auf. Das Wasser zieht Wachteln an und weiße Kraniche, goldgelbe Regenpfeifer, verschiedene Gänsearten und vor allem die majestätischen Brolga, die bis zu einem Meter groß werden. Hunderte Galah-Kakadus schwärmen mit wippenden Häubchen über den Baumkronen. Ihr Kreischen geht auf die Nerven, aber ihre Schönheit – das strahlende Weiß und der pinkfarbene Bauch – entschädigt einen für das unmelodische Geschrei. Die Pink-Kakadus wirken in ihrem babyrosa Federkleid fast kitschig. Schon von weitem ist das menschenähnliche Gelächter des Kookabura zu hören, der im Volksmund »Lachender Hans« heißt. Er ist ein Verwandter des Eisvogels und wird von den Ureinwohnern als Beschützer verehrt, weil er sich von giftigen Schlangen und Ungeziefer ernährt und sein geisterhaftes Lachen sie warnt und weckt. Ebenso häufig sieht man Australiens Meistersinger, den Leierschwanz, einen kleinen Laufvogel, der alle Geräusche des Buschs täuschend echt nachahmen kann. Besonders eindrucksvoll sind die aufgeblasenen Tänze und seltsamen Trompetentöne des majestätischen Brolga, mit denen die Männchen die Weibchen umwerben. Sie sehen so komisch aus, dass sie den Vogelfreund George Sutherland immer wieder zum Lachen bringen. Blakeley meint, die Menschen sollten statt Tango lieber »Brolga« tanzen.

Nach neun Tagen kündigt das Dröhnen von Flugzeugmotoren die Ankunft der »Golden Quest« an. Das Flugzeug hat die 390 Kilometer in zweieinhalb Stunden überflogen, die Wagen haben dafür zwei Wochen gebraucht. Zum Glück reißen Mulgazweige nur ein paar Löcher in die Leinenbespannung der »Gipsy Moth«, als Coote über das zu kurze Flugfeld hinausschießt. Ein paar aufgeklebte Leinenflicken beheben den Schaden schnell, bevor die Maschine gesichert und vorläufig am Aii Creek geparkt wird. Mickie, der halb zivilisierte Farmarbeiter, ist fasziniert von dem lauten Vogel, dem »big fellow bird«, der vom Himmel kommt. Er staunt über die wirbelnden Propeller. »Good fellow boomerang this one«, stellt er fest und betastet staunend die dünne Bespannung. Als Coote Mickie augenzwinkernd einen Freiflug anbietet, rennt er entsetzt davon. Mickie glaubt, das Flugzeug wäre einer der Ahnen aus mythischer Vorzeit, der die Erschaffung der Welt verschlafen hat.

Traumzeit

Billy Warra versucht uns mit stockender Stimme etwas über die Glaubenswelt seines Volkes zu erzählen, aber die Verständigung ist so mühsam, dass ich mich lieber auf die Forschungsergebnisse von Ethnologen und Anthropologen verlasse. Das Schöpfungsepos der Aborigines zählt wohl zu den faszinierendsten Mythen der Völker. Für uns, die Kinder der Aufklärung, die von einer rationalen Welt geprägt sind, ist es äußerst schwierig, die Vorstellungen der Eingeborenen in unsere Gedankenwelt zu übertragen. Die Kultur der Aborigines ist von der Erinnerung an den Ursprung des Lebens bestimmt. Weltanschauung und Gedankenwelt sind von der Überzeugung geprägt, dass Vergangenheit, Gegenwart und Zukunft eine untrennbare Einheit bilden. Nach Vorstellung der Aborigines wachten in mythischer Vorzeit, *tjukurpa,* die heute als »Traumzeit« bezeichnet wird, Traumzeitwesen, *altjirangamitjina,* aus ihrem Dauerschlaf auf und stiegen an die Oberfläche, wo sie die Gestalt der Erde schufen. Wo immer die Traumzeitwesen auf ihren Wanderungen alltägliche

Dinge vollbrachten, Feuer entfachten, Lager aufschlugen, nach Wasser gruben, entstanden Teile der späteren Landschaft. Nachdem die Lebewesen nach ihrem Vorbild erweckt waren, verwandelten sich die Ahnenhelden in Form von *tjuringa* in Berge, Bäume und Wasserlöcher, Känguru, Schlange und Emu. Nach der Schöpfung zogen sich die Mythenwesen wieder unter die Erde zurück und fielen in einen zeitlosen Schlaf. Die »göttlichen« Gestalten gaben der Welt eine zeitlose Ordnung, nach der sich die Menschen in Zukunft in allen Lebenslagen richten müssen. Die Nachkommen ahmen das Verhalten der Ahnenwesen nach, wie sie nach Wasser gruben, wie sie jagten oder Feuer machten. Da die Vorfahren gute und böse Anlagen hatten, kämpften sie auch untereinander, wie später die Menschen. Ihre Macht, Regen oder Dürre, Leben und Sterben, Hunger oder Überfluss zu schaffen und für die Vermehrung von Menschen, Tieren und Pflanzen zu sorgen, ist so lange gewährleistet, wie ihre Nachkommen, die Menschen, durch überlieferte Tänze und Gesänge den andauernden Schöpfungsprozess garantieren. Die verschiedenen Stammesverbände halten ihre rituellen Feste, *corroborrees,* an den Verwandlungsorten der Vorfahren ab. Diese heiligen Plätze dürfen nur von Eingeweihten betreten werden. Bei geheimen Riten schwingen Aborigines in kreisförmiger Bewegung ein klingenartiges Holz an einer Schnur um den Körper und erzeugen dabei dröhnende Töne. Das Summen des Schwirrholzes ahmt die Stimmen der Ahnen nach und gilt als deutliche Warnung, einer geheimen Handlung fern zu bleiben.

Aborigines glauben, dass jeder Mensch von einem Traumzeitahnen abstammt, der einst die Gestalt eines bestimmten Tieres angenommen hat. Wissenschaftler nennen diese Verbindung Totemismus. Wie bei vielen anderen Naturvölkern, etwa den Indianern Nordamerikas, bestimmt der Ahnenkult die Sozialstruktur der Aborigines. Eingeborene mit demselben Totem innerhalb eines Stammes, Emu-, Schlangen-, Ameisen- oder Känguru-Menschen, gelten als verwandt und dürfen deshalb nicht untereinander heiraten. Da jedes Mitglied einer Gruppe von einem der mythischen Vorfahren abstammt und wiederum in dem Gebiet lebt, das sein Ahnenheld geschaffen hat, ist jeder aufs Engste mit seiner natürlichen Umgebung verbunden, den Bergen, Felsen, Bäumen, Wasserläufen.

In den Liedern der Aborigines sind vor allem die Wanderungen der Mythenwesen festgehalten. Ethnologen nennen sie »mündlich überlieferte Landkarten«, denen die Nomaden bei ihren Wanderungen von Wasserstelle zu Wasserstelle folgen. Sie sprechen von »songlines« oder »Traumpfaden«, Linien, die mythische Orte und Ereignisse beschreiben. Jede Gruppe eines Stammes folgt den ererbten Pfaden. Zeitliche Dimensionen sind den Aborigines fremd, ihre Welt konzentriert sich auf Ortsbeschreibungen. Die Landschaft ist für den Eingeborenen lebendig, Teil seiner Selbst, weil das Naturverständnis untrennbar mit seinen religiösen Vorstellungen verbunden ist. Wer nach dem Ursprung der Schöpfungsmythen sucht, die sich bis in Einzelheiten an der Natur orientieren, findet ihn in der totalen Abhängigkeit der Nomaden von der Natur. Jeder Aboriginal muss wissen, zu welchem Zeitpunkt Wasserlöcher zu finden sind, welche Früchte gerade an welchem Ort reifen oder wo jagdbare Tiere zu finden sind. Auf ihrer ständigen Nahrungssuche legten die Wildbeuter im Laufe eines Jahres Hunderte Kilometer zurück, um die Versorgung sicherzustellen, und folgten dabei den Traumpfaden.

Zickzackkurs am Südlichen Wendekreis

Die wieder vereinten Goldsucher sichern das Flugzeug und machen sich auf zur Höllenfahrt nach Illbilba, 160 Kilometer westlich. Einzeln stehende Mulga- und Akazienbäume erzwingen einen Zickzackkurs. Die Männer geraten ins Gebiet der Sandhügel: vor sich immer neue Dünenbarrieren, die sich häufig so weit erstrecken, dass sie nicht umfahren werden können, sondern im mühsam direkten Anlauf überwunden werden müssen. Fünf Stunden dauert allein die Überquerung des Sandbetts des Derwent River. Jeden Tag starten sie um 7 Uhr und schlagen nicht vor 9 Uhr abends das Lager auf. Ein mörderisches Pensum. Außer den ausgetrockneten Strünken des Spinifex, die sich in den Wüstenboden krallen, ist das Land verbrannt und ausgedörrt. Aber die Wüste ist nicht tot, sie lebt.

61 Jahre später fahren wir durch Felder voller Pusteblumen, deren Myriaden Samen die Wagen in dichte, samtschimmernde Wolken hüllen, leuchtend rote Honigblumen, gelbe Myall-Büsche, meterhohe Samenhalme blühender Spinifexgräser schwingen im Wind wie Weizenfelder. Am Warren Creek staunen die Wüstenfahrer zum ersten Mal über Millionen Schoten, die wie rote Teppiche unter Bohnenbäumen liegen.

Wir fahren wie die Expedition entlang des Südlichen Wendekreises. Jede der beiden eingebildeten Linien, die die äußersten Punkte des jährlichen Sonnenlaufs markieren, bezeichneten Sternenforscher im antiken Griechenland als *tropos,* Wendekreis. Am 21. Juni erreicht die Sonne den nördlichsten Punkt, wenn das Sternbild des Krebses am Himmelszelt erscheint. Am 22. Dezember wechselt die Sonne ihre Bahn südlich des Äquators, wenn das Sternbild des Steinbocks auftaucht. Die C. A. G. E.-Truppe reist also zu einer Jahreszeit, in der die Tage lang und die Nächte kurz sind.

Wir passieren Wimpirrinya, eine Ansammlung von Granitfelsen, die bei den Aborigines als wichtiger zeremonieller Ort für das Emu-Totem gilt. Die Goldsucher sehen die Zeichen an den Wänden nicht, Emuspuren und konzentrische Kreise. Mickie wird unruhig, als er überall Holzspäne findet. Aborigines haben sich hier erst vor wenigen Tagen Bumerangs geschnitzt und Speere über dem Feuer erhitzt, um das gekrümmte Holz gerade biegen zu können. Schon vor Tagen hat Mickie die ersten Abdrücke nackter Füße entdeckt. Als Taylor den »Blackboy« auch noch neckt, »dich essen sie als Ersten, du bist der Fetteste!«, verzichtet er darauf, nachts nach Eingeborenenart abseits neben seinem eigenen Feuer zu schlafen, und verkriecht sich fortan sicherheitshalber unter einem Lastwagen.

Voller Erwartung drängen die Männer voran. Neues, unbekanntes Land liegt vor ihnen, das noch nie ein Weißer betreten hat. Das Unbekannte lockt sie und natürlich das erhoffte Gold. Frohgemut singen sie: »Sayling up the Clyde, sayling up the Clyde, back to Bonnie Scotland, where the old folks bide …« Sie haben die turmartigen Blanche Towers hinter sich gelassen, die letzten Bergburgen der Macdonnells. Mount Udor taucht im Westen auf. Wie das Mähnenhaupt eines Löwen thront der Berg über den Sandhügeln. Gigantische Felsbrocken türmen sich am Fuß der langen Wand des Bergrückens, der von zahlreichen Höhlen durchbrochen wird. Heilige Stätten der Eingeborenen. Für Fremde ist der Platz tabu. Das ist das Gebiet der Jumu. In zwei Jahren wird hier eine Pockenepidemie ausbrechen und die Jumu ausrotten. Pintubi- und Ngalia-Gruppen usurpieren später das Gebiet.

In der Ferne steigen die Bergrücken der Ehrenberg-Range auf. Sandhügelketten blockieren den Weg, so weit das Auge reicht. 25 Meter hoch, 350 Meter breit, weicher, fließender Sand. Immer wieder müssen mühsam Gräben gezogen und mit Spinifex aufgefüllt werden, um die Lastwagen über die Hindernisse zu bugsieren. Äußerst vorsichtig müssen die Männer hantieren. Grüne, etwa 45 Zentimeter lange Giftschlangen ringeln sich bevorzugt in Spinifexbüschen. Dutzende der gefährlichen Vipern schlagen sie tot. »Feuer unter dem Thorny!«, brüllt Taylor plötzlich. Rauch quillt unter dem Thornycroft hervor. Der Auspuff ist glühend heiß, trockenes Gras fängt Feuer, Flammen schlagen hoch. Der Thorny hat die gesamte Verpflegung geladen, und dicht dahinter steht Colsons Chevy mit über 2000 Litern Benzin. Die entsetzten Männer ersticken den Brand in aller Eile mit Sand, um eine Katastrophe zu verhindern. Im Outback stranden, ohne Verpflegung und Wasser, das bedeutet fast den sicheren Tod.

Und der Traum vom Berg aus Gold? So kurz vor dem Basislager sind die Nerven aufs Äußerste angespannt. »Wir krochen so langsam voran«, schreibt Coote, »dass sogar die Fliegen mithalten konnten, und sie attackierten in riesigen Armeen.«

Die knochenbrecherische Schufterei, Hitze am Tag und bittere Kälte in der Nacht und dann die drohende Katastrophe, all das ist Nährboden für den nächsten hasserfüllten Streit, der die Mannschaft erschüttert. Wie so oft fängt es mit einer Nörgelei an, die in einer bitteren Auseinandersetzung zwischen Lasseter und Blakeley endet. »Ich traue dir schon seit Alice Springs nicht«, schreit Blakeley, und der jähzornige Rivale kontert aufgebracht: »Das ist mir schon lange klar! Dir brauche ich keine Rechenschaft zu geben. Verdammt, ich haue ab! Mit dir gehe ich keinen Meter mehr. Aber vorher sollst du was erleben«, brüllt er mit hochrotem Kopf. »Los, komm her, die Fäuste hoch, lass es uns auskämpfen!« Peinliche Auftritte, die den Männern den Traum vom Gold immer mehr vermiesen.

Absturz der »Gipsy Moth«

In den Ehrenberg Ranges gibt es seit undenklichen Zeiten Wasser. Es wird von einem unterirdischen Reservoir gespeist, das den Wasserspiegel immer auf gleicher Höhe austariert. Die Eingeborenen nennen den Platz *illbilba*. Das Wasserloch ist der Ausgangspunkt eines Traumpfads der Honigameise, wo die Schöpfungsahnen in Gestalt von Honigameisen ihren Weg nach Osten nahmen. Es ist einer der heiligsten Orte der Aborigines in Centralia. Die Goldsucher kennen die Legenden nicht. Für sie ist Illbilba das Tor zu einer Welt, die ungeheuren Reichtum verspricht. Hier beruhigten sich die aufgeregten Gemüter wieder. Nach 640 Kilometer Höllenfahrt bauen die Goldsucher ihr Basislager auf, von dem aus das vermeintlich so nahe Gold gezielt gesucht werden soll. Zwei Tonnen Verpflegung werden abgeladen. Über

100 Pfund kostbare Butter sind noch übrig, jede Menge Trockengemüse und sechs große Schinken. Die Männer haben es satt, immer wieder Sutherlands Damper zu essen, aus Backpulver und Mehl angerührtes Brot, das unter heißer Asche gebacken wird und üble Blähungen verursacht. »Dynamit-Brot« nennt man es im Outback. Endlich bleibt Zeit, genießbare Mahlzeiten zu kochen. Die Stimmung wird immer fröhlicher. Launiger Gesang war schon lange nicht mehr zu hören. Trotz der Differenzen zwischen Lasseter und Blakeley hat sich eine enge Kameradschaft gebildet. Bei all der Schufterei ist das eigentliche Ziel der Expedition in den Hintergrund getreten. Endlich wird wieder über das Goldriff gesprochen, »zehn Meilen lang, zweieinhalb Meter breit und mehr als drei Unzen pro Tonne.« Kein Wunder, dass immer wieder die Frage gestellt wird: »Was machst du mit deinen Millionen?«

Während Coote die »Golden Quest« vom 100 Kilometer entfernten Aii Creek nach Illbilba überführen soll, hat Colson den Auftrag, in Alice Springs Nachschub zu besorgen. »Geh kein Risiko ein, Coote«, mahnt Blakeley. »Wenn du nach drei Tagen nicht gelandet bist, folgen wir eurer Spur zum Aii. Wenn du notlanden musst, rührst du dich nicht vom Fleck. Kampiere auf der höchsten Erhebung, zünde am Tage Rauch- und nachts Signalfeuer an, dann finden wir dich.« Als der Doppeldecker am dritten Tag noch nicht zu sehen ist, beginnt für die zurückbleibenden Männer eine Zeit größter Anspannung. Vergeblich lässt Blakeley jeden Abend die höchste Erhebung besetzen und Signalfeuer brennen, die mindestens 50 Kilometer weit zu sehen sein müssen. Am Abend des vierten Tages schließlich machen sich Blakeley, Sutherland und Taylor auf die Suche nach dem vermissten Flugzeug. Lasseter und Mickie bleiben zurück und bewachen das Camp.

»Wir starteten zum wüstesten und härtesten Trip, der je mit einem Motorfahrzeug unternommen wurde«, schreibt Blakeley, der ein jähes Ende der Expedition befürchtet. Er hat das Gefühl, dass ihn ganz Australien beobachtet. Sogar in England wartet man sehnsüchtig auf erlösende Nachrichten. Sollte das Gold tatsächlich gefunden werden, würden neue Einwanderungswellen Australien überrollen, um dem hoffnungslosen Elend in Europa zu entfliehen. Und er, Blakeley, hält den Zipfel in der Hand, an dem sich die gebeutelte Nation aus dem wirtschaftlichen Elend ziehen könnte. Hoffentlich ist nichts passiert.

War die Buschfahrt schon am Tage eine Herausforderung, die an die Grenzen der Leistungsfähigkeit ging, so macht sie die Nacht zum unkalkulierbaren Risiko. Blakeley sucht mit einem starken Scheinwerfer die Piste ab, während Taylor den Thornycroft-Laster auf der ausgefahrenen Spur zu lenken versucht. Die Männer sind gleichzeitig aufs Äußerste erregt und konzentriert. Die Bremsen kreischen, wenn im Lichtkegel plötzlich mannsgroße Termitenhügel oder Felsbrocken auftauchen. Bäume und Büsche gleiten vorbei und werfen schnell wechselnde, geisterhafte Schatten. Krachend fährt der Laster in tiefe Löcher oder springt unkontrolliert über scheinbar endlose Spinifex-Haufen. Mulga-Äste peitschen gegen die ramponierte Karosserie, und wenn sie im Sand stecken bleiben, müssen Sutherland und Blakeley alleine die schweren Kokosmatten auslegen, die bisher sechs Männer vor die durchdrehenden Reifen hievten. Am gefährlichsten sind die spitzen Äste und Baumstämme, die auf der Herfahrt umgefahren wurden und jetzt wie aufgepflanzte Speere einer Wehranlage auf den Ansturm des Lastwagens warten. Immer wieder stoßen sie in die ungeschützte Fahrerkabine und drohen die Insassen aufzuspießen. Die aufregende Wartezeit, die verrückte Fahrerei, die höllische Piste, irgendwann befreien sich die Männer mit herzhaftem Lachen und Gesang. Phil Taylor beginnt seine Nerven gerade grölend zu beruhigen, »The girl I left behind«, da kracht der Lastwagen mit solcher Wucht gegen einen Gummibaum, dass die Kühlerhaube eingedrückt wird und alle Lampen zersplittern. Zitternd sitzen die Männer im Dunkeln, wischen sich Blut aus dem Gesicht, klauben Glassplitter aus Kleidung und Haaren und versuchen mühsam, die Fassung wiederzugewinnen.

Stolz und Hoffnungsträger der Expedition: die »Golden Quest«. Den Absturz überlebte der Pilot Errol Coote mit schweren Verletzungen.

Im Morgengrauen flicken sie vier zerstochene Reifen – 43 Reifenpannen haben sie auf der Strecke insgesamt –; sie reparieren den zerbeulten Wagen notdürftig, nageln Bretter vor den Windschutz der Kabine und lassen nur einen schmalen Sehschlitz für den Fahrer frei. Aber was ist mit Coote? Vier Tage sind inzwischen vergangen, da bleibt wenig Hoffnung. Welch eine Erleichterung, als in weiter Ferne endlich die Silhouette der »Golden Quest« zu sehen ist. Doch welches Entsetzen, als zu erkennen ist, dass das bunt bemalte Flugzeug auf dem Kopf steht, die Nase 40 Meter neben der Landebahn tief in den Sand gebohrt. Die drei rennen zum Wrack und fürchten das Schlimmste. Das Cockpit ist eingedrückt, Blutspitzer auf der zerbrochenen Anzeigentafel. Eine hastig gekritzelte Nachricht von Colson beruhigt die aufgeregten Männer etwas. »Errol ist noch einmal davon gekommen. Hat tiefe Schnittwunden am Oberschenkel. Nur leicht am Kopf verletzt. Fahre ihn nach Alice.« Was hat man sich doch für Wunderdinge von der schmucken »Gipsy Moth« erhofft. Lasseter sollte mit ihr aufsteigen und souverän das Gelände sondieren.

Was hätte da noch schief gehen können? Aus der Luft wären die Landmarken sicher leicht auszumachen gewesen, die drei Hügel oder Berge, die wie zwei Frauenhauben und ein Quäkerhut aussehen sollen.

Taylor hat das Motorengeräusch des Chevy schon lange vor Colsons Ankunft gehört. Eine Tonne Benzin hat er geladen. »Es war fast windstill, als Errol abzuheben versuchte«, berichtet der Buschmann seinen Kameraden. »Der Vogel kam erst nach 270 Metern hoch. Die restlichen 75 Meter reichten einfach nicht aus, um Höhe zu gewinnen und die hohen Bäume am Ende der Runway zu überfliegen. Der Motor fing an zu stottern, und dann streifte Errol eine Krone, die Maschine schmierte nach rechts ab und haute gegen den dicken Stamm da drüben. Ich dachte, Errol hat's erwischt, er war ja blutüberströmt. Aber dann habe ich ihn schnell aus dem Cockpit gezerrt, weil ich glaubte, das Wrack fliegt gleich in die Luft. Bin 22 Stunden nonstop durchgefahren und hab' den tapferen Kerl im Hospital abgeliefert. Die Holperei auf der Buckelpiste war eine Tortur für Errol. Zwei Rippen sind auch noch gebrochen, aber der ist bald wieder ok.«

Fred Colson bringt nicht nur eine Tonne Benzin aus Alice, sondern auch aufregende Nachrichten. Ein Telegramm vom Syndikat in Sydney: »Halb Australien ist unterwegs, um Claims in Centralia abzustecken!«

Dazu passt eine Nachricht, die Colson von einem Goldsucher aus Kalgoorlie in Westaustralien erhalten hat. Ein Halbblut habe ungewöhnlich reiche Gesteinsproben vorgelegt, fast reines Gold. Sie sollen von der Warburton Range stammen, einem Platz mit dem Namen »Drei Schwestern«. In ein paar Monaten soll eine Expedition ins Fundgebiet starten. Nun, südlich der Warburton und Musgrave Range, das war schon auf den ungenauen Karten mit den vielen weißen Flecken von 1930 zu sehen, sind in den Blyth-Bergen drei Hügel mit dem Namen »The Sisters« eingezeichnet. Ein fast unbekanntes Gebiet, das zwar viel weiter südlich liegt als Lasseters Goldriff, aber zumindest zu bestätigen scheint, dass der Goldjunge im viel versprechenden Land fündig geworden ist. Merkwürdig, dass Possum auch einmal von Hügeln gesprochen hat, die wie drei schwatzende Frauen aussehen. Kündigt sich da ein Wettrennen um den Goldhort an, oder brodelt nur die Gerüchteküche?

Blackfellows

Bevor Blakeley, Taylor und Sutherland nach Illbilba zurückkehren, nehmen sie am Aii Creek die ramponierte »Golden Quest« auseinander. Colson bringt die Einzelteile nach Alice Springs, von wo sie nach Adelaide zur Reparatur geschickt werden.

In Illbilba begegnen sie zum ersten Mal Myalls. Jeden Tag hatten sie damit gerechnet, auf Eingeborene zu stoßen, Blackfellows, schwarze Menschen: Blakeley voller ethnologischer Neugier, Lasseter mit Vorsicht und Mickie voller Angst. Vorsicht ist tatsächlich geboten, werden doch Weiße gelegentlich von Eingeborenen mit Speeren getötet. Als die ersten Weißen mit Kamelen ins Outback kamen, waren die Aborigines neugierig, aber nicht kriegerisch. Als aber die Fremden Eingeborene zu erschießen begannen, waren sie nicht nur über die Brutalität erschrocken, sondern konnten sich auch die Gründe für die Morde nicht erklären. Wenn ein Stammesmitglied getötet wird, gebietet das Gesetz der Rache, Eindringlinge zu töten. Und so kam es zu ersten Übergriffen auf Weiße.

Die Eingeborenen glaubten schließlich, dass Kamele riesige Hunde sein müssten, die man mit Menschenfleisch füttert. Kamele sind Immigranten in Australien. Nach 1820 hatten britische Kolonialbeamte Kamele aus Indien eingeführt, um mit ihrer Hilfe das unbekannte, wüstenartige Innere des Kontinents zu erforschen. Zusammen mit den Kamelen heuerten die Briten auch Hunderte Kamelführer an, Afghanen, die einen wesentlichen Anteil an der Erschließung des Outback haben.

Bald erfährt Lasseter, dass die Schwarzen nicht nur Weißen mit großer Vorsicht begegnen, sondern auch Eingeborenen fremder Stämme. Immer wieder kommt es zu Grenzstreitigkeiten, zu Kämpfen um Wasserstellen, oder Frauen, *lubras,* werden entführt. Die Gruppen, denen die Expedition begegnet, haben eine klare Hierarchie und Disziplin. Nur die etwa 500 bis 1000 Mitglieder eines Stammes sprechen eine gemeinsame Sprache. Als Ende des 18. Jahrhunderts die ersten Weißen landeten, gab es etwa 200 verschiedene Sprachen in Australien, die wiederum in verschiedene Dialekte gegliedert waren. Grundsätzlich bildet der Stamm die linguistische Einheit. Gruppen, die aus wirtschaftlichen oder verwandtschaftlichen Gründen miteinander zu tun hatten, kommunizierten mit Hilfe von Botenstäben, auf denen Bildsymbole aufgemalt waren. Jeder Stamm folgt eigenen Bräuchen, Gesetzen und Riten, die ihn von anderen Stämmen unterscheiden. Stämme sind in Untergruppen aufgeteilt, Klans, denen ein paar Dutzend Menschen angehören, und kleine Familienverbände.

Die erste Begegnung mit Myalls fällt wenig beeindruckend aus. Ein schmutziger, dürrer Eingeborener kommt ohne jede Spur von Angst ins Lager. Eine traurige Gestalt, die entzündeten Augen dicht mit Fliegen besetzt. Das einzige Kleidungsstück ist ein fettiger Hut. Wahrscheinlich hatte der Gnom schon einmal Kontakt mit Weißen, denn Aborigines tragen normalerweise keine Kopfbedeckung. Sutherland tauft den Mann wegen des Spitzhuts und seines spitz zulaufenden Barts Rip van Winkle, kurz Rip, nach der gleichnamigen Geschichte von Washington Irving. Der amerikanische Autor beschreibt einen Mann mit langem Bart und sonderbarem Hut, der die Welt nicht mehr erkennt, nachdem er Jahrzehnte verschlafen hat. Blakeley, der immer wieder wütend aufbraust, wenn einer der Gefährten die schwarzen Besucher abfällig »Niggers« nennt, nutzt sofort die Gelegenheit, Informationen über die Gegend weiter westlich zu bekommen, aber der schwarze Besucher versteht die Zeichensprache des weißen Mannes nicht. Mickie kann auch nicht helfen; er ist ein Aranda aus der Nähe von Alice Springs und spricht ein anderes Idiom. Es fällt auf, dass Mickie viel schwärzer ist als Rip van Winkle. Der zeichnet viele Hundespuren in den Sand und deutet nach Süden, wahrscheinlich um zu zeigen, dass es dort Dingos gibt. Er hält die Männer für Dogger, professionelle Jäger, die für jeden erlegten Wildhund staatliche Prämien kassieren. Dann deutet der nackte Mann nach Westen und zeigt dabei große Furcht. Hat er Angst vor fremden Eingeborenen, oder will er vor lauernder Gefahr warnen? »Ningy! Ningy!«, wiederholt der ausgehungerte Kauz immer wieder und führt dabei die Hand zum Mund. Kaum hat Rip ein Stück Brot und drei Pfund Schinken geschenkt bekommen, verschwindet er schnell im Mulga-Gebüsch. Immer wieder erfahren Männer, die ins Innere des Kontinents vordringen, wie sehr die Eingeborenen, die tagtäglich auf mühselige Art von der Hand in den Mund leben, ohne je Vorräte anlegen zu können, vor allem von den scheinbar unerschöpflichen Vorräten der Whitefellows angezogen werden.

Rip van Winkle, der in Wirklichkeit Ngapatjukurrpa heißt, werden die Goldsucher nicht mehr los. Wo immer sie in nächster Zeit ihr Lager aufschlagen, taucht der schmächtige Mann mit seiner ganzen Familie auf, drei junge Männer, zwei Frauen und drei Kinder, von denen zwei verkrüppelt sind. Die leeren, toten Augen eines kleinen Mädchens scheinen die Umwelt nicht wahrzunehmen. Die junge Mutter beschreiben Blakeley, Coote und Taylor als wahre Buschschönheit, eine Art Kindfrau, die anscheinend stumm und anrührend unbekümmert ist. Außer Blakeley hat noch keiner der Gefährten eine nackte Aboriginal-Frau gesehen. Die Männer fühlen sich von der ebenmäßigen Gestalt angezogen und gleichzeitig abgestoßen: »Der Schmutz! Gottverdammt, wie dreckig sie ist!«, notiert Blakeley. Während der Alte immer wieder »Ningy! Ningy!« bettelt und das Handzeichen für Wasser macht, indem er die Fäuste neben seinen Mund hält, stapelt die Frau Stöckchen aufeinander und bewegt eine Hand, als würde sie das Häufchen anzünden. Sie hatten also schon Streichhölzer kennen gelernt. Blakeley schenkt den Kindern Süßigkeiten, Sutherland füllt Wasser in drei leere Blechbüchsen, und weil er keinen Behälter für die aufbewahrten Essensreste findet, schüttet er Porridge, Brot und Fleischreste in Rips dreckigen Hut. Die Männer biegen sich vor Lachen, als der »alte Trottel« den Hut aufsetzt und Haferbrei und Vanillesoße über Gesicht und Schultern kleckern.

Wann immer in der Ferne Rauchzeichen aufsteigen, scheint die kleine Familie vor Angst zu zittern. Offenbar haben sie eine unsichtbare Grenze überschritten. Die Wüstenebene, die sich über Hunderte Kilometer ausbreitet, ist besonders gut für Rauchsignale geeignet. Das allgegenwärtige Spinifexgras erzeugt schwarzen Rauch, der weithin sichtbar ist. Die Nomaden setzen die simple »Busch-Telegrafie«, mit der nur einfachste Botschaften übermittelt werden können, vor allem ein, um anderen Stammesgruppen mitzuteilen, in welche Richtung sie ziehen. Da sich Familienverbände kaum schneller als fünf Kilometer in der Stunde vorwärts bewegen und Rauch klar über eine Distanz von 20 Kilometern auszumachen ist, weiß jeder in diesem Radius, wo sich dic Nachbarn befinden. Während Weiße den geheimnisvollen Signalen besondere, zumeist bedrohliche Bedeutung zuweisen, handelt es sich in den meisten Fällen wohl nur darum, Familien das Signal »Hier sind wir!« zu übermitteln.

Rips kleine Gruppe gehört wahrschcinlich zu den letzten Überlebenden eines Volkes, das durch Stammeskämpfe oder Epidemien, die der weiße Mann ins Land gebracht hat, dezimiert wurde. Jedem Stamm und jeder Gruppe sind bestimmte, fest umrissene Territorien zugewiesen, in die kein Fremder ungestraft eindringen darf, oder *kaditscha* kommt über ihn. Kaditscha, das Wort löst bei Eingeborenen tödliche Furcht aus, die weit über physische Angst hinausgeht. Kaditscha kann durch Zeichen oder heilige Objekte verkörpert oder in der Bedeutung eines Wortes verborgen sein. Es ist eine Macht, die eine übernatürliche Welt vertritt, die Kraft eines Geistes, die durch bösartige Einflüsse gegen Menschen eingesetzt werden kann. Egal wie lange ein Aboriginal unter Weißen gelebt hat, die Furcht vor Kaditscha legt er nie ab.

Kurz vor dem Ziel

18. August 1930, vier Wochen nach dem Start in Alice Springs. Es ist höchste Zeit für den entscheidenden Vorstoß zum Ziel, zu Lasseters Wunderriff. In einem Monat beginnt die unerträgliche Hitzeperiode des australischen Sommers, da wagt sich kein vernünftiger Mensch mehr ins Outback. Wie oft hat Blakeley, immer drängender und sarkastischer werdend, Lasseter um präzise Koordinaten gebeten, aber stets hat der misstrauische Possum geschwiegen. Kaum einem der Kameraden traut er. Er will seine einzige Trumpfkarte nicht zu früh ausspielen, wie leicht könnte er sonst betrogen werden. In Illbilba aber weckt der Sonderling wieder neue Hoffnung. »Nach meinen Berechnungen nähern wir uns meinem Zielgebiet. Wir müssen uns zwei Grad Nordwest halten«, sagt Lasseter und zeigt auf der Expeditionskarte in Richtung Macdonald-See etwa 170 Kilometer westlich vom Basislager. »Ich erinnere mich, dass in der Nähe des Riffs ein Salzsee war. Ich hoffe, da einige prominente Orientierungspunkte wieder zu erkennen.«

»In welcher Richtung vom See liegt das Riff?«, fragt Blakeley skeptisch.

Aber die Antwort ist mal wieder vage: »Ich weiß nicht mehr genau. Harding und ich fanden es, drei Tage nachdem wir die Wasserstelle verlassen hatten, brauchten aber auf direkter Strecke nur einen Tag, um zum Ausgangspunkt zurückzukehren.«

»Und wo habt ihr eure Position bestimmt?«

»Auf einem hohen Berg in der Nähe.«

Der Karte nach kann das nur der Mount Marjorie im Norden des Macdonald-Sees sein. Zum ersten Mal hat die Mannschaft ein klares Ziel, und selbst der skeptische Blakeley glaubt wieder an den Erfolg. Spätestens in einer Woche wird man wissen, ob das Riff tatsächlich existiert.

Fröhlichkeit kehrt zurück und gespannte Erwartung, die auch die Strapazen der Reise nicht vertreiben können. Die Landschaft hat sich plötzlich verändert und scheint tatsächlich mineralhaltig zu sein. An die 700 Meter über dem Meeresspiegel zieht sich die Hochfläche hin. Der Geologe Sutherland findet Stücke von Quarz und Eisenstein. Aufgeregt unterbrechen die goldfiebernden Männer immer wieder die Fahrt und beklopfen Unmengen Steine. Die Kameraden sind beeindruckt. Lasseter hatte vorausgesagt, dass sich die Landschaft sehr stark verändern würde, und er hat tatsächlich Recht. Niemand, der noch nicht hier gewesen ist, könnte es wissen.

Seit Illbilba steigen in etwa fünf Kilometer Entfernung Rauchzeichen auf, sobald sich der Konvoi in Bewegung setzt. Die Männer wissen, sie stehen unter ständiger Beobachtung. Kurze wechseln mit langen Rauchstößen ab, manchmal steigen vier kurze Wölkchen nacheinander auf. So weit man sehen kann, werden die Zeichen wiederholt, die Nachricht vom Vormarsch der Weißen an entfernter lebende Gruppen weitergeleitet. Was mögen die Aborigines, diese begnadeten Fährtenleser, gedacht haben, als sie die ersten Reifenspuren entdeckten? Was sind das für Untiere, die laut dröhnend Schneisen durch das unberührte Land walzen und solche gewaltigen Spuren hinterlassen? Abdrücke nackter Füße in der Nähe der Lager zeigen, dass die Steinzeitmenschen die Lastwagen aus der Nähe bestaunt haben. Sicher haben im Gebüsch versteckte Eingeborene auch die weißen Männer gesehen. Blakeley ist erpicht darauf, endlich auf die geheimnisvollen Beobachter zu treffen, Lasseter aber schnallt seinen Revolvergurt fester: »Bei den Schwarzen ist man sich nie sicher. Sie reden mir zu viel mit ihren Signalen und scheinen überall zu sein.« Mickie beobachtet die Rauchsignale den ganzen Tag. Er verkriecht sich nachts so verängstigt unter den Thornycroft, dass die Goldsucher Mitleid mit ihrem Boy haben, der ihnen so unermüdlich dient. Um vor Überraschungen sicher zu sein, werden die Lager in Zukunft auf offenem Gelände aufgeschlagen, das mindestens 80 Meter freie Sicht bietet.

Wie verunsichert müssen erst die Ureinwohner sein. Ethnologen berichten, dass Aborigines beim ersten Kontakt mit Weißen geglaubt haben, sie sähen Wesen mit zwei Köpfen. Einen, den Hut, konnte man sogar abnehmen. Ihre Legenden aber sagen, dass nur böse Geister den Kopf bedecken. Natürlich haben schon ihre Vorfahren vor vielen Generationen von dem Vormarsch weißer Menschen gehört, Nachrichten, die von einer Eingeborenengruppe zur nächsten weitergereicht wurden, immer dem Verständnis der Menschen entsprechend etwas verändert, bis sie auch im Zentrum ankamen, wo sie geradezu mythische Dimensionen annahmen. Heute tragen fast alle Aborigines irgendeine Form von Kopfbedeckung. Man sieht sie sogar in der größten Hitze mit Strickmützen.

Drei Hügel – Drei Schwestern

Langsam sucht sich die Expedition ihren Weg durch das unwegsame Terrain, macht ab und zu gute Fahrt auf granitharten Boden. Im Norden steigen die Berge der Flinders Range auf. 1000 Meter über dem Meeresspiegel liegt das Land, und noch einmal 330 Meter höher thront Mt. Marjorie. Wie ein riesiger Keil lastet er auf der Ebene. Da die Gesteinsschichten von unten nach oben aus Schiefer-, rotem Sand- und Feuerstein bestehen, lässt sich schließen, dass der Marjorie, wie die meisten Berge der Region, vor Jahrmillionen auf einer Seite emporgedrückt wurde. Heute heißt der Berg, den die »Sandhügel-Leute« *Yunytjunya* nennen, Mt. Leisler. Ganz in der Nähe ist die Kintore-Siedlung entstanden, in der sesshaft gewordene Aborigines wohnen.

Laut einer Legende der Pintupi ist es der Kopf und der Nacken einer verärgerten *ngintaka,* einer großen Echse, was da aus der Ebene ragt. Niemand kann den Berg besteigen, weil *ngintaka* jeden Eindringling abwerfen würde. Aber davon wissen Lasseter und Blakeley nichts. Am Bergfuß entdecken die beiden einen Tunnel, der zu einer großen Höhle führt. Als Blakeley frische Fußspuren findet, ziehen sie sich sofort zurück. Der Buschmann kennt sich in der Welt der Eingeborenen einigermaßen aus und weiß, dass sie über eine heilige Stätte gestolpert sind, *kulpinya,* eine Höhle, in der die Eingeborenen Kultobjekte verstecken: geschnitzte Hölzer, *jiringa,* und bemalte Steine.

Vor dem Tunnel untersucht der Hobby-Ethnologe neugierig zwei ungewöhnliche Gräber. An die zwei Tonnen Gestein sind auf jedem Hügel in geraden Reihen aufgetürmt. Die oberen Lagen bestehen aus kleineren, eng gestapelten Steinen. An der Basis umlaufende, farbige Steine markieren die Umrisse der Toten, deren Füße nach Osten ausgerichtet sind. Am Ende der Hügel ist ein schwarzer, glatter, flacher Stein aufgestellt. Über solche Gräber ist noch nie berichtet worden.

Alles in der Traumzeit Geschaffene, alle Dinge und alle Lebewesen, wurden mit *kuranita* ausgestattet, der Essenz, die Leben bedeutet und Tod, wenn sie nicht vorhanden ist. Der *kuran* frisch Verstorbener wird besonders gefürchtet. Aborigines verstehen Krankheit und Tod nicht als Ursachen natürlicher Prozesse. Sie glauben, dass sie Folge böser Magie eines Traumzeitahnen oder eines Menschen sind. Der Geist des Toten will sich deshalb an seinen lebenden Klanmitgliedern rächen, weshalb besondere Schutzvorkehrungen getroffen werden müssen. Im Augenblick des Todes fliehen alle Verwandten des Verstorbenen sofort vom Unglücksort, lassen aber alle ihre Besitztümer zurück, um den Toten glauben zu machen, sie wären nur zu einem Jagdausflug aufgebrochen. Der Kuran des Toten sitzt am Fußende des Grabes und sehnt sich nach der Gemeinschaft der Familie oder wandert auf der Suche nach ihr ruhelos durch den Busch. Nach zwei Monaten kehren zwei Medizinmänner zum Grab zurück, fangen den Kuran und setzen ihn in den Körper eines lebenden Stammesgenossen gleichen Alters. Dadurch erhält der Geist ein neues Zuhause und bedeutet keine Gefahr mehr für die Lebenden. Der Auserwählte wird durch den Extra-Kuran stärker und vitaler. Die Eingeborenen haben auch keine Vorstellung von einem Leben nach dem Tode, da sie glauben, dass ein wiederholt verpflanzter Kuran immer älter und schwächer wird, bis er so harmlos geworden ist, dass ihn andere Geister zerstören.

Harry und Fred suchen lange vergeblich entlang der Steilwände nach einem Einstieg, aber schließlich finden sie doch einen steilen Kletterpfad zum Gipfel. Bei klarem Wetter genießen die beiden Kontrahenten in 700 Metern Höhe eine phantastische Aussicht. Weit im Süden erstreckt sich die Petermann Range, die nach dem deutschen Geographen Dr. Petermann benannt wurde. Der Macdonald-See scheint zum Greifen nahe, dabei ist die weißgrau schimmernde Salzpfanne an die 50 Kilometer entfernt. Hunderte kleiner Salztümpel schimmern im Sonnenlicht, als hätte ein Riese glitzernde Tropfen über das Land gesprenkelt. Gefährliches Terrain. Nach langen Hitzeperioden trocknen die salzgesättigten Seen aus, Kristalle bilden eine harte, 30 bis 40 Zentimeter dicke Kruste wie Eis über einen zugefrorenen See. Unter der Oberfläche verborgene weiche Partien aber können zur tödlichen Falle werden. Horrorgeschichten aus dem Outback berichten von Menschen und Tieren, die innerhalb von Sekunden im Salzbrei versunken sind. Mit dem schweren Thornycroft hat man keine Chance, da durchzukommen.

Was sich auf Mount Marjorie abgespielt haben soll, davon ist nur Blakeleys Zeugnis überliefert. Die beiden Bergsteiger haben gleich drei Uhren mitgenommen, um keine Panne zu erleben, wie Lasseter und Harding vor 30 Jahren. Mittags um 12 Uhr packt Harry Bell seinen Sextanten aus, schießt die Sonne, als sie am höchsten steht, und berechnet umständlich die Position. Ungeduldig wartet Blakeley, der keinen Sextanten bedienen kann, bis

Lasseter endlich murmelt: »Nach meinen Kalkulationen müssen wir 150 Kilometer weiter südlich suchen.«

Völlig überrascht über die plötzliche Wendung antwortet Blakeley: »Woher willst du das wissen, wenn eure Uhren damals eine Stunde und 15 Minuten falsch gingen. Du kannst doch unsere jetzige Position mit nichts in Beziehung setzen? In Sydney hast du gesagt, das Riff liegt 600 Meilen östlich von Carnarvon und 300 von Alice. Die Strecke von der Westküste bis Alice beträgt aber 1200 Meilen. Was ist mit den fehlenden 300?«

Aber mit dem verstockten Lasseter ist nicht zu reden. Er besteht darauf, nach Süden zu fahren.

»Da bist du mitten in den Petermann-Bergen«, schreit der Expeditionsleiter verzweifelt. »Ich war schon mal in der Nähe dieser Gegend und weiß, dass es da kein goldhaltiges Gestein gibt. Der Weg dahin ist nichts als unpassierbares Niemandsland, Harry. Da kommen wir nie mit den Wagen durch. Bisher haben sich nicht einmal Kameltrupps durch dieses Gebiet gewagt.« Völlig desillusioniert und um Fassung ringend, wird Blakeley wie üblich sarkastisch. »Harry, wo hast du die Geschichte eigentlich her? Erzähle mir alles, Mann.«

Aufgebracht schimpft der Gedemütigte: »Ich weiß schon lange, dass du meine Geschichte anzweifelst. Ich will, dass du mir eine faire Chance gibst. Ich gebe zu, ich habe euch bisweilen in die Irre geführt, aber nur, weil ich einigen Mitgliedern unserer Mannschaft nicht getraut habe. Wir haben unsere Probleme gehabt, aber lass uns den Streit gegraben. Gib mir noch fünf Wochen, bis die heiße Saison beginnt. Dann habe ich dich spätestens davon überzeugt, dass es kein Hirngespinst ist.«

Aber Blakeley antwortet enttäuscht: »Deine Geschichte stimmt hinten und vorne nicht.«

Lasseter zeigt auf die Karte: »Ich wollte die Information eigentlich noch zurückhalten. Siehst du die drei Hügel? Das sind die Drei Schwestern. Ich bin sicher, dass ich mich da zurechtfinde und die Landmarken wieder erkenne.«

Blakeley ist überzeugt, dass Harry noch nie in Centralia gewesen ist. Voller Verachtung für den Lügenbold kratzt er eine Botschaft auf seine Zinntasse und versteckt sie in einer Felsspalte. Darauf soll geschrieben stehen: »Sollten je wieder zwei verrückte Goldsucher zu dieser Stelle kommen und nach einem geheimnisvollen Goldriff suchen, werden sie lesen, dass sie auf den Spuren eines Traumtänzers sind.«

Abwechslung im Basislager Illbilba

Seit Tagen warten sie nun schon im Basislager Illbilba auf die Ankunft eines neuen Flugzeugs, das bei der Suche nach dem Riff helfen soll. Vergeblich durchstreift Harry die Umgebung auf der Suche nach bekannten Landmarken. Gelegentlich bringt er Steinproben mit, die allerdings keine Spuren von Mineralien aufweisen.

»In Illbilba habe ich die gemeinste Tat meines Lebens begangen«, schreibt Blakeley später. »Eines Tages öffnete ich heimlich Harrys Kiste, die er zum ersten Mal unverschlossen ließ, und durchsuchte alle seine Papiere und die Büchse, in der er seine alten, goldhaltigen Steine aufbewahrte. Es waren sieben Steine, die alle viel versprechende Goldeinschüsse hatten. In jeden Stein bohrte ich ein Loch und verschloss es mit Klebstoff. Ich habe das gemacht, um sicher zu gehen, dass mir Harry diese Proben später nicht als neue Funde unterjubeln kann.«

In den Augen von Bob Lasseter ist Fred Blakeley ein Bösewicht, der seinen armen Vater schlecht behandelt hat. Egal, welches Argument der Bushie anführt, um die Glaubwürdigkeit seines Vaters zu hinterfragen, Bob lässt sie nicht gelten. Jede Kritik an Harry Bell scheint wie ein Angriff auf die Familienehre. So sucht denn Bob als Anwalt seines Vaters nur nach Beweisen für die Aufrichtigkeit des Beschuldigten, aber nie nach Hinweisen, die ihn vielleicht als Scharlatan entlarven würden.

Rip van Winkle ist mal wieder zu Besuch, dieses Mal in Begleitung eines ungewöhnlich großen, kahlköpfigen Eingeborenen und mehrerer Frauen und Kinder. Alle Frauen tragen spitze Grabstöcke, mit denen sie Yamswurzeln, Buschkartoffeln und gelegentlich auch Kaninchen ausgraben. Sie haben längliche Holzschalen, *pitchis,* unter den Arm geklemmt, in denen sie Früchte und Samen sammeln oder bei Bedarf ihre Babys tragen. Eine Frau transportiert Wasser in einer Tasche aus Kängurufell, die mit Harz abgedichtet ist. Mickie versucht auf Anordnung von Blakeley gelegentlich schüchtern mit den Gästen zu sprechen, aber die »Wilden« haben Angst vor dem Eingeborenen in der Kleidung der weißen Männer. Der alte Rip starrt immer wieder ängstlich nach Westen und beobachtet die Rauchsignale, die stetig näher zu kommen scheinen, und verschwindet plötzlich mit seiner Familie im Busch.

Am nächsten Morgen umringen Myalls das Lager. Wie Statuen stehen die athletischen Figuren auf nahen Felsen, den Bumerang oder eine Keule, *nulla nulla,* in der einen, Speer und Speerschleuder, *woomeras,* in der anderen Hand. Sie tragen buschige, lange Bärte, die spitz zulaufen. Auffällig ist die scheinbar hohe Stirn, ein Eindruck, der durch Auszupfen der Stirnhaare hervorgerufen wird, was Teil der Männlichkeitsriten der Aborigines ist. Die Haut ist mit roter Ockerfarbe eingerieben, das verfilzte Haar mit Pflanzenfasern zurückgebunden und am Ende mit Federn wilder Truthähne geschmückt. Nur Männer, die alle Stufen der Initiation durchlaufen haben, dürfen die Haare in einer Art Nackenknoten zusammenbinden. Die Frauen flechten ihr Haar auf dem Vorderkopf. Unbewegt starren die Aborigines auf das Lager der Fremden. Brust, Schultern und Schenkel der Männer sind von parallelen Reihen wulstiger Narben bedeckt. Breite schwarze Kohlezeichen verzieren die Haut. Jeder Mann ist beschnitten, und jedem fehlt ein Schneidezahn.

Die Goldsucher machen Zeichen des Friedens und zeigen lachend die Zähne. Blakeley versucht es mit einladender Zeichensprache, hebt beide Hände über den Kopf und abwechselnd die Füße vom Boden. Als sich zwei »Wüstenratten«, wie sie im Outback auch abfällig genannt werden, dem Camp nähern, geht der Expeditionsleiter langsam auf sie zu und macht das Zeichen für Wasser. Die etwa 40-jährigen Schwarzen bewegen sich ohne Scheu und zeigen sofort auf das nahe Wasserloch. Um herauszufinden, wo weiter südlich Wasser zu finden ist, zeichnet Blakeley Reifenspuren in den Sand und zeigt nach Westen. Dann deutet er nach Süden und wiederholt das Wasserzeichen. Die Aborigines verstehen Fred nicht und rufen vier andere Männer und zwei Kinder herbei, indem sie eine Hand und danach die Füße heben. Aber auch die Neuankömmlinge begutachten die Sandbilder verständnislos. Mickie ist keine Hilfe, er versteht kein Wort ihrer *lingo*. So sehr verschrecken die Myalls den »Hausboy«, dass er sich immer in sicherem Abstand hinter seine Herren duckt. Mickie begreift nur, dass die Myalls aus dem Süden oder Südwesten kommen und wahrscheinlich nur so tun, als würden sie Blakeleys Fragen nicht verstehen, weil sie ihre kostbaren Wasserstellen nicht verraten wollen.

Den Goldsuchern fällt sofort auf, dass die Eingeborenen sauber sind, ihren Geruch aber finden sie genauso abstoßend wie bei Rip van Winkle und Mickie. Alle sind sie mit roter Ockerfarbe eingerieben. Sie säubert die Haut nicht nur von der Staubkruste, sondern dient auch als Schönheitsmittel. Die Eingeborenen sind vor allem an Phil Taylor interessiert. Vielleicht weil er Shorts trägt und seine Haut so dunkelbraun gebrannt ist, als wäre er einer von ihnen. Die nackten Gestalten laufen um den Ingenieur herum, begutachten eingehend seine ölverschmierte Haut und amüsieren sich vor allem über die schwarzen Haare an Beinen und Brust.

Die Gastgeber amüsieren sich nicht schlecht, als sich die ernsten, konzentrierten Gesichter plötzlich zu einem breiten, überraschten Lachen verziehen, als wäre ein Wunder geschehen. Das Paar, das schnell jede Scheu ablegt, ist vor allem an den Lastwagen interessiert, das heißt in erster Linie den Rädern. Immer wieder stecken sie ihre Finger in das Profil der Reifen und zeigen dann aufgeregt plappernd auf die Reifenspuren. Endlich entdecken sie den Ursprung der Monster-Abdrücke, denen sie so erschreckt gefolgt sind.

Von frühester Kindheit an lernen Aborigines Spuren zu lesen, denn Spuren bedeuten Nahrung oder die Nähe von Feinden. Spuren sind das Buch, in dem sie lesen, wie kein Weißer es je kann. Schon Kinder müssen die Abdrücke von über hundert Clanmitgliedern unterscheiden können. Die Wahrnehmung wird darauf trainiert, auch die kleinsten Details zu erkennen. Wenn man morgens den Dünenboden um den Schlafsack untersucht, kann man üben, Spuren zu lesen. Zum Teil winzige Nachtschwärmer hinterlassen auf dem weichen Boden ein faszinierendes Muster, das den Sandbildern der Aborigines gleicht. Fadenartige Schleifspuren von Schlangen, eigenartige, parallel laufende, eckige Wegmarken der Wüstenkakerlaken, jede Menge Käferzeichen, die wie ebenmäßige Punkte über den Sand laufen. Die kleine Dracheneidechse zieht eine durchgehende Spur, neben der die Krallenbeinchen längliche Muster graben, als wäre es ein Stängel mit regelmäßig angeordneten Blättern. Im Dreieck angeordnete Abdrücke verraten die Springmaus.

Eine einfachere Gesellschaft kann man sich kaum vorstellen. Der australische Aboriginal hat kein Haus, keine Metallwerkzeuge, keine Töpferwaren, keinen Bogen mit Pfeilen und betreibt keine Landwirtschaft. Da die meisten Weißen um 1930 noch glaubten, dass sich die Zivilisations- und Geistesstufe eines Volkes an der Zahl seiner Werkzeuge ablesen lässt, wurden die Ureinwohner mit abfälligen Begriffen wie »kaum mehr als Tiere«, »auf tiefster Stufe der Menschheit«, »primitive Wilde« herabgesetzt. Aber die Tatsache, dass diese Menschen mit Hilfe eines Speers, einer Holzschale, eines Reibesteins und eines Grabstocks in der Wüste überleben können, in der überhebliche Whitefellows unweigerlich zu Grunde gehen würden, wenn sie nicht große Vorratsmengen mitschleppen, zeugt von einer Menge natürlicher Intelligenz. Sie können etwas, was wir verlernt haben: mit einem Minimum an Besitz auskommen.

Als Sutherland seine Pfeife mit einem Streichholz anzündet, herrscht helle Aufregung: Feuer mit einem Handstreich entfachen, das ist ungeheuerlich. Die Eingeborenen müssen mühsam Holz auf Holz schaben, bis die Reibehitze Feuer entfacht. Um die langwierige Prozedur nicht jeden Tag wiederholen zu müssen, tragen viele Eingeborene auf ihrer Wanderschaft einen Feuerstock mit sich, Bündel von Ästen, an deren Ende durch ständige Bewegung die Glut bewahrt wird. Wo immer die Nomaden ihr nächstes Lager aufschlagen, können sie damit sofort ein Feuer entzünden. Im Winter dient das Stockbündel als Wärmequelle, die ständig nahe am Körper entlanggeführt wird. Gäbe es in ihrer Mythologie so etwas wie einen Teufel, verdammten sie Streichhölzer als Teufelswerk, wie an ihren erbosten Gesichtern zu erkennen ist. Verwirrt heben die Männer abgebrannte Hölzchen auf und untersuchen sie von allen Seiten. Doch Colson überspannt den Bogen. Wie ein Zirkuszauberer schüttet der Buschmann Benzin auf den Boden, streicht wie ein Magier darüber hinweg und zündet es an. Einen halben Meter hoch schlagen die Flammen. Der Gesichtsausdruck der Aborigines wechselt von Überraschung zu Verdrossenheit. Sie reden wild durcheinander und scheinen verärgert. Der Anführer mit den langen, angegrauten Haaren untersucht den Boden, steckt seine Finger in den Sand und zieht den fremden Geruch in die Nase.

Die Begegnung von Menschen aus verschiedenen Welten, die 10 000 Jahre voneinander entfernt sind, ist für beide Seiten gleich faszinierend. Phil nennt einen etwa neun Jahre alten Jungen »Bubbles«, weil er jedes Mal beim Trinken im Wasserloch mit der Schöpfhand große Blasen auf der Wasseroberfläche schlägt und so viel Flüssigkeit einsaugt, dass sein Bauch aufgeht wie ein Ballon. Als er und sein Freund, den sie Charly nennen, eine Orange geschenkt bekommen, schauen die Buben sie verständnislos an.

Bubbles, alias Jimmy Tjungarrayi, erinnert sich Jahrzehnte später sehr gut an die Expedition. »Ich hatte versucht, die Orange zu essen, ohne sie vorher zu schälen. Ich spuckte sie wegen des bitteren Geschmacks aus und hatte Angst, man wolle mich vergiften. Lasseter zeigte mir, wie man die Frucht schält, und aß ein Stück der Apfelsine, bevor auch ich mich traute.«

Den größten Spaß aber haben die Männer, als Sutherland Bubbles einen kleinen Spiegel schenkt, der ihn über alle Maßen fasziniert. Erst starrt er mit seinen großen, schwarzen, von langen Wimpern gesäumten Augen, die alle Aboriginal-Kinder so liebenswert aussehen lassen, in den Spiegel und lächelt überrascht. Er dreht ihn immer wieder um, lacht laut und fröhlich und versteht nicht, warum das Bild des Jungen, den er noch nie gesehen hat, dann schnell verschwindet. Gewitzt führt er das Glas dicht ans Gesicht und versucht gleichzeitig, mit einem Auge das Abbild und mit dem anderen die Rückseite des Spiegels zu sehen. Dann hält er das Glasstück weit von sich, lacht quietschend vor Vergnügen über seine Cleverness und schnappt schnell mit einer Hand hinter den Spiegel, als sei er sicher, den kleinen Kerl, der ihn neckt, endlich zu erwischen. Aber da ist nur Luft, und plötzlich hat Bubbles Angst vor dem übernatürlichen Spuk, der gar nicht zu seiner Erfahrungswelt passt.

Die Myalls sind so erbost über die offensichtliche Verhöhnung, dass sie nur die Aussicht auf reichlich Essen beruhigen kann. Aber mit Butter- und Fleischbroten können die »Wilden« nichts anfangen. Erst nachdem Lasseter in das Sandwich des Anführers gebissen und ein Stück verspeist hat, verschlingt die Gruppe mit großem Appetit große Mengen. Ein paar zerbrochene Glasstücke sind ein unvergleichliches Geschenk für die Nomaden, können sie doch mit den scharfen Schneiden ihre Speere viel einfacher spitzen als mit Steinwerkzeugen. Als Colson Wasser aufsetzt, um Reis zuzubereiten, stellt sich heraus, dass die Aborigines noch nie kochendes Wasser gesehen haben. Sie besitzen keine Gefäße, in denen Wasser erhitzt werden könnte. Den Männern fällt noch eine Eigenart der »Primitiven« auf, sie wiederholen spielerisch jedes englische Wort und jeden Satz auf Anhieb und fast ohne Fehler.

Der deutsche Dogger

»Das ist sicher einer der Trupps, der uns das Gold vor der Nase wegschnappen will«, ruft Harry zornig, als er den weißen Mann mit der Kamelkarawane zum Wasserloch in Illbilba kommen sieht. Aber das Missverständnis ist bald geklärt. »Paul Johns«, stellt sich der etwa 22-jährige Fremde vor. »Meine beiden Boys und ich durchstreifen den Busch seit vier Monaten auf der Suche nach Dingos. Wir leben seit Wochen fast nur noch von Känguru-Fleisch.« Johns hat noch nichts vom Goldrausch im Outback gehört, und auch der Name Lasseter ist ihm unbekannt. In Illbilba will der dürre, groß gewachsene Mann mit den wasserblauen Augen unterm Schlapphut nur seine Wasservorräte auffrischen. Die C. A. G. E.-Mannschaft gibt keine Ruhe, bis sie dem wortkargen Besucher so viele Informationen wie möglich entlockt hat. Es stellt sich heraus, dass Johns aus Deutschland stammt, vor drei Jahren in einem Hafen an der Westküste seinen Matrosenjob aufgegeben hat und ins Outback zog, um Abenteuer zu erleben. Die Jagd nach Dingos ist genau der richtige Job für den Deutschen, den die Einöde des Outback fasziniert. Dogger nennt man Jäger, die Wildhunde mit Hilfe vergifteter Fleischdepots töten. Weil sich Rinderbesitzer immer häufiger über die räuberischen Wildhunde beklagten, die in ihre Herden einfielen, setzte die Regierung hohe Prämien für getötete Dingos aus. Für jeden Skalp zahlt sie zwölf Schilling und sechs Pence. Da Johns seine Beute vor allem in der Nähe von Wasserstellen aufspürt, kennt er die Quellen wie kein anderer Weißer.

»Wie kommt es, dass du so gut Englisch sprichst?«, fragt Lasseter. »Ich arbeitete eine Weile in Hermannsburg, und da haben mich die deutschen Missionare unterrichtet. Ralph, einer meiner Boys, hat dort lesen und schreiben gelernt und spricht neben Englisch auch Deutsch und vier Eingeborenen-Sprachen.« Am Lagerfeuer singen die Boys von der Mission deutsche Kirchenlieder. Mit dem eintönigen Gesang der Myalls haben die harmonischen Klänge der Gemeinde Martin Luthers nichts gemein.

Blakeley kommentiert später in seinem Expeditionsbericht: »Allzu viele Australier halten die Eingeborenen für minder bemittelt! Die Weißen sollten über ihre Überheblichkeit nachdenken. Männer wie Ralph können nicht nur mit Speer und Bumerang umgehen, sondern auch ein halbes Dutzend Sprachen sprechen, an einem Tisch sitzen und zivilisiert essen. Die Vertreter der Krone sollten solche geschulten Schwarzen bei Gerichtsverfahren als Übersetzer anstellen, damit Aborigines endlich einmal auf faire Art der Prozess gemacht wird. Unsere Richter denken doch nur daran, die Eingeborenen zu bestrafen. Einige lassen sie sogar auspeitschen. Wie steht es mit deren Intelligenz im Vergleich mit Ralph? Da sitzen weiße Männer aus weit entfernten Ländern und lauschen dem Gesang von Menschen aus uralten Zeiten, deren Leben nicht verändert scheint, seit Gott es schuf. Vergleiche die Welt der einen mit der Welt der anderen. Ihr Leben voller Frieden, Glück und Freiheit, unseres das Produkt der Zivilisation. Welche von beiden sind die wirklich Freien und Glücklichen? Dann die drei Eingeborenen in der Kleidung des weißen Mannes. Sie haben alles verloren, die Freiheit und das Glück der Anfangsstunden der Menschheit, und nichts gewonnen durch die Freuden der Zivilisation. Der Fortschritt hat den Sklaven des weißen Mannes nur Unglück gebracht.«

Blakeley ist seiner Zeit mit seiner toleranten Haltung um Jahrzehnte voraus. Im »Sydney Morning Herald« wird zwei Jahre später ein Leserbrief von ihm veröffentlicht, in dem er fordert, den Eingeborenen bestimmte Regionen als Schutzgebiete zuzuweisen, in denen sie ungehindert wie ihre Vorfahren leben können.

Paul Johns kommt den Goldsuchern wie gerufen. Da sie nicht wissen, ob die Lastwagen das unbekannte Gelände im Süden bewältigen können, verabredet Blakeley mit dem umgänglichen Deutschen, ihn im Krisenfall anzuheuern und mit seinen fünf Kamelen zum Riff vorzustoßen. In drei Wochen will man sich mit Hilfe von Leuchtraketen verständigen. Ralph versucht auf Wunsch der Goldsucher bei den Nomaden, die nun ständig das Camp umlagern, um das seltsame Treiben der Fremden zu beobachten und natürlich deren scheinbar unerschöpfliche Gastfreundschaft auszunutzen, herauszufinden, wo in Richtung Süden Wasserstellen zu finden sind. Aber die »Sandhügel-Leute« geben keine Auskunft. Sie wollen keine Fremden in ihrem Land, das für sie heiliger Boden ist.

Immer noch wartet das C. A. G. E.-Team auf Colson und den Lastwagen mit dem Nachschub. Längst hätte er aus Alice Springs zurück sein müssen. Während Paul Johns mit seinen Kamelen nach Westen zieht, wenden sich die Goldsucher voll banger Erwartung nach Osten und treffen tatsächlich auf den vermissten Buschmann. Er bringt die Nachricht, dass Coote einigermaßen genesen sei und bald mit einem neuen Flugzeug nachkomme.

Geschichten vom Goldrausch wider den Zeitverlust

Die Männer haben es satt, dauernd zu warten: mal auf verzögerten Nachschub von Colson, den die C. A. G. E.-Direktoren von Sydney aus per Fernschreiben entlassen haben, ohne Rücksicht auf die prekäre Lage der Expedition zu nehmen, und der den dringend benötigten Nachschub erst nach einem Machtwort des Regierungsvertreters in Alice Springs abliefern kann – oder auf Coote, der schon längst gelandet sein müsste. Harry Lasseter wird immer mürrischer und versucht seinen Frust durch Streit abzureagieren. Diesmal hackt er auf George Sutherland herum, aber der nüchterne Geologe lässt den Nörgler wie meistens kühl abblitzen: »Da sieht man's! Ein klares Zeichen, dass mal wieder deine Galle am Überlaufen ist und dringend Behandlung braucht. Nimm irgendeine Pille aus dem Medizinkoffer, die hilft bestimmt bei deinen Problemen. Rasiere und wasche dich, dann bist du ein neuer Mensch.«

Mitunter zeigt der unwirsche Sonderling auch seine gesellige Seite. Diese Augenblicke nutzen seine Kameraden, um ihn immer wieder über die drei Jahre zu befragen, die er Anfang des Jahrhunderts in den Goldfeldern gearbeitet hat. Aber die ausweichende Antwort ist immer die gleiche: »Ich habe mich mit Gelegenheitsjobs über Wasser gehalten, was gerade kam.«

Und wenn der Mormone einen seiner religiösen Tage hat, singt er immer wieder die gleichen Hymnen in immer gleicher Tonlage, als drehte er eine Gebetsmühle: »When the roll is called up Yonder, When the roll is called up Yonder, I'll be there ...«

Jeder hat sein Repertoire an Geschichten verbraucht, und so werden sie alle noch einmal wiederholt und mehr und mehr ausgemalt. Jeder spinnt sein Garn. Die Männer erinnern sich an ihre Herkunft, an ihre Vorfahren, jenes Gemisch aus Sträflingen, Kolonialbeamten, Soldaten und Abenteurern, die das Schicksal seit 1788 wie Strandgut auf den Kontinent geworfen hat, als die ersten Schiffe voller Gefangener in Englands neuer Sträflingskolonie landeten. Blakeley erzählt von den Tagen, als er seine große Chance verpasste. Er war mit seinem Freund Dick O'Neill mit Kamelen nach Coober Pedy gezogen und auf dem Weg in die Wüste fast verdurstet. Als die Schürfer die ersten viel versprechenden Steine fanden, machte ihnen die Regierung den Claim streitig, weil er nicht ordnungsgemäß registriert war. Rivalen setzten sich ins gemachte Nest und entdeckten dort die größte Opalmine der Welt. Blakeley erzählt auch, dass sein Großvater ein Bild von Lola Montez besaß, der berühmten Tänzerin, der die »Diggers« Nuggets auf die Bühne geworfen haben. Die einstige Geliebte König Ludwigs I. von Bayern hatte schon in den Städten des Wilden Westens die Goldsucher betört.

Um die Jahrhundertmitte löste das Zauberwort Gold zum ersten Mal eine wirtschaftliche und soziale Revolution aus. Gouverneur Gibbs schrieb noch 1841 an den Geistlichen W. B. Clarke, der einen Goldfund gemeldet hatte: »Lasst es liegen, Mr. Clarke, oder man wird uns die Kehle durchschneiden.« Die Behörden befürchteten angesichts der vielen Sträflinge im Land, im Falle eines Goldrauschs die Kontrolle zu verlieren. Nachdem 1848 in Kalifornien Gold gefunden wurde, setzte von Sydney aus ein Exodus nach Reichtum gierender Männer Richtung Amerika ein. Einer der Auswanderer, Edward Hargraves, kehrte später von den Goldfeldern am American River zurück und entdeckte 1851 bei Bathurst reichhaltige goldführende Sande. Erst als das Goldfieber im eigenen Lande ausbrach und Männer zu Tausenden ins Outback aufbrachen, wurde der Exodus nach Kalifornien gestoppt. Die Zeitung »The Argus« berichtete: »Gentlemen haben Schaum vor dem Mund, Ladies fallen in Ohnmacht, und Kinder schlagen vor Aufregung Rad.«

Als das erste Gold in London eintraf, hieß es triumphierend in der »Times«: »Jetzt haben wir unser eigenes Kalifornien!« Die Goldfunde in Australien übertrafen bald die amerikanische Ausbeute. Der fünfte Kontinent wurde in den Augen der Welt zum Land, in dem jedermann sein Glück machen konnte. Charles Dickens schrieb 1852, dass Zehntausende seiner Landsleute auf dem Weg zu den australischen Goldfeldern seien. Eine größere Abwanderung hatte man in London noch nie erlebt. Der Ansturm, der *rush,* wurde noch einmal durch die sensationelle Nachricht angeheizt, dass der Hamburger Bernhard Holtermann den größten Goldklumpen aller Zeiten gefunden hatte, einen Nugget von sechs Zentnern. In den neunziger Jahren wurde die »goldene Meile« von Coolgardie und Kalgoorlie in Westaustralien zum Ziel Tausender Glücksritter. Überall wo die »Diggers« ihre Schaufeln ansetzten, ist eine Kraterlandschaft zurückgeblieben. Das Gold veränderte die Gesellschaft, Wirtschaft und Politik in den australischen Kolonien in revolutionärer Weise.

Ende 1850 war die Bevölkerung von 190 000 auf 450 000 angewachsen. Ein Jahrzehnt später auf 1 146 000. Kein anderes Land konnte wie Australien den Anspruch erheben, dass sein eigentliches Fundament aus Gold gegossen war. Der Goldrausch am Yukon und Klondyke in Alaska ist zwar berühmter, aber nicht zu vergleichen mit den sensationellen Bonanza von Ballarat, Ophir und Coolgardie.

Gold hat inzwischen seine einst überragende Bedeutung verloren, heute ist Pilbara die Schatzkammer Australiens: Pilbara ist Eisenland. Die fast menschenleere Region in Westaustralien von der Größe Frankreichs ist das Rohstofflager des Kontinents. Zuerst waren die Goldsucher gekommen. In den sechziger Jahren des 19. Jahrhunderts begannen die Minenkonzerne mit dem großflächigen Abbau von Eisenerz. Danach wurden Gas und Öl gefördert. Westaustralien liefert 40 Prozent der Diamanten, ein Fünftel des Bauxits, des Grundstoffs für die Aluminiumproduktion, 14 Prozent des Eisenerzes und 9 Prozent des Gases, das auf der Erde verbraucht wird.

Die übernatürlichen Kräfte des Kaditscha-Mannes

Am Nachmittag nach Johns Abmarsch tauchen mit Bubbles und Charly fünf Eingeborene auf. Während die Jungen zurückbleiben, kommen die nackten Männer bis auf 70 Meter ans Lager und winken den Whitefellows mit Handzeichen zu. Blakeley, Sutherland und Taylor setzen sich mit den Aborigines unter einen schattigen Baum. Vor allem Lasseter und Blakeley nutzen jede Gelegenheit, um die Eingebornen zu studieren, die immer wieder das Lager aufsuchen. Sie sitzen in Gruppen und unterhalten sich, ohne einander zu verstehen, und dennoch redet eine Gruppe auf die andere ein. Die Aborigines malen in den Sand und machen dazu jede Menge Handzeichen. Harry und Fred nicken verständnisvoll grinsend, merken aber bald, dass die Männer ihnen etwas sehr Wichtiges mitzuteilen versuchen. Irgendetwas scheint die Aborigines zu belasten. Schließlich wischen sie verärgert die Sandbilder weg und rufen Bubbles und Charly herbei.

Sofort fangen die Kinder an zu lachen, durcheinander zu reden und ständig jedes Wort zu wiederholen, das die weißen Männer sprechen. Besonders schnell schnappen sie natürlich Schimpfwörter auf, die allzu oft durch das Lager hallen. Sie verstehen die Art der Fremden bald viel besser als ihre Väter. Wann immer Blakeley und Taylor Schachbrettmuster in den Sand ziehen und mit unterschiedlichen Holzstückchen ein Spiel beginnen, beobachten die beiden Jungen ihr Tun voller Interesse und scheinen schnell die Regeln zu begreifen. Als Taylor sie aber auffordert, ihr Glück zu versuchen, murmelt einer der älteren Aborigines ein paar Worte, und die Kinder ziehen sich zurück. Sie sind noch zu jung, um Sandbilder zu malen.

Am dritten Tag nach ihrem ersten Besuch im Lager benehmen sich die Eingeborenen höchst seltsam. Sie starren immer wieder in eine Richtung, sprechen nur flüsternd und scheinen den Weißen plötzlich sogar feindlich gesinnt zu sein. Blakeley fordert seine Gefährten auf, unauffällig die Waffen bereit zu legen und wachsam zu sein. Erst Mickie kann das Rätsel lösen. »Kaditscha! Der Kaditscha-Mann läuft in Kaditscha-Schuhen herum!«, stößt er immer wieder mit angstvoll verzerrter Stimme hervor und macht Zeichen, sofort das Lager zu verlassen. Mickie, der Eingeborene, den die Missionare schon »zivilisiert« glaubten, schlüpft plötzlich wieder zurück in die Welt seines Volkes und seines »Aberglaubens«. Die Besucher haben seltsame Vogelspuren entdeckt.

»Was ist daran so besonders?«, fragt Phil Taylor erstaunt.

»So viel ich weiß«, antwortet der Buschmann Blakeley, der sich gerne als Amateur-Ethnologe bezeichnet, »meint er Schuhe aus Emu-Federn, die mit Blut zusammengeklebt sind. Sie sind so gemacht, dass der Abdruck offen lässt, ob jemand kommt oder geht. Der Abdruck sieht wie ein Emu-Fuß aus, es fehlt aber eine Kralle. Nur Männer, die von den Sternen bevorzugt werden, können solche Schuhe tragen. Einige Sterne, so glauben sie, sind ja die Vorfahren der Kaditscha-Männer, ihr Totem. Ein Mann mit solchen Schuhen hat also übernatürliche Kraft und kann Tod und Verderben über seine Feinde bringen. Anscheinend hat ein Kaditscha das Lager unserer Eingeborenen umkreist, und nun fühlen sie sich bedroht.«

Am Abend kommen fünf Aborigines auf das Lager zu, bilden einen geschlossenen Kreis und ziehen einen geschnitzten Stab aus einem Beutel aus der Teebaumborke. Blakeley glaubt, dass es ein »sprechender Stab« ist, der den Besitzer als Mitglied einer bestimmten Gruppe ausweist. Während seine Begleiter mit ihren Bumerangs den Rhythmus schlagen, singt der Anführer in auf- und abschwellenden Tönen und legt schließlich den Stab in Blakeleys Hände. Der Ernst der Zeremonie und die aufgeregte Art, wie die Schwarzen auf den Anführer der Weißen einreden und dann auf die Jungen weisen, zeigen, dass es sich um ein großes Geschenk handelt und dass die Kinder Bubbles und Charly es auf keinen Fall sehen dürfen. Blakeley wickelt das Holz in sein Taschentuch und versteckt es im Hemd. Dann holt der Graubart ein Steinmesser aus einem Lederbeutel, legt es auf seine rechte Hand und dreht dann wie seine Kumpane den linken Arm auf den Rücken. Die Klinge ist 13 Zentimeter lang und die Schneide so scharf wie ein Stahlmesser. Der Griff ist kunstvoll mit Pflanzenfasern umwickelt und mit einer Reihe Emu-Federn verziert. Nach einer langen Ansprache reicht der Aboriginal das Messer George Sutherland. Blakeley erkennt sofort, dass es sich um ein äußerst seltenes, unbezahlbares Stück handelt, versucht aber vergebens, seinem Freund das Kunstwerk abzuhandeln. Später erfahren die Männer, dass solche Messer bei Beschneidungsriten verwendet werden. Wahrscheinlich erhält George das Messer, weil er Bubbles vereiterte Augen so lange mit Salbe behandelt hat, bis die Wunden verheilten. Sie rührten daher, dass

Fliegen, die Plage des Outback, ihre Eier in den Augenwinkeln ablegen, was zu Entzündungen führt.

Die Eingeborenen fangen wieder leise zu singen an, machen vor Phil Zeichen in den Sand und legen ihre Hände auf den Boden. Wahrscheinlich ist Phil der Auserwählte, weil er so sonnenverbrannt ist. Der Flugzeugingenieur trägt nur Shorts, einen Hut und Stiefel. Der Anführer zeichnet ein Sandbild nach dem anderen, wischt es weg und fertigt ein neues. Jedes Mal muss Phil die Zeichen mit einem Stöckchen wiederholen. Dann malt der jüngste Aboriginal Kreise auf ein Holzschild, nickt mit dem Kopf, zeigt in Richtung Sonne und dann nach Westen. Jedem ist klar, dass nach Sonnenuntergang etwas Ungewöhnliches passieren wird. Das Verhalten der Besucher ist so mysteriös und fremdartig geheimnisvoll, dass die drei Weißen vor Aufregung schwitzen. Phil wird bestimmt etwas Großartiges bekommen. Die Aborigines scheinen zufrieden und gehen zu den beiden Jungen, die sich während der Zeremonie keine Handbreit bewegt haben.

Am Abend zünden die Männer im Illbilba-Camp gerade ein Feuer an und setzen den Billie für die übliche Teezeremonie auf, als die fünf Eingeborenen plötzlich mit aufgeregten Gesichtern erscheinen, alle gleichzeitig flüstern, mit den Händen auf den Boden klopfen und immer wieder in Richtung des Wasserlochs weisen. Es ist das erste Mal, dass sich die Eingeborenen bis zum Feuer vorwagen. Die Whitefellows hängen gebannt an den Lippen der Besucher. Ihre Schatten sehen im Licht des Lagerfeuers wie geisterhafte Riesen aus. Der junge Myall geht nervös auf und ab, als wollte er sich Mut machen, und bedeutet Phil, mit ihm Richtung Wasserloch zu gehen. Der Mechaniker ist einesteils begierig zu erfahren, was ihn Wichtiges erwartet, aber auch vorsichtig genug, einen Revolver mitzunehmen, bevor sie im Dunkel der Nacht verschwinden.

»Ich glaube, ich schnalle mir auch lieber meine Pistole um«, murmelt Sutherland, »das Brimborium ist mir nicht geheuer.« Die vier zurückgebliebenen Aborigines schlagen ihre Bumerangs aufeinander und singen eine Art Trauergesang. Nach etwa 45 Minuten schauen sie plötzlich in Richtung Wasserloch. Lange vor den Weißen haben sie die Rückkehrer erspäht, obwohl es inzwischen dunkle Nacht ist. Der junge Myall trägt ein fast 4 Meter langes und etwa 20 Zentimeter breites und 3 Zentimeter dickes Brett, das an den Enden spitz zuläuft, und legt es am Schattenrand vor die Männer in den Sand. Die vier Eingeborenen hocken sich neben das magische Holz mit den vielen Schnitzereien und seltsamen Bemalungen. Sie schwingen den Oberkörper hin und her, beginnen leise zu singen, lassen die Laute auf und abschwellen, legen abwechselnd ihre Hände auf das Brett und halten dann die Handflächen nach oben. Ein auffälliges Zittern in ihren Stimmen und die aufgerissenen Augen verraten ihre Anspannung, ja Angst. Der alte Mann rieselt Sand auf das seltsame Objekt, bis es völlig bedeckt ist. Den Männern scheint es, als würde das Tor zu den Anfängen der Menschheit aufgestoßen, als sei die Zeit stehen geblieben.

Der graubärtige Anführer weist Blakeley, Taylor und Sutherland an, auf der anderen Seite des Kreises zu sitzen, legt ihre Hände auf das Brett und beginnt mit lauter Stimme einen neuen Gesang. Die drei Männer aus der rationalen Welt der messbaren Dinge, die das Mystische und Magische aus dem Alltagsleben verbannt hat, sind von der geheimnisvollen Zeremonie gefangen. Erst allmählich begreifen sie, dass sie die gesungenen Worte der Naturmenschen nachsprechen sollen. Es sind etwa fünf Worte, aber was sie bedeuten, das erfahren sie nicht. Das Design auf dem Holz sieht aus wie eine Schlange, zusammengesetzt aus unterschiedlichen Rauten und rechteckigen Formen. Blakeley glaubt, dass es auf irgendeine verborgene Art die Geschichte des Stammes darstellt, dem es rechtmäßig gehört. Welche Mühe und Kunstfertigkeit muss es gekostet haben, das ebenmäßige Brett mit Steinwerkzeugen aus dem Stamm eines Bohnenbaumes zu schlagen.

Nach etwa 15 Minuten schieben die Schwarzen die Hände von George und Fred beiseite, heben das Brett hoch und machen Phil Zeichen, es wieder auf den Boden zu legen und erneut mit Sand zu bedecken. Scheinbar erleichtert, als hätte man ihnen eine große Bürde abgenommen, verschwinden die schwarzen Gestalten in der Dunkelheit. Lange starren die drei Goldsucher das ungewöhnliche Geschenk an, bevor sie aufgeregt über die seltsame, bewegende Zeremonie diskutieren. Sie kommen immer mehr zu der Erkenntnis, dass irgendetwas Schlimmes passierte, als Phil das Kunstwerk annahm. Der Ingenieur erzählt, dass sie etwa anderthalb Kilometer marschiert seien, bis ihn der Aboriginal aufforderte, sich hinzusetzen, während er selbst in der Dunkelheit verschwand, aber schon bald mit dem Brett wiederkam. »Obwohl ich nicht abergläubisch bin, war ich doch verdammt froh, als ich das Campfeuer sah«, fasst der Engländer zusammen. Dann gräbt er das umstrittene Objekt aus und verpackt es sorgfältig. »Eines Tages wird das Prachtstück über meinem Kamin in Yorkshire hängen.« Die Männer achten nicht darauf, dass sich Mickie völlig verwirrt unter den Thornycroft-Lastwagen verkrochen und eine Decke über den Kopf gezogen hat.

In Alice Springs sind die Aborigines, denen Phil Taylor später sein Souvenir zeigt, entsetzt. »Keine Lubra darf den Jiringa-Stock sehen, sonst wird sie mit Sicherheit sterben«, flüstern sie. Die Eingeborenen bestätigen, dass er die Geschichte eines Stammes repräsentiert. Seelen- oder Kulthölzer gelten als besonders heilige Objekte, die kein Außenstehender erblicken darf. Die aufgemalten Muster stellen das Totem eines Menschen oder einer Gruppe dar. Bevor die Ankunft der Whitefellows das Leben der Blackfellows grundlegend veränderte, lagerten Tausende Kulthölzer versteckt in Höhlen. Phil erfährt, dass das Brett wahrscheinlich einem anderen Stamm gestohlen wurde, möglicherweise Rip van Winkles, alias Ngapatjukurrpas, Familie. Der Verlust des Kultobjekts soll die Kraft und den Überlebenswillen der Bestohlenen untergraben. In letzter Konsequenz werden wahrscheinlich viele Menschen sterben.

Blakeley nimmt die Informationen ernst und will das verwünschte Souvenir zurückbringen, aber der Informant dreht die Innenseite seiner Hand nach unten und sagt: »Zu spät, sie sind schon tot.«

Als der Ingenieur die seltsame Geschichte von den Emu-Spuren erzählt, erfährt er, dass es wahrscheinlich Ngapatjukurrpa war, der sich die Schuhe übergestreift hat, um seine Feinde zu vertreiben. Die haben sicher auch seinen Jiringa gestohlen, um seine ausgestoßene Gruppe umzubringen. Kein Aboriginal kann ohne seinen Jiringa weiterleben, weil die Verbindung zu den Ahnen zerstört ist. Die Diebe wollten das fluchbeladene Kultobjekt so schnell wie möglich los werden, bevor sich der Kaditscha an ihnen rächt. Lenkten sie den Fluch auf Phil ab, als sie das gefährliche Kultobjekt an ihn weitergaben?

Taylor nimmt sein Souvenir später mit nach England, wo er heiratet. Als kurz danach mehrere enge Verwandte sterben, verfällt der Ingenieur in tiefe Depression, wie er später berichtet. Eines Nachts blickt er auf das Jiringa-Brett über seinem Kamin und erinnert sich an die Warnungen Mickies und der Aborigines in Alice Springs. Ist das Souvenir tatsächlich mit einem Fluch beladen? Voller Wut greift Taylor eine Axt, hackt das scheinbar verhexte Holz in kleine Stücke und verbrennt das vermeintliche Unglücksgeschenk.

Bleibt nachzutragen, dass Colson Mickie von Illbilba nach Alice Springs mit zurücknahm. Die Whitefellows haben ihn lieber rechtzeitig entlassen, ehe er aus Angst vor seinen wilden Brüdern desertierte. Pfundweise Tabak schenken sie ihm und mehr Tucker, wie man im Busch Lebensmittel nennt, als er je besessen hat. Mickie will auf keinen Fall im Führerhaus neben Colson sitzen, sondern hinten auf dem Lastwagen, weil er fürchtet, dass sein neu gewonnener Verpflegungsschatz herunterfallen könnte: »Him tuckerbag might jumpen off.«

Plötzlich springt Blakeley auf und zündet einen Haufen trockener Zweige und grünes Spinifexgras an. Der Expeditionsleiter hat wieder einmal Flugzeuggeräusche gehört und gibt dem Piloten die Position des Lagers mit Hilfe von Rauchzeichen an. Seine Kameraden lassen sich davon nicht beeindrucken, zu häufig hat Blakeley falschen Alarm geschlagen. Sie halten den bulligen Mann, der seiner Wut über die Verzögerungen ständig durch laute Flüche Luft macht und wie ein eingesperrter Panther durchs Lager stampft, für übergeschnappt. Diesmal aber lenken die Rauchsignale tatsächlich gerade noch rechtzeitig zum richtigen Ziel. Die Piloten suchen schon nach einem Notlandeplatz, weil der Tank fast leer ist. Statt der eindrucksvoll bemalten »Golden Quest« landet ein klappriger, alter Vogel, der im rauen Outback allzu zerbrechlich aussieht. Pat Hall ist der Pilot des hässlichen Entleins, Coote flog wegen seiner kaum verheilten Wunden nur als Kopilot nach Illbilba.

»Wie kommen die Holzköpfe in Sydney dazu, so ein nutzloses Ding zu schicken!«, beschimpft Blakeley Coote statt einer Begrüßung. »Den Bürohengsten scheint das Gehirn ausgelaufen zu sein! Das ist doch Selbstmord! Wir haben schon zu viel Zeit wegen der Schnapsidee verloren, Flugzeuge im Busch einzusetzen. Die hätten lieber Kamele schicken sollen.«

»Halt die Luft an! Mit Hilfe eines Flugzeugs können wir die Position des Riffs am schnellsten erkunden. Wir bringen die Maschine nach Alice zurück, tauschen den ›Cirrus Mark II‹ gegen einen ›Gipsy Mark I‹-Motor aus und bauen einen größeren Tank in die »Golden Quest II« ein. Dann haben wir 480 Kilometer mehr Reichweite und können statt 60 bis zu 80 Kilometer in der Stunde fliegen.«

Als Blakeley die neuen Instruktionen liest, macht er seiner Wut erst recht Luft. Die C. A. G. E.-Manager scheinen dem Luftikus Coote mehr zu vertrauen als ihm, dem erfahrenen Buschmann. Die Order lautet: »Setzt das Flugzeug ein, wo und wann immer möglich.« Als Blakeley erfährt, dass Captain Blakeston-Houston in Sydney berichtet hat, »die Männer streiten sich wie ein Haufen Schulkinder«, und dass Errol Coote versuchen solle, die Gruppe auf Vordermann zu bringen, platzt ihm der Kragen. Gerade Coote, dieser City-Dandy, soll das Busch-Kommando übernehmen, »ein Mann in dieser lachhaften Aufmachung, der bunte Stiefel wie Showgirls und einen bunt karierten Mädchenpullover trägt«, der unberechenbar sprunghaft und unbeherrscht ist, ein Journalist mit überschäumender Phantasie?!

Harry Lasseter sieht seine Stunde gekommen und entscheidet: »Ich fliege mit Hall und erkunde die Strecke Richtung Petermann Range.«

Es wird einer der glücklichsten Tage im Leben des Goldsuchers, und es ist der einzige erfolgreiche Flug, den die vielen Flugzeuge, die noch im Rahmen der Expedition eingesetzt werden, unternehmen. Taylor dreht ein paar Mal kräftig den schimmernden Propeller aus Stahl, und schon springt der Motor an. In der Stille der Wüste klingt es wir Donnergetöse. Harry sitzt in der engen, offenen Kabine vor dem Piloten Hall und sucht die schnell wechselnde Landschaft mit Argusaugen ab. Ab und zu sehen sie Willy-Willies, Windhosen aus braunem Sand, die sich über 30 Meter hochschrauben können. Sie fliegen über breite Streifen Spinifex und Mulga, rote Sanddünen, ausgetrocknete Flussbetten und einzeln stehende Baumgruppen. Klar aus der Luft zu erkennen ist die weiße Asche ehemaliger Lagerfeuer von Eingeborenen. Der Doppeldecker schwebt über zwei Berge, die wie Felshörner emporragen, und gleich darauf über Felsgruppen aus rotem Eisensand, die viel versprechende Quarzeinschübe zeigen. Als sie einen großen Salzsee überfliegen, zieht Hall die »Golden Quest II« so tief über die glitzernde Salzfläche herunter, dass sich der riesige Vogel fast mit seinem eigenen Schatten vereint. Der Pilot hält genau auf den Rauch eines Feuers zu und scheucht ein Dutzend Aborigines auf. Männer, Frauen und Kinder rennen in panischer Angst in alle Himmelsrichtungen. Die entsetzten Schreie der Verfolgten gehen im Gedröhn des Monsters unter. Hall lacht vergnügt über den Ulk.

Plötzlich lehnt Lasseter den Kopf über die Tür seiner Kabine und weist mit der Hand hektisch auf eine prominente Felsgruppe. Jubelnd kritzelt er eine Notiz und reicht den Zettel nach hinten zu Hall. Der scharfe Fahrtwind reißt ihm den Papierfetzen fast aus der Hand. »HABE BEKANNTE POSITION GEFUNDEN: FLIEGEN ZURÜCK.« Zwei Stunden später landet das Flugzeug wieder.

Coote schreibt: »Aufgeregt und voller Erwartung umringten wir Lasseter. Was hatte er für aufregende Nachrichten?« Aber der Goldjunge sagt nur knapp: »Wir sind 250 Kilometer zu weit nördlich.« Sollte die ganze Quälerei etwa umsonst gewesen sein?

»Wie sieht das Gelände aus?«, fragt Sutherland. »Können die Lastwagen da durch?«

»Ja, aber wir müssen uns auf viele Hügelketten gefasst machen.«

Blakeley wendet sich an Phil Taylor: »Phil, du schaust dir das noch einmal aus der Luft an und findest heraus, ob wir einen Weg aus diesem Loch finden. Das geht mir alles verdammt auf die Nerven.«

Eine halbe Stunde später sind Hall und Taylor schon zurück. Obwohl sein Bericht nicht optimistisch klingt, wird dennoch entschieden, einen letzten Versuch zu unternehmen, das Riff zu finden. Aber der alte, unerschütterliche Elan der Männer ist gebrochen, und die Hitze wird immer unerträglicher.

Hall erzählt Schenkel klopfend, wie sie ein »Nigger-Lager« entdeckten und die Eingeborenen aus Spaß erschreckten. Blakeley ist so erbost über den üblen Scherz, dass er die Missetäter auf seine direkte, grobe Art beschimpft: »Wie kann man nur so blöd sein und die armen Menschen zu Tode erschrecken! Vielleicht sind wir bald auf ihre Hilfe angewiesen. Außerdem verbiete ich noch einmal, dass in meiner Gegenwart das abfällige Wort

Nigger gebraucht wird. Es degradiert Aborigines zu primitiven Wilden, denen jede menschliche Würde abgesprochen wird.«

Coote überbringt einen Brief von Lasseters Frau Louise Irene, die ihr Mann liebevoll Rene nennt. Bob zeigt uns ein Bild, auf dem sich sein Vater ähnlich stolz mit seiner Familie ablichten ließ. Links steht eine hübsche, vollschlanke Frau in gestreiftem Kleid hinter einem Stuhl, rechts sitzt stolz lächelnd Harry Bell in dunklem Anzug, Stehkragen und Krawatte und stützt seinen kleinen Sohn Bobby, der neben ihm steht. Harry umarmt Besitz ergreifend seine Frau, Bob und seine Schwester, die noch ein Baby ist.

Seltsamerweise erzählt Harry Coote mehr als den übrigen Expeditionsteilnehmern. »Ja, ich habe die Landmarken gefunden«, antwortet Lasseter auf eine Frage des Piloten. »Ich sah sogar das Riff. Es sticht aus der Landschaft wie ein Fahnenmast heraus. Wir sind kaum mehr als zwölf Meter darüber geflogen. Es liegt mitten in einer Gegend voller Mulga und Spinifex. Keine Chance, da zu landen.«

»So wahr dir Gott helfe?«

»Ganz bestimmt!«, versichert Harry.

Coote nutzt die Gelegenheit, Klarheit zu schaffen. »Wir sollten gleich ein Problem klären. Gemäß dem Vertrag, den du mit C. A. G. E. abgeschlossen hast, bist du verpflichtet, uns die Landmarken und die Lage des Riffs mitzuteilen, sobald wir 180 Kilometer vom letzten Außenposten der Zivilisation entfernt sind. Wir sind über 600 Kilometer weit weg, und du sagst immer noch nichts.«

»Schön und gut«, protestiert der Beschuldigte, »aber ich habe kein Vertrauen zu Fred. Obwohl George Sutherland ein anständiger Bursche ist, hält er doch zum Expeditionsleiter. Wenn ich George etwas erzähle, gibt er es gleich an Blakeley weiter. Und der würde mir keine Ruhe mehr lassen. Ich halte das nicht aus.«

»Was du magst oder nicht, ist unwichtig«, zischt Coote aufgebracht. »Du bist Verpflichtungen gegenüber den Anteilseignern von C. A. G. E. eingegangen. Für mich steht eine Menge Geld auf dem Spiel und für die anderen auch. Die interessiert dein Verhältnis zu Fred nicht, die wollen das Riff. Wenn wir zurückkommen, kannst du wegen Betrugs eingelocht werden!«

»Beruhige dich«, lenkt Lasseter ein. »Wenn du mir versprichst, nichts zu den anderen zu sagen, sage ich dir, wo die Landmarken sind.«

Harry nimmt einen Stock und zeichnet die Position des Lake Christopher als radialen Punkt in den Sand, dann markiert er drei Hügel. »Sie sehen aus wie drei Frauen in Sonnenhüten, die miteinander schwatzen. Etwa 50 Kilometer südöstlich davon liegt ein Hügel, der wie ein Quäkerhut aussieht, groß, kegelförmig, mit flachem Oberteil. Das Riff liegt etwa 16 Kilometer westlich von einem kleinen See. Wenn man von einem Riffende in nordwestliche Richtung schaut, sieht es aus, als würden die Drei Schwestern am Ende des Riffs sitzen. Es scheint möglich, dass ein Wasserflugzeug auf dem kleinen See landen kann, aber in der Umgebung des Riffs ist alles dicht bewaldet. Bist du nun zufrieden?«

»Das ist doch wenigstens endlich einmal etwas Konkretes«, antwortet Coote beruhigt.

Bevor die Piloten nach Alice Springs zurückfliegen, übergibt Lasseter Coote einen Brief an seine Frau. Weil in Sydney vereinbart worden war, dass keine wichtigen, die Expedition betreffenden Nachrichten ohne Blakeleys Einwilligung nach außen dringen dürfen, kontrolliert der Expeditionsleiter Harrys Brief. Er übersieht allerdings, dass Coote noch einen zweiten Brief eingesteckt hat. Als Blakeley später von Lasseters Hinterlist erfährt, verflucht er den »verlogenen, bigotten Kerl« brüllend. Für Blakeley ist es der Beweis, dass Lasseter von Anfang an plante, »seine eigene Nummer durchzuziehen«.

Nach der Landung in Alice Springs konfrontiert Coote Pat Hall mit Lasseters Behauptung, das Riff gesehen zu haben. Darauf Hall: »Wir waren etwa eine Stunde und zehn Minuten unterwegs, als Harry in seinem Sitz hin- und herhopste und sehr aufgeregt schien. Das war bei etwa 24,26 Grad Süd und 128,47 Grad Ost. Er zeigte auf etwas, aber ich konnte nicht verstehen, was er mir mitteilen wollte. Dann winkte er, zurückzufliegen.«

»Lasseter hat mir nach der Landung erzählt, er habe das Riff gesehen«, bekräftigt Coote. »Andererseits hat er in Sydney behauptet, das Riff läge 250 Kilometer weiter nördlich. Diese Kiste kann keine 250 in der Stunde fliegen, und ihr wart nur etwas mehr als zwei Stunden unterwegs. Das passt nicht zusammen.«

»Harry war aber völlig aus dem Häuschen.«

»Vielleicht hat er die Drei Schwestern gesehen und meinte, das sei schon genug, um das Riff zu finden. Hast du einen kleinen See gesehen?«

»Ja, rechts von uns war ein kleiner, runder See.«

»Würdest du ihn wieder finden?«

»In dieser schrecklichen Gegend ist das sehr schwer«, antwortet Hall.

»Lasseters Verrücktheit scheint irgendwie Methode zu haben«, schließt Coote das Gespräch ab.

Bob lernt fliegen

Harry Lasseters Angaben sind es, die unzählige Goldsucher überprüfen werden. Über 200 Expeditionen sind seit 1930 ins Outback aufgebrochen, um das geheimnisumwitterte Riff zu finden, das heißt, zwischen 5000 und 10 000 Menschen nahmen bisher an der Suche teil, aber keiner konnte das sagenhafte Gold finden. Natürlich zerbrechen sich auch Bob, Robert und Ben Lasseter immer wieder die Köpfe, was Harry mit der Beschreibung »drei Frauen in Sonnenhüten, die miteinander schwatzen« und »ein Hügel, der wie ein Quäkerhut aussieht«, meint. »Wie oft sind wir schon durch die angepeilte Gegend gefahren und haben alle möglichen Orientierungspunkte mit den Angaben meines Vaters verglichen. Man weiß ja, dass jeder etwas anderes sieht, wenn es um Vergleiche geht. Um die Landschaft besser erkunden zu können, habe ich den Pilotenschein gemacht und bin dann mit Robert systematisch die möglichen Koordinaten abgeflogen. Die Fliegerei brachte manche Vorteile. Sie spart viel Zeit beim Aussortieren der Gebiete, die wir später mit Geländewagen untersuchen wollen. Die Behauptung, das Riff könne nicht existieren, weil man dieses Land wie mit dem Kamm durchkämmt hätte, ist lächerlich. Das Gebiet, von dem wir sprechen, umfasst eine Fläche von 300 mal 500 Kilometern. Das ist ein riesiges, unzugängliches Gebiet. Da ist jede Expedition nicht mehr als ein Fliegenstich.«

Wie kann der Flug ausgesehen haben, wenn man alle Informationen in Rechnung stellt? Die Flugbedingungen waren ideal. Es blies ein moderater nordwestlicher Wind, die Richtung wird mit »ein paar Strich Südwest« angegeben. Die »Gipsy Moth« kam nach zwei Stunden zurück. Der Umkehrpunkt muss also bei einer Distanz von 184 Kilometern angenommen werden, was einer Länge von 129 Grad und einer Breite von 25 Grad entspricht. Dieser Schnittpunkt markiert die Mannagana Range am Westrand der Petermanns, in der Mitte zwischen Winters Glen und Mount Curdie. Auf der rechten Seite des Flugzeugs müsste Docker River und Mount Skene südlich vom Christopher Lake gelegen haben. Detaillierte Karten, wie das National Mapping Department, Sheet R 502, zeigen tatsächlich eine Gruppe von drei Hügeln südlich des Lake Christopher und einen weiteren 35 Meilen südöstlich. Zieht man eine Linie von der nördlichen Gruppe zum südlichen Hügel, liegt etwa zwölf Meilen östlich von Mount Muir ein kleiner See. Um das Riff zu erkennen, muss ein Flugzeug allerdings in einer Höhe von 2600 Metern fliegen. Lasseter aber sagte, er und Hall wären in zwölf Meter Höhe geflogen!

Bob und Robert Lasseter haben Satellitenaufnahmen studiert und auf der Landkarte die Punkte markiert, die sie ansteuern und fotografieren wollen. Sie zeigen dem Piloten Pete Davids auf der Karte die Route, die sie heute, am 1. Oktober 2001, fliegen wollen. Bobs Finger fährt über die Blood Range nach Osten über Mt. Harris, Mt. Caruthers und weiter zur Pinyima Range, Berge, die weithin sichtbar über die Ebene ragen, aber nur zwischen 200 bis 330 Meter hoch sind. Bob erklärt dem Piloten: »Wir suchen die Orientierungspunkte, die mein Vater erwähnt hat: drei Frauen mit Sonnenhüten, die miteinander reden, und einen einzeln stehenden, konisch geformten Hügel mit flachem Kamm, der einem Quäkerhut ähnelt. Wir haben auf früheren Reisen schon den größten Teil der Petermann, Rawlings und Blood Range fotografiert, aber diese Seite scheint uns höchst interessant. Im Verlauf eines Tages sehen die Berge bei wechselndem Sonnenstand immer anders aus, je nachdem wie der Schatten fällt. Jetzt fotografieren wir bei Nachmittagslicht. Die Schwierigkeit für uns ist ja nicht nur, dass wir nicht wissen, zu welcher Tageszeit und von welchem Punkt aus mein Vater die Landmarken gesehen hat, sondern auch, sie mit den gleichen Augen wie Harry Bell zu sehen. Wie sehen denn drei Frauen mit Sonnenhüten in einer Bergkette aus? Und wie der Hut? ›Sunbonnet‹ heißt ja eigentlich Haube. Hat mein Vater etwa an eine Kopfbedeckung aus früheren Jahrhunderten gedacht?«

Sie starten in Docker River zu ihrem Erkundungsflug. Die viersitzige Cessna gleitet über die kleine Aboriginal-Siedlung und hält dann direkt auf die Petermanns zu. Bob hält einen großen Wecker auf dem Schoß, Robert fixiert ein Blatt Papier an der Windschutzscheibe, auf dem ein Punkt eingezeichnet ist, von dem sechs Linien ausgehen. Sie sollen Pete Davis die verschiedenen Winkel zeigen, die heute von Docker River aus nach Westen und zurück nach Osten geflogen werden. Der Sekundenzeiger der Uhr hilft Robert, jeweils nach Ablauf einer Minute ein Foto zu schießen. Später werden die Lasseters die Aufnahmen in der Hoffnung auswerten, die geheimnisvollen Orientierungspunkte zu finden und mit den Satellitenaufnahmen zu vergleichen, die sie in der Bibliothek von Canberra kopiert haben. Tausend Schnappschüsse haben sie schon archiviert, Zeugen ihrer unermüdlichen, aber auch vergeblichen Suche nach der Nadel im Heuhaufen.

»Schau dir doch dieses riesige Land an, es ist so unermesslich. Hier oben begreift man erst richtig, wie unendlich viele Möglichkeiten es gibt«, brüllt Robert, um den Flugzeuglärm zu übertönen, und zeigt auf die Weite des Outback unter uns. Ab und zu stecken Bob und Robert die Köpfe zusammen, zeigen auf einsame Hügel und diskutieren, ob sie wie Quäkerhüte aussehen, dann wieder scheinen sich drei Felsen vom Himmel abzuheben, die Harry Lasseter für drei Frauen gehalten haben könnte. Aber keine der Formationen trägt einen Aufsatz, der einem Sonnenhut ähneln würde. Manchmal könnte man glauben, Harry Bell hat kommenden Schatzsucher-Generationen mit Absicht eine harte Nuss zu knacken gegeben.

Der letzte Versuch

Die Männer der C. A. G. E.-Expedition mögen es ebenso empfunden haben. Keine 40 Minuten nach dem Start der Piloten setzen sich die überladenen Lastwagen endlich in Richtung Südwesten in Bewegung und folgen Lasseters grob gezeichneter Route. Leider stellt sich bald heraus, dass die Landschaft aus der Luft ungemein anders aussieht als vom Boden. Wieder und wieder hängen die Wagen fest, werden die Kokosmatten ausgerollt, die Räder frei geschaufelt, Bäume umgehackt, tonnenschwere Wagen durch mehligen Sand gestemmt. Die Zahl der Reifenpannen wird kaum noch gezählt. Am zweiten Morgen reparieren die Männer 18 Schläuche. Der Konvoi fährt an den Ausläufern der Ehrenberg Range entlang. Immer wieder müssen die kleinen, ausgetrockneten Wasserrinnen, die von den Bergen aus ins flache Land laufen, mit Sand und Holz ausgefüllt werden, um sie passieren zu können. Die Tage werden nicht mehr nach zurückgelegten Meilen berechnet, sondern nach der Zahl der Stunden, die man durchs Land rackert. Zum Glück sind die Goldsucher ausgeruht. Lasseters entschlossene Haltung und seine überzeugenden Beschreibungen treiben die Männer noch einmal voran. »Lasst uns in die Hände spucken, Jungs. Wir finden das Gold!«, versichert Phil Taylor.

Possum und Fred gehen den Wagen voraus, um einen Weg durch die Dünenblockaden zu finden. Um 200 Meter voranzukommen, müssen endlose Umwege gemacht werden. Einmal legen die Wagen 50 Kilometer zurück und sind doch nur drei von ihrem Ausgangspunkt entfernt. Wenn abends die Zelte aufgeschlagen werden, hört man keinen fröhlichen Gesang mehr. Jeder ist zu Tode erschöpft. Gestern, das scheint Jahre zurückzuliegen. »Diese 16 Meilen waren die härtesten der ganzen Expedition«, schreibt Blakeley. Sutherland, der lakonische »Aussie«, fragt sarkastisch: »Wer weiß, was die Hölle ist?« Und Taylor antwortet: »So wie wir reisen, Tag für Tag, Woche für Woche, das ist die Hölle.« Am vierten Tag hat die Karawane kaum mehr als 100 Kilometer geschafft und ist dem Ziel nicht viel näher gekommen, weil das Land nur einen direkten Südkurs offen lässt. Die Hügelketten laufen Nordnordwest, das Ziel aber liegt im Südwesten. Am meisten fluchen die Männer, wenn sie in eine Sackgasse geraten und hart erkämpfte Strecken noch einmal durchlitten werden müssen. Zwei Paar Stiefel hat jeder der Männer schon zerschlissen. Die dritten sehen auch bald ramponiert aus. Am vierten Tag zittert Blakeley unkontrolliert am ganzen Leib. Der harte Mann schwitzt fiebrig und ist zum ersten Mal groggy. Sutherland hat dem Buschmann eine ordentliche Portion Brandy verschrieben, und zum Glück ist der Expeditionsleiter am nächsten Tag wieder fit. Die Männer essen wie jeden Tag »etwas Abendbrot und viele Fliegen«.

Gestern noch hat Fred von phantastischen Luftspiegelungen geschwärmt, die unwirklich wirkliche Bilder zaubern. Raue Gebirgsketten, schattige Täler und glitzernde Seen verschwimmen ineinander, als würden sie von fließendem Wasser reflektiert. Die Petermann Range verschwindet hinter aufsteigenden Hitzewellen. Das ganze Wunderland scheint real zu sein und ist doch nur eine Schimäre. Die Phantome der Wüste entstehen durch unterschiedlich temperierte Luftmassen und treten vor allem in extremen Klimazonen auf. Fata Morgana nennt man den Spuk nach der Fee Morgane, der Halbschwester des Sagenkönigs Artus, die im Nebelland Avalon gezaubert haben soll. In den optischen Täuschungen der Natur sah Marco Polo einst die Gesten böser Mächte, die in die Irre leiten wollen. Ist auch Lasseter so einem Spuk verfallen?

Harry steigt bei jedem Halt auf den nächsten Hügel und sucht den Horizont ab, in der Hoffnung irgendeine bekannte Landmarke zu entdecken. Der Mann mit dem runden, im Busch höchst unpraktischen Homburger klopft mit seinem Geologen-Hammer immer wieder viel versprechende Felsstücke ab, aber mal ist es goldfarbenes Muskovit, das Wolfram und Zinn enthält, mal ist es Kalkstein mit einem Mantel aus Eisen. Seinen Kumpanen fällt auf, dass Possum nur noch selten Eintragungen in sein Tagebuch macht. Immer stiller wird er und verschließt sich mehr und mehr. Dennoch freut sich Lasseter darüber, wenn sich die Kameraden um ihn kümmern. Der einsame Mann sucht ständig nach Bestätigung, die ihm so oft im Leben verwehrt wurde.

Lasseters Ausguck

Blakeley sieht sofort, das ist das Aus! Er steht auf dem höchsten Aussichtspunkt einer Hügelkette, die den Wagen den Weg versperrt, und schaut resigniert auf ein »Gewirr, ein Durcheinander, als wäre die Landschaft durch den Fleischwolf gedreht worden. So muss das Ende der Welt aussehen.« Diese weite, fast 100 Meter abfallende Talsenke kann kein Lastwagen bezwingen. Sutherland tauft den Berg später »Lasseters letzter Ausguck«.

»Jungs, ich erkläre den heutigen Tag zum Ferientag. Die Schufterei hat ein Ende«, ruft Blakeley sarkastisch. Um seine Wut über den Misserfolg der Expedition abzureagieren, erteilt er weitläufigen Unterricht. »Australien ist ein riesiger, flacher Bergrücken, der fast fünf Kilometer vom Meeresboden emporragt. Seine Flanken steigen über Grund drei Kilometer steil auf. Der Teil, den man ›Australische Bucht‹ nennt, senkte sich ins Meer ab, was im Inland ungeheuren Druck erzeugte und zahlreiche Auffaltungen zur Folge hatte. Die chaotische Senke vor uns ist eine davon. Die Salzseen Lake Macdonald, etwa 160 Kilometer nördlich von uns, und Lake Amadeus, über 300 Kilometer im Südosten, sind Teil der Bruchstelle, die sich über den Lake Eyre bis zum Spencers Golf im Südosten zieht. Insgesamt verläuft die Erdfalte über 4000 Kilometer.«

Um zur 130 Kilometer entfernten Petermann Range zu gelangen, müsste die Expedition einen Umweg von 800 Kilometern bis Winters Glen machen. »Egal, was du ausrechnest, mein Instinkt sagt mir, das Riff liegt bei den Petermann-Bergen«, stößt Lasseter hitzig hervor. George Sutherland lacht nur kopfschüttelnd. »Verlassen wir uns etwa plötzlich auf den Instinkt?! Sind wir plötzlich Wahrsager?! Du greifst verzweifelt nach einem letzten Strohhalm.« Blakeley fügt beschwörend hinzu: »Aber Harry, an die zwei Dutzend Expeditionen sind schon von Winters Glen aus gestartet und haben nichts gefunden. Außerdem liegen die Petermann über 900 Kilometer südlich von dem Ziel, das du in Sydney beschrieben hast. Es ist mir schleierhaft, wie du die teuflische Strecke vor uns je mit einem Pferd durchquert haben willst. Hier können nur Kamele überleben! Wenn du Paul Johns überreden kannst, dich mit seinen Kamelen zu begleiten, haue von mir aus ab zur Petermann Range. Dann kannst du dir und deiner Familie einen Haufen Schande ersparen.«

»Genau das werde ich tun«, antwortet Lasseter mit gepresster Stimme, »Aber ich werde wiederkommen und beweisen, dass ich kein Träumer bin!« Sein hochrotes Gesicht verrät, wie aufgewühlt er ist. Wie beschämt muss der 50-Jährige sein, so kurz vor dem Ziel von seinen Begleitern verhöhnt zu werden. Oder ist er über sich selbst beschämt, weil er seine Kumpane an der Nase herumführt?

»Ich habe die Nase voll vom Millionentraum!«, stöhnt George Sutherland angewidert. Der nüchterne Geologe und der erfahrene Buschmann Blakeley sind besonders deprimiert, weil sie das Gefühl quält, versagt zu haben. Eigentlich geht es ihnen letzten Endes gar nicht mehr um das Gold, an Lasseters Geschichte haben sie kaum mehr geglaubt. Sie sind vom Outback so verzaubert, dass sie gerne immer weiterfahren würden, immer tiefer in diesen mysteriösen Kontinent hinein – egal wie scheinbar unerträglich die Strapazen auch sein mögen. Am liebsten durch die unendliche Australische Wüste bis zum Ozean im Westen. Zwei Männer mit dem Durchhaltevermögen und unaufhaltsamen Drang, das Unbekannte zu erkunden, der Entdecker auszeichnet.

Vor der Rückfahrt nach Illbilba rechnet Blakeley noch einmal mit Lasseter ab, indem er ihm vorhält, was an seiner Goldgeschichte faul zu sein scheint. »Bei der Versammlung in Sydney hast du die Lücken und Widersprüche in deinem Bericht damit erklärt, dass du aus Vorsicht noch nicht alle Einzelheiten preisgeben wolltest. Bis heute hast du deine Geschichte nicht geändert, und deshalb bezweifle ich, dass du die Expeditionen zum Goldriff je unternommen hast. Du hast dich an keine der eindrucksvollen, unvergesslichen Landmarken erinnert, die wir passiert haben, obwohl du die Reise zweimal gemacht haben willst. Auf dem Mount Marjorie hast du die Position mit deinem Sextanten bestimmt und behauptet, sie würde exakt mit den Zahlen übereinstimmen, die du in einem Schließfach in Sydney hinterlegt hast, 23 Grad Süd und 129 Grad Ost. Nach der Rückkehr vom Mount Marjorie fragst du mich dann, ob ich mich noch an die Zahlen erinnern könne, weil du den Zettel mit deinen Aufzeichnungen verloren hattest. Wieso konntest du dich vorher daran erinnern, dass die Messungen mit den in Sydney hinterlegten übereinstimmten, und sie ein paar Stunden später vergessen?! Du hast die Umstände, wie du halb verdurstet in der Wüste gefunden wurdest, mehrmals verändert. Zuerst soll dich Harding gefunden haben, dann ein Afghane, der nach Sandelholz suchte und dich Harding übergab. Dann war es wieder ein Dingojäger, der dich rettete. Vor 30 Jahren waren aber weder die Skalps von Dingos etwas wert, noch gab es hier Sandelholz. Du hast behauptet, du wärst zwischen 1000 und 1100 Kilometer von Carnarvon an der Westküste entfernt gewesen. Aber als wir diese Position erreichten, wolltest du plötzlich 250 Kilometer weiter nach Süden gehen. Jetzt willst du sogar noch weitere 300 Kilometer weiter, weil du so eine Ahnung hast, das Riff könnte in der Gegend von Winters Glen sein. All diese Widersprüche sind für mich der Grund, warum ich diese Expedition beenden werde.«

Harry Lasseter soll darauf nichts geantwortet haben, wie Blakeley behauptet. Das scheint bei Harrys Temperament höchst unwahrscheinlich.

Fünf Tage brauchen sie für den Rückweg nach Illbilba. Inzwischen hat sich Rip van Winkle mit seinem Anhang im Lager breit gemacht. Während Possum wieder Sprachunterricht bei dem komischen Kauz nimmt, damit er sich im Notfall mit den Eingeborenen verständigen kann, steigt Blakeley auf die höchste Erhebung, um das verabredete Signal für Paul Johns abzuschießen. Keiner hört den Dingojäger kommen. Erst als sie bei dem scharfen Befehl »Hände hoch!« aufschrecken, sehen sie Paul Johns mit seinem Revolver fuchteln. Wütend über die geschmacklose Begrüßung und sein albernes Lachen beschimpfen die Männer den Dogger. Blakeley heuert den Deutschen für zwei Monate als Kamelführer an und zahlt ihm fünf Pfund die Woche.

Der Deutsche hat fünf Kamele mitgebracht, ein Reit- und vier Packtiere, die mit vier 40-Liter-Kanistern Trinkwasser und zwei Verpflegungskisten beladen werden.

Zum Abschied sagt Lasseter noch einmal beschwörend: »Ich werde beweisen, dass ich keinen Unsinn erzählt habe!«

»Wenn du das Riff tatsächlich findest«, antwortet Blakeley lakonisch, »dann bist du ein besserer Mann, als ich annehme.« Zu Sutherland und Taylor gewandt fügt der nüchterne Buschmann noch bitter hinzu: »Der Traum vom Gold ist ausgeträumt. Hätten wir das angeblich 16 Kilometer lange Riff tatsächlich gefunden, wäre mein Anteil 17 Millionen Pfund wert gewesen.«

Phil Taylor sagt später zu Errol Coote: »Beide, Lasseter und Blakeley, waren heilfroh, nichts mehr miteinander zu tun zu haben. Es hätte nicht mehr lange gedauert, und sie wären sich gegenseitig an die Gurgel gegangen.«

Als Taylor zu Lasseter zum Abschied sagt: »Viel Glück, Harry. Lass uns nicht allzu lange warten«, antwortet der todernst: »Wenn ich das Riff nicht finde, werde ich nicht zurückkommen.«

Bevor die drei nach Alice Springs zurückfahren, verstauen sie in Illbilba den großen Rest der Expeditionsvorräte, um Lasseters und Johns Rückkehr in die Zivilisation abzusichern. Die anderthalb Tonnen Verpflegung im Depot würde die beiden Männer zwei Jahre lang ernähren können. Die Männer hoffen, dass die Eingeborenen das Lager für tabu halten. Die Expeditionsmitglieder haben immer streng darauf geachtet, dass die schwarzen Gäste nie den Inhalt der mysteriösen Kisten im Lager sehen. Was sie nicht kennen, berühren sie normalerweise nicht, es ist Kaditscha. Blakeley nimmt Lasseters persönlichen Besitz mit.

Bob Lasseter öffnet in seinem Haus bei Sydney eine kleine, ramponierte Truhe und holt einen Familienschatz heraus, den Sextanten seines Vaters, den Harry Bell in Amerika gekauft hatte. Ich hoffe, auch das Tagebuch zu sehen, in dem Harry Lasseter während der Expedition jeden Abend geschrieben hat, aber das ist leider verschollen.

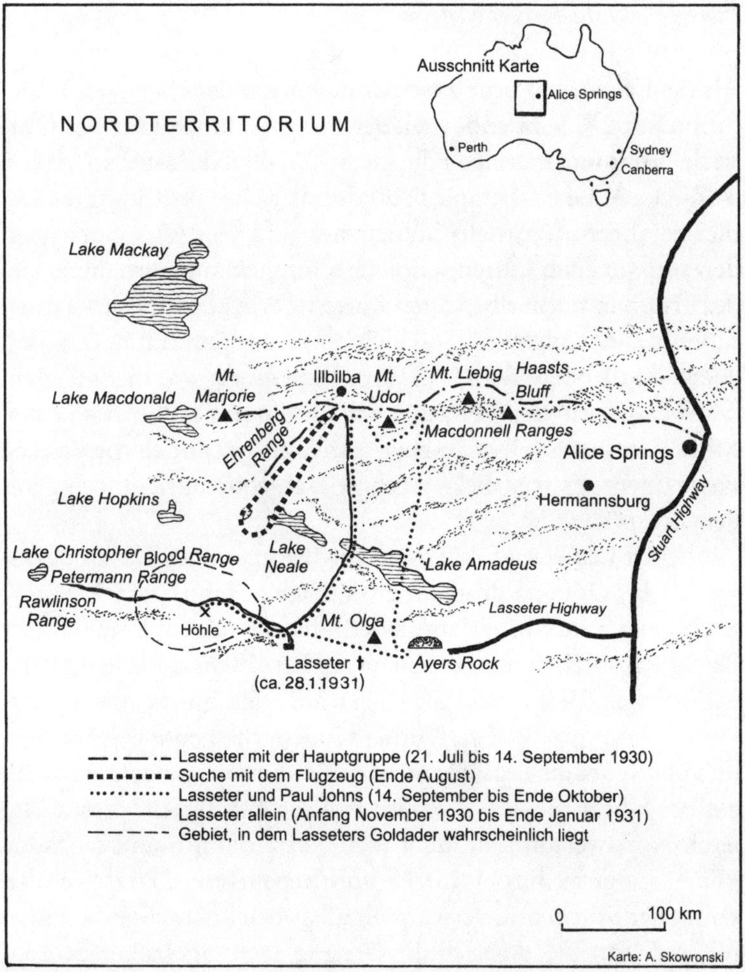

Suche nach dem Goldriff: Routen der C. A. G. E.-Expedition, der »Golden Quest« und Lasseters Alleingang 1930/31.

Als die Lastwagen über zwei Monate nach dem Start der Expedition am 28. September wieder in der »Hauptstadt des Outback« ankommen, zeigen die Tachos 2700 Kilometer an, davon ist die C. A. G. E.-Truppe 1800 durch bisher unbekanntes Gebiet gefahren. Wie viele Goldsucher sind von Alice Springs in den vergangenen Jahren schon ins Outback aufgebrochen! »Jeder Trupp mit denselben alten Karten«, wie Blakeley sarkastisch schreibt, »den gleichen Geschichten vom toten Mann, den gleichen Goldproben. Die C. A. G. E.-Expedition war nicht nur am besten ausgerüstet, sie hatte auch den Mann an Bord, der den Millionentraum selbst gesehen hatte, und dennoch die übliche Pleite erlebt. Es war dieselbe alte Geschichte, nur ein wenig anders erzählt.«

Aber ist Lasseter wirklich nur ein Träumer oder Trickser, oder wartet das Gold da draußen tatsächlich auf ihn?

Blakeley und Sutherland jedenfalls gehen gleich nach ihrer Rückkehr noch einem »Spinner auf den Leim«. Ein Russe namens Simon Rieff spricht die beiden an, zeigt ihnen einige Quarzklumpen mit groben Goldkörnern, die reiche Beute versprechen, und überredet die Prospektoren, den Fund zu begutachten. Noch einmal fahren sie 400 Kilometer durch den Busch, dieses Mal nach Nordwesten und nicht mehr durch Staub und trockene Hitze, sondern durch Matsch und Regenfluten. Drei Stunden wütet der Sturm und verwandelt ausgetrocknete Flussbetten in reißende Ströme. Als sich die Gruppe nach tagelangen Strapazen endlich bis zur Mine durchgeschlagen hat, stellt Blakeley enttäuscht fest, dass sie in einem bekannten Schürfgebiet liegt, das längst als unergiebig aufgegeben worden ist. Hätten sich der Geologe Sutherland und der Buschmann Blakeley die Mühe gemacht, den Claim des Fremden gründlich zu untersuchen, wären sie doch noch Millionäre geworden. So aber beuten später andere Glückspilze die Mine aus, die sich als überaus ergiebig erweist. Zehn Millionen Pfund ist die Goldmine wert, und das Kupfer, das hier später abgebaut wird, noch viel mehr.

Als Blakeley nach einer 3500 Kilometer langen Zugfahrt in Sydney ankommt, erlebt er eine böse Überraschung. Er berichtet bei einer Versammlung von C. A. G. E.-Aktionären ausführlich über die Expedition und die dubiose Rolle, die Harry Lasseter dabei nach seiner Ansicht gespielt hat. Aber die einzige Antwort der Versammlung sind eisiges Schweigen und feindselige Blicke. Lasseters Brief hat die Aktionäre gegen den ehemaligen Expeditionsleiter aufgebracht. »Da war nur diese dumme Stille von 150 Männern, die das Goldfieber so gepackt hat, dass sie die Wahrheit nicht erkannten.« Selbst Männer, die er für Freunde hielt, wenden sich von ihm ab. »Jetzt haben sie mehr Hoffnung, doch noch reich zu werden. Nach dem Treffen hielt mir ein Mann die Faust unter die Nase und sagte: ›Du und Colson, ihr werdet das Riff niemals bekommen‹«, schreibt Blakeley verbittert. »›Wir wissen alles über euch. Jetzt, nachdem ihr alle anderen aus dem Weg und Lasseter verleumdet habt, wollt ihr losziehen und das Riff alleine finden. Aber wir halten zu Lasseter und hoffen, dass ihr verdurstet, solltet ihr uns hintergehen.‹«

Der Undank und das beleidigende Misstrauen der Männer, die ihn wegen seiner Erfahrung als Buschmann ausgewählt hatten, verbittern Blakeley sein Leben lang. Um sich zu rechtfertigen schreibt er seinen eigenen Report, der aber seinem Wunsch entsprechend erst nach seinem Tod unter dem Titel »Ten Miles of Gold« veröffentlicht wird.

Goldsucher und Dingojäger

Lasseter und Johns verlassen Illbilba am 15. September. Sie marschieren durch ein uraltes, stilles Land, aus dem gelegentlich einsame Bergriesen ragen, mächtige Monolithe aus der Schöpfungsgeschichte der Erde. Die beiden Männer und ihre fünf Kamele scheinen die einzigen großen Lebewesen in der Unendlichkeit Centralias zu sein. Gelegentlich brüllt das Führungstier, ein Kamelbulle, und blubbert dabei laut gurgelnd eine ekelhaft aussehende, abscheulich stinkende Blase aus dem Maul. Meistens laufen die Goldsucher, weil die überlasteten Kamele kein zusätzliches Gewicht mehr tragen können. Die beiden ziehen an den Low Bluff Hills vorbei, passieren Petarde Spring und vergraben am Mount Peculiar 150 Pfund Verpflegung, ein notwendiges Depot für den Rückweg. Die Tiere sind ungewöhnlich missmutig und störrisch. Johns hat sie auf der monatelangen Dingojagd überstrapaziert. Sie kommen nur langsam voran.

Lasseter zeichnet den Verlauf der Reise in einem Notizblock in skizzenhaften Karten nach, schreibt die Namen bekannter Berge auf und tauft viele unbekannte Orientierungspunkte. Lake Amadeus taucht vor der Karawane auf, ein riesiger Salzsee, der nach dem spanischen König Amadeus benannt wurde. Nur wegen der jahrelangen Trockenheit gelingt es, den trügerischen See zu überqueren. Je weiter sich die Männer mit ihren Kamelen auf der Salzkruste vorwagen, desto weicher wird der Untergrund. Mensch und Tier haben das angstvolle Gefühl, als wollte sie der morastige Grund in die Tiefe ziehen. Lasseter und Johns prügeln die rebellischen Tiere über die 24 Kilometer lange Gefahrenzone, um sie nicht zu verlieren.

Ein Ausläufer des Monsuns überrascht die Kamelführer. Stundenlang rasen Stürme über das Land, die so viel Regen bringen, wie seit 15 Jahren nicht mehr. Eilig werfen die Goldsucher einen Erdhügel um das kleine Lager auf, damit die Vorräte nicht davonschwimmen. Der Treck durch die Wüste wird nach dem Regen zur Qual. Immer wieder müssen die Männer lehmige Erdklumpen von den Fußsohlen der Kamele kratzen, wieder und wieder rutscht ein Tier auf dem glitschigen Boden aus und weigert sich weiterzugehen. Aber Lasseter ist jetzt in bekanntem Terrain, das Riff kann nicht weit sein. Er zerrt die erschöpften Kamele hoch und treibt sie unbarmherzig voran. Auch Johns lässt sich vom Goldfieber anstecken. »Das ist das aufregendste Abenteuer, dass ich je erlebt habe«, ruft der Deutsche seinem Kumpan lachend zu, während er den wütenden Tritten des Bullen ausweicht.

Mächtige Rundlinge steigen aus dem Meer aus Gras, Salzbüschen, Mulga und Akaziensträuchern auf. Als Ernest Giles hier 1873 vorbeikam, schrieb er beeindruckt: »Vom Camp ist der Anblick wirklich einmalig. Runde Minarette, riesige Kuppeln und monströse Dome erheben sich vor uns.« Der Botaniker Ferdinand Müller taufte den imposanten Koloss nach der damaligen Königin von Württemberg »Mount Olga«. Heute heißt das Bergensemble kurz »die Olgas«.

Johns und Lasseter kampieren neben dem Naturwunder, das bis zu einer Höhe von 500 Metern aufsteigt und sich über eine Fläche von drei Quadratkilometern ausbreitet. Einige Rundlinge stehen isoliert, andere drängen sich in Gruppen, alle aber sind vom Nachbarn durch steile Schluchten getrennt, die an der Basis oft so eng zusammenlaufen, dass sich Wanderer nur mit Mühe durchzwängen können. Man hat das Gefühl, als sei man in die geologische Urzeit der Welt zurückversetzt.

Die Eingeborenen nennen die Olgas *katatjuta,* Ort vieler Köpfe. Er ist das Sinnbild vieler Abenteuer mythischer Vorfahren und einer der wichtigsten Fruchtbarkeitszentren der Wüstennomaden. Seine westliche Seite ist von riesigen, parallelen Wunden durchzogen, Spalten, die von Ost nach West laufen. Lasseter und Johns kennen die sakrale Bedeutung der Felskuppeln nicht, aber die spirituelle Macht, die von ihnen ausgeht, spüren auch sie. Die Legende sagt, dass zehn Ahnenwesen Katatjuta geschaffen haben. Die Kuppeln an der südwestlichen Seite sind die verwandelten Leiber des Kängurus, des Wallabys und der kleinen Nachteule. Die Dome auf der Ostseite sind die einstigen Lagerplätze der Mäusefrauen, und die Doppelreihe einzeln stehender Sockel im Westen sind die Camps der *pungalunga,* der Eis-Männer. Die Pungalunga haben eine menschliche Gestalt und sind wilde Kannibalen, deren Köpfe über die Baumkronen ragen und deren Füße schneller laufen können, als ein Vogel fliegt; ihre Arme sind so kraftvoll, dass sie mit Felsen spielen, die größer als Menschen sind. Vor ewigen Zeiten machten die Pungalunga Jagd auf Menschen, die sie unter ihre Gürtel aus Haaren steckten, wie Aborigines Maulwürfe an der Hüfte festhaken.

Wer das Olga-Gebiet durchwandert, wird solche blutrünstigen Legenden schnell vergessen und sich von der Erhabenheit der Landschaft gefangen nehmen lassen. Vor allem wenn man bis zum Zentrum des Felsensembles vordringt, glaubt man sich in ein Paradies versetzt.

Der Gunbarrel Highway, der von hier aus den Busch nach Westen durchschneidet, führt durch eines der einsamsten und aufregendsten Wüstengebiete Australiens. Der letzte der vielen Outback-Pioniere, Len Beadell, und seine Gunbarrel Crew haben 1958 mit ihrem Bau begonnen. Der erste Teil der Staubpiste von den Olgas nach Warburton und Laverton ist gut gepflegt und kann mit einem normalen Wagen befahren werden. Die alte Gun von Warakurna zur Heather-Highway-Kreuzung aber ist für Touristen geschlossen. »Die Wellblechpiste ist ein Killer«, sagt der Buschkenner Bob Lasseter.

Etwa 40 Kilometer weiter im Westen buckelt ein riesiger Rundling aus Feldspat und Sandstein über der Ebene, Ayers Rock, den die Eingeborenen *Uluru* nennen, »Platz der Geister«. Hier sind die Regenbogenschlange *warnampi* und die Maulwürfe *itjirri-tjirri* zu Hause. Der berühmteste Berg Australiens wird noch eine Rolle in unserer Geschichte spielen.

Monate zieht Lasseter nun schon durch den Busch. Wie ausgepumpt muss er sein, wie enttäuscht, dass die größte Expedition, die je ins Outback aufbrach, nur noch aus zwei Männern und fünf rebellischen Kamelen besteht. Die Landschaft ist es, die den Männern die meiste Kraft kostet, ihnen Stück für Stück den Schneid abkauft. Der »Bushie« Blakeley hat gesagt: »Das Land hat seine eigenen Rechte. Wenn du die Natur nicht respektierst, wird sie es dich lehren. Es ist kein Land für Anfänger und naiven Optimismus.« Der Thornycroft-Lastwagen, dieses Paradestück moderner Technologie, ist am Ende der Reise so ramponiert, dass man ihn kaum wiedererkennt. Die »Golden Quest« ist nur noch ein Schrotthaufen, das Radio hat sich als untauglich erwiesen. Und jetzt ziehen sie mit Kamelen, den ältesten Tragtieren der Menschheit, durch die Wüste. Bei Murra Thurra finden die beiden Männer endlich ein Wasserloch, indem sie großen Scharen Kakadus gefolgt sind. Wo immer sie auf eine Wasserstelle stoßen, bewegen sie sich mit größter Vorsicht. Die Eingeborenen hüten Wasserstellen als wertvollsten Besitz, weil sie in der lebensfeindlichen Wüste das Überleben garantieren. Es würde den Weißen übel bekommen, wenn sie hier überrascht würden.

Sie überqueren immer wieder quer laufende Dünenketten und suchen Passagen durch die Canyons der Petermann Range. Die weichen Fußkissen der Kamele werden wund, der steinige Boden scheuert die Sohlen auf. Sie kommen nur langsam voran. Entlang ihrer Route steigen immer wieder Rauchsäulen auf und verbreiten die Nachricht vom Vordringen der Fremden. Abends lauschen sie unruhig in die Nacht, aus Angst, von feindlichen Eingeborenen überfallen zu werden. Einmal schrecken die Abenteurer fürchterlich gurgelnde Töne auf. Wilde Kamelbullen kämpfen um die Führung in der Herde. Nur mit Mühe gelingt es, die Packtiere zu beruhigen.

Während Johns loszieht und wieder einmal auf schmackhafte Wallabys Jagd macht, die kleine Känguru-Art, die sich mit Vorliebe in felsigem Gelände aufhält, schreibt Harry einen Brief an seinen sechsjährigen Sohn Bobbie. Ein Emu-Baby stakst ohne Scheu aus dem Busch und fängt an, Essensreste aufzupicken. Der Emu ist Australiens berühmtester Vogel, ein Vogel, der nicht fliegen kann. Wenn ein Emu-Männchen seinen langen Hals nach oben streckt, erreicht es eine Höhe von zwei Metern. Von Dezember bis Mai leben die majestätischen Vögel mit dem hellbraunen Gefieder in Paaren zusammen. Lasseter hat sich plötzlich daran erinnert, dass Bobbie vor seiner Abreise in die Küche kam und auf kindliche Art fragte: »Wo gehst du hin? Kann ich mitkommen?« Der Vater hat den kleinen Mann gebeten, während seiner Abwesenheit auf seine Mutter aufzupassen, und ihn gefragt, was er aus der Wüste mitbringen soll. »Ein Emu-Ei.« Nun, vier Monate später, läuft Lasseter ein Emu-Küken vor die Füße, und der Vater beschreibt seinem Sohn die Szene in allen Einzelheiten. Bobbie hätte seinen ausgemergelten Vater mit dem roten Bart kaum wieder erkannt. Die lange Reise schlaucht den 50-Jährigen, die Hitze, das Marschieren durch den Busch, die immer gleiche Verpflegung, die Fliegen.

Eine Myall-Gruppe schließt sich der Karawane an, ein alter Mann, der sein Haar im Nacken mit Emufedern zusammengebunden hat und nur einen Speer trägt. Seine Frau hat nach Nomadenart ein Baby unter die verschränkten Arme auf den Rücken geklemmt. Fünf Kinder bilden die lustige Nachhut. Mit ihren großen Augen und langen Wimpern sehen sie aus wie schwarze Engel. Aber Johns lässt sich nicht von ihren neuen »Führern« verleiten, vom eingeschlagenen Weg abzukommen. Wie Vögel, die scheinbare Feinde von ihrem Nest fernhalten wollen, indem sie abseits davon kreischend hin- und herfliegen, so sollen auch die Kinder die Eindringlinge vom nächsten Wasserloch wegführen und die Fremden gleichzeitig »ausspionieren«. Lasseter versucht, sich mit einigen Worten, die er von Rip van Winkle gelernt hat, zu verständigen. Aber die Wüstennomaden sprechen eine völlig andere Sprache als die Aranda. Abends pflockt Johns die Kamele eng am Lager an, um besseren Schutz vor möglichen Überraschungsangriffen zu haben. Er hat gehört, dass Aborigines Höckertieren aus dem Weg gehen, weil sie Ausgeburt böser Geister seien, *mamu*.

Die Myalls in diesem abgelegenen Teil Centralias haben sicher über den »Buschtelegrafen«, die mündliche Weitergabe von Informationen, vom Massaker bei der Corniston Station gehört. 1928 hatten Eingeborene den Goldsucher Fred Brooks nördlich von Alice Springs ermordet und in kleine Stücke zerteilt, weil er eine Eingeborenen-Frau vergewaltigt hatte. Aufgebrachte weiße Siedler zogen unter Führung des Polizisten Murray zu einer Strafexpedition los. Bei Corniston trafen sie auf über 150 Eingeborene, die von weit her gekommen waren, um gemeinsam ein zeremonielles Fest zu feiern, ein Corroborree. Die Weißen töteten wahllos Männer, Frauen und Kinder. Der Polizeireport erwähnt 17 Tote, die überlebenden Aborigines zählen fast 100. Eine offizielle Untersuchungskommission kam zu dem Ergebnis, dass es sich um eine »völlig vertretbare« Strafaktion gehandelt habe. Als später auch Eingeborene der Walpiri getötet wurden, flüchteten viele Gruppen nach Westen und Süden und verbreiteten die Nachricht von den Morden. Noch heute erzählen Eltern ihren Kindern von der Verfolgung ihres Volkes.

Oft erscheinen Bergketten bei bestimmtem Licht wie Traumgebilde, die über den Ebenen schweben. Die langgezogene Petermann Range, deren Rücken wie eine zerstörte Festung aussieht, ist schon von weitem zu sehen. Sporadische Versuche, sie Anfang des 20. Jahrhunderts zu erkunden, kosteten einem Dutzend Weißen das Leben. Seitdem gelten die Eingeborenen dieser Gegend, die Pitja Pija oder Pitjantjatjara, als höchst gefährlich.

Wohin die Männer auch kommen, erwacht das Land nach dem Regen fast über Nacht aus einem tiefen Schlaf. Plötzlich wird es grün. Eben noch vertrocknete Büsche schmücken sich mit roter, gelber, violetter Blütenpracht. Die beiden Weißen schlagen das Camp am Malagura Wasserloch westlich der heutigen Aboriginal-Siedlung Docker River auf. Lasseter spricht kaum noch mit seinem Partner. Er wird immer mürrischer und misstrauischer, je näher die Männer dem Riff kommen. Hat Harry Angst, dass Johns vom Goldfieber gepackt wird und ihn töten könnte, nachdem er die Position des Riffs kennen gelernt hat?

Als unpassierbarer Morast die Kamele aufhält, geht Harry alleine weiter. »Er kam nach fünf Tagen wieder und sagte, er habe das Riff gefunden«, erzählt Johns später. »Er brachte Beutel voller Proben mit, aber ich durfte sie nicht sehen. Als ich Harry fragte, wo er die Proben gefunden hätte, erzählte er mir eine so absurde Geschichte, dass ich ihn Lügner nannte. Er brüllte mich an, wenn ich ihn einen Lügner nenne, müssten wir es auskämpfen. Dann schleuderte er mir eine Konservendose voller Früchte ins Gesicht. Da bin ich aufgesprungen und sagte, das Einzige womit ich kämpfen würde, wäre mein Revolver.« Schon prügeln sie aufeinander ein, ringen und boxen. Lasseter packt das Handgelenk mit der Pistole, verklemmt den Daumen am Abzug und reißt sich die Haut auf. Schließlich ringt Lasseter die Waffe frei und wirft sie ins Gebüsch. Erschöpft packt er seinen Schlafsack und verschwindet in der Dunkelheit. »Am nächsten Morgen kam er zurück und sagte, wir sollten das Geschehene vergessen und nach Illbilba zurückkehren.«

Vom Basislager schickt Lasseter Johns mit einem Brief an den Regierungsvertreter in Alice Springs los. In einem zweiten Schreiben unterrichtet Lasseter die Direktoren von C. A. G. E. von seinem Fund. Während Johns nach Nordosten zieht, macht sich Lasseter mit zwei Kamelen nach Südwesten auf. Von jetzt an ist Lasseter auf sich allein gestellt. Sein Schicksal wird durch das Outback bestimmt und von den Aborigines.

Die »Zweite Lasseter-Expedition«

C. A. G. E. organisiert inzwischen die »Zweite Lasseter Expedition« unter Führung des Journalisten Errol Coote. Der Pilot hat die reparierte »Gipsy Moth« in Südaustralien umbauen lassen und wieder nach Alice Springs zurückgeflogen. Als nächstes Ziel wählt er Ayers Rock, weil der Monolith über 200 Kilometer näher an Lasseters Zielgebiet liegt als Illbilba. Von dort plant Coote zum Basislager zu fliegen und Lasseter eine Nachricht mit dem neuen Treffpunkt zu hinterlassen. Phil Taylor ist wieder mit von der Partie. Der Ingenieur heuert Eingeborene als Treiber unter

Führung des Halbbluts Paddy Tucker an und zieht mit 15 Kamelen und Kisten voller Verpflegung und Flugzeugbenzin Richtung Ayers Rock, wo das Rendezvous mit Coote geplant ist. Auf dem Weg will der passionierte Fotograf von der Landschaft so viele Aufnahmen wie möglich machen. Tucker schätzt, dass die Karawane bis Ayers Rock zwei Wochen unterwegs sein wird.

Vor seiner Abreise sind allerdings wie so oft während der vergangenen Monate die Qualitäten des Mechanikers Taylor gefragt. Die Suche nach dem Millionenriff steht offenbar unter einem bösen Stern. Ein Willy-Willy hat die »Golden Quest« aus der Verankerung gerissen und auf die Nase geworfen. »Flugzeuge scheinen in diesem Land Kaditscha-anfällig zu sein«, kommentiert Taylor den Unfall. Ein anderer Flieger hat mehr Glück. Coote erreicht die Nachricht, dass sein Freund Kingsford Smith die Strecke England–Australien in Rekordzeit geflogen ist. Später wird das Piloten-Ass bei einem Flug nördlich von Alice Springs von einem Sandsturm überrascht und muss notlanden. Nach tagelanger Irrfahrt verdurstet der berühmte Mann.

Regenstürme, gefolgt von Sandstürmen, hindern Coote am Abflug. Knapp drei Wochen nach Taylors Ausritt kann sich der Pilot endlich am 27. Oktober in die enge Kabine seiner Maschine klemmen und zum Rendezvous mit seinem Freund starten. Sturmausläufer beuteln das leichte Flugzeug. Coote hat die Erfahrung gemacht, dass die Windströmungen in Centralia besonders gefährlich sind. »Der rasende Wind schüttelte die Maschine wie einen Korken hin und her«, erinnert sich der Pilot. »Blitze explodierten um mich herum wie Raketen. Staubwolken kamen in breiter Front auf mich zu, aber zum Glück konnte ich in Hermannsburg landen, bevor mich die tödliche Gefahr erreichte.«

Erna Heinrich, die Frau des Schulmeisters, versorgt den Gast für den Weiterflug mit frischen Eiern, Kohl, Mohrüben und einer Flasche Wein. Der Leiter der Mission, Pastor Albrecht, ein erfahrener Kenner des Outback, besteht darauf, dass Coote nach spätestens einer Woche in Hermannsburg berichten solle, ob im neuen Basiscamp alles nach Plan laufe. »In Ordnung«, bestätigt der Pilot. »Wenn ich bis dahin nicht gelandet bin, schickt ihr ein paar von euren Boys zu Hilfe. In Alice Springs geht man davon aus, dass ich erst in einem Monat zurückkomme.« – »Ein Monat ist viel zu lang, falls etwas passiert.«

Coote kreist über der Mission, um Höhe zu gewinnen, und stellt den Kompasskurs auf Südwest. Nach 30 Kilometern fliegt der Doppeldecker über ein langes, fruchtbares Tal, ein Naturwunder inmitten des Kontinents, in dem eine Palmenart wächst, die seltsamerweise sonst nirgendwo auf der Welt zu finden ist. Die Legende sagt, sie sei schon in der Bibel erwähnt worden, weshalb man sie Maria-Palme nennt. Das ganze Jahr über gibt es in der Oase genügend Wasser. Coote wird sich bald nach dem kühlen Schatten und den tiefen Tümpeln voller Fische im Palm Valley sehnen.

Der Flieger lässt die Macdonnell Ranges hinter sich und fliegt wieder über die übliche, scheinbar unendliche Fläche aus Mulga und Spinifex, die von roten Sanddünen durchzogen wird. Nach vier Stunden steigt langsam ein riesiger, abgeflachter Berg aus der platten Landschaft, der Mount Connor. Der Koloss besteht aus Sandstein, der vor etwa 750 Millionen Jahren vom Schmelzwasser eines Gletschers abgelagert wurde. Der größte Teil Australiens war damals von Eis bedeckt, weil sich die Landmasse zu dieser Zeit in der Nähe des Nordpols befand.

Wir landen mit dem Hubschrauber auf dem grasbewachsenen Tafelberg und sehen in der Ferne Ayers Rock und in gerader Linie dahinter Mt. Olga liegen. Im Nordwesten schimmert die weiße Fläche des Lake Amadeus. Bob Lasseter klärt uns auf, dass Mt. Connor nicht die gleiche Entstehungsgeschichte wie die berühmten Felsen im Westen hat, wie die meisten Besucher annehmen, sondern um die 150 Millionen Jahre älter ist. »Schwer vorzustellen, aber dieser Berg entstand am Nordpol.«

»Wie ein roter Geist tauchte der gewaltige Buckel des Ayers Rock aus dem Dunst auf«, schreibt der Journalist. Immer wieder umfliegt Coote das Felsrund, kann aber kein Anzeichen eines Lagers erkennen. Wo ist Taylor mit den Kamelen? Er hätte schon seit Tagen hier sein müssen. Hat Taylor etwa Mount Connor für das Ziel gehalten? Um sicher zu gehen, fliegt Coote die 100 Kilometer bis zu dem prominenten Tafelberg zurück, kann aber auch hier keine Kamelherde entdecken. Der Umweg zum Connor ist fatal, bleibt Coote doch nicht mehr genug Benzin für den Rückflug nach Hermannsburg. Nach langer Suche entscheidet sich der Pilot zur Notlandung auf einer Lichtung im Südwesten von Ayers Rock. Die flache, sandige Stelle erlaubt eine weichere Landung als Spinifex, das in harten, wulstigen Flecken wächst und einem kleinen Flugzeug leicht zum Verhängnis werden kann. Coote steuert seine Motte gegen den Wind, hopst bei der Landung mit den kleinen Rädern über Grasbüschel, und dann geschieht am Ende des Manövers doch noch ein Unglück. Ein Knall wie ein Pistolenschuss. Vor Schreck bleibt dem Piloten fast das Herz stehen. Ein Ast hat den Propeller beschädigt. Coote ist Hunderte Kilometer von der Zivilisation entfernt gestrandet. Kein Laut ist zu hören, weder das Grunzen von Kamelen noch das Klingeln ihrer Halsglocken. Wo bleibt Taylor nur? Ist er von Eingeborenen überfallen worden? Bevor in Hermannsburg Alarm geschlagen wird, vergeht eine Woche. Bis ein Kameltrupp Ayers Rock erreicht, dauert es noch einmal drei Wochen. Zur selben Zeit wartet Johns auf die Rückkehr seines Kameraden vom Goldriff.

Die Expedition scheint verhext. Coote zieht Bilanz. Das Flugzeug parkt acht Kilometer vom Ayers Rock entfernt. Sein Vorrat besteht aus einer Flasche Wein, mehreren Flaschen »Horlicks Milchtabletten«, einem halben Dutzend Dosen mit je sechs Würfeln Rinderkraftbrühe, 18 Eiern, einem halben Dutzend Karotten, zwei Kohlköpfen, zwei kleinen Fruchtkuchen und zwei Pfund Zucker. Damit kann man schon ein paar Wochen überleben. Bei seinen Rundflügen um den Felskoloss hat Coote zahlreiche kleine Tümpel gesehen. Verdursten braucht er also auch nicht. Vom Standort der »Golden Quest« aus bewundert Coote ein einmaliges Schauspiel, das Ayers Rock Jahrzehnte später zum Wallfahrtsort werden lässt. Kurz nach Sonnenuntergang leuchten die Wände des Felsens, den man kurz »Rock« nennt, wie glühende Kohle.

Der Unglückspilot beschließt, bis zur Ankunft eines Rettungsteams beim Flugzeug zu bleiben, macht sich aber erst einmal auf den langen Weg zum Felsendom. Er schleift einen Stock wie einen Ariadnefaden hinter sich her, damit er wie einst Theseus in der Höhle des Minotaurus den Weg zum Flugzeug zurückfindet. Die eleganten Cowboystiefel, die Blakeley wegen des farbig abgesetzten Leders spottend Lady-Schuhe genannt hat, sind für Wanderungen im unwegsamen Gelände nicht geeignet. Schon bald quälen Coote blutige Blasen. Wasser gibt es genug am Rand der steil aufragenden Felswände. Aber die vielen Aboriginal-Zeichnungen in den Felshöhlen und viele Fußabdrücke beunruhigen den Stadtmenschen Coote. Archäologen haben festgestellt, dass erste Zeichen menschlicher Besiedlung am Rock mindestens 20 000 Jahre zurückgehen. Ohne es zu wissen, steht Coote mitten im *nanguru,* dem Mutterplatz.

Er ist gewarnt worden, dass Uluru ein heiliger Ort ist, an dem die Aborigines zu Corroborrees zusammenkommen. Die vertikalen Rinnen, Einschnitte und dunklen Flecken ablaufenden Wassers auf der Südseite des Felsens sind die Spuren des Titanenkampfes mächtiger Schlangen, die Abgründe an der Nordseite mit ihren vielen Höhlen die Lagerplätze der Beutelratte, und die unzähligen Pockennarben auf der Westflanke haben Maulwürfe gegraben. Die Regenbogenschlange, *wanambi,* die mächtigste der mythischen Gestalten, hat sich nach dem Glauben der Aborigines im Rock zur Ruhe gelegt. Während die Traumpfaderzählungen von Region zu Region variieren, zieht sich der Mythos von der schöpferischen und zerstörerischen Regenbogenschlange durch alle Überlieferungen. Sie schlief unter der Erde, stieß dann an die Oberfläche vor, schlängelte sich übers Land und gestaltete es nach ihrem Gutdünken. Die Schlange wird als ein bunt geschecktes Riesenwesen mit Mähne beschrieben, das oft einen Bart trägt. Sie ist besonders gefürchtet, weil sie Menschen angreift, die sich Wasserlöchern nähern, in denen sie lebt. Die Regenbogenschlange ist das Symbol für das Element Wasser und wird deshalb mit Flüssen, Wasserlöchern, Regen, Regenbogen und Muscheln in Verbindung gebracht. Nur Feuer hält das Mythenwesen in Schach, weshalb Aborigines immer Feuer in der Nähe einer Quelle anzünden.

Geologen erklären die Entstehung des Felsens auf nüchterne, wissenschaftliche Art: Als sich vor etwa 900 Millionen Jahren der Boden eines Binnenmeeres hob und eine gewaltige Gebirgskette geformt wurde, blieben nach Jahrmillionen der Erosion durch Wind und Wetter nur Ayers Rock und die Olgas übrig, Naturwunder, die von der UNESCO zum Weltnaturerbe ernannt wurden.

Coote malt ein großes S. O. S.-Zeichen an eine Wand des Uluru und daneben »Flugzeug 5 Meilen S. W. Felsen. Coote 29/10/,30«. Während er um den Rock herumläuft, wozu Wanderer heute auf angelegten Wegen etwa drei Stunden benötigen, malt er die Botschaft noch zwölfmal an die Wände. An einigen Stellen sind die Felsflächen wie mit Pockennarben gezeichnet. In einer Höhle entdeckt Coote hinter einem Haufen Reisig mehrere Jiringas aus Holz und Stein. Hastig bedeckt er die heiligen Zeichen, wohl wissend, dass er für seinen Frevel bestraft würde, falls ihn Eingeborene hier überraschen. »Es waren die Totem-Zeichen irgendeines Stammes. Der Ort war mir unheimlich. Ich konnte die Geister aus der mystischen Urzeit von den Wänden auf mich herabstarren sehen.« Überall stößt Coote auf Wasserstellen, die von Hunderten Vögeln umlagert werden. »Die Erde ist lebendig. Überall treffe ich auf verschiedenartige Echsenarten, Vögel, Ameisen, Insekten und mehr Schlangen, als ich in meinem ganzen Leben gesehen habe. Die Szene erinnerte mich an Sindbad den Seefahrer, als er das Tal der Diamanten findet, die von Unmengen Schlangen bewacht werden.«

Tag um Tag vergeht – und jeden Tag die gleiche Prozedur. Die Luft flimmert bei fast 50 Grad Celsius. Am Morgen kocht sich Coote Tee, und am Abend isst er zum Tee ein Stückchen Kuchen und ein Ei. Dann schießt er Salven in die Luft, damit er Taylor nicht verpasst, aber die einzige Antwort ist das Rauschen des Windes. Die am Tage gespeicherte Hitze des Felsens zieht am kühleren Abend die Luft an. Vor ein paar Tagen war ihm das Farbenspiel des glühenden Berges noch wie das Leuchten des Paradieses vorgekommen, jetzt erinnert die Glut Coote eher an die Hölle. Langsam beginnt ihn Angst zu quälen, die Angst, am Ayers Rock zu sterben. Im Sommer verwandelt sich das Outback in einen Feuerofen. Während der Hitze des Tages liegt der Pilot im Schatten unter den Flügeln der »Gipsy Moth«. Er wird immer schwächer, bei jeder Bewegung bricht sofort Schweiß aus. Den heißen Tag lang müht er sich, Heerscharen großer, roter Ameisen abzuwehren. Nachts kriechen kleine schwarze Viecher über seinen Körper. »Hell's Airport« nennt er den Platz, Flugplatz zur Hölle.

Am neunten Tag nach der Landung geht der Wasservorrat zu Ende. Coote muss sein Lager zum Ayers Rock verlegen. Die Luft ist glühend heiß. Da strecken sich acht Kilometer zu einer Ewigkeit, und als der Geplagte endlich mit letzter Kraft zum Wasserloch am Fuß des Ayers Rock rennt, ist der Tümpel ausgetrocknet. Wie besessen gräbt der Verzweifelte ein Loch in den Sand und kann doch kein Wasser finden. »Ich nahm eine Hand voll und stopfte sie in den Mund, um ein wenig Feuchtigkeit herauszusaugen, aber beinahe wäre ich daran erstickt. Völlig durchgedreht schaute ich mich hustend und spuckend um und sah eine dunkelfarbige Rinne den Fels herablaufen. Hier muss fließendes Wasser den braunen Fels verfärbt haben. Könnte es im Schatten hinter den Büschen Wasser geben? Ich stolperte los, scheuchte Hunderte Vögel auf und fand zu meinen Füßen das rettende Nass.«

Nachts versteckt sich Coote unter Mulgasträuchern, weil er fürchtet, am Wasserloch von Eingeborenen aufgespürt zu werden. Eines Abends schrecken ihn Geräusche auf. Ein Dutzend Feuer brennen hintereinander aufgereiht an seinem Loch, Feuer, an denen sich Aborigines wärmen. »Aborigines!« Keiner darf es wagen, sie an einem heiligen Ort bei ihren Zeremonien zu stören. Aber Cootes panische Angst legt sich schnell, als ein weißer Mann mit langem Bart die Lichtung betritt. Es ist Taylor! Völlig perplex fragt der heiß Ersehnte: »Wo zum Teufel kommst du plötzlich her?« – »Verdammt, wo hast du denn gesteckt!«, antwortet Coote plötzlich voller Bitterkeit, dabei war Phil Taylor auch durch die Hölle gegangen. Regenstürme haben seinem Team zu schaffen gemacht, die Ladung musste immer wieder vor Nässe geschützt und die vielen Kamele durch matschiges Gelände bugsiert werden. Nur im Schneckentempo ist die Karawane vorangekommen, und weil Taylor keinen Kompass dabei hatte, erreichte der Trupp zwar denselben Breitengrad, auf dem Ayers Rock liegt, aber viel weiter westlich beim Mount Connor.

Taylors Höllentour hat schon kurz nach dem Abmarsch von Alice Springs begonnen. Durch jahrelang ausgetrocknete Flussbetten stürzen braunrote Wassermassen. Im Finke River reißen sie die Kamele mit. Nur unter Einsatz der letzten Kräfte gelingt es dem Ingenieur und seinem Boy Paddy Tucker die brüllenden Tiere an Land zu ziehen. Immer wieder bocken die Vierbeiner, Halteseile reißen, Kisten zerbrechen, Verpflegung und Ausrüstungsgegenstände liegen im Matsch. Einige Kamele galoppieren auf Nimmerwiedersehen in den Busch. Da sich Tucker weigert, ohne weitere Helfer weiterzugehen, heuert Taylor in Alice einen zweiten Boy an, der sich aber schon am nächsten Tag davonschleicht. Der Polizeichef – es gibt nur einen Ordnungshüter in

Alice – holt einen verurteilten Aboriginal aus dem Gefängnis und zwingt ihn, die Expedition zu begleiten. Tag für Tag quälen sich die drei durch das regendurchtränkte Land, die störrischen Kamele rutschen ständig auf dem glitschigen Sand aus und stürzen. Jedes Mal muss die Ladung abgepackt werden, damit die Tiere wieder mühsam aufstehen können; danach wird wieder aufgeladen.

Phil macht sich sogleich an die Arbeit, montiert den Propeller ab und repariert ihn mit einem Stück Dosenblech. Tucker legt ein Verpflegungsdepot an und begibt sich dann mit einem Teil der Kamele auf den Rückweg nach Alice Springs. Ohne Karte braucht der Eingeborene nur elf Tage für die Strecke. Taylor irrte einen Monat lang in der Gegend herum. Unerwartete Gäste erreichen das Lager, eine Gruppe von fünf Prospektoren mit Kamelen. Sie hatten den Lake Amadeus überquert und in den Petermanns nach Gold und Lasseter gesucht. Die Männer fanden weder kostbares Metall noch den verschwundenen Harry, dessen immer größer werdender Ruhm mehr und mehr Abenteurer anlockt. Taylor erzählt Coote von einem Mann, der vor 30 Jahren einem Burschen namens Bell begegnet ist. Bell? War das nicht der Name, unter dem Harry »Bell« Lasseter in der Armee gedient hatte?

Es ist der 8. November 1930. Kurz vor Cootes Abflug wirft ein Kamelbulle Phil aus dem Sattel und tritt ihm vor die Brust, dass die Rippen krachen. Der Pilot gibt seinem verletzten Freund letzte Anweisungen. »Wenn der Motor zu stark vibriert, muss ich mir aus Adelaide einen neuen Propeller schicken lassen. Das würde mich an die zwölf Tage in Alice aufhalten. Wenn ich dann noch nicht wieder zurück bin, reitest du mit deinen Boys zur Hermannsburg-Mission. Bald bin ich zurück, und wir bringen unseren Job zu Ende.«

In Alice Springs aber überstürzen sich die Ereignisse. Der Missionsleiter Albrecht hatte S. O. S. gefunkt, als Coote nicht wie verabredet nach einer Woche in Hermannsburg auftauchte. Rettungsteams sind mit Kamelen unterwegs, und drei »Gipsy Moths«

der Luftwaffe landen am selben Tag wie Coote in Alice, um nach dem anscheinend verunglückten Piloten zu suchen.

Drei Tage später erscheint Paul Johns mit drei Kamelen in Alice und erzählt Coote aufgeregt von seiner abenteuerlichen Expedition mit Lasseter, von dem er sagt: »Er war sehr zurückhaltend, ein schweigsamer Mann, der stundenlang reiten konnte, ohne ein Wort zu sagen. Er machte nicht den Eindruck, als kenne er das Land, eher wie jemand, der viel darüber gelesen hat.« Und er zeigt dem Piloten einen Brief, den Lasseter an den Regierungsvertreter in Alice adressiert hat.

»Der Brief überraschte mich sehr«, schreibt Coote später. »Lasseter behauptete, das Riff gefunden zu haben, aber es sei ›nicht ganz so reichhaltig‹, wie er gedacht hätte. Er zeigt auch die Bedrohung mit dem Revolver an. Dann schreibt er, dass er sechs Claims am Riff abgesteckt habe, und bittet, Johns mit neuer Verpflegung und frischen Kamelen zu ihm zu schicken. Er würde erst ein oder zwei Wochen in Illbilba auf Johns warten, dann eine Woche bei einem Wasserloch 80 Kilometer weiter südwestlich. Sollte Johns immer noch nicht zu sehen sein, würde er zum Lake Christopher gehen und dort einen Mann namens Johannsen aus Boulder City in Westaustralien treffen.«

Wer ist Johannsen? Spielt Lasseter ein doppeltes Spiel?

»Gehe auf Goldsuche. Brief kam spät. Brief mit genauen Angaben folgt. Johannsen«, steht in einem Telegramm, das später in Lasseters Nachlass gefunden wird. Es bestätigt, dass sich die beiden verabredet haben, bevor die C. A. G. E.- Expedition startete. Wollte Lasseter etwa die Gesellschaft hintergehen? Wir werden es nie erfahren. Der geheimnisvolle Johannsen und ein Begleiter werden von Eingeborenen getötet, ihre Leichen später von einem Suchtrupp gefunden. Auch in Sydney ist man beunruhigt über die verworrene Lage. Die C. A. G. E.-Direktoren instruieren ihren Piloten, Taylor mit den Benzinvorräten vom Ayers Rock abholen zu lassen und selbst sofort nach Sydney zu fliegen. Der Traum vom Berg aus Gold ist nun auch für Errol

Coote beendet. Nach Blakeley wird der zweite Expeditionsleiter von C. A. G. E. gefeuert, weil man den Flugkünsten des Journalisten nach all den Unfällen nicht mehr traut. Als Ersatz wird ein erfahrener englischer Pilot angeheuert, der die Suche nach Lasseter fortsetzen soll. Die dritte Lasseter-Expedition beginnt.

Lasseters Eldorado

An dieser Stelle beginnt Lasseters Millionentraum in geheimnisvollen Nebel abzugleiten. Er wird nur von ein paar gekritzelten Tagebucheintragungen und Briefen aufgehellt und mündlichen Aussagen von Aborigines, die man oft erst Jahrzehnte später befragt. Fakten werden von Spekulationen abgelöst, die Geschichte wird vollends zur Kunst des Möglichen, Wahrscheinlichen. Was passierte wirklich am Ende des Jahres 1930 und zu Beginn des Jahres 1931?

Johns zeigt sich gegenüber Coots äußerst besorgt um Lasseter. »Er kennt das Land nicht genügend und wird es deshalb nie alleine schaffen.« Aber Harry scheint ganz in seinem Element: Endlich allein, kein röhrendes Auto, keine Reifenspur beleidigt mehr die unberührte Natur. Jede Erhebung, jedes Tier dieses Landes erzählt die Geschichte eines uralten Volkes und die Entstehungsgeschichte der Welt. Dieses Mal wird gelingen, was vor 30 Jahren verloren ging, hat er doch ein Kamel zum Reiten und eins für die Ausrüstung. Was will man mehr, wenn am Ende des Trecks ein Riff aus Gold wartet und bald Flugzeuge landen werden, um ihn im Triumph heimzubringen! Die Mine wird ihn reich machen und das Land hier in einen blühenden Staat verwandeln. Der Amateur-Ingenieur Lasseter hat schon seit Jahren die Idee, ein riesiges Bewässerungssystem in Centralia einzurichten und hunderttausende Quadratkilometer Wüste fruchtbar zu machen. Es soll das größte technologische Unternehmen aller Zeiten werden. Das Goldriff wird die enormen Kosten des revolutionären Projekts finanzieren, und Lasseter könnte »als Vater eines neuen Australien« in die Geschichte eingehen.

Ein einsamer Mann in der Unwirtlichkeit des Outback ist leichte Beute für feindlich gesinnte Eingeborene. Rauchwolken zeigen, dass Lasseters Vorrücken genau verfolgt wird. Jeden Abend sucht Lasseter mit aller Umsicht den sichersten Lagerplatz, damit sich kein Myall unbemerkt anschleichen kann. Er fesselt die Vorderbeine der Kamele fester, damit sie in unmittelbarer Nähe bleiben. Nur mühsam hüpfend können sie sich vorwärts bewegen. Die Tiere werden immer unwilliger. Das Feuer hält er klein, damit sein Schein nicht seine Position verrät. So hockt er da, ein Schattenriss im schwächer werdenden Licht. Jedes Knacken eines Zweiges, das Rascheln eines Tieres schreckt ihn auf. Vor Sonnenaufgang schon kriecht er aus seinem Schlafsack. Bald sucht sich Lasseter einen versteckten Schlafplatz abseits des Lagers, während er neben dem Feuer Sand in Form eines liegenden Menschen aufschichtet und eine Decke darüber breitet, um Angreifer zu irritieren.

Eines Morgens stehen schwarze Gestalten auf einem Hügel und schlagen drohend ihre Speere gegen die Bumerangs, springen wie wild in die Luft und stampfen im Rhythmus mit einem Bein auf den Boden. Lasseter hat die Hand sicherheitshalber am Revolverhalfter. Er weiß genau, wenn er jetzt auf die Drohgebärden reagiert und eine andere Richtung einschlägt, würden sie den Eindringling nicht mehr passieren lassen. Zum Glück tragen die Männer nicht die ockerfarbenen Federn einer Kampftruppe. Selbst wenn er die Kerle beim ersten Gefecht in die Flucht schlägt, was würde es bringen? Die wütenden Myalls würden ihm unbarmherzig auf den Fersen bleiben, Tag für Tag, unerschütterlich, bis er einen tödlichen Fehler macht oder vor Übermüdung zusammenbricht.

Immer wieder schrecken die Kamele Kaninchen auf, die Lasseter vergebens zu fangen versucht. Hier im Outback sind sie eine willkommene Beute für die Eingeborenen, die Weißen aber verfolgen die niedlichen, einst aus Europa eingeführten Nagetiere wie die Pest. Auf dem riesigen Kontinent vermehrten sich die Immigranten in so rasanter Folge, dass sie bald zur gefährlichen Plage wurden, weil sie das ökologische Gleichgewicht zu gefährden drohten. Von Winters Glen aus will Lasseter später zum 130 Kilometer entfernten Lake Christopher ziehen, um Paul Johns und auch Johannsen zu treffen. Aber erst einmal stößt er bis zur Grenze nach Westaustralien vor, wo die eigentliche Australische Wüste beginnt und das Gebiet eines anderen Volkes.

Lasseter erkennt immer häufiger Orientierungspunkte, an die er sich deutlich erinnert, dann sieht er endlich in der Ferne das heiß ersehnte Riff aus dem Boden wachsen, und schließlich steht er lachend und jubelnd vor seinem Riff, dem legendären Berg aus Gold. Gelbgrüner Fels wächst wie der lange Rücken eines riesigen Wals aus dem roten Wüstensand. Er hämmert Quarzbrocken vom Gestein und befühlt sie zärtlich. Die gelben Punkte im Quarz haben ihn seit 30 Jahren im Traum verfolgt. Drei Unzen pro Tonne. Ohne Eile verstaut er ein paar Proben in einem leeren Mehlsack. Bevor ihm sein Vater als Kind die ersten Gesteinsproben gezeigt hatte, glaubte er, dass Gold strahlend glänze, dabei sehen die Goldpartikel meist stumpf aus.

Jetzt heißt es, den Claim abstecken, um sein Eigentum zu markieren. Nur so kann er später offiziell Anspruch auf das Riff anmelden. Also schneidet er Holzpflöcke zurecht und hämmert sie zwei Tage lang wie einen Zaun um das ganze Riff. An einer Ecke wird der Datumspflock eingeschlagen, auf dem der Zeitpunkt der Inbesitznahme dokumentiert ist. Lasseter schreibt in einem Brief an seine Frau Rene, von dem nur Bruchstücke erhalten sind:

> Tauben sind gerade vom Wasserloch aufgestoben, ich weiß also, dass Eingeborene herumschleichen. Ich habe Dich glücklich zu machen versucht. C. A. G. E., Du und ich, wir werden reich. Das Riff ist eine Bonanza. Darling, ich habe den Claim abgesteckt und den genauen Ort auf der Karte markiert, die ich in meiner Tasche auf

> dem Sandhügel vergraben habe, auf dem die Kamele durchgingen. Schwarze haben mich heute zu töten versucht. Sie schleuderten drei Speere, aber zwei Schüsse vertrieben sie. Ein Speer landete neben mir im Baum, sieben Zentimeter neben meinem Hals. Sie haben den ganzen Stamm mit ihren Rauchzeichen gerufen ... Gruppen Schwarzer bewegen sich in Richtung Lager ... Die Schwarzen scheinen ... und gaben mir ein Kaninchen, also gab ich ihnen meine letzte Decke ... Einem alten Mann habe ich meinen Hut gegeben, der schon auseinander fiel. ... Ich fürchte, die Eingeborenen werden später die Pflöcke herausziehen, weil das Riff auf einem ihrer heiligen Stellen liegt. Aber ich habe die Pfosten beschriftet und fotografiert. Später werde ich die Zeugnisse zusammen mit einigen Gesteinsproben unter der Asche eines Lagerfeuers vergraben ... Es gibt auch ein Foto von einem Wasserloch an der Grenze zu Westaustralien. Ich bin darin geschwommen ...

Vier Tage sind schon vergangen, seit er das letzte Wasserloch verlassen hat. Die Vorräte sind fast aufgebraucht, die Kamele brüllen vor Ungeduld, dabei müssten sie nach Lasseters Berechnung noch einen Tag ohne Flüssigkeit auskommen können. Die Biester werden immer rebellischer, beißen und spucken ekelhaft stinkenden Sud, brüllen wütend und treten immer wieder nach ihrem Treiber. Drei Stunden bleiben noch bis Sonnenuntergang, sie müssen genutzt werden, um so schnell wie möglich das lebensnotwendige Nass zu erreichen. Die Kamele scheinen das Wasser zu riechen, greifen kräftig aus, kommen gut voran und wollen am Abend nicht Halt machen.

Leslie Tjapanangka will alles beobachtet haben, damals, als sie zehn Jahre alt war. »Huusch! Huusch!«, befiehlt der weiße Mann den störrischen Tieren und zieht sie am Nasenholz nach unten, damit sie sich auf ihre ungelenke Art erst ruckartig auf die schwieligen Knie der Vorderfüße fallen lassen, dann grunzend auf die Hinterbeine setzen und schließlich klagend nach vorne knicken. Das Unglück soll passiert sein, als der Mann »auf die Toilette ging«. Das plötzliche Kreischen aufstiebender Kakadus erschreckt die nervösen Tiere. Mit aller Kraft stemmen sie sich hoch und galoppieren davon. Verzweifelt greift Lasseter nach dem Nasenholz des nächsten Kamels. Vor Schmerz fast rasend schleudert der Bulle den Mann zu Boden. Die Biester gehen durch, »macnoon«, wie es im Busch heißt. Da ist kein Halten mehr. Schreiend läuft Lasseter hinter den Flüchtlingen her, zieht die Pistole und versucht ein Tier zu erschießen, um lebenswichtige Verpflegung zu retten, verfehlt aber sein Ziel. Die Vierbeiner können plötzlich unerwartet schnell galoppieren. Zum Glück werfen sie einen Sack voller Verpflegung ab und die Kamera. Später findet Lasseter zerbrochene Kisten mit 100 Pfund Mehl, Zucker, Tee und Konservendosen. Lasseter ist allein im Outback. Bis nach Illbilba kann er Verpflegung und Wassersäcke nicht tragen, also geht er den Weg zurück bis zum Wasserloch. Hier wird man ihn mit Hilfe von Flugzeugen sicher bald finden. Das kann sich C. A. G. E. nicht entgehen lassen.

Bob, Robert und Ben

Bob Lasseter, der die Suche nach dem Riff zu seinem Lebensziel erklärt hat, fährt mit Sohn Robert und Enkel Ben mit einem großen, busartigen Geländewagen durch die Petermann-Region, um neue Recherchen zu überprüfen. Ein wichtiger Hinweis auf die Position des Riffs ist die Aussage, dass Lasseter einen Pflock bei einem Wasserloch einschlug. Dabei soll es sich um dieselbe Wasserstelle handeln, an der Harding und Lasseter 1900 ihre Vorräte auffüllten. Bob studiert die Topografie östlich und westlich von Docker Creek, die Distanz von Illbilba und Winter Glen und die Ortung der Position, wo Lasseter und Johns sich trennten. Die Karten zeigen ein Wasserloch, Banggalbiri, in der Walter James Range, nur 13 Kilometer von Docker Creek entfernt. Aber haben Harding und Lasseter hier tatsächlich ihre Wassersäcke aufgefüllt? Jeder, der sich in dieser Gegend herumtreibt, würde sich doch an der Nordflanke der Petermann Range aufhalten, weil man an ihren Ausläufern am ehesten Wasser erwarten kann. Wer die viel nördlichere Route über die Walter James Range nimmt, muss eine große Wüstenstrecke überwinden. Deshalb ist eher anzunehmen, dass es sich um das Malagura-Wasserloch am Fuß des Mount Ant, des Ameisenberges, handelt, 21 Kilometer westlich vom Docker Creek, bei 226 Grad Ost.

Die drei Lasseters untersuchen noch weitere Angaben. Johns sagte aus, dass Lasseter mit seinen Kamelen zwei Tage vom Ort ihres Kampfes bis zum Riff benötigte. Rechnet man einen Tag Aufenthalt am Riff dazu, kam Lasseter nach fünf Tagen zurück. Geht man davon aus, dass Kamele im Durchschnitt fünf Kilometer pro Stunde zurücklegen, kann Lasseter einen 100 Kilometer entfernten Ort erreicht haben. Vom gemeinsamen Lager zwischen Sladen Water und dem östlichen Teil der Rawlinson Range konnte Lasseter also im Gebiet zwischen den Drei Schwestern und Mount Muir gewesen sein.

Johns hat einem erfahrenen Prospektor mitgeteilt, dass er sich von Harry Bell bei den Drei Schwestern getrennt habe. Diese leicht erkennbaren Formationen, 13 Kilometer nordöstlich der Dixon Range, flankiert die westliche Seite der Robert Range. Ihr Lager ist nicht nur acht Stunden von allen Felsformationen zwischen den Dixons und Mount Russel, sondern auch nur zwei Tagesreisen von dem Gebiet südlich des Mount Christoper entfernt. Nun, die verzweigten Gedankengänge, das Labyrinth der Möglichkeiten, ist für einen Außenseiter kaum nachvollziehbar. Wer je mit dem Flugzeug über die Unendlichkeit des Outback geflogen ist, eine Landschaft, die für den Laien eintönig gleich aussieht, dem erscheint das Puzzle unlösbar.

Robert Lasseter: »Über die Jahre haben wir enorme Anstrengungen unternommen. Ich bin zum ersten Mal 1971 mit meinem Vater, Bob, hierher gekommen. So viel Mühe, so viele Enttäuschungen, so viel Fahrerei im Busch, so viele Pannen! Es gab Zeiten, da hatte ich die Nase voll. Man muss so viele Zugeständnisse an die übrigen Bedürfnisse machen, die man ansonsten hat. Aber dieses Land geht dir irgendwann ins Blut. Ich liebe es, im Busch zu sein und die Gegenden wieder zu entdecken, die einst mein Großvater auf so ungewöhnliche Weise entdeckt hat. Es ist eine vielleicht nie endende Herausforderung für uns. Ich habe keine Zweifel, dass die Geschichte meines Großvaters wahr ist. Ich habe jahrelang selbst recherchiert. Ich weiß, das Riff ist hier irgendwo, aber wie man sehen kann, ist dies ein riesiges Land.«

Begegnung der dritten Art

Scheinbar ruhig packt Lasseter Zweige für ein Feuer aufeinander und tut so, als wäre er ganz gelassen, dabei unterdrückt er seine Aufregung mit aller Kraft. Er macht den schwarzen Männern Zeichen, näher zu treten. Sie sind ganz plötzlich aufgetaucht. Lasseter steht kerzengerade, als der große, muskulöse Mann mit scheinbar wildem, bedrohlichem Ausdruck auf ihn zuschreitet. Die langen, wulstigen Narben auf Bauch, Schultern und Oberschenkeln lassen ihn gefährlich aussehen. Bevor der Mann irgendetwas unternehmen kann, greift Lasseter seine Hand am Speerschaft und drückt sie lächelnd. Der Goldsucher nutzt den Augenblick der Überraschung, zieht seinen Revolver, wirbelt ihn ein paar Mal um den Kopf seines Besuchers und stupst ihn mit dem Lauf in den Bauch, bevor er die Waffe wieder einsteckt. Irgendwie scheint der Eingeborene die Wirkung des komischen Objekts zu kennen. Wie ein Zauberer breitet Lasseter seine Nahrungsreserven aus, lockend und verführerisch. Die Einladung zum Gastmahl scheint jeder zu verstehen. Als der Trupp näher kommt, sieht der Whitefellow, dass ein paar Lubra dabei sind.

Aus einem Brief an Rene Lasseter:

> … er hatte 15 Männer dabei, die alle zwei Speere trugen, und mir den Weg zum Kaninchenloch abschnitten … Flussbett. Ich riskierte, den Revolver für jeden sichtbar zu entladen. Ich hatte sowieso nur noch drei Patronen übrig. Dann schränkte ich meine Hände über

dem Kopf zusammen und ging direkt auf ihren Kordon zu und mit ihnen zum Lagerfeuer, wo sie Körper an Körper lagen, und schlief die ganze Nacht … Harry

Ein Mann winkt die Frauen und Kinder herbei. Einige Frauen tragen Holzbehälter voller Früchte und Samen, andere balancieren Schalen voll Wasser auf dem Kopf. Mädchen sind mit glänzendem, ockergefärbtem Goana-Fett eingerieben. Viele haben entzündete Wunden vom Feuerstock, mit dem sie sich bei Kälte wärmen, oder weil sie nachts im Schlaf ins Lagerfeuer rollen. Die Situation ist aufs Äußerste gespannt. Hier der einsame Weiße, der Angst vor den Steinzeitmenschen hat, da zwei Dutzend Eingeborene, denen der Fremde wie ein Wesen von einem anderen Stern erscheinen muss. Sie überwachen den Weißen mit Argusaugen und beobachten neugierig jede seiner Handlungen. Sie haben noch nie gesehen, wie Wasser in einem Billie gekocht wird, noch nie all die fremden Dinge, die vor ihnen ausgebreitet liegen. Was ist eine Konservendose, was ein Kanister? Aber Essen, Essen erkennen sie schnell, als Lasseter Stück für Stück vorkostet. Erst wollen sie den Tee nicht trinken, der besonders stark gesüßt ist, aber vielleicht hat Lasseter ihn auch nur den falschen Männern angeboten. Es gilt, immer die Ältesten zu respektieren, die weisen Männer, *oknirabata,* die Bewahrer der Geschichte ihres Stammes, der Seele des Volkes. Ein alter Mann greift zu, ein Kerl mit zerfurchtem Gesicht, breiter, fleischiger Nase und riesigen Warzen auf dem Rücken. Lasseter tauft den Mann mit den gütigen Augen deshalb »Old Wart«, Alte Warze. Sein wirklicher Name ist Kirrinytja, wie Leslie später berichtet. Zuerst verschüttet er den heißen Tee, aber dann lernt er schnell, wie man aus einer Büchse trinkt und schlürft das herrliche Getränk lautstark bis zum letzten Tropfen. Sofort muss Wart den Geschmack beschreiben, alle reden durcheinander, wollen den Tee riechen und schmecken. Kirrinytja beeindruckt durch seine natürliche Würde, eine Folge der Sozialstruktur der Aborigines. Es sind die alten, weisen Männer, in deren Händen sich die Verantwortung und

Leitung der Gruppe konzentriert. Immer näher rückt der Kreis der Eingeborenen, dass Lasseter schon fürchtet, den Billie umzustürzen, den er immer aufs Neue aufkochen muss.

Leslie Tjapanangka erinnert sich lebhaft daran, wie Lasseter »Brotteig knetete für all die Leute« der Eumos-Aborigines und dabei Hymnen sang. Reis halten die »Wilden« für Ameiseneier, bis sie die harten Kerne probieren. Alles muss Lasseter vorkauen, bevor Old Wart es als Erster wagt. Der große, wütende Krieger, der Lasseter bedrohte – Watta Watta Mitta ist sein Name –, versucht zwar immer wieder Stimmung gegen den Eindringling zu machen, aber die Wunderdinge vor ihnen bezaubern vor allem die Lubras und Kinder so sehr, dass er seine Wut zügeln muss. Lasseter setzt alles auf eine Karte, breitet seine gesamten Vorräte aus und feiert ein Fressfest, wie es sich die Aborigines nie erträumen konnten. Mit vielen Gesten und Worten, die er während der vergangenen Wochen aufgeschnappt hat, versucht Lasseter den aufgeregten Schwarzen mitzuteilen, dass bald viel mehr solcher wunderbarer Schätze kommen würden, viel mehr, in ein paar Tagen. Dazu reibt er sich immer wieder den Magen, schnalzt dabei mit der Zunge und weist in die Ferne. Essen und Trinken, das ist für Menschen, die tagtäglich ums Überleben kämpfen und die meiste Zeit hungern, mehr wert als Gold für den weißen Mann. Aber ob die Zuhörer ihn auch verstehen, wird man nie erfahren. Die Pitjantjatjara sprechen eine andere Sprache als die Aranda weiter nördlich. Das Schlaraffenland wird mit einem riesigen Vogel vom Himmel über sie kommen. Was ein Flugzeug ist, können sie nicht begreifen, aber die Geschichte von dem furchterregend lauten Vogel, der in Illbilba landete, haben auch sie schon gehört.

Lasseter spielt mit dem Revolver, öffnet die Trommel, lässt den Hammer klicken, schaut sich die Patronen genau an und schiebt die Waffe wieder ins Holster. Dann murmelt er »Kaditscha!«, um seine Macht zu zeigen. Kein Eingeborener wagt den Mann anzurühren, der das schreckliche Wort ausspricht. Lasseter scheint gewonnen zu haben. Am Abend legen sich die Eingeborenen in einer langen Reihe hin, zwischen jedem Schläfer ein kleines, wärmendes Feuer, einige Familien liegen in Mulden zusammen und wärmen sich gegenseitig. Rauchschwaden ziehen wie dichter Nebel über das Camp. Als Windschutz schichten die Eingeborenen Wälle aus Zweigen. Am nächsten Morgen macht sich die Gruppe auf zum nächsten Wasserloch, Nomaden auf der ständigen Suche nach etwas Essbarem. Die Frauen greifen nach ihren Holzschalen, *pitchis,* die Männer nach ihren Waffen. Sie kennen die Notlage des Fremden. Watta Watta Mitta traut dem Weißen nicht, nur Schlechtes hat er bisher über die Eindringlinge gehört, Geschichten über Tod und Vertreibung von Nachbarstämmen. Immer wieder bedroht er Lasseter mit dem Speer. Was soll man auch mit einem zusätzlichen Esser, wo sie doch nie genug Nahrung für sich selbst finden. Aber Lasseter hält die Bande mit einem cleveren Trick in Schach. Wann immer er Gefahr wittert, nimmt er sein Gebiss aus dem Mund und klappert mit den toten Zähnen. Das ist Kaditscha. In der Welt der Weißen wäre es Hexerei. Vor allem Old Wart und dem Einfluss der Frauen ist es zu verdanken, dass der einsame Mann die Gruppe begleiten kann. Lasseter ist von den Eingeborenen abhängig, ohne ihre Hilfe hat er keine Chance, in der Wildnis zu überleben.

Aus einem Brief an Rene Lasseter:

> … ein alter Mann mit einer 15 mal 8 Zentimeter großen Warze auf dem Rücken hatte Mitleid mit mir und gab mir ein paar Beeren. Nach meinen Berechnungen ist es der neunte Tag, nachdem die Kamele wegliefen … und ich fotografierte den Pflock mit dem Datum vom 23. Dez … Ich verstehe nicht, warum der Hilfstrupp nicht … Ich versuche jetzt, schnell die 130 Kilometer bis zum Mount Olga zu schaffen … bis wir uns wieder sehen … alles wird gut werden mit … Harry

Sie gehen über lange Strecken Wüstenboden, Ebenen voller Mulgabüsche und Akazienbäume. Vier Scouts laufen voraus, zwei auf der linken Seite, zwei auf der rechten. In Rufweite dahinter folgen die kampf- und jagderfahrenen Männer. Wild, das die Scouts umlaufen, gerät so in die Falle und kann schnell umzingelt werden. Vorsicht ist immer geboten. Fremde Stammesgruppen, die in ihrem Jagdgebiet unerlaubt Beute machen oder auf Frauenraub aus sind, können frühzeitig entdeckt werden. Hinter den Männern gehen die jungen Burschen, die noch nicht zu vollwertigen Männern geweiht worden sind. 150 Meter dahinter folgen die alten Männer, die während des Marsches ständig die Kinder um sie herum unterrichten. Stolz tragen die Buben kleine Speere und Bumerangs. Die Alten zeigen ihnen Spuren und weisen sie unterschiedlichen Tieren zu, erklären die umsichtige Wanderformation der Männer an der Spitze, den Flug der Vögel und seine Bedeutung für das Aufspüren des nächsten Wasserlochs, zeigen essbare Früchte. 150 Meter hinter den alten Männern folgen die Frauen mit den Kleinkindern. Die Lubras tragen die wenigen Besitztümer der Gruppe. Die Babys sitzen auf dem Rücken, die Neugeborenen werden in Pitchis getragen. Die Nachhut bilden vier Krieger, damit der Klan nicht von hinten angegriffen werden kann. Sie folgen dem Gesetz der Wildnis: Die Frauen und Kinder müssen geschützt, die Männer jederzeit für Kampf oder Jagd bereit sein.

In einem Film, den Ethnologen 1933 in dieser Gegend gedreht haben, wird das Leben der Nomaden exakt dokumentiert. Ihre Haut ist mit weißer Asche eingerieben, als Schutz gegen die Sonne. Sie gehen schnell, zu schnell für Lasseter. Die nackten Weggenossen tragen keine Schuhe im brennend heißen Wüstensand oder auf Felsboden, sie laufen immer barfuß. Alte Fotos zeigen Fußsohlen mit Zentimeter dicker Schwielenhaut, die überall aufgerissen und von tiefen Spalten durchzogen ist, als hätten

Beile sie zerhackt. Während Harry schon bald nach Wasser lechzt, sind die Nomaden daran gewöhnt, lange Strecken in großem Tempo zurückzulegen, ohne zu trinken. In der größten Mittagshitze graben die Eingeborenen im Baumschatten Löcher, bis sie kühlenden Sand erreichen und legen sich hinein. Dann decken sie Zweige über sich und reduzieren die Körpertemperatur, indem sie sich bis zum Hals im Sand eingraben. Die Eingeborenen haben im Laufe der Jahrtausende gelernt, dass die Zeit, die ein Mensch ohne Wasser überleben kann, vom Feuchtigkeitsverlust durch Transpiration abhängig ist.

Unterwegs entdecken Kinder einen Hügel aus Blättern und Zweigen über dem Nest einer Wüstenratte. Sofort zünden sie den Haufen an und räuchern die Beute aus. Hunde schnappen die flüchtende Ratte. Wann immer die Frauen einen toten Baum sehen, ruckeln sie gemeinsam so lange am Stamm, bis er umfällt. Unter den Wurzeln wimmelt es von schmackhaften Würmern und Maden. In einem hohlen Baum entdecken Jäger das Versteck eines Opossums. Sie halten eine Fackel unter die Öffnung des Baus und räuchern das Tier aus. Langsam kriecht es rückwärts aus dem Loch, wird am Schwanz ergriffen und mit einem schnellen Schlag gegen den Stamm getötet.

Am Abend lagert die Gruppe an einem schattigen Felsenloch, in dem sich Regenwasser gesammelt hat. Lasseter ist völlig erschöpft. Wird er das Tempo morgen durchhalten? Würden sie auch morgen wieder eine Wasserstelle finden? Ist die Trockenperiode zu lang, überleben nur die stärksten Stammesmitglieder, die Alten und Schwachen aber bleiben zurück. Noch ist der Whitefellow einigermaßen fit, aber was wird, wenn er mehr und mehr Kraft verliert? Unterwegs graben die Frauen mit Grabstöcken die Wurzeln von Akazienbüschen aus. Dann klopfen sie ein Wurzelende so lange auf Holz, bis plötzlich eine große, weiße Made herauskriecht, *witchetty*, so groß und dick wie ein Daumen. Lasseter dreht sich der Magen um, als er sieht, wie die Kinder die Leckerbissen lachend verspeisen. Obwohl er unbändigen

Hunger hat, kann sich Lasseter nicht überwinden, die ekligen, totenblassen Viecher zu essen. Aber bald schon zwingt ihn der quälende Schmerz im Bauch, ebenfalls dicke Maden in den Mund zu schieben. Anfangs schluckt er sie hinunter, damit er sie nicht kauen muss, aber bald merkt er, dass Witchetty Grubs wie Nüsse schmecken, vor allem wenn sie vorher in Holzkohle geschmort worden sind.

Harry Lasseter ist sehr vorsichtig, keinen seiner Helfer durch unbedachtsame Handlungen vor den Kopf zu stoßen und gegen sich aufzubringen. Watta Watta Mitta und viele der anderen Jäger würden den zusätzlichen Esser, der die Horde nur aufhält, ein Fremdkörper in einem eingespielten Verband von Nomaden, am liebsten vertreiben, aber die Mehrheit der Sippe scheint es für ihre Pflicht zu halten, dem Fremden zu helfen. Und natürlich macht sie dieses Wesen aus einer anderen Welt neugierig. Bald haben sich die Männer, Frauen und Kinder an den Weißen in der zerlumpten Kleidung gewöhnt und akzeptieren ihn. Anfangs geben sie Lasseter einen Anteil der mühsam gesammelten und gejagten Nahrung, aber bald schon werden immer mehr Eingeborene seiner überdrüssig. Das Leben ist zu hart im Outback, als dass man einen »Schmarotzer« auf unbestimmte Zeit durchfüttern kann. Lasseter kann von Glück sagen, dass er seine neuen Freunde am Beginn der Regenzeit getroffen hat. Wild, Maden, Echsen und Käfer, Schlangen, Wüstenmäuse und Beutelratten, Grassamen und Buschfrüchte gibt es genug. Die meisten Nahrungsmittel des Outback hätte Lasseter übersehen. Allein wäre er gestorben, mitten in einer vollen Speisekammer. Woher soll er wissen, dass der Blutbaum blutstillenden Saft enthält, mit dem er seine Wunden einreiben kann?

Ein besonders beliebter Leckerbissen sind Honigameisen. Vorsichtig stochern die Lubras ein tiefes Loch auf, das senkrecht in den Boden reicht, und legen die Quergänge und Tunnel frei, in denen die hilflosen Winzlinge lagern, deren Leiber groß wie eine Kirsche mit Honig gefüllt sind. Die Arbeitsameisen halten sich die fetten Kameraden als Vorrat für Notzeiten. Die Aborigines fassen die Insekten am Kopf und drücken die goldene, gallertartige Flüssigkeit direkt in den Mund.

In kargen Trockenzeiten, die oft Jahre dauern können, wandern die Klans in einzelnen Gruppen- und Familienverbänden durch das Land ihrer Vorfahren, ihr Land, das kein anderer Stamm ohne Erlaubnis betreten darf. Sie sind immer unterwegs, weil die karge Nahrung in der Umgebung ihrer Lagerplätze schnell geerntet ist. Sie kennen die permanenten Wasserstellen ebenso wie Löcher, die nach Regen austrocknen. Sie wissen, wo sie Buschkartoffeln ausgraben können oder wo Wüstenfeigen und Buschtomaten wachsen, die aussehen wie Muskatnüsse. Aber oft findet sich kein Bushtucker an den gewohnten Stellen, die Früchte sind vertrocknet, die Wurzeln verschrumpelt, und die Frösche, die sich tief in die Erde eingegraben haben, um im kühlen Sand den nächsten Regen abzuwarten, sind nach Jahren der Trockenheit verwest.

Nur wenn die Myalls einen Tag lang an einem Wasserloch Pause machen, bauen sie sich *wiltljas,* einfache Unterstände aus Zweigen. Selten können sich die Nomaden an Fleisch satt essen, das wie alle Speisen direkt im Feuer gegart wird. Hauptfleischlieferant sind Australiens Beuteltiere, von denen es 150 verschiedene Arten gibt. Am bekanntesten ist das Känguru. Manchmal speeren Jäger auch Emus, die größten eingeborenen Tiere in Centralia. Ihre bis zu ein Pfund schweren Eier gelten als Delikatesse. Obwohl sie immer wieder Wildpferdherden und Kamelen begegnen, machen die Aborigines doch keine Jagd auf die fremden Tiere, die erst vor einigen Jahrzehnten im Outback aufgetaucht sind. Sie gehören nicht zum Kanon mythischer Ahnentiere.

Entdecken Späher Wild, ein Känguru oder Emu, heben sie einen Arm als Signal und imitieren das Tier. Schnellt der angewinkelte Arm auf und ab, erkennt jeder das Känguru, *marlu;* ein gebogener Arm, eine abgewinkelte Hand, und ein krummer Rücken stellt ein Emu dar. Von Gruppe zu Gruppe wird das Signal wiederholt, bis auch die Nachhut Bescheid weiß und wie die anderen zum Jagdplatz sprintet. Jeder in dem eingespielten Team kennt seinen Platz, übernimmt seine Rolle. Krieger laufen nach links und rechts und versuchen die Falle über die Flanken zuschnappen zu lassen. Die zentrale Jägergruppe schließt zum nächsten Scout auf und schleicht sich an die Beute heran. Ein Emupaar grast auf einer kleinen Lichtung zwischen Mulgasträuchern. Das Männchen reckt alarmiert seinen langen Hals mit den blauen Federflecken in die Höhe und senkt dann wieder beruhigt den Kopf. Der kleine weibliche Vogel hat braune Federn, der Partner ein schwarzes Kleid. Langsam, Meter für Meter schließt sich der Kreis um die seltene Beute, die dem Klan endlich Fleisch verspricht. Nur mit großer Geduld kann man die vorsichtigen Tiere überlisten. Ruckartig fahren die Köpfe der Vögel hoch. Alarm! Sie spüren die Gefahr, auch wenn sie nichts Ungewöhnliches sehen. Aufgeregte klickende Laute. Ein Jäger hält den getrockneten Kopf und Hals eines Emu über die Büsche und ahmt täuschend echt die Klicksprache nach. Der Moment des irritierten Zögerns des hoch aufgerichteten Vogelpaars genügt den Angreifern schon. Sie stürmen vorwärts, schleudern ihre Speere. Die verletzten Tiere versuchen zu fliehen, der Kreis aber ist fest geschlossen, der Speerhagel unerbittlich.

Um die Geschwindigkeit und Reichweite des Speeres zu erhöhen, benutzen Jäger Speerschleudern, die, am Ende des Schafts angesetzt, wie ein Hebel wirken. Das wohl bekannteste Jagd- und Kampfgerät ist der Bumerang, der allerdings nicht in ganz Australien verbreitet ist. Es ist eine Spezialform des Wurfholzes, bei dem der Flug durch die spezielle Krümmung des Holzes eine eigentümliche Bahn nimmt. Mit religiösen Motiven bemalt spielt der Bumerang bei Zeremonien eine Rolle, wo er zum Schlagen des Rhythmus benutzt wird. Den Rückkehr-Bumerang setzten Aborigines nur zu Sport und Spiel ein und nicht, wie landläufig geglaubt, bei der Jagd und beim Kampf.

Ständig sucht Lasseter den Himmel ab und lauscht nach dem Geräusch eines Flugzeugs. Wo bleiben nur die Rettungstrupps und Johns? Hat er ihn verraten? Die letzte Brandrodung hat Lasseter den Rest gegeben. Männer und Frauen hatten das zundertrockene Gras angesteckt, um Tiere aus dem Busch zu scheuchen. Schwarze Gestalten rannten vor der Feuerwand, jagten vor Aufregung schreiend fliehende Wallabys, erschlugen kleine Wüstenratten, Kaninchen und Kängurus, die vergebens dem Inferno zu entkommen suchten. Und mittendrin im Jagdgetümmel fing der rußgeschwärzte Lasseter seinen Teil an der leichten Beute. Aber er wagte nicht wie die anderen Männer, Frauen und Kinder über dem heißen, verkohlten Boden auszuschwärmen und halb geröstete Mäuse, Schlangen und Känguru-Babys aufzuklauben und sofort zu verschlingen. Aborigines brennen regelmäßig bestimmte Regionen ab, um das vertrocknete Gras und abgestorbene Äste zu vernichten. Das frische, nachwachsende Grün lockt Tiere von weit her an und sorgt so für neue Beute.

Die Jäger nehmen das Känguru aus, sengen die Haare ab und bedecken den Körper mit heißer Asche, ohne vorher das Fell abzuziehen. Das mag primitiv sein, hat aber auch einen entscheidenden Vorteil, weil das Fleisch so vor Fliegen, Asche und Staub geschützt ist. In der Hitze wird die Haut zur harten Kruste, die sich als perfekter Brattopf erweist. Nicht der Jäger darf die Beute verteilen, egal ob sie groß oder klein ist, sondern nur die alten Männer, die eine Gruppe führen, die Alten, die alle wichtigen Entscheidungen treffen und streng auf die Einhaltung der Gesetze achten. So wird verhindert, dass sich erfolgreiche Jäger unberechtigte Vorteile verschaffen können.

Die harten Märsche in sengender Hitze von Wasserloch zu Wasserloch, die gelegentlichen Essensbrocken, Goana- oder Mäusefleisch, das kaum angeröstet, halb roh verschlungen wird, lebende Maden und ungekochte Buschkartoffeln, die aussehen wie weiße, wurzelartige Karotten, das ist zu viel für Lasseters Magen, der an Brot und Konservendosen voller Cornedbeef, Gemüse und Früchten gewöhnt war. Wie fremd muss sich Lasseter im Kreis der Steinzeitmenschen gefühlt haben: fremdartige Gerüche, die ständige Rauchbelästigung, die vielen Hunde... Noch heute hat man den Eindruck, dass in den Townships der Aborigines mindestens ebenso viele Hunde herumlaufen wie Menschen.

Während der Expedition wurde das Wasser immer abgekocht, jetzt aber trinkt Harry es wie die Eingeborenen direkt aus Wasserlöchern, in denen Vogelkot, Larven und tote Insekten schwimmen. Ständiger Durchfall quält Lasseter, und bald schon raubt ihm die Ruhr alle Kraft. Als Phil Taylor zu seinem letzten Kamelritt nach Illbilba aufbricht, sucht der ausgepowerte Lasseter gerade in einer großen Höhle Zuflucht. In zerfetzter Kleidung, abgemagert bis auf die Knochen, dunkelbraun gebrannt, ein Häufchen Elend.

Katastrophen und kein Ende

Der Pilot der RAAF, der Royal Australian Air Force, Leslie Pittendrigh und sein Mechaniker Hamre fliegen Anfang Dezember nach Alice, während Phil Taylor im Mittelpunkt neuer dramatischer Ereignisse steht. Nach Cootes Abflug legen der Mechaniker und sein Boy, der Aboriginal Ralph, am Ayers Rock eine Landepiste frei, um weitere Flugzeugpannen zu vermeiden. Eines Nachmittags kommt Phil zum Lager zurück und findet nur noch einen Aschehaufen vor. Ein »schielender Bob«, eine kleine, staubige Windhose muss die heiße Asche des Lagerfeuers auf das trockene Buschwerk geweht haben, das als Windschutz dienen sollte. Mit Recht glauben die Eingeborenen, dass ein böser Geist in den Willy-Willies wohnt. Die gesamte Ausrüstung und Verpflegung ist verbrannt. Es muss sofort etwas unternommen werden. »Schrubbe die leeren Ölkanister mit Sand aus und fülle sie mit Trinkwasser«, befiehlt Taylor Ralph, bevor sie mit den Kamelen zu Bob Bucks Station Tempe Downs aufbrechen. Vergebens stochert Taylor derweil auf der Suche nach etwas Essbarem in der Asche herum. Fotos, Hunderte Fotos vom Alltag der Aborigines hat er aufgenommen, aber die kostbaren Dokumente aus einer Welt, die es bald nicht mehr geben wird, sind verbrannt.

Weil ihnen eines ihrer beiden Kamele entlaufen ist, wechseln sich die beiden Männer beim Reiten ab. Weil sie vor Durst fast umkommen, werden die drei Tagesreisen zu Bob Bucks Station zur Hölle. Weil Ralph die Kanister nicht sachgemäß präpariert hat, ist das Wasser mit Benzin vermischt. Angeekelt wirft Taylor die Kanister weg und macht damit einen großen Fehler. Hätten sie das verdreckte Wasser abgekocht, wäre der größte Teil des Benzins verdampft. Und nach Benzin stinkendes Wasser ist in der Wüste noch allemal besser als gar kein Wasser.

Die unerträgliche Hitze, Wassermangel und Rippenschmerzen setzen Phil besonders zu. Seine Zunge schwillt bald so stark an, dass sie fast den ganzen Rachen ausfüllt. Die Augen sind blutunterlaufen. Ralph hilft seinem schwachen Herrn, so gut er kann, zwingt Taylor weiterzugehen, hievt ihn aufs Kamel und führt das Tier Tag und Nacht, ohne Pause zu machen, weil er weiß, dass es das Ende wäre. Halb ohnmächtig krallt sich Taylor am Sattel fest. Beißender Schmerz lässt ihn aufschreien, als ihn plötzliche Gallenkoliken quälen. Als der kranke Mann zu phantasieren anfängt, bindet ihm Ralph die Hände am Sattel fest und die Füße an den Steigbügeln. Während der größten Hitze des Tages bettet der treue Diener Taylor in den Schatten, weil der Kranke bei fast 50 Grad den Ritt nicht überleben würde. Ralphs Füße lassen blutige Spuren im Sand zurück. Seine Schuhe sind verbrannt, und wie die Myalls barfuß zu laufen, das ist er seit seiner Kindheit nicht mehr gewöhnt.

Auf der Tempe Down Station päppelt Bob Buck Taylor wieder auf und lässt ihn von seinen Boys zur Herrmannsburg Mission bringen. Elf Tage nach der Abreise vom Ayers Rock erhält der robuste Mann schon wieder telegrafische Instruktionen aus Sydney. Noch einmal soll er so schnell wie möglich nach Illbilba vordringen, im Basislager auf den Piloten Hauptmann Pittendrigh und Kopilot Hamre warten und dann mit der erneuten Suche nach Lasseter beginnen. Gerüchte von zahlreichen Expeditionen, die in Richtung Petermann Range aufgebrochen sein sollen, schrecken die Anteilseigner von C. A. G. E. auf. Schnappen fremde Trittbrettfahrer ihnen etwa im letzten Augenblick das Gold vor der Nase weg? Laut Plan soll die »Golden Quest II« um den 15. Dezember in Alice Springs abfliegen. Paul Johns begleitet Taylor nach Illbilba, wo sich der Hobby-Fotograf die lange Wartezeit damit vertreibt, Aufnahmen von Eingeborenen zu machen. Keiner seiner »Freunde« hat etwas von Lasseter gehört. Das Verpflegungsdepot ist unberührt.

Initiation

Phil Taylor hält den faszinierenden Begrüßungstanz der Arrernte mit der Kamera fest. In langer Zweierreihe rennen die Männer auf das Lager zu, schwingen nach links und wieder nach rechts, wie eine Kompanie beim Exerzieren, und heben die Beine dabei in schnellem Wechsel. Über zwei Meter lange, steil aufragende Speere in der rechten Hand, in der linken Speerschleuder und Bumerang. Sie stampfen, nackt, die Knie angewinkelt, wie beim Storchentanz. Die Haare eng auf dem Kopf zusammengerollt, mit feinen Schnüren durchflochten, als trügen sie ein Netz, der Haaransatz hoch an der Stirn ausgezupft, das Zeichen der vollwertig initiierten Männer. Bei jedem Stampfen wippen die dunklen Vollbärte, die nach unten spitz zulaufen. Die Haut ist mit Blütenstaub und Linien voller weißer Federn beklebt, Grasbüschel schmücken die Oberarme, Federbüschel das Haar.

Der Platz ist seit undenklichen Zeiten ein wichtiger Versammlungsplatz der Aborigines, weil man hier Wasserlöcher findet, die nie versiegen. Illbilba ist für Phil Taylor inzwischen zur Busch-

Heimat geworden. Für die Eingeborenen der Umgebung ist der Mann mit dem seltsamen Ding längst eine vertraute Figur geworden, ein Ehrengast, den man entsprechend würdigt. Da die Steinzeitmenschen nicht wissen, was ein Fotoapparat ist, lassen sie sich unbekümmert ablichten. Der Ingenieur aus England versucht während der langen Wartezeit im Basiscamp so viel wie möglich über sie zu erfahren. Phil ist einer der ersten Weißen, die Männlichkeitsriten der Aborigines beobachten dürfen. Die Initiation kennzeichnet den Übergang eines Nomaden von einer Alters- oder Wissensklasse in die nächsthöhere, vom Kind zum Jugendlichen und vom Jugendlichen zum heiratsfähigen Mann. Im Laufe ihrer Lehrzeit erwerben die Lehrlinge Schritt für Schritt das geheime Wissen eines Klans.

Ganz plötzlich und schmerzlich ist die sorglose Kindheit dahin. Frauen, die einen Knaben gerade noch zärtlich verwöhnt haben, greifen ihn plötzlich mit brennenden Stöcken an und treiben das entsetzte Kind aus dem Lager. Die zeremonielle Verbannung beraubt die Buben aller Zuneigung und zwingt sie unter das Kommando barscher, alter Männer, die äußerlich keine Emotionen zeigen. Es sind ihre Lehrer, *chilpi,* die ganz in die Traditionen des Stammes eingeweiht sind, Männer, die sie auf dem steinigen Weg zur Mannbarkeit lenken werden. Ein Jahr lang, bis die Beschneidungszeremonien beginnen, wird das Kind wie ein Ausgestoßener behandelt; es muss abseits des Camps schlafen und darf nur sprechen, wenn es von seinem Tutor angesprochen wird, und nicht lauter als im Wisperton. Drastischer kann man sich Erziehungsmethoden kaum vorstellen, und dennoch scheinen sie weise. In der unerbittlichen Landschaft des Outback kann nur bestehen, wer alle Überlebensregeln beherrscht, und dazu gehören auch die Gesetze des Gemeinschaftslebens, sind doch alle Klanmitglieder auf Gedeih und Verderb voneinander abhängig.

Gerade erst eingeweihte Bürschchen, die selbst noch kleine Jungen sind, bringen den Kindern zwischen 7 und 13 Jahren Tänze, Lieder und Zeichen bei, mit denen sie ihre Körper bemalen. Jeder wird bei der *tjitji inma,* der Buben-Initiation, von Kopf bis Fuß mit Emufett und ockerrotem Puder eingerieben. Darauf malen sie das Design, das ihr Totem repräsentiert, eine Schlange, einen Dingo oder einen Maulwurf. Im Sonnenlicht glänzen die Körper wie Speckschwarten. Ein Junge lebt den Tanz vor, verwandelt sich irgendwie in seinen Vorfahren und tanzt die Geschichte der Fledermaus, die den Eidechsen-Menschen entkommen ist, pirscht mit staksigen Beinen von Baum zu Baum, schleicht durch Gras und springt von Fels zu Fels. Nach der dramatischen Vorstellung imitieren die Buben in Paaren den Tanz, ohne Scheu und Lampenfieber, agieren sie doch ohne Publikum und nur auf ihre große Aufgabe konzentriert. Die Bumerangs schlagen aufeinander, klack, klack, klack, der Rhythmus fährt in die Glieder, lässt die Knie emporschnellen und die Füße stampfen. Was für ein Reichtum, was für eine Fülle an Drama und Mythos! Während bei uns Theater passive Erbauung in dunklen Räumen ist, eine angenehme Abwechslung von den täglichen Verpflichtungen, ist das eine rituelle Inszenierung des Glaubens und einer streng gefügten Ordnung. Es ist kein Spiel, sondern der dramatische Ausdruck, der den Darsteller mit seinen Vorfahren aus der Urzeit verbindet. Die Männer scheuern mit den Fußsohlen den staubigen Boden, die spitzen Hüften weit nach außen gestreckt und immer wieder nach vorne geschnellt, dann die monotonen Stimmen der Sänger. Was für ein natürliches Talent, alle menschlichen Emotionen zu imitieren und die typischen Merkmale der Tiere zu porträtieren.

Eine geheimnisvolle Zeremonie, *inma,* erwartet den Schüler, der sich mit dem Gesicht nach unten auf den Boden legen muss und die Rituale der Chilpi nur hören, aber nicht sehen kann. Nur gelegentlich darf der Junge einen schnellen Blick auf das geisterhafte Spektakel werfen, die dunklen Schattengestalten im flackernden Feuerschein, ein dramatisches Schauspiel, das sich tief in seine Seele brennen wird. Rituale haben den Sinn, durch einfache Symbole und geheimnisvolle Zeremonien die Regeln und Mythen der

Traumzeit zu lehren und die damit einhergehenden Verbote. Der wichtigste Schritt auf dem Weg zur Mannbarkeit ist die Beschneidungszeremonie, mit der sich der Initiant das Recht auf einen eigenen Namen erwirbt. In Zukunft lebt er nur noch mit den alten Männern zusammen, die gleichzeitig seine Lehrer und Beschützer sind. Erst nach der letzten Zeremonie seiner jahrelangen Lehrzeit hört ein Initiant die Frauen kreischen, wenn er durch ein Spalier stampfender und schreiender Männer zu einem heiligen Ort geführt wird. Seine nächsten Verwandten öffnen ihre Armvenen und lassen ihr Blut über seinen Körper laufen, *kuranita,* die Lebensessenz, die dem Initiierten Kraft und Gesundheit geben soll.

Im Laufe der verschiedenen Riten, die einen Jüngling schließlich zum vollwertigen Mann machen, muss er schmerzhafte körperliche Prozeduren erdulden, wie das Herausschlagen eines Schneidezahns, das Durchstechen der Nase, das Entfernen von Körper- und Gesichtshaaren und das Ritzen und Schneiden von Narben auf Brust und Rücken. Auf einem Foto ist ein junger Mann mit tiefen, blutig klaffenden Schnittwunden auf Schenkel und Brust abgebildet, als wäre er gerade im Kampf verwundet worden. Bilder zeigen Männer mit tiefen, wulstigen Narben, die sich in parallelen Schnitten quer über die Brust bis zum Bauch ziehen, dunkelbraune Linien kreuzen sie, von den Schultern ausgehend bis zum Oberschenkel. Leider kann man auf den Schwarzweißbildern nicht die Farben sehen, mit denen sich Männer bei Festen schmücken. Die heiligen Farben der Aborigines sind Rot, Blau, Gelb und Schwarz. Rot ist die Farbe des Blutes, der Energie und des Feuers. Schwarz symbolisiert die Erde selbst, wird aber auch mit den Spuren in der Landschaft verbunden, die Ahnenwesen hinterließen. Gelb verkörpert Wasser, Weiß ist die heilige Farbe des Himmels, der Luft und der Sterne. Ocker ist das wichtigste Farbpigment für die Körperbemalung, *wiltja,* heiligste aller Farben.

Phil Taylor hat noch die ursprüngliche Kunst der Aborigines gesehen. Wer heute zur Eingeborenen-Siedlung Illbilba fährt, kann nur noch ihre moderne Form bewundern: gemalte Bilder, die es erst seit 30 Jahren gibt. 1971 besorgte Geoffrey Bardon, Kunstlehrer in Papunya, den Aborigines Acryl und Leinwand und forderte sie auf, ihre eigene Geschichte darzustellen. Es war ein wichtiger Anschub für die Rückbesinnung auf tradierte Werte. Anfangs waren sich die Klanältesten uneinig, ob man die streng gehüteten Mythen nach außen tragen und verkaufen dürfe. Aber sie beruhigten sich mit dem Wissen, dass die verschlüsselten Botschaften der Bilder, abstrakte Zeichnungen und ornamentale Muster, sowieso nur Eingeborenen zugänglich sind. Die schwarzen Künstler malen mit den traditionellen Farben, wie Erdpigmenten, nutzen aber auch modernere Materialien, vor allem Acryl. Wie beliebt die Bilder der australischen Ureinwohner sind, zeigt der Preis, den 2001 ein Bild des 1998 verstorbenen Thomas Rover erzielte: 786 625 australische Dollar.

Die Höhle Tjuunti

»Armer Kerl, *kurni*«, erzählt Leslie Tjapanangka. »Wir sagten ihm, er soll uns folgen. Wir brachten ihn zum Bumerang Creek, zur Tjuunti-Höhle.« Der Bumerang Creek oder Hull Creek, wie er heute heißt, liegt 32 Kilometer von der heutigen Aboriginal-Siedlung Docker River entfernt. Das Flussbett des Bumerang läuft kaum acht Meter vom Höhleneingang entlang. Riesige, weißstämmige Gummibäume lassen die Gegend wie ein verträumtes Idyll aussehen. Die etwa fünf Meter tiefe Höhle ist Ort eines Dingo-Traums und der Wati-Kutiarra-Legende. Es ist die Geschichte zweier Brüder, die in der Dreamtime umherwanderten und in der Höhle ein Nest mit Dingowelpen entdeckten. Die Wati Kutiarra räucherten die Welpen aus und verspeisten sie.

Die ganze Zeit schleppt Lasseter sein kleines Heft mit, macht sich Notizen, zeichnet den zurückgelegten Weg auf, hervorstechende Landmarken, Wasserlöcher und Kompassrichtungen. Immer wieder schreibt der Verzweifelte Briefe an seine Frau, alles Denken und Hoffen konzentriert sich in der Höhle von Winters Glen auf die Familie. Lasseters Leben in der Höhle zu beschreiben erweist sich als kompliziert, weil seine Aufzeichnungen nicht mit den Berichten von Eingeborenen übereinstimmen. Die erinnern sich an den Fremden als einen warmherzigen Mann, »der gut zu allen Kindern war, Brot für sie backte und Bilder für uns malte«. Leslie erinnert sich, dass Lasseter versucht hat, Zahlen zu erklären. »Er zeigte mir Rechnen nach Art der Whitefellows, schrieb Zeichen auf Papier und bewegte dabei die Finger.«

Tatsächlich findet man in Lasseters Notizbuch grobe Zeichnungen von Eingeborenen, die am Lagerfeuer sitzen oder Kängurus speeren, Frauen mit Grabstöcken, Emus und einen Mann mit langem Bart. Auf einer Seite sind Zahlen von eins bis zehn aufgereiht und darunter in großen Buchstaben das ABC sowie die Worte »JIM« und »PIGEON«, Taube. Lasseter, der sich sicher während der vielen Wochen in der Höhle gelangweilt haben muss, bemühte sich, die Sprache der Pitjantjatjara zu lernen. Der Mann, der durch seine eloquent erzählte Goldgeschichte eine ganze Nation elektrisierte, ist plötzlich in einer Höhle gefangen, in der keiner seine Worte versteht, wo er mit Menschen zusammenlebt, die nicht fremder auf der Welt sein könnten. Lange Wortreihen im Tagebuch zeigen, dass er eine Art Vokabelheft zusammenstellte, wie es Fremdsprachenschüler tun. Hand heißt *malla,* Bein *alpa,* Körper *wela,* Emu *calaah,* Stock *bunna,* Bart *namyggard.*

Wie jeden Tag sitzen ein Dutzend Kinder und Frauen vor dem Höhleneingang und beobachten den Fremden neugierig, jede seiner Bewegungen, ähnlich Kindern, die im Zoo fremde Tiere bestaunen. Einmal reinigt Harry seinen Revolver, als sich versehentlich ein Schuss löst. »Alle sprangen erschreckt hoch«, erinnert sich Leslie lachend, »wie Donner, unsere Ohren schmerzten, wir rannten davon.«

Höhle bei Winters Glen, in der Lasseter 1931 verzweifelt auf Hilfe wartete.

Im August 2001 erzählt mir eine Frau vom Stamm der Aranda, ihre Mutter hätte ihr erzählt, man habe Lasseter *nuringa* genannt, so wie man Jungen nennt, die noch nicht initiiert worden sind. Ein Mann wird man aber erst nach den Initiationsriten und der rituellen Beschneidung. Lasseter war also auch *nuringa.*

Ende Dezember 1930 lagern an die hundert Aborigines bei der Höhle, in deren Nähe ein Wasserloch liegt. Männer bringen Lasseter gelegentlich ein Kaninchen oder einen fetten Buschtruthahn, Frauen sammeln wilde Feigen, *yili,* und Buschzwiebeln, *yalka.* Eine der Frauen härtet einen neuen, 30 Zentimeter langen Grabstock am Feuer, andere schaben mühselig mit scharfkantigen Quarzstücken dünnwandige, leichte Schalen aus Bohnenholz oder zerstampfen geröstete Nüsse, mahlen auf flachen Steinen Mehl, aus dem in glühender Asche kleine Kuchen gebacken werden. Jäger laschen spitze Steine mit Kängurusehnen an ihre Speere und verkleben die Stellen mit erhitztem Spinifexharz. Watta

Watta Mitta hält wieder und wieder einen langen, krummen Stock übers Feuer, erwärmt das Holz und kann so die unebenen Stellen biegen, so oft, bis der Stock gerade und sein Gewicht so austariert ist, wie es ein guter Speer zu sein hat.

Abends reiben sich die Männer mit Emufett ein, zeichnen mit Holzkohle dicke Linien auf Rücken, Oberarme und Brust und binden Grasbüschel um die Fußknöchel, tunken weiße Daunenfedern in Ockerfarbe, kleben sie wie einen Pelz auf die Brust und binden bunte Kakadufedern um die Hüften. Besonders kunstfertige Männer dekorieren sich mit Gras, bis sie aussehen wie Vögel. Ein Corroborree zur Feier einer gelungenen Jagd. Das Feuer wirft wilde, flackernde Schatten. Vor dem Feuer sitzt Old Wart, singt mit den Klanältesten und schlägt klickend die Bumerangs gegeneinander. Die Tänzer heben ruckartig die Beine, balancieren auf einem Fuß, recken den Kopf in die Höhe und schlagen die Arme wie Flügel, die nicht fliegen können. Sie imitieren perfekt den Ablauf der Jagd auf Emus. Dank an die Tiere, die sterben mussten, damit sie leben, aber vor allem das Schauspiel eines ausgeklügelten Aktes, den ihre Ahnen am Beginn der Zeit ausgedacht haben, um das Überleben der Menschen zu garantieren.

Neue Hoffnung

»Wir haben eine Menge Zeit vertrödelt, indem wir an den falschen Stellen suchten. Jetzt haben wir die Möglichkeiten eingeengt und glauben den richtigen Ort zu finden«, meint Bob. Die Lasseters sind zur Docker-River-Siedlung gekommen, nicht weit von der Lasseter-Höhle. Docker River wurde für die Pitjantjatjara gebaut. Hier gibt es ein Krankenhaus und eine Schule, wo die Aborigines etwas Rechnen und Englisch lernen. Ansonsten verwalten sie ihre Angelegenheiten hier selbst. Bob bittet um Erlaubnis, wieder einmal das Gebiet der Pitjantjatjara durchstreifen zu dürfen.

Die Eingeborenen haben erst viele Jahre nach seinem Tod erfahren, dass Harry Lasseter einen Sohn hat. »Sie haben ein großes Trauerfest für mich veranstaltet. Sie wollten mir helfen«, erinnert sich Bob. Die Aborigines, die ich interviewte, betonten alle, dass die persönliche Mühsal, die Vater und Sohn auf sich nehmen, ihre Reisen, die Schwierigkeiten, denen sie begegneten, ihre Gefühle, Aspekte sind, die auch in ihren Traumzeit-Mythen eine Rolle spielen. Nach dem Tod eines Gruppenmitglieds verlassen Aborigines den Sterbeplatz für eine Weile, um dann zurückzukehren, »to finish off business«, sagt Billy Warra. »Ich glaube, das ist es, was Bob immer wieder macht. Er hat sein Business noch nicht beendet. Ich glaube, er will wirklich sicher sein, bevor er sagt: Okay, ich weiß, wo der Traum meines Vaters liegt. Mein Business ist getan.« Den Namen Harry Bell Lasseter spricht Billy nicht aus. Seine Religion verbietet es, Namen von Toten auszusprechen. Kein Name, keine Erinnerung!

Über die Jahre hat er einige überlebende Zeugen kennen gelernt, die als Kinder noch seinen Vater gesehen haben. Einer davon ist Billy Warra, ein einflussreicher Stammesältester, der am Ayers Rock seine kunstvollen Tierschnitzereien aus Wurzeln des Mulgabaums verkauft. »Ich kenne Lasseter. Als die Whitefellers kamen, war ich ein Kind. So alt wie Bob damals. Wir glaubten, er sei der devil-devil. Wir sind weggerannt.«

Die Geschichte Lasseters ist bei den Aborigines Teil ihrer lokalen Mythologie geworden. Tausendmal von den Alten erzählt und von Generation zu Generation weitergegeben. Mit den Jahren kennt kaum noch einer die wirklichen Zusammenhänge. Billy erinnert sich vor allem daran, dass ihm der Fremde Süßigkeiten gegeben hat. »Er hat viele Tage mit meiner Familie zusammen gelebt. Er hat versucht, unsere Sprache zu lernen. Er machte Zeichnungen für uns Kinder.«

Bob besucht den alten Jim Nukarty, dessen Familie mit seinem Vater zusammengelebt hat. Der Alte strahlt eine bewundernswerte Ruhe und Gelassenheit aus, das zerfurchte Gesicht

Güte. Sein Kopf ist bis auf einen wuschelig weißen Haarkranz kahl. Ein weißer Krausbart betont sein würdiges Aussehen. So stellt man sich einen weisen Mann vor. Bob dagegen ist aufgeregt, fragt insistierend. Er will viel zu viel wissen – wissen, was Jim gar nicht wissen kann, weil er die Geschichte von Lasseter nur aus den Erzählungen älterer Verwandter kennt. Jim weiß nicht, wo das Riff liegt. Wie sollte er wissen, wo Landmarken sind, die wie drei Frauen mit Sonnenhüten aussehen? Nein, sagt er noch, in der Aboriginal-Sprache gibt es kein Wort für Gold. Die Aborigines kannten vor Ankunft der Weißen kein Metall.

Wenn das Goldriff wirklich existierte, müssten die Eingeborenen den Ort kennen. Ihre Vorfahren beobachteten jeden Schritt Lasseters, und ihr Wissen von Geografie ist enzyklopädisch. Aborigines sprechen nur sehr zögerlich über das Thema, auch wenn einige behaupten, das Riff existiere tatsächlich. Das westliche Gebiet der Petermann Blood Range, das Lasseter allein aufgesucht hat, ist eine besonders geheiligte Gegend. Lasseter schrieb ja auch: »Die Schwarzen haben hier in der Nähe einen heiligen Platz. Deshalb werden sie meine PEGS herausziehen.«

Es ist höchst mühsam, Jim Informationen zu entlocken. Es dauert lange, bevor er etwas sagt, und wenn er etwas sagt, dann ist es meist nur ein Wort, und zwar so genuschelt, dass man an die Ausdrucksweise gewöhnt sein muss, um den Sinn zu kapieren. Manchmal sagt Jim etwas auf Englisch, manchmal in der Sprache der Pitjantjatjara. Jim kennt den Ort, wo die Kamele bockten, und nennt ihn *iwunia.* Jim kennt auch das Sandstone Rockhole Reservoir. »Ja, *ilorumpa,* liegt in der Blood Range.«

Bob setzt alle Hoffnungen auf das versteckte Wasserloch, weil er glaubt, dass dort eine wichtige Nachricht von seinem Vater vergraben ist. Harry Bell hat es in einem Brief erwähnt. Jim zeigt Bob das Wasserloch auf der Landkarte, dann fahren wir mit den Lasseters und Jim auf einer Buschpiste in Richtung Blood Range. Bob ist voller Hoffnung, aber das ist er eigentlich immer. »Dieses Gebiet hier scheint mir am viel versprechendsten. Ich hätte hier gleich am Anfang herkommen sollen. Aber die Aboriginal Councils machen es uns Jahr für Jahr schwerer mit der Suche, weil sie dagegen sind, dass ihr heiliges Land durch Minenunternehmen aufgerissen wird.«

Nach zwei Stunden Fahrt wächst vor uns ein roter Fels aus der flachen, endlosen Landschaft, als wäre er aus der Tiefe nach oben gepresst worden und der Stein dabei in Millionen Blöcke zerbrochen. Wir sind alle erstaunt, dass uns Jim den zerklüfteten Berg hinaufführt. Jeder erwartete, das Wasserloch am Fuß des Hügels zu finden. Oben auf dem Kamm zeigt Jim auf ein etwa drei Meter auf zwei Meter großes, rechteckiges Loch im Fels, in dem dunkles Wasser steht. Jeder probiert es und spuckt das schale Brackwasser wieder aus. Aber wer in der Gluthitze des Outback Durst hat, dem schmeckt das Gesöff wie Champagner. Bob steckt einen langen Ast in das Loch und misst eine Tiefe von über zwei Metern. Aber wie ist Lasseter an dieses versteckte Loch auf dem Bergkamm gekommen? Von hier oben kann man zwar weit über das flache Land voller Spinifexgras und Mulgabäumen schauen, aber wo könnte Lasseter eine Nachricht vergraben haben? Auf dem Kamm ist nur harter Fels, und am Fuß des Hügels stehen viele verstreute Bäume, die 1930 noch nicht existiert haben; ansonsten gibt es keinen prominenten Platz, der auf ein Versteck hinweist.

Bob, Robert und Ben untersuchen die Gegend mit Metall-Detektoren, führen ein Messinstrument, das wie ein Staubsauger aussieht, unermüdlich hin- und herschwingend über den Boden, aber das Einzige, was sie finden, ist ein viereckig zugeschnittenes Stück Dosenblech. Minutenlang dreht Bob das unscheinbare Ding hin und her und bleibt stumm. Wieder eine Niete. Irgendjemand hat hier einmal gelagert. Aber war es Harry Lasseter? Einsam stehen Bob, Robert und Ben auf einem Felsvorsprung und schauen in die Ferne, über Lasseter-Land. Schon wieder sind sie ins Leere gelaufen, wieder eine Hoffnung weniger. Aber es sieht nicht so aus, als würden sie aufgeben.

Ben Lasseter, der Urenkel: »Ich war schon viermal mit Bob und Robert hier. Am meisten erinnere ich mich an den Geruch des Outback. Die Suche nach dem Riff ist für mich wie das Zusammenfügen eines Puzzle. Ich war viel mit den Aborigines dieser Gegend zusammen und studierte ihre Geschichte. Alle wissen von Lasseter. Ich liebe vor allem ihre weiche, freundliche Art. Ich weiß noch nicht, ob ich mit der Suche weitermachen werde. Aber wie jedermann, so liebe auch ich das Abenteuer. So eine Aufgabe gestellt zu bekommen ist für mich eine große Ehre und ein großer Kick.«

Bob Buck findet Lasseters Spur

Johns hatte Lasseter Ende Oktober verlassen, Mitte Januar transportieren Phil Taylor und Paul Johns die lädierte »Golden Quest II« zurück nach Alice Springs. Lasseter aber wartet in einer Höhle verzweifelt auf Hilfe. Leutnant Eaton will nach seiner Rettung sofort wieder mit der Suche nach Lasseter beginnen, aber unverständlicherweise werden alle Flugzeuge aus Centralia abgezogen. Nur Taylor versucht den alten Kameraden noch einmal von Illbilba aus zu finden. Spuren kann man auf dem Wüstenboden noch nach mehreren Jahren erkennen, wenn sie kein Regenguss oder Flugsand verwischt. Aber kaum verlässt Taylor das Camp, quälen ihn unerträgliche Nierenschmerzen. Er ist gezwungen, nach Hermannsburg zurückzukehren, und heuert auf dem Rückweg den Besitzer der Middleton Ponds Station an, Lasseters Spur zu folgen. Der Mechaniker gibt dem erfahrenen Buschmann und Fährtenleser Bob Buck die Anweisungen des Vermissten: »Ich bitte, so schnell wie möglich zum Felsdurchgang in der Bowley Range zwischen den Flüssen Shaw und Irvine vorzudringen und nach einem alleinstehenden Hügel mit einem einzelnen Baum Ausschau zu halten. Dort findet man ein Lagerfeuer, unter dessen Asche ich einen Brief mit Instruktionen in einer Konservendose vergraben werde. Wird nichts gefunden, soll man zum Mount Curdie, dann zu McBains Springs und Henry Hull Spring gehen und immer unter Lagerfeuern nach Botschaften graben. Fragt jeden Eingeborenen, ob er zwei Kamele und einen weißen Mann von kleiner, gedrungener Statur gesehen hat. An diesem Punkt wird die Grenze zu Westaustralien überschritten. Die Route führt weiter zum Giles Pinnacle, Sladen Waters, an der Rawlinson Range entlang zum Lake Christopher. Man soll sich so lange in der Umgebung aufhalten, bis meine Spuren gefunden sind.«

Begleitet von seinen erfahrenen Boys zieht Bob Buck mit einer Kamelkarawane in die Wüste und stellt dabei einen Rekord auf. Noch nie in der Geschichte Australiens ist ein weißer Mann so lange den Spuren eines Verschollenen gefolgt wie Buck. Elf Wochen zieht er 2500 Kilometer durch meist unbekanntes Gebiet, bis er den Gesuchten tatsächlich findet. Am Lake Christopher nimmt Buck die Spur Lasseters auf und folgt ihnen bis zu den Petermanns und weiter nach Westen bis zu den Sanddünen der berüchtigten Gibson-Wüste. Neun Tage überleben die Kamele ohne einen Tropfen Wasser, und auch die Fährtensucher haben ihre Vorräte aufgebraucht, als sie endlich wieder eine Wasserstelle finden. Nach Wochen entdeckt einer von Bucks Boys den Packsattel eines Kamels und einige zerbrochene Kisten. Aber Bob Buck gräbt vergebens unter der Asche längst verglühter Lagerfeuer nach einer Nachricht. Der Bushie findet schließlich einen hastig bekritzelten Zettel mit kaum noch leserlicher Schrift. Lasseter teilt mit, dass seine Kamele durchgegangen sind und fügt hinzu: »Grabe drei Meter vom Feuer.« Das Versteck ist leer, Myalls hatten es mit ihren scharfen Augen entdeckt. Ein Boy führt Buck zum Stamm eines Gummibaums, in den Zeichen geritzt sind. In groben Einkerbungen steht da: »Grabe 60 Zentimeter« und daneben ein breiter Pfeil. Tatsächlich findet Buck eine leere Bonbondose. Regen oder Ameisen haben das Papier zerstört. Endlich kommen zwei verkorkte Flaschen mit zwei Briefen zum Vorschein.

Bob Buck, ein erfahrener Buschmann und Fährtenleser, fahndet nach dem verschollenen Lasseter.

Laut Bucks späterer Aussage beschreibt Lasseter die Lage des Riffs und seine Begegnung mit Aborigines. Die Briefe aber zeigt der Buschmann später niemandem. Die Karawane trifft auf eine große Ansammlung von Aborigines. Viele verstreute Familien, Gruppen und Klans haben sich versammelt. Allein aus der Petermann-Region sind 500 Eingeborene herbeigeeilt, aber Buck kann nicht herausbekommen, welchen Grund die Versammlung hat. Ist es ein sakrales Stammesfest, das einmal im Jahr stattfindet? Oder hat es etwas mit Lasseter zu tun? Anfangs leugnen die Eingeborenen, einen Weißen gesehen zu haben, aber schließlich führen ihn Eingeborene zu einer großen Höhle, in der Lasseter wochenlang gehaust hat. Buck findet ein Gebiss, das seinem Besitzer gute Dienste geleistet haben könnte. Vielleicht hat es der Goldsucher aus dem Mund genommen und damit geklappert. Kein Eingeborener würde einen Mann mit geisterhaft falschen Zähne anfassen. Noch ein Kaditscha liegt herum, ein leerer Revolver mit Perlmuttgriff. An einer Felswand steht in groben Lettern »GRABE AM ENDE DER HÖHLE«. Darunter steht in dünnen, verblassten Linien »ATTACKED«. Haben die Nomaden Lasseter angegriffen? Buck gräbt in der Höhle und entdeckt tatsächlich eine zerbrochene Kamera, einige Briefe und Lasseters Notizen eingetragen in ein rotes, 20 mal 15 Zentimeter großes Heft, das am schmalen Ende aufklappt. Heute liegt es in der Mitchell-Bibliothek in Sydney.

Briefe an Rene

Bob Lasseter geht mit dem Filmteam noch einmal zur Höhle bei Winters Glen. Innen ist es überraschend kühl im Vergleich zur Gluthitze draußen. Bob war schon ein Dutzend Mal hier, weil er glaubt, seinem Vater in dieser steinzeitlichen Klause, in der Harry Bell fast einen Monat dahinvegetierte, besonders nahe zu sein. »Ich stelle mir meinen Vater vor, wie er hier an einem kleinen Feuer liegt und sein Tagebuch aufschlägt.« In dieser Höhle hat der Vater seine bewegenden Briefe an die Familie geschrieben, aus denen Bob vorliest.

> ... Ich habe mir ein paar Kaninchen ... Liebling ... Du würdest mich auslachen, wenn Du mich darin sehen würdest, aber sie tun meinen Füßen gut. Ich habe auch drei Filmrollen in einer Konservendose auf dem Hügel vergraben. Da sind einige interessante Fotos ...
> Rene, Liebling, sorge Dich nicht um mich. Ich habe mein Bestes getan und das Riff abgesteckt. Nicht genau nach Vorschrift, weil die Schwarzen meine Minenzulassung gestohlen haben und ich die Registriernummer nicht mehr weiß, aber ich habe den Datumspflock fotografiert, wo das Quarz austritt. Der Pflock steht in einem Wasserloch, und das Foto ist nach Norden hin aufgenommen. Ich habe den Weg in fünf Tagen zurückgelegt, aber weil es in der Nähe einen heiligen Bezirk gibt, werden die Schwarzen die Pfähle herausziehen. Ich werde die Filme in Winters Glen vergraben, falls ich es je erreiche und die Sonne mich nicht ganz blind macht.

Kümmere Dich bitte gut um Bobby, Betty und Joy. Ich möchte, dass Bobby Ingenieur wird. Erziehe ihn dementsprechend.
Liebling, ich liebe Dich so sehr. Ich bin traurig, dass ich nicht mehr mit Dir sein kann, aber Gottes Wille geschehe.
Auf immer Dein

x Harry xxx

… falls ich bis zum … November nicht aufgetaucht bin, sollten sie einen Mann … Johannsen zu meiner Hilfe schicken. Ich glaube, dass er über das gleiche Riff stolperte wie ich. Ich musste bis Lake Christopher gehen, 160 Kilometer jenseits der Grenze zu Westaustralien, um mich zurechtzufinden, dann ging ich direkt zum Riff … Wenn ich nur wüsste, warum keine Rettung kommt und anscheinend nichts getan wird. Es ist wirklich schrecklich, und mein Gerippe kann kaum noch das Gewicht der Lumpenkleidung tragen. Ich sehe fürchterlich aus und die Fliegen machen mich verrückt, und die Hölle könnte sich nichts Besseres ausdenken als die Ameisen.
Die Schwarzen müssen gesehen haben, wie ich etwas vergraben habe. Sie haben die Filme gebracht, die ich unter dem Feuer versteckt hatte. Ich habe sie nun am oberen Ende der Höhle vergraben … Ich will gerettet werden. Ich habe eine Patrone zurückbehalten, aber ich will bis zum Ende kämpfen. Der alte Mann ist gerade gekommen, zeigt mir das Wasser unter dem Zelt aus Zweigen und sagt ein Dutzend Mal: ›*capei caro, capei caro*‹. Ich gebe ihm das Buch mit den Briefen an Dich und rufe 100 Mal ›Alice Springs, Alice Springs‹.
Herzliche Grüße an alle Lieben und küsse Mutter von mir.
Ich habe Dich immer geliebt, wie ich Dich auch jetzt von ganzem Herzen liebe.
Der alte Mann ist heute mit dem Buch zurückgekehrt. Er hat vergebens versucht, nach Alice Springs durchzukommen. Er war so fertig, dass ich ihm einen Hasen schenkte, den ich ausgegraben habe. Zwei alte Männer kamen herein und sagten etwas zu ihm. Er erstarrte zur Salzsäule … Alter Mann mit Warze ist sehr freundlich, junge Krieger umringten mich und lachten mich aus. Feuerte meine letzten drei Schüsse ab, und sie rannten wie verrückt. Kann mich kaum bewegen.

Love Harry

Leslie Tjapanangka beschreibt Old Warts, alias Kirrinytja, als einen sehr mächtigen Mann. »Sein Wissen und seine Autorität waren so groß, dass er niemals schreien oder mit dem Fuß aufstampfen musste, um seine Macht zu demonstrieren. Man nennt ihn noch heute ›König der Petermanns‹.« Watta Watta Mitta dagegen rangierte weit unten auf der Rangstufe der Eingeborenen. Sein Name heißt wörtlich übersetzt »verrückter Mann«, weil man ihn für *rama rama* hielt, geistig verwirrt. Bei den Aborigines – wie auch bei vielen anderen Naturvölkern – werden geistig Behinderte nicht ausgegrenzt, sondern mit Respekt behandelt. Ihr aggressives Verhalten wird höflich ignoriert. Lasseter hat Watta Watta Mittas wilde Gesten und sein aufreizendes Gerede wohl für Zeichen von Macht und Einfluss gehalten, Kirrinytjas zurückhaltende Art dagegen schien ihn in Lasseters Augen als Mann mit geringerem Einfluss zu kennzeichnen. Anders ist der Widerspruch zwischen Lasseters Aufzeichnungen und den einmütigen Aussagen der Zeugen kaum zu erklären.

> Später am Tag redete der Schwarze, der zuerst mein Camp angegriffen hat, dem Stamm ein, ich hätte ihn erschießen wollen. 20 kamen zu mir herüber, weckten mich und machten mir klar, dass sie mich töten wollen. Der hinterhältige Kerl war ihr Sprecher. Es gelang mir, sie zu bluffen, indem ich ständig redete und nicht aufstand. Ich sagte ihnen ... sie schoben das Töten auf morgen auf ... Als ich sicher war, dass sie sich entfernt hatten, floh ich im Mondlicht acht Kilometer zur Höhle zurück. Der Alte hatte mein Lager in die Nähe vieler Kaninchenlöcher verlegt. Sie werden sicher in voller Stärke anrücken. Im Staub der Höhle habe ich gerade fünf Patronen ausgegraben. Da sie wissen, dass ich praktisch blind bin, wird das nicht viel helfen. Jeder trug zwei Speere. Sie meinten es todernst. Deshalb habe ich keine Chance zu überleben. Ich kann zehn Liter Wasser tragen, aber das reicht kaum für die 130 Kilometer bis zum Mount Olga. Ich habe das alles über mich gebracht, weil ich glaubte, dass ich mit den primitiven Schwarzen leichtes Spiel haben würde.
> Auf Wiedersehen, und möge Gott Dich und die Kinder behüten.
>
> Harry

Es ist jetzt 25 Tage her, seit die Kamele durchgingen. Nach zehn Tagen müssten sie in Illbilba zurück gewesen sein und von dort den Weg nach Hause gefunden haben. Dann werden die Leute Hilfe schicken ... Sage den Kindern, dass ich sie liebe und dass ich hoffe, sie wieder zu sehen.
Liebling, ich habe immer an einen Gott geglaubt, einen Oberlenker im Universum, aber ich bin schon so lange meine eigenen Wege gegangen, dass ich mich schäme, jetzt zu ihm zu beten.
Ich weiß, ›Rufe mich in der Stunde der Not und ich werde dich erlösen‹. Ich habe meinen Gürtel zehn Löcher enger schnallen müssen, und er sitzt immer noch locker. Ich bin nur noch ein Skelett, und ich dachte immer ... Vor zwei Wochen habe ich den Schwarzen einige schöne ... jetzt warten sie darauf, dass ich sterbe, um mir meine Hose und das Hemd auszuziehen.
Ich nehme an, die Kinder sind enorm gewachsen, seit ich sie zuletzt gesehen habe. Ich würde sie so gerne noch einmal sehen, umhertollen auf dem ... ihre dicken Arme um mich fühlen.
Natürlich war ich verrückt, alleine loszuziehen. Aber ich habe mich darauf verlassen, dass mich Paul Johns in vier bis sechs Wochen einholt. Er sprach sogar nur von drei Wochen und gab mir sein Ehrenwort, dass er mich nicht ... Es war auch mit Blakeley vereinbart, dass wenn ...
Hier habe ich genug Wasser, aber nichts zu essen ...
Ich fürchte die Pläne, die ich unterm Lagerfeuer vergraben habe, sind angekohlt ...
Dieser Hunger ist schrecklich ... vier Pflaumen in drei Tagen ... keine Hilfe ... was geschah mit Johns ... Ungewissheit ... nicht wissend ...
Ich erwartete ... Unterstützung ... folgt mir ...
Es war falsch, die Schwarzen zu freundlich zu behandeln ... Paul hatte recht, als er mir empfahl ... hart umgehen.
Ich zahle die Strafe mit meinem Leben. Möge es eine Lektion für andere sein.

Vermisste Piloten

Wo mag Lasseter nur stecken? In ein paar Tagen ist Weihnachten, die Festtage wollte der Verschollene bei seiner Frau feiern, wie er ihr versprochen hatte. Irgendwo wartet er da draußen auf Hilfe, während Taylor in Illbilba den Teig für den Weihnachtspudding knetet. Große Haufen trockenes Buschwerk hat er zusammengetragen, um regelmäßig Signalfeuer anzünden zu können. Eingeborene melden ihm, dass sie gesehen haben, wie »großer Vogel« nach Norden flog. Aber wo bleibt das Flugzeug nur? Obwohl die »Golden Quest II« längst überfällig ist, schickt Taylor Johns erst am 26. Dezember zur Hermannsburg-Mission, um Alarm zu schlagen. Der Dingojäger legt die Strecke mit zwei Kamelen in einer Rekordzeit von drei Tagen zurück. Ein Kameltrupp wird sofort in Marsch gesetzt, um die verschollenen Flieger in einem Umkreis von Hunderten Kilometern zu suchen. Eingeborene werden zu befreundeten Stammesgruppen geschickt, um Nachrichten einzuholen. Es ist ein Rennen gegen die Zeit. In der Mission tritt Pastor Albrecht kräftig in die Pedale. Als ein rotes Licht anzeigt, dass der kleine Generator aufgeladen ist, schickt er einen Hilferuf nach Cloncurry, wo die nächste Funkstation steht, von dort geht die Botschaft nach Marree und schließlich nach Alice Springs, von wo der S. O. S.-Ruf nach Sydney telegrafiert wird. Die C. A. G. E.-Direktoren bemühen sich sofort um Unterstützung der Luftwaffe. Am Neujahrstag 1931 starten die Rettungsflieger Leutnant Charles Eaton und Jerry Gerrard in Richtung Alice Springs.

Leutnant Eaton fasst in seinem Rapport an die vorgesetzte Dienststelle zusammen:

> Am 2. 1. 31 Landung Eaton und Gerrard in Alice. Taylor und Johns erwarteten »Gipsy Moth« VH-UGH um den 15. 12. 30. Am 20. 12. 30 verließen Pittendrigh und Hamre Alice Springs in Richtung Illbilba. Wahrscheinlich geplante Route nördlich der Macdonnell Ranges. Mr. Giles, dessen Station acht Kilometer N. N. W. vom Mount Giles liegt, kam einige Tage später nach Alice und berichtete, er habe am 20. 12. um 10 Uhr ein Flugzeug in westlicher Richtung fliegen sehen. Ein Buschmann erfuhr von Eingeborenen, dass ein Flugzeug elf Meilen nördlich von Illbilba in westlicher Richtung geflogen sei. Ein Boy der Hermannsburg-Mission erzählte Georg Heinrich von einem Flugzeug, das am 21. 12. um die Mittagszeit ungefähr 17 Kilometer

S. von Illbilba zu sehen war und Richtung N. flog. Die Maschine hat schwarze Flügel und rote Tanks, hatte 27 Liter Wasser an Bord, Verpflegung für eine Woche, Karten, eventuell Streichhölzer und etwa 138 Liter Benzin im Tank. Der Wind kam von S. und war ziemlich stark.

Daraus ist zu schließen, dass die Piloten Illbilba verfehlt haben, dann um die Ehrenberg Range geflogen sind, schließlich in Richtung Alice umkehrten, dass ihnen das Benzin ausging und an einem Punkt in der Nähe der Macdonnell Ranges nördlich von Hermannsburg Notlandung erfolgte. Entschlossen uns, Hermannsburg als Ausgangsbasis für die Suchaktion anzufliegen, weil dort 900 Liter Benzin und 72 Liter Öl gelagert sind.

Am 3. 1. 31 starteten Eaton und Gerrard in Hermannsburg und suchten auf der Route über Mount Liebig, Mount Larry, Haasts Bluff, Mount Heughlin, nördlich der Macdonnells. Auf dem Weg hielten wir Ausschau nach Rauchzeichen.

Überleben im Busch

Der 20. Dezember 1930 ist ein heißer, klarer Tag. Ein guter Tag zum Fliegen. Mechaniker Hamre schwitzt unter der eng anliegenden ledernen Fliegerhaube und der Fliegerbrille. Pittendrigh sitzt in der hinteren Kabine und steuert die »Golden Quest II«. Er erkennt schnell, wie ungenau die Karte auf seinem Schoß ist, als Wegweiser kann er sie kaum benutzen. Die Flieger sind auf prominente Orientierungspunkte angewiesen, aber irgendwie sehen sie sich alle ähnlich. Sie fliegen die gleiche Route, die Coote geflogen ist, und nach fünf Stunden sehen sie eine Lichtung da unten zwischen zwei Bergrücken, die genau Cootes Beschreibung von Illbilba entspricht. Aber kurz vorher hatten sie die gleiche Formation gesehen und bald schon wieder eine. Wie soll man da ein Ziel finden? Hamre kontrolliert angespannt die Armaturen. Sie haben nur noch für eine halbe Stunde Benzin im Tank, und weit und breit ist kein Signalfeuer von Taylor zu sehen. Der Berg könnte Mount Russel sein. Nur noch für 15 Minuten Benzin, höchste Zeit, nach einem Platz für eine Notlandung Ausschau zu halten. Den Männern läuft es bei dem Gedanken kalt den Rücken herunter.

Jetzt müssen sie sich erst einmal auf die Landung konzentrieren. Das da muss Haasts Bluff sein. Überall Mulgabüsche, aber dann zeigt Hamre auf einen freien Grasflecken, der wie ein wehendes Weizenfeld aussieht. Der Kopilot klammert sich am Chassis fest, aber Pittendrigh legt eine sanfte Landung hin. Der Australier Hamre weiß, in welcher Gefahr sie sich befinden, aber der Engländer, das berühmte Flieger-Ass mit den vielen Kriegsauszeichnungen, hat keine Ahnung, was es bedeutet, in der Gluthölle des Outback zu stranden, wo der Durst einen Mann zum Wahnsinn treiben kann. Hamre entzündet ein Feuer, setzt den Billie auf und kocht Tee. Es ist der letzte Tee, den sie in den nächsten drei Wochen trinken werden. Sie rollen fünf Fleischdosen, eine halbe Flasche voller Malzmilch-Tabletten und zwei Päckchen mit je sechs Keksen in ein Moskitonetz, füllen zwei Wassersäcke mit fünf Gallonen Wasser und verstauen den Kompass des Doppeldeckers im Billie-Topf.

In Schweiß gebadet schlagen sie sich durchs Buschland und fluchen über die stechenden Nadelenden der Abertausend Grassamen, die sie aufwirbeln. Wie Kletten haken sie sich an der Kleidung fest, stoßen durch den Stoff und reißen die Haut schon nach wenigen Stunden blutig. Um die Mittagszeit geht ihnen das Wasser aus. Pittendrighs leichte Fliegerschuhe fallen auseinander. Erschöpft machen die beiden Männer im Schatten eines Mulgastrauchs Pause, öffnen hungrig eine Konservendose und spucken die Würstchen angeekelt aus. Sie sind versalzen! Abends quälen sich die Piloten auf einen Hügel und zünden Leuchtfeuer an. »Die jolly Niggers werden den Feuerschein sehen und uns zu Hilfe kommen«, versichert Pittendrigh voller Überzeugung. Sie wissen nicht genau, wo sie sind.

Am nächsten Tag schon ist Pittendrigh so ausgepumpt, dass er sich kaum weiterschleppen kann. Der groß gewachsene, schwere Mann kriecht auf Händen und Knien und bricht stöhnend zusammen. »Lass uns wie Gentleman sterben,« sagt er zu Hamre, »mit Stil.« Seine Zunge schwillt immer mehr an. Wird sie immer dicker werden, bis er erstickt? Hamre, der jahrelang im westaustralischen Busch gearbeitet hat, weiß, das ist der Beginn vom Ende. Aber dann geschieht das Wunder. »Pit, Pit«, schreit er, »Regen! Gott noch einmal, Regen!« In dem riesigen Land zieht eine kleine Regenwolke über die Verdurstenden und öffnet seine Schleusen, sprüht Wasser über die beiden, die vor Freude wie wildgewordene Derwische tanzen und die aufgerissenen Münder zum Himmel recken. Der kleine Schauer frischt ihren Lebenswillen auf, und schon am Abend finden sie einen großes Wasserloch in einem ausgetrockneten Flussbett. Hier bleiben sie, an der sicheren Quelle, und warten auf Rettung.

Am Weihnachtstag essen sie eine Malzmilchtablette wie jeden Abend und träumen von Plumpudding und Truthahn. Das Geschrei der Kakadus in den großen Gummibäumen ist nervenaufreibend, große Schwärme schwarzer Krachmacher, die vom Wasser angezogen werden. Vergebens versuchen die Männer einzelne der schönen Vögel mit Steinen zu erlegen. Der Hunger zerreißt den Magen, bis sie die quirligen Kaulquappen im Wasser entdecken. Erst ziert sich Pittendrigh noch, die gebratenen Lurche zu essen, aber bald verschlingt er das glibberige Zeug und vergleicht den Geschmack sogar augenzwinkernd mit Austernfleisch.

Die große Goana wäre der richtige Braten fürs Neujahrsfest. Hamre hat gesehen, wie Aborigines die Echsen im Feuer rösten, ohne sie vorher auszunehmen. Das Fleisch schmeckt wie Froschschenkel. Die Echse starrt die Männer unverwandt an, den gelben Bauch etwas vom Boden abgehoben, den grünen Leib gebogen, als sei sie nur ein neugieriger, träger Beobachter. Aber als sich Hamre auf ihn stürzten will, um das schmackhafte Tier zu fangen, flitzt es so flink davon wie eine Eidechse. Also füllen sie den Billie wieder mit ein paar Frosch-Embrios und braten sie als Stew.

Am Neujahrstag weckt die ausgemergelten Männer ein fernes Fluggeräusch. Sie schwenken ihre Lumpen wie wild und schreien hysterisch »Hier! Hier! Hier, du Bastard!« 500 Meter über der nahen Hügelkette röhren zwei R. A. A. F.-Flugzeuge. Schnell entzünden sie das aufgestapelte Signalfeuer, die letzten Streichhölzer funktionieren nicht. Zu spät, die Maschinen ziehen vorbei. Am nächsten Tag die gleiche nervenaufreibende, bitter enttäuschende Prozedur. Aber dann, Tage später, sie haben die Hoffnung schon aufgegeben, dröhnen zwei Maschinen direkt über ihnen. Hamre kann nicht mehr laufen, er kriecht zu dem Bündel mit der abgeworfenen Nachricht: »Sind Sie Pittendrigh? Wenn ja, legt euch auf den Boden. Wo ist eure Maschine? Zeigt Richtung an. Werfen Verpflegung ab. Zündet am Abend Leuchtfeuer für Rettungsmannschaft. Eaton, R. A. A. F.«

Achtmal flogen die Piloten das Suchgebiet vergebens ab. Am 7. Januar landet Gerrard in Illbilba und beschädigt seine Maschine dabei schwer. Am 9. landen die Offiziere Dalton und Evans in Alice Springs, um die Suche zu intensivieren. Am nächsten Tag sieht Dalton in der Nähe des Dashwood Creeks ein Zeichen, das einem T ähnelt, und entdeckt die vermissten Piloten. Wasser und Verpflegung werden mit dem Fallschirm abgeworfen. Pittendrigh und Hamre werden angewiesen, am Dashwood zu bleiben, bis sie eine Rettungsmannschaft abholt. Diese bricht am 10. Januar 1931 auf. Im offiziellen Bericht steht:

> Der Regierungsvertreter, Eaton, ein Arzt und Fred Colson fahren mit zwei Lastwagen in Alice Springs ab und erreichen Pittendrigh und Hamre am 11. 1. Die Piloten sind sehr schwach, aber außer Lebensgefahr. Ihre »Gipsy Moth« stand auf einer freien Fläche 16 Kilometer östlich von Haasts Bluff bei 344 Grad. Die Piloten liefen nach der Notlandung 48 Kilometer. Hätte es nicht geregnet, kurz nachdem sie den letzten Tropfen Wasser getrunken hatten, wären die Gesuchten verdurstet. Hätten sie sich regelmäßig durch Rauchsignale bemerkbar gemacht, wären sie schon am ersten Tag gefunden wor-

den«, schreibt Eaton. »Während unseres ersten Flugs müssen wir über die Gesuchten geflogen sein. Erst am 5. 1. markierten sie ein ›T‹ aus Asche. Die Temperatur erreichte am Unglücksort tagsüber 49 Grad.

Die ausgehungerten Flieger stopfen sich mit köstlichen Käsesandwichs voll und verschlingen große Brocken Corned Beef, bis die schwachen Mägen streiken. Stöhnend liegen sie am Boden, übergeben sich und werden von Krämpfen geplagt. »Mein Gott«, stößt Pittendrigh gequält hervor, »vor einer Stunde wären wir fast an Hunger gestorben, jetzt krepieren wir, weil wir uns überfressen haben.« Jeder der beiden einst korpulenten Männer hat 28 Pfund Gewicht verloren, aber sie haben den Höllentrip durch den Busch 23 Tage lang überlebt. Männer, die zur Rettung auszogen, müssen selbst gerettet werden. Noch eine Episode in der vielschichtigen Geschichte um Lasseters Goldriff, die unter einem Unglücksstern stand.

Aber wie steht es um Lasseter?

Lebt Lasseter?

25 Tage haust Lasseter in der Höhle bei Winters Glen, 25 endlos lange, höllische Tage.

Bob Lasseter liest wieder aus einem Brief seines Vaters:

Liebe Rene,
ich glaube, ich bin kurz vor dem Ende ... verrückt vor Augenschmerzen ... gequält von Fliegen und Ameisen. Als letzte Hoffnung wusch ich meine Augen gestern Abend mit Lourdes-Wasser* aus, heute sind sie viel besser ... so schwach vom Mangel ... kann kaum gehen ... Patronen ... schießen. Ich bin von 89 Zentimeter auf 73 geschrumpft. Ich weiß nicht, ob ich es Wunder nennen kann, oder ... meine Augen scheinen viel besser zu sein, seitdem ich sie mit Lour-

---

* Lasseter hatte vor seiner Abreise in Sydney von seiner Schwägerin ein Fläschchen Weihwasser aus Lourdes als Glücksbringer geschenkt bekommen.

des-Wasser behandelt habe, und am gleichen Abend habe ich auch ein Kaninchen gefangen ...
Liebling, ich möchte, dass Du Dich so an mich erinnerst, wie wir uns kennen gelernt haben und nicht die Vogelscheuche, die ich jetzt bin. Bin noch dünner geworden, und die Ameisen haben fast mein Gesicht weggefressen. Kann nichts gegen sie unternehmen wegen meine... Ich weiß nicht, was mit Paul Johns passiert ist, aber ich habe ihn in Reichweite der Zivilisation verlassen, und er verstand und sprach die Sprache der Eingeborenen gut ... Ich habe versucht, die Schwarzen zu unterhalten, indem ich Bilder malte, aber irgendwie kommt das nicht an. Ich bin jetzt so hilflos wie ein Kätzchen, und sie wissen es. Ich bin heute morgen ziellos herumgeirrt ...
Ich habe bis zum bitteren Ende auf Rettung gehofft ... mit viel Wasser kann ich einige Tage aushalten, aber wegen des Sterbenshungers könnte ich mich erschießen.
Mit dem schlimmsten Tod vor Augen und der Erfahrung mit diesem Land, glaube ich, dass ich besser nie alleine hätte losziehen sollen. Aber ich vertraute auf Paul.
Was ist schon ein Riff aus Gold wert, ich würde es alles für einen Laib Brot hergeben. Wenn ich nur daran denke, dass eine Woche entfernt haufenweise Tucker lagert. Die Schwarzen lassen mich jetzt in Ruhe. Sie wissen, ich werde sterben. Sie warten ...
Good bye, Rene, meine liebste Frau, traure nicht. Du musst jetzt für die Kinder leben, aber es erscheint mir grausam, hier draußen allein sterben zu müssen, weil ich immer gut zu Schwarzen gewesen bin. Mein letztes Gebet ist: Gott, sei gnädig mit mir Sünder, sei gut zu denen, die ich zurücklasse.

xxx Harry x

Der Aboriginal Mickie, Old Warts jüngerer Bruder, beschreibt, wie Lasseter immer schwächer wird. »Er sehr krank. Sein Auge *una* (rot) und *pika purlka* (sehr entzündet). Sein Bauch *pika purlka*. Er *kuna kuna* (Durchfall) jeden Tag.«

In einem letzten, verzweifelten Aufbäumen kriecht der halb tote Mann aus der Höhle. Er will versuchen, auf seinen eigenen Spuren nach Illbilba zurückzugehen. Unterstützt von Kirrinytjas Familie schleppt sich der Todkranke am nördlichen Rand der Petermann Range nach Osten. Lasseter zwingt sich zwei Tage durch den Busch, 50 Kilometer weit, dann stirbt er.

Mickie, der 1930 20 Jahre alt war, beschreibt Lasseters letzte Stunden später so: »Er immer schreiben. Er sitzt an *karru* (Flussbett) und trinkt viel *kapi* (Wasser). Dann alter Mann nimmt *akitji* (Axt) und haut Borke. Dann alter Mann langsam sterben. *Wati* (männlicher Aboriginal) graben *towanner* (Loch). Da war *mungpu* (große Menge) *wati* (Männer), Kungpa (Frauen), *kuuyayi* (Mädchen), *nuringa* (Jungen) und *tjitji* (Babys). Wir legen ihn in Erde, Gesicht *tjintu* (nach oben), Füße *wilurarra* (nach Westen). Er nicht *pulka* (nackt) wie *wati* ... Alle *yulanyi* (heulten) und bedecken mit *purrku* (Asche) und *manta* (Sand).«

Touristen, die heute Lasseters Höhle an der Tjukaruru Road westlich der Olgas, kurz vor Docker River, besuchen, fotografieren die Plakette gleich neben einem Einschnitt in der Curdie Range. »Lewis Harold Bell Lasseter lebte im Januar 1931 ungefähr 25 Tage in dieser Höhle. Er war ohne Verpflegung gestrandet, nachdem seine Kamele ungefähr 15 Kilometer von hier durchgegangen waren. Obwohl er vom Hunger geschwächt war, machte er sich um den 25. Januar auf den Weg zu den 150 Kilometer entfernten Olgas, wo er auf eine Rettungsmannschaft zu treffen hoffte. Er schaffte es bis zum 55 Kilometer entfernten Irving Creek bei den Pottoyu Hügeln, wo er um den 28. Januar starb.«

Eingeborene führen Bob Buck wenige Wochen später zum Shaws Creek, wo der Bushie die Überreste des Vermissten unter einem Reisigberg findet und beerdigt. Aber ist es wirklich Lasseters Leiche? Irgend etwas am Verhalten Bucks lässt viele Menschen an seinen Aussagen zweifeln, sobald er in die Zivilisation zurückkehrt. Buck weigert sich, eine Sterbeurkunde zu unterschreiben, »weil ich nicht sicher bin, ob es das Skelett eines weißen oder eines schwarzen Mannes war«. Wen hat Buck beerdigt, wenn nicht Lasseter?

Bob Lasseter führt einen alten Reisefilm vor, der Bauarbeiten an einem Grabhügel zeigt. Vor Jahrzehnten schon ist er mit seinem Sohn Robert zu der Fundstelle der Leiche gefahren und hat mit Hilfe von befreundeten Aborigines einen Hügel aufgemauert, der wie ein Familiendenkmal in der Buschlandschaft steht. Aber die Geschichte ist damit keineswegs zu Ende.

»Ich sage, Lasseter war ein Lügner und Betrüger! Ich sage, Lasseter ist nicht tot! Ich glaube, er lebt irgendwo in Amerika«, schimpft Fred Blakeley 1956 in einem Fernsehinterview. Nach seiner Meinung ist der Mann, der so viele Menschen mit seinem Goldfieber ansteckte, einfach verschwunden, weil es sein Stolz nicht zuließ, als Lügner und Versager verhöhnt zu werden. Deshalb habe Harry auch sein eigenes Tagebuch manipuliert. Von Nosepeg Tjupurrula, einem Aboriginal, der Lasseters angebliche Überreste ausgegraben und nach Alice Springs gebracht hat, erfährt der Journalist Marshall-Stoneking, dass die Leiche Zähne im Mund hatte. Lasseter aber trug ein Gebiss, und das hat Bob Buck in der Höhle bei Winters Glen gefunden und später bei der Polizei abgeliefert. Eine höchst mysteriöse Geschichte.

Einer der Hauptfaktoren, warum die Lasseter-Legende überdauert hat, ist die Frage, ob Lasseter tatsächlich gestorben ist oder überlebt hat. Nähme man Letzteres an, hieße das, eine Büchse der Pandora öffnen. Das einzig Gute an der mit Übel gefüllten Büchse ist die Hoffnung, die ganz unten am Boden versteckt ist. Nicht die Hoffnung auf Gold, nein, die Hoffnung auf eine neue Lasseter-Story. Für die einen ist die Gold-Saga nichts anderes als ein großes Täuschungsmanöver, ein Phantom in der Wüste; andere glauben an den Traum von Lasseter. Sie meinen, dass ein Mann seine Frau im Anblick des nahen Todes nicht belügen würde, was die Existenz des Riffs betrifft, einer Mine, die sie und die Kinder für den Rest ihres Lebens reich machen würde.

Die Briefe an seine Frau und die Tagebucheintragungen belegen, was für ein zäher Mann Lasseter war, was für einen unbeugsamen Willen er hatte und wie sehr er an seiner Familie hing. Als die Anteilseigner der Central Australian Gold Exploration Company im Mai 1931 von Lasseters Tod erfahren, sind sie geschockt.

1 *Als sie zum ersten Mal Reifenspuren sahen, glaubten die Aborigines an eine Rückkehr von Ahnenwesen aus der Traumzeit.*

2 a Ayers Rock, der heilige Berg der Aborigines und beliebtes Touristenziel im Herzen Australiens. Davor die einzige noch flugtüchtige Schwestermaschine der »Golden Quest«.

2 b Die Glückssucher begegnen Ureinwohnern, die noch nie einen weißen Menschen gesehen haben.

3 a Im Juli 1930 bricht die Expedition voller Hoffnung ins unbekannte Innere des fünften Kontinents auf. Um mit den überladenen Autos Sandbetten ausgetrockneter Flüsse durchqueren zu können, müssen immer wieder Kokosmatten ausgerollt werden.

3 b Auf der Suche nach dem Goldriff zieht Harold Lasseter ab November 1930 allein durch die Wüste »Centralias«.

4 a Billy Warra erzählt Bob, dem 77-jährigen Sohn Harold Lasseters, von seinen Erlebnissen mit dem hilflos gestrandeten Vater.

4 b Siebzig Jahre nach dem Geschehen wird Lasseter zum Filmhelden. Vor Beginn der Dreharbeiten posiert das Filmteam für ein Gruppenfoto.

5 a Geheimnisvolle Grammophonmusik lockt Eingeborene zum Lager der fremden Eindringlinge.

5 b u. c Bei den Aborigines gelten Maden als Delikatesse. Sie pulen die witchetty grubs *aus den Wurzeln von Akazienbüschen.*

6 a Im nebelverhangenen Urwald am Osthang der Hoch-Anden Perus lebte das »Volk der Wolkenmenschen«, die Chachapoya.

6 b Über 4500 Meter hohe Bergketten der Cordilleren führt der beschwerliche Weg der Expedition.

7 a 1911 entdeckte der Amerikaner Hiram Bingham eine verlassene Inka-Stadt, die noch heute die Phantasie der Menschen in aller Welt fesselt: Machu Picchu.

7 b »Goldene Brücke« nannten sie die Inka. Jahr für Jahr wird die Hängebrücke über den Apurímac erneuert. 18 000 Meter Zöpfe aus Ischugras werden dabei verarbeitet.

8 a Kein Forscher hat mehr verschollene Städte im Urwald entdeckt als der Amerikaner Gene Savoy, den man auch »Indiana Jones von Peru« nennt.

8 b 1965 fand Gene Savoy die vom Urwald überwucherte Ruinenstadt Gran Pajatén. Ein Kultplatz voller gefiederter Köpfe und Bilder des heiligen Vogels Kondor.

9 a Die Chachapoya beerdigten die Mumien Adliger in menschenähnlichen Sarkophagen. Die phallische Form der purunmachos *symbolisiert das Leben.*

9 b Wie Schwalbennester kleben die Mausoleen der »Wolkenmenschen« in unzugänglichen Steilwänden. Nichts sollte die Ruhe der Toten stören.

10 a Grabräuber haben Mumien aus ihren Stoffbündeln gerissen und vor einem Totenhaus ausgesetzt. 1997 stieß man oberhalb des Mumiensees, im Nordosten Perus, auf über 200 intakte Mumien.

10 b Laguna de las Momias nannte Gene Savoy den Kondorsee. Von den Felswänden geht der Blick hinunter auf die tief unten liegende Wasserfläche und das Grün des unberührten Urwalds.

11 In Hockstellung verschnürt sollten Tote auch im zweiten Leben die Götter in betender Haltung um Beistand anflehen.

12 a Megalithischer Mnajdra-Tempel auf Malta, in dem bereits vor Jahrtausenden astronomische Berechnungen stattfanden. Seine Zyklopenmauern im Licht der Sommersonnenwende.

12 b Riesenstatue einer Göttin im Tarxien-Tempel, der zu den ältesten Monumentalbauten der Menschheit gehört.

12 c Im Hypogäum von Hal Saflieni, 3600 v. Chr., wurden die Überreste von 7000 Menschen ausgegraben. Das Steinlabyrinth wurde direkt aus dem Fels geschlagen.

13 a Als Gesamtkomplex zeugt der Mnajdra-Tempel auf Malta vom hohen mathematischen und technischen Wissen der Steinzeit-Baumeister.

13 b Tauchgang zu Spurrillen, die noch tiefer eingeschnitten sind als auf dem Land.

13 c Vom Meer überspülter Kanal mit Torbogen vor der Küste Maltas.

14 Vor der Küste Japans: Im Meer versunkene Straße.

15 a Im Südwesten der japanischen Inselwelt, keine 100 Kilometer von Taiwan entfernt, entdeckten Taucher eine Reihe spektakulärer Bauwerke: Alle diese Magalithe und Steinkreise, Terrassen und Plateaus mit ihren sorgfältig bearbeiteten, zum Teil glatt polierten Flächen liegen seit rund 10 000 Jahren unter Wasser.

15b Im Mittelpunkt des unterseeischen Ruinen-Komplexes vor Yonaguni.

16 *Parallel-Megalithe vor Yonaguni.*

Wie viele andere, so ist auch Coote überzeugt, dass sein einstiger Partner nicht für einen leeren Traum gestorben ist: »Als tief religiöser Mensch hätte Lasseter ein zu schlechtes Gewissen gehabt, zu sterben, ohne vorher die Sünde des Betrugs zu gestehen.« Coote jedenfalls plagt das Goldfieber weiterhin.

1932 behauptete der Prospektor Paddy Wheelan, er habe Lasseters Plan ausgegraben und daraufhin das Riff gefunden. Seine Gesteinsproben, die denen von Lasseter sehr ähnlich sind, sollen aus der Gegend nordöstlich der Lindsey Range zwischen Warburton in Westaustralien und der Rawlinson Range stammen. Wheelan sagte auch aus, dass er Pflöcke für sechs Claims gefunden habe, so viele Ansprüche, wie Lasseter abgesteckt hatte. Daraufhin heuerte die Regierung von Westaustralien Errol Coote an, das Riff aus der Luft zu suchen. Coote unternahm zusammen mit dem Piloten Keith Farmer von Warburton aus sieben Erkundungsflüge zur Lindsey und Harding Range, in Richtung Lake Christopher, den Rawlinsons und Illbilba. Nur auf dem letzten Flug sichtete Coote ein mehrere Meilen langes Riff zwischen den Drei Schwestern südlich von Lake Christopher und Mount Muir, das von einem dichten Baumgürtel umgeben ist und nur von einer gut ausgerüsteten Expedition erreicht werden kann. Außerdem passte die Position zu der Beschreibung, die Paddy Wheelan gegeben hat, und der von Lasseter nach seinem Flug mit Hall. Coote: »Wenn man eine Linie etwas nordöstlich von Lightning Rock in Westaustralien mit einer Linie etwas Westsüdwest von der Felshöhle bei Docker Creek kreuzen würde, markiert das wahrscheinlich, wo wir das Riff damals gesehen haben. Es ist ein Grad westlich von der Höhle, in der Lasseter bei Winters Glen gelebt hat. Wegen der ungewöhnlichen Hitze und den damit verbundenen gefährlichen Flugbedingungen mussten wir die Suche abbrechen.«

1936 wies die Zeitung »Bulletin« unter der Überschrift »Der Lasseter-Mythos« auf erstaunliche Parallelen zu anderen Geschichten hin, die ein Autor namens Harold Bell Wright ab 1920

»über einsame Goldsucher, feurige Wüsten und mysteriöse Riffe« geschrieben hat. »Harold Bell Lasseter hat wohl einige von Harold Bell Wrights Büchern gelesen ... Die Ähnlichkeit der Namen ist auffallend. Obwohl Lasseter Lewis Hubert getauft wurde, nannte er sich Lewis Harold Bell oder kurz Harry Bell ... Es könnte sein, dass auch Lasseter Geschichten erfunden hat ... Aber hundert Phantasten könnten eine ganze Nation nicht so in Bann schlagen, wie es Lasseter von seinem einsamen Grab gelang. Direkt und indirekt hat sein ›verlorenes Riff‹ vertrauensselige ›Investoren‹ mindestens eine halbe Million Pfund gekostet.«

Viele Fragen bleiben unbeantwortet. Vielleicht schafft es doch einer, Bob, Robert oder Ben Lasseter, das Riff zu finden. Bis dahin bleibt das Rätsel um Harry Bell Lasseters Goldriff eines der ungelösten Geheimnisse auf der Jagd nach verlorenen Schätzen. Mysteriöse und geheimnisvolle Geschichten lieben wir alle. Es reizt uns zu spekulieren, all die Labyrinthe des Geschehens und der menschlichen Psyche noch einmal zu durchleuchten, Landkarten zu studieren, Träume mit der Wirklichkeit zu konfrontieren und selbst auf die Suche nach dem Goldriff zu gehen.

Bob Lasseter: »Ich bin überzeugt, dass das Riff eines Tages gefunden wird. Wenn wir es nicht finden, werden es andere sein. Wahrscheinlich durch Zufall.«

Wolfgang Ebert und Michael Tauchert

DAS GEHEIMNIS DER WOLKENMENSCHEN

»Eine verschwundene Stadt, die für
Jahrhunderte versteckt war,
aus dem Regenwald hervorkommen zu sehen
ist ein unglaubliches Gefühl.«

Gene Savoy

Schnee peitscht ins Gesicht. Ich wage nicht, in die steile Schlucht neben mir zu schauen. Die Hufe meines Maultiers tasten Zentimeter am Abgrund vorbei. Vor mir zeichnen sich im dichten Nebel schemenhaft die anderen Pferde und Mulis ab, neben denen unsere Führer gehen. Laut schreiend treiben sie die störrischen Tiere an. Immer wieder dieselben Kommandos: »Mula, mula, carajo! Carajo, mula!« Wir reiten durch ein Niemandsland, ein halsbrecherisch schwieriges Gelände, 4700 Meter hoch in den Anden. Vor mir die Umrisse eines Reiters, der in Peru als moderner Konquistador gilt, umstritten, aber auch bewundert: der Amerikaner Gene Savoy. Legenden ranken sich um seinen Namen.

Ich hatte viel von dem Mann gehört, der zu den wichtigsten Entdeckern des ausgehenden 20. Jahrhunderts zählt. Ein Abenteurer, den man »Indiana Jones des Amazonas« nennt, weil er den Hollywood-Regisseur Stephen Spielberg zu seiner berühmten Abenteurerfigur anregte. Niemand hat so viele verschollene Städte in Südamerika aufgespürt wie er. Was Hiram Bingham begann, der 1912 hoch über den tosenden Fluten des Río Urubamba die heute so berühmte Inka-Stadt Machu Picchu entdeckte, hat Gene Savoy im großen Stil weitergeführt. Zwei Dutzend Expeditionen lenkte der besessene Forscher auf verborgenen Inka-Pfaden über steile Anden-Pässe in die Dschungelwelt Perus und fand von der Wildnis verschluckte Metropolen, wie das legendäre Vilcabamba, die Zufluchtsstätte der letzten Inka-Könige. Savoy schlug sich mit der Machete durch scheinbar undurchdringlichen Urwald bis zu den Stadtanlagen Gran Pajatén und Gran Vilaya, den mächtigen steinernen Bollwerken des sagenhaften Volkes der Chachapoya, der »Wolkenmenschen«, wie sie die Inka nannten, weil ihr Bergland in den Anden so oft von Nebelschwaden durchzogen wird. Ein Volk, das aus dem Dunkel der Geschichte auftauchte und vor Jahrhunderten plötzlich wieder verschwand. Mit den Chachapoya verschlang der Urwald auch ihre sieben geheimnisvollen weißen Städte.

Der letzte Entdecker

Während der Dreharbeiten zu einem Film über den spanischen Eroberer Francisco Pizarro erhielt ich im Sommer 2001 den Auftrag, die nächste Expedition des Forschungsreisenden Gene Savoy ins Land der Chachapoya im Nordosten Perus zu filmen. Zwei Monate später traf ich den »letzten Entdecker« zum ersten Mal in Lima. Braun gebrannt, mit lebhaften blauen Augen unter buschigen Brauen, die langen Haare glatt zurückgekämmt, hat Savoy trotz Schlapphut und Cowboystiefeln keine Ähnlichkeit mit Indiana-Jones-Darsteller Harrison Ford, eher mit dem Westernhelden Buffalo Bill oder dem alternden Hollywood-Charmeur Errol Flynn. Eine drahtige, sportliche Erscheinung, der man die 74 Jahre nicht ansieht. Eine charismatische Persönlichkeit, ohne Zweifel. Ich lerne einen Romantiker kennen, der zu einer Gattung gehört, die ich schon für ausgestorben hielt, der Spezies Entdecker. Gene Savoy ist einer, der lebt, was andere nur träumen. Männer wie Heinrich Schliemann und Hiram Bingham sind seine Vorbilder. Wissenschaftler der klassischen Schule verurteilen ihn teilweise als Scharlatan, andere bewundern den Visionär.

»Ich bin kein professioneller Wissenschaftler«, schreibt Savoy. »Ich bezeichne mich einfach als Entdecker. Mich motiviert vor allem die Liebe zur Wissenschaft und Mythologie. Es waren die Faszination des Abenteuers und der Drang eines Mannes, sich auszuleben, die mich motivierten. Ich war gelangweilt und enttäuscht von einem Zeitalter, in dem wir mit Hilfe der Technik das Universum erobern und unsere Welt in eine mechanisierte Massengesellschaft verwandeln, in der sich der Einzelne in seiner verrückten Suche nach materiellem Gewinn verliert. Ich dachte mir, dass man in Südamerika noch weiße Flecken von der Landkarte tilgen kann. Ich bin mit dem Traum ausgezogen, verlorene Städte im Regenwald zu finden.«

Der Journalist kam 1957 als junger Mann zum ersten Mal nach Peru, wo er als Autor und Fotograf für die »Peruvian Times« tätig war. Von nun an konzentrierte er sich auf das Studium von historischen Quellen des 16. Jahrhunderts und auf demografische Berichte, die sich mit der Endphase der Inka-Zivilisation vor und nach der Ankunft der Spanier auseinandersetzen. Auf einer Pressekonferenz in Lima, der Hauptstadt Perus, gibt er im August 2001 das anspruchsvolle Ziel seiner neuesten Expedition bekannt:

»Wir suchen nach den Überresten des untergegangenen Reiches der Chachapoya. Wir suchen nach Städten, die von einem dicken Vegetationsteppich verschluckt wurden. Ich gehe von der Theorie aus, dass im Regenwald hoch entwickelte Zivilisationen existiert haben – Zivilisationen, die sich vom Amazonas-Becken bis zu den bewaldeten Osthängen der Anden ausgebreitet haben. Meiner Meinung nach sind die Ursprünge der peruanischen Zivilisationen im tiefen Dschungel zu suchen. Ich möchte aus Mythen Tatsachen machen und beweisen, dass viele Legenden eine reale Grundlage haben. Ich möchte das mythische Reich Eldorado finden. Deutsche, Portugiesen, Spanier, Engländer, Dutzende Expeditionen haben sich nach der Entdeckung Amerikas auf die Suche nach Eldorado gemacht. War es ein Mann, war es ein Reich oder war es beides? Keiner war bisher fähig, die Existenz eines Eldorado zu beweisen. Ich habe diesen Traum. Ich habe mich immer mehr auf ›historische Archäologie‹, auf das Studium alter Schriftquellen und lokaler Überlieferungen konzentriert als auf Ausgrabungen. Ich folge dem Weg des Amateur-Archäologen Schliemann, der die ›Ilias‹ studierte und Troja fand. Er war davon überzeugt, dass Homers sagenhafte Heldengeschichte einen realen Hintergrund hatte. Er war sicher, dass er ein Geschichtsbuch auswertete. Ich sagte mir: Mach den Traum zur Realität! Frage dich: Wo ist Eldorado?

Unsere Expedition wird in die Region von Saposoa vordringen. Der berühmte Konquistador Pedro de Usua hat in Saposoa begonnen, nach Eldorado zu suchen. Doch machte er den Fehler aller Entdecker und folgte den Flussläufen in die Niederungen des Regenwalds. Ich dagegen habe mich entschieden, den Flussläufen und überwucherten Steinwegen der Inka aufwärts zu folgen, hin zum Regenwald der Anden-Hänge, die sich bis zu einer Höhe von 3000 Metern erstrecken. Das ist der Schlüssel. Wir haben auf diese Weise eine Stadt nach der anderen gefunden. Ich bin sieben Tage lang nur über Ruinen gelaufen. Da, wo wir jetzt hingehen, ist nach meiner Meinung der Ort zu suchen, den wir Eldorado nennen.«

»Geschichte ist keine Wissenschaft, sie ist eine Kunst. Man hat in ihr hauptsächlich durch Phantasie Erfolg«, schrieb Anatole France. Wenn er Recht hat, dann ist Savoy auf dem richtigen Weg. Ein Mann braucht eine Menge Phantasie, wenn er am Beginn des 3. Jahrtausends immer noch dem Mythos Eldorado nachjagt, der doch schon Mitte des 2. Jahrtausends für ganze Heerscharen verblendeter Abenteurer zum Albtraum wurde. Ist die Spreu nicht längst vom Weizen getrennt, das Phantom Eldorado verscheucht, das Rätsel gelöst? Kaum ein Mythos hat mehr Verwirrung in den Köpfen der Menschen ausgelöst als die faszinierende Geschichte vom Goldmann, *el hombre dorado,* die zur Mär vom Goldland und schließlich zum sagenhaften Traum-

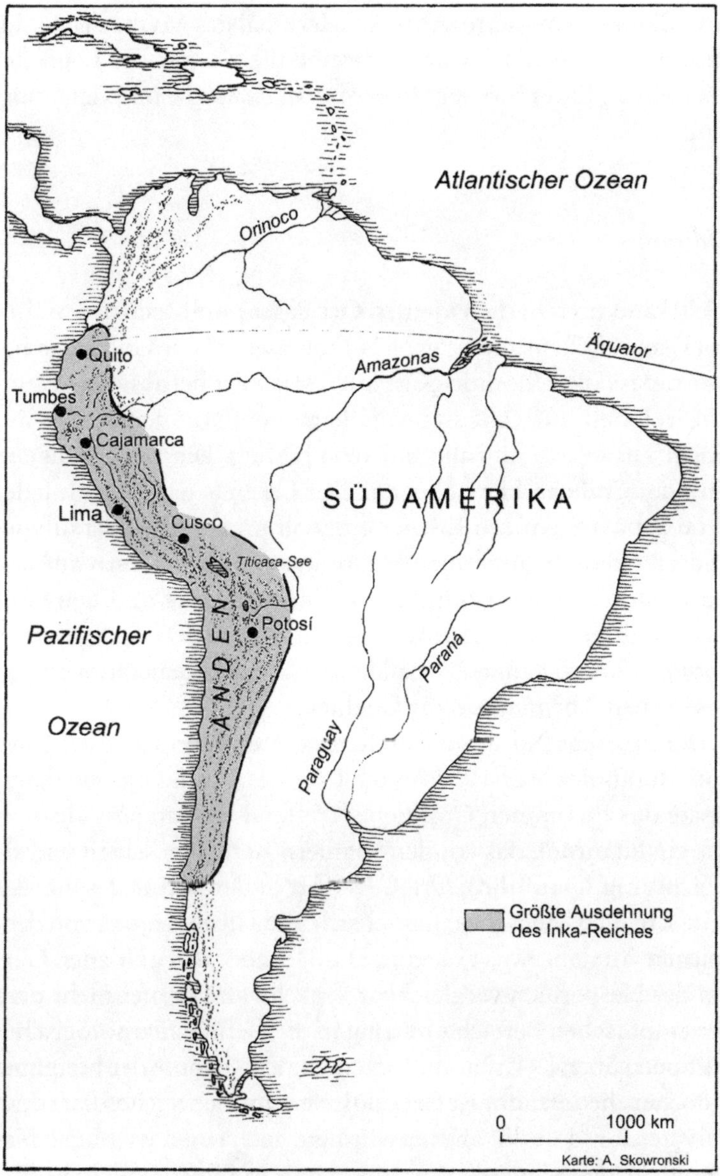

Das Inka-Reich, in dem das Goldland Eldorado vermutet wurde.

land Eldorado mutierte. Aber ein Merkmal des Mythos ist wohl, dass er nicht an Glaubwürdigkeit und die Gesetze der Logik gekoppelt ist. Eldorado liegt in der *tierra de nadie,* im Niemandsland.

Eldorado

1970 fand man in dem kleinen Ort Pasca, südwestlich von Bogotá, ein 18 Zentimeter großes Floß aus purem Gold, das beweist, dass die Eldorado-Sage auf Tatsachen beruht. Das Goldfloß zeigt elf aufrecht stehende Personen, von denen eine auf einem Thron sitzt und alle anderen überragt. Die Szene stellt den Kult der Chibcha-Herrscher dar. Der Legende nach wurde jeder neue Zipa am ganzen Körper eingeölt und mit Goldstaub gepudert, bevor er mit seinen Häuptlingen und Priestern auf den Gautavita-See hinausfuhr, in die Fluten tauchte und den Göttern zu Ehren das Gold abwusch. Der Mann, den die Spanier *el hombre dorado* nannten, »Goldmann«, lockte Generationen von besessenen Abenteurern ins Unglück.

Der deutsche Naturwissenschaftler und Geograph Alexander von Humboldt, der 1801 an die Ufer des Gautavita-Sees kam, fasste das Phänomen Goldfieber treffend zusammen: »Es war wie ein Phantom, das vor den Spaniern zu fliehen schien und sie gleichzeitig unaufhörlich rief. Es liegt in der Natur des auf der Erde irrenden Menschen, dass er sich sein Glück jenseits von dem gelegen vorstellt, was er kennt. Das Dorado, den goldenen Gärten der Hesperiden vergleichbar, entschwand immer mehr dem geographischen Bereich und ging in die Gefilde mythologischer Fiktionen über.« »Wahnsinnsunternehmen« nannte der berühmte Forscher die unzähligen Expeditionen auf der Suche nach dem Fabelreich Eldorado, aber er würdigte auch einen wichtigen Nebeneffekt der Schatzjäger: »Man verdankt ihnen zweifelsohne zum großen Teil die Kenntnis über das Innere Amerikas; sie waren der Geographie sehr nützlich.« Die Goldsucher waren Entdecker.

Wahrscheinlich hat der spanische Offizier Luis Dazar das Gerücht vom sagenhaften Goldland Eldorado 1525 in die Welt gesetzt. Er traf in Quito Indios aus der nordöstlich gelegenen Provinz Neu-Granada, die von einem Indio-Herrscher im Norden entsandt worden waren, um Hilfe für den Inka-König Manco zu erbitten, der sich gegen die Herrschaft des Eroberers von Peru, Francisco Pizarro, auflehnte. Was Dazar aufhorchen ließ, waren Gerüchte von einem Herrscher, »der mit Goldstaub bedecktem Körper in einen See mitten im Gebirge stieg«. Piedro Cieza de León berichtet, dass zur gleichen Zeit 200 Chanca-Indianer aus dem Urwald zu Hauptmann Gomez de Alvarado in die neu gegründete Stadt Chachapoyas kamen. Ihr einst mächtiges Volk war von den Inka besiegt und in den Urwald des Amazonas vertrieben worden. Die Flüchtlinge erzählten, dass sie während ihres langen Exils viele Kriege führen mussten und ihr Volk fast vollständig ausgestorben sei. Sie sprachen von »großen, dicht besiedelten Ländern, einige reich an Gold und Silber, die im Osten liegen«, und einem geheimnisvollen Ort *Cundinamarca*.

Dass sich der Traum von goldenen Städten in Realität verwandelt hatte, wurde aller Welt spätestens 1534 klar, als die Galeone »Santa Maria del Campo« am Kai von Sevilla ihre gewaltige Gold- und Silberladung löschte, die Francisco Pizarro dem Inka Atahualpa abgepresst hatte. Die sensationelle Nachricht vom Land der unbegrenzten Möglichkeiten verbreitete sich wie ein Lauffeuer, und bald schon machte sich eine Expedition nach der anderen auf die Suche nach dem Trugbild Eldorado. Unabhängig und in völliger Unkenntnis voneinander brachen drei Verbände ins Zentrum des nördlichen Hochlands Kolumbiens, Cundinamarca, auf. Gonzalo Jiménez de Quesada, Vizegouverneur der Provinz Santa Martha, verließ 1536 mit 800 Soldaten Coro an der Karibik-Küste, zog am Río Magdalena nach Süden und quälte sich dann zum öden Hochplateau hinauf bis zum Gebiet der

Chibcha. Nur 200 Soldaten und 27 Berittene überlebten den 1600 Kilometer langen Todesmarsch. Der Gouverneur von Ekuador, Sebastián de Balacázar, der fünf Jahre zuvor »dem letzten Inka-König Atahualpa mit großem Genuss den Bauch aufgeschlitzt« hatte, verließ 1539 Quito mit 200 Mann, umging die fast 6000 Meter hohe Sierra Nevada de Huila im Süden, stieg acht Monate das Tal des Río Magdalena hinunter und traf schließlich auf seinen Landsmann Quesada. Als dritter näherte sich der Deutsche Edelmann Nikolaus Federmann aus Ulm dem Schicksalsort. Der Statthalter des Handelshauses Welser, das von Karl V. das Privileg zur Ausbeutung Venezuelas erhalten hatte, war mit 300 Soldaten losgezogen, zwei Jahre lang durch unbekannte Dschungelgebiete vorgedrungen und schließlich in die kalten Zonen des Hochlandes gelangt. Der Höllentrip war so qualvoll, dass nur 20 halb verhungerte, in Felle gekleidete Jammergestalten in Cundinamarca ankamen.

Was für ein erstaunlicher Einfall der Geschichte, dass drei Expeditionen aus verschiedenen Gegenden des Kontinents zum gleichen Zeitpunkt, mit der gleichen Zahl von Soldaten in einer Indianersiedlung am Ende der damaligen Welt zusammentrafen! Balacázar war 1400 Kilometer weit von Süden gekommen, Quesada 1600 Kilometer von Norden und Federmann 2000 Kilometer von Osten. Einer der Abenteurer schreibt: »Alle, die davon erfuhren, staunten über den Zufall, dass sich Männer aus drei Provinzen, Venezuela, Santa Martha und Peru, an einem Ort einfanden, der so weit vom südlichen und nördlichen Meer entfernt liegt.« Zwei der Konquistadoren gingen bei dem Treffen leer aus. Quesada war als Erster dorthin gelangt, »wo das Salz herkommt und Völker, reich an Gold, leben«. Wie sich herausstellte, war der große Zipa eigentlich kein Gold-, sondern ein Salzkönig. Die Chibcha beherrschten das Hochland Kolumbiens und beuteten die bedeutendsten Salz- und Smaragdlager Südamerikas aus. Diesen Reichtum tauschten sie gegen Gold, das es in ihrem Gebiet nicht gab. Der große Zipa, geschmückt mit goldenen Lippenanhängern, Nasenstäbchen, Arm- und Fußbändern, stellte sich in einer goldenen Sänfte zur Schlacht, aber gegen Quesadas Haudegen hatten die Indios keine Chance. Der Zipa konnte zwar entkommen, aber sein Heer wurde ausgelöscht und mit ihm eine ganze Kultur. Die Plünderer rafften in kurzer Zeit alle Reichtümer zusammen, die sie finden konnten. Sie montierten die Goldbleche ab, die vor fast jedem Haus hingen, darunter die massiven Goldvorhänge des Sonnentempels von Sogamoso, rissen Schmuck von den Königsmumien, stahlen Säcke voll Goldstaub und 1800 Smaragde; es war »ein solcher Haufen, dass Quesada hoch zu Pferde fast von der goldenen Beute verdeckt wurde«. Innerhalb weniger Monate vernichteten Quesadas Männer ein ganzes Volk und seine Kultur. Da die Häuser der Chibcha aus Holz gebaut waren, sind nicht einmal Ruinen übrig geblieben.

Das einzige Vermächtnis der drei Eroberer ist eine Stadt, die sie am 29. April 1539 bei dem Indianerdorf Bacatá gründeten und Santa Fé del Nuevo Reino de Granada nannten, »Heiliger Glaube des neuen Königreichs Granada«. Auf lange Sicht setzte sich aber der Name des Indianerdorfes durch: Bogotá. In Bogotá kann man heute im größten Goldmuseum der Welt das kulturelle Erbe der Chibcha bewundern. Insgesamt schimmern im Museo del Oro 26 000 Meisterwerke indianischer Goldschmiedekunst.

Der kreisrunde Kratersee, Ursprungsort der unsterblichen Legende von Eldorado, wehrte sich gegen all die Frevler, die versuchten, goldene Götteropfer vom 36 Meter tiefen Grund des Guatavita zu holen. 1545 ließ der Bruder Quesadas eine indianische Sklavenarmee das Wasser aus der Lagune schöpfen, aber nach drei Monaten war der Wasserspiegel nur um drei Meter gesunken. 40 Jahre später ließ Antonio de Sepúlveda 1000 Indianer Schicht um Schicht den Kraterrand abtragen, um das Wasser abzuleiten. Obwohl die Wände einstürzten, erbeutete der Spanier immerhin Goldobjekte mit einem Gesamtgewicht von

50 Kilogramm. 1965 machte die kolumbianische Regierung endgültig Schluss mit den Raubgrabungen am See und stellte das Gebiet unter strengen Naturschutz.

Eigentlich war ja das Geheimnis von *el dorado*, dem goldenen Mann, gelöst, aber das Trugbild von einer goldenen Stadt spukte weiterhin ungehemmt in verblendeten Köpfen. 1540 gab Gonzalo Pizarro, der Halbbruder Francisco Pizarros, des Eroberers von Peru, die Parole aus: »Sucht Eldorado in der grünen Hölle!« Eine gewaltige Armee von 200 Reitern, 150 Fußsoldaten und 4000 Indianern, samt Tausenden von Schweinen als Verpflegungsreserve, Lamas und Bluthunden überquerte unter unsäglichen Strapazen das eisige Hochland der Anden, überlebte den Ausbruch eines Vulkans, marschierte durch die »grüne Hölle« des Dschungels und schlug sich schließlich bis zum Río Napo im Amazonas-Gebiet durch. Hunderte Expeditionsteilnehmer waren auf den Schneegipfeln der Kordilleren erfroren, im Urwald verhungert und von Indianern getötet worden. Myriaden von Insekten und Hunger peinigten die Glücksjäger, die schnell feststellen mussten, dass im Dschungel kaum etwas Essbares zu finden ist, schon gar nicht für so viele. Im tropenheißen Tiefland ließ Gonzalo ein Boot bauen und befahl seinem Stellvertreter Francisco de Orellana, auf die Suche nach Lebensmitteln zu gehen. Orellanas Abschiedsgedanken sind berühmt geworden: »Nachdem wir unsere Stiefel in Kräutern gekocht hatten, brachen wir nach dem goldenen Reich auf.« Als der Hauptmann und seine 60 Begleiter nicht zurückkehrten, verfluchte Gonzalo den Jugendfreund als Deserteur und machte sich auf zum Rückmarsch. Zu Skeletten abgemagert traf ein kümmerlicher Rest der großspurigen Armee Gonzalo Pizarros im Juni 1542 wieder in Quito ein. Von den 4000 Indianern des Trosses war nur die Hälfte übrig, von 380 Spaniern 80.

Während der größenwahnsinnige Gonzalo Pizarro, der sich zum »Kaiser von Groß-Peru« aufzuschwingen versuchte, bald wegen Hochverrats und Tyrannei zum Tod verurteilt und enthauptet wurde, fuhr Orellana unfreiwillig großem Entdeckerruhm entgegen. Der Hauptmann segelte den wasserreichsten Fluss der Erde hinunter und erreichte nach neun Monaten und über 4000 Kilometern am 11. September 1542 den Atlantik. Als die Truppe bald nach ihrer Abfahrt auf Dörfer »voller weiß schimmernder Häuser« traf, wo »viele Straßen in das Innere hineinführen«, wurde die Illusion genährt, der goldenen Stadt sehr nahe zu sein. Der goldene Mann verwandelte sich in der Vorstellung der verblendeten Männer in die goldene Stadt. Und da Mythen häufig in wechselnder Gestalt auftreten und weder an Zeit, Raum oder Glaubwürdigkeit gebunden und schon gar nicht den Gesetzen der Logik unterworfen sind, wurde daraus unvermutet die Stadt der Amazonen: Die Spanier waren am Mündungsdelta des Río Jamundá auf kriegerische Frauen gestoßen, die »in 70 Städten mit der Sonne geweihten Tempeln wohnten«. So nannte Orellana den Fluss nach den kampfbewehrten Frauen der griechischen Mythologie *Amazonas*. »Diese Frauen sind sehr weiß und groß und tragen das Haar sehr lang und in Zöpfen um den Kopf gebunden. Sie sind sehr kräftig und gehen nackt, mit Ausnahme der Schamteile«, schreibt der Chronist der Reise, der Dominikanerpater Gaspar de Carvajal. »Indios erzählen, dass sie reich an Gold und Silber seien.« Die Menschen in Europa hungerten nach sensationellen Berichten aus der Neuen Welt, die sich in ihren Köpfen zum Land *Utopia* wandelte.

Es ist heute kaum vorstellbar, wie leicht der Sirenengesang vom Gold verheißenden Land Abertausende besessene Männer auf einen endlosen Leidensweg lockte. Endlos die Namen der romantischen Abenteurer, die dem Phantom Eldorado bis in unsere Tage nachjagen. Gene Savoy hat sich in die Reihe der Eldorado-Süchtigen eingereiht. Nur dass der Amerikaner keinem goldenen Irrlicht folgt, sondern handfeste Ruinenstädte sucht. »Ich war von einer Sache völlig überzeugt: Etwas existiert im östlichen Dschungelgebiet, aber niemand hat es bisher fertig gebracht, es zu finden.«

Ende Juli 2001 starten wir in Lima mit einem Reisebus zu einer 38-stündigen Fahrt nach Norden. Wir, das ist das Filmteam, Gene Savoy und seine amerikanischen Mitarbeiter vom »Andean Explorer Club« aus Reno im US-Bundesstaat Nevada, die peruanischen Archäologen Dr. Miguel Cornejo-Garcia und Dr. Alberto Bueno-Mendoza sowie Dr. Anselmo Lozano-Calderon, da alle archäologischen Expeditionen in Peru von einem Inspektor des Nationalen Kulturinstituts begleitet werden müssen. Mit von der Partie sind fernern zwei amerikanische Bergsteiger, die Mumien aus unzugänglichen Felsengräbern bergen sollen. Drei schwer bewaffnete Polizisten sorgen für die Sicherheit.

Auf unserer Expedition, die uns von West nach Ost durch das ehemalige Inka-Reich führt, lernen wir alle extremen Klimazonen eines Landes der krassen Gegensätze kennen. Der Weg führt zunächst nördlich der Hauptstadt Perus durch eine der trockensten Wüsten der Erde. Links das graue Meer, von dem dichte nebelartige Wolken herüberziehen. *Garúa* nennt man die typischen Küstennebel, die immer wieder den Blick auf die hohen, dünenartigen Hügel rechts von uns verhüllen, die Hunderte Kilometer parallel zur Küste verlaufen. Hinter der wüstenartigen Region erheben sich die Barrieren der Kordilleren: Teil des Küstengebirges der Anden, die sich vom Norden bis zum Süden des Kontinents ziehen.

Erster Haltepunkt ist die Provinzhauptstadt Trujillo. Sie und Lima erinnern beide an den berühmten Eroberer des Inka-Reichs, den Konquistador Francisco Pizarro. Die eine Stadt hat er selbst 1535 unter dem Namen Ciudad de los Reyes gegründet, das heutige Lima; die andere wurde nach seinem Geburtsort in der kargen spanischen Provinz Estremadura, Trujillo genannt. Im spanischen Trujillo erinnert ein überdimensionales Reiterstandbild des Konquistadors mit schwerer Rüstung und hochgeklapptem

Visier an den berühmtesten Sohn der kleinen Stadt – eine Replik des bronzenen Pizarro im fernen Lima. Weiter nördlich folgen wir der Route, die der Eroberer 1532 mit seinem Trupp nahm. Einige Quellen sprechen von 177 Mann mit 67 Pferden, andere von 185 goldhungrigen Abenteurern und 27 Pferden. In Spanien hatte sich Pizarro kurz zuvor von Kaiser Karl V. die Vollmacht zur Eroberung neuer Gebiete geholt und zum Statthalter und Generalkapitän von Peru ernennen lassen. Voller Neid hatte der alternde Konquistador seinen Cousin Hernando Cortez bestaunt, der sich am Hof in Sevilla gerade in seinem Ruhm als Eroberer von Mexiko sonnte. Die unermesslichen Schätze, die er dem Herrscher der Azteken Montezuma geraubt hatte, waren in der Hauptstadt Tagesgespräch und in einer eigenen Ausstellung zu bewundern. Pizarro, der 1513 zusammen mit Balboa von einem Hügel an der Westküste Panamas aus als erster Europäer den gleißenden Pazifik erblickt hatte, hoffte, nun ebenfalls den seit Jahren ersehnten Ruhm und Reichtum zu erlangen.

Die Worte, die der Generalkapitän nach der Landung an der peruanischen Küste seinen Männern zurief, sind berühmt geworden: »Kameraden, Freunde, in dieser Richtung erwarten euch Tod, unendliche Mühen, Hunger, Regen und Einsamkeit. Hier findet ihr Trost und ein einfaches Leben. Bleibt ihr hier, kehrt ihr als arme Männer zurück, geht ihr aber in die andere Richtung, erwartet euch Reichtum in Peru. Wählt, wie es sich für einen anständigen Spanier geziemt.«

Die Zeit für Eroberungen war günstig. Überall begegneten den beutehungrigen Männern bald Spuren der Verwüstung. Weite Teile des Inka-Reichs litten an den Folgen eines erbarmungslosen Bruderkriegs und dem Todeszug einer Pocken- oder Blatternepidemie, denen Abertausende Menschen zum Opfer gefallen waren. Die verheerende Seuche aus Europa hatte die Anden-Region in einer Art Stafettenlauf von Mittelamerika aus überrollt.

Es war eine winzige Armee, die an der Bucht von San Marco nach Süden aufbrach und nach einem langsamen, beschwerlichen Marsch durch Sümpfe, dichte Wälder und Wüstengebiete die Mündung des Piura erreichte. Hier hörten die Eroberer von dem mörderischen Krieg, der um die Nachfolge des großen Inka-Herrschers Huaina Cápac entbrannt war. Seine Söhne Huascar und Atahualpa hatten das Reich unter sich aufgeteilt: Atahualpa residierte im Norden, in Quito, das Huaina Cápac erst vor kurzer Zeit erobert hatte, und Huascar in der alten Inka-Metropole Cusco, der heiligen Hauptstadt des Reiches, weit im Süden der Anden-Region. *Cusco,* das heißt in der Quechua-Sprache der Indios »Nabel« – zu verstehen als »Nabel der Welt«. Der politische, religiöse und kulturelle Mittelpunkt des Landes lag in einem Hochtal an den Westhängen der Anden in 3400 Meter Höhe. Atahualpa und Huascar hatten das Arrangement aufgekündigt und kämpften um die Alleinherrschaft. Pizarro erfuhr, dass sich der siegreiche Inka Atahualpa mit seinen Reichtümern in Cajamarca aufhielt, um in den heißen Heilquellen der Stadt zu baden. Dennoch verharrte Pizarro drei Monate unschlüssig an der Küste, bevor er den Vorstoß in die Höhle des Löwen wagte. Die beutegierigen Spanier machten sich am 24. September 1532 nach Cajamarca auf. Sie zogen zunächst an der Küste entlang und stießen dann von Zana aus ins Landesinnere vor, um die majestätisch aufragende Andenkette zu erklimmen. Die harten, genügsamen Veteranen vieler Kriege stiegen höher und höher, bis sie endlich bei bitterer Kälte in 4100 Metern einen Pass über die *Cordillera occidental* überschritten, die westlichste der drei Kordilleren-Ketten, und auf eine öde Hochebene gelangten. Über 6000 Meter ragen dort die Berge der *Cordillera central* empor und verstellen den Blick auf das östliche Bollwerk der *Cordillera oriental,* deren Hänge ins unermesslich weite, tropisch feuchte Amazonas-Becken abfallen.

Die zehnstündige Fahrt von der Wüste an der Küste über das subtropische Tiefland bis zum Hochgebirge ist spektakulär. Während sich unser Bus die Serpentinenstraße hochschraubt, wagt man kaum, aus dem Fenster zu sehen. So manchem wird beim Blick in die Tiefe vor Angst schwindlig. Wir haben das gleiche Ziel wie Pizarro vor 470 Jahren: die Provinzhauptstadt Cajamarca, einst Sommersitz der Inka-Herrscher. Doch während wir die Kordilleren in wenigen Stunden auf einer Asphaltstraße erklimmen, stiegen Pizarros Mannen eine Woche lang schwer atmend den steilen Pfad über tosende Wasser und schwankende Hängebrücken aus geflochtenem Stroh empor. Den Spaniern imponierten die teilweise in die Bergflanke gehauenen und gepflasterten Straßen der Eingeborenen. »Derart hervorragende Straßen in so unwegsamem Gebiet habe ich in meiner christlichen Heimat nirgends gesehen«, berichtete ein Spanier anerkennend. Am 15. November 1532 zog Pizarros Truppe in das Bergtal von Cajamarca hinab. Das Lager wurde auf einem großen, freien Platz aufgeschlagen, den auf drei Seiten Paläste und Tempel säumten.

Als unser Bus auf den Hauptplatz einbiegt, der noch die gleichen Ausmaße wie vor 500 Jahren hat, muss ich angesichts der barocken Kathedralen und Palais aus spanischer Kolonialzeit sowie des chaotischen Straßenverkehrs all meine Phantasie anstrengen, um mir vorzustellen, wie die Plaza einmal ausgesehen haben mag. Hier kam es zu einer der denkwürdigsten Begegnungen der Geschichte, dem Aufeinandertreffen von Generalkapitän Pizarro, Untertan seiner Katholischsten Majestät Karl V. von Spanien, und Atahualpa, genannt *Sapay Inka,* »der einzige Inka« oder »Sohn des Inti«, nach der als Gott verehrten Sonne Inti. Der Inka war Herr über ein Reich, das sich vom heutigen Kolumbien im Norden 4000 Kilometer entlang der Anden nach Chile im Süden erstreckte, im Osten bis zu den Regenwälder des Quellgebiets des Amazonas reichte und Teile Boliviens und den Nordwesten Argentiniens einschloss. An Größe konnte es das Herrschaftsgebiet des Inka, das in knapp hundert Jahren erobert wurde, mit den mächtigsten Ländern der Alten Welt aufnehmen. »Reich der vier Weltgegenden«, *Tuhuaantisuyo,* nannten die Inka ihr Imperium nach den vier Regionen, in die das Reich aufgeteilt war. Im Nordwesten lag Chinchaysuyo, das Ekuador sowie den mittleren und nördlichen Teil Perus umfasste; Contisuyo war die Bezeichnung für den Südwesten; Callasuyo reichte im Süden bis nach Chile hinein; im Südosten schloss sich Antisuyo an, wovon das Wort Anden abgeleitet ist. Antisuyo ist die Region, in der die Anti lebten, jenseits der Schneeriesen, in den Regenwäldern an den Osthängen der östlichen Berge und im Amazonas-Gebiet.

Ohne den Eroberer Inka Yupanqui wäre Cusco nie Haupstadt eines so weit gespannten Imperiums geworden. Kaum 100 Jahre vor der Ankunft der Spanier war es dem Strategen, der sich Pachacútec, »Erschütterer des Erdkreises«, nannte, gelungen, das kleine Anden-Territorium zum Großreich auszuweiten. Sein Sohn Túpac Inka Yupanqui schmiedete das Gebiet vieler unterjochter Völker zu einer zentralistisch verwalteten Einheit zusammen. Da die Indios keine Schrift kannten, ist es kaum möglich, Legenden von Tatsachen zu unterscheiden. Die Inka tauchen erst um 1200 aus dem Nebel der Geschichte Amerikas auf. Sie entstammten wahrscheinlich einem kleinen Volk, das im Cusco-Tal siedelte. Einige Wissenschaftler glauben jedoch, dass ihr Ursprungsort in den Wäldern des Amazonas-Gebiets lag. Das Wort Inka lässt sich zum ersten Mal im Zusammenhang mit dem Namen des sechsten Königs nachweisen, der den Titel *Sapay Inka* annahm. Zur Bezeichnung für die Menschen des Landes wurde Inka erst allmählich verwendet.

Als die Spanier, »die Bärtigen«, wie sie von den Indios genannt wurden, die unzähligen Lagerfeuer der Heerscharen des Inka außerhalb der Stadtgrenzen von Cajamarca sahen, beschlich sie eine kaum bezähmbare Angst, waren sie doch an die 150 Kämpfer gegen angeblich 100 000. Aber während der Veteran Pizarro seine jahrzehntelange Erfahrung in den Kolonien genutzt hatte, um die Schwächen der Völker der Neuen Welt zu studieren, war den Indios die Denkungsart der weißen Männer völlig fremd. Wie hätte Atahualpa es sonst wagen können, 80 000 seiner Krieger vor der Stadt ausharren zu lassen und sich nur mit 5000 prachtvoll gekleideten, aber unbewaffneten Gefolgsleuten in die besetzte Stadt zu begeben. Wie es gelingen konnte, ein riesiges Reich mit einem kleinen Häuflein entschlossener Haudegen zu erobern, hatte Cortés vorgemacht, als er 1522 das Azteken-Reich im Handstreich auslöschte. Wie sein Vorbild, so legte auch Pizarro seinem scheinbar übermächtigen Gegner einen Hinterhalt.

Ich versuche, die moderne Stadtkulisse und das Hupen der Autos auszublenden und mir vorzustellen, wie Atahualpa am 16. November 1532 in Cajamarca einmarschierte und die fremden Eindringlinge mit der überwältigenden Pracht seines Hofzeremoniells und der Zahl seiner Krieger zu blenden versuchte. Sänger priesen den »Herren der Erde«, Musikanten schritten dem Zug voran, Trommler und Flötenspieler begleiteten Tänzerscharen, dumpf hallte Trompetenschall aus großen Muschelhörnern. Der Herrscher wurde von 80 Adligen in blauen Gewändern auf einer mit bunten Papageienfedern geschmückten Sänfte getragen. Sein Thron war mit silbernen und goldenen Platten beschlagen, auf denen kostbare Steine schimmerten. Der König trug eine farbige Krone, ein dickes, geflochtenes Band, *llautu*, das mehrmals um den Kopf gewickelt und mit drei Federn geschmückt war. Smaragde glitzerten auf dem goldgewirkten Kleid, auf dem Schoß hielt der Inka einen Schild aus purem Gold mit dem Abbild der strahlenden Sonne, dem Symbol der Indio-Herrscher, die als Söhne des Sonnengottes Inti verehrt wurden. Der Platz war menschenleer. Pizarros Mannen blieben versteckt hinter den Toren der umliegenden Herrenhäuser, auf dem Turm war eine Kanone postiert. Nur die einsame Gestalt eines Dominikanerpaters wartete in grauem Priestergewand auf der Plaza. Hoch reckte die asketische Gestalt dem erstaunten Inka mit der einen Hand das Kreuz und mit der anderen die Bibel entgegen. Der Gottesmann musste all seinen Mut zusammengenommen haben, um sich allein der Übermacht zu stellen; aber vielleicht hielt sich der religiöse Fanatiker auch für unverwundbar. Mit hoher Stimme predigte der bärtige Fremde die Lehren Christi und forderte den Inka auf, seinem heidnischen Glauben abzuschwören. Die Konquistadoren hielten sich strikt an die Order des spanischen Kronrats, dass jedem Ungläubigen die Gelegenheit gegeben werden musste, sich zum wahren Glauben zu bekehren, bevor sie zuschlagen durften.

Als der Inka die Heilige Schrift verächtlich auf den Boden warf, brach die Hölle los. Musketenschüsse krachten, die Kanone schoss vom Turm in die dicht gedrängte, völlig überraschte Menge. Gepanzerte Reiter sprengten aus ihren Verstecken hervor und trampelten die unbewaffneten Indios nieder. Trompetenschall befahl den Angriff der Fußsoldaten Pizarros. Laut »Santiago«, den Namen ihres Schutzheiligen, brüllend, metzelten sie Reihe auf Reihe von Atahualpas Garde nieder. 5000 Indios sollen bei dem Blutbad getötet worden sein, von den Spaniern aber starb kein einziger. Im Handstreich eroberte ein Trupp Soldaten ein riesiges Reich und besiegelte so das Ende einer großen Kultur. Und dann rafften die gepanzerten Eroberer jene unermesslichen Schätze zusammen, die den Mythos von Eldorado begründeten. Der gefangene Inka bot für seine Freilassung ein phantastisches Lösegeld. Einen 6,70 Meter mal 5,20 Meter großen Raum wollte Atahualpa so hoch voll Gold stapeln lassen, wie er mit seinen Händen reichen konnte, und dazu wollte er noch einen ähnlichen Raum zweimal mit Silber füllen. Das heilige Metall Gold nannten die Inka »Schweiß der Sonne«, Silber galt als »Tränen des Mondes«. Noch heute kann man den Raum mit der roten Linie besichtigen, der die Höhe markiert, bis zu der die Schätze reichten. Bald trafen aus allen Winkeln des Reiches

Lama-Karawanen mit kostbaren Lasten ein, einmalige Kunstwerke, goldene Tier- und Pflanzenplastiken, Gefäße, Brunnen mit Fontänen aus Gold, phantastische Masken. Allein aus Cusco kamen, von je vier Männern geschleppt, 200 Lieferungen, darunter 700 Goldplatten, die von den Wänden des Sonnentempels in Cusco gerissen worden waren. Eingeschmolzen wog das Gold 13 400 Pfund, das Silber 26 000 Pfund.

Atahualpa aber rettete der Goldstrom nicht, er wurde ihm zum Verhängnis. Als Pizarros Kompagnon Diego de Almagro mit 150 Mann Verstärkung eintraf, wollten die skrupellosen Gesellen Anteil haben an der ungeheuren Beute. Da aber laut Verordnung Pizarros nur Soldaten Lösegeld bekommen sollten, die an Atahualpas Gefangennahme teilgenommen hatten, intrigierten die enttäuschten Nachzügler so lange, bis der Inka aus dem Weg geräumt wurde, denn nur sein Tod garantierte ihnen einen Teil der noch ausstehenden Beute. Im Angesicht seines Endes bat der Inka die wortbrüchigen Spanier, wenigstens seinen Leib unversehrt zu lassen. Seinem Glauben entsprechend sicherte er sich nur Unsterblichkeit, wenn man seinen Körper nach alter Tradition mumifizierte. Die gnadenlosen Richter aber erdrosselten den Sohn der Sonne und verbrannten seinen Leichnam auf einem Scheiterhaufen. Heute markiert ein 350 Jahre alter Brunnen die Stelle, an der Atahualpa starb. Als sich die Nachricht vom schmählichen Tod ihres Herrn im Reich verbreitete, stoppten die Statthalter des Ermordeten die Goldkarawanen nach Cajamarca und verbargen die Schätze vor den gnadenlosen Eroberern.

Im Rückzugsgebiet der letzten Inka

Wir schreiben den 23. Juli 2001. Unser tonnenschweres Gepäck wird auf kleine Lastwagen umgeladen, die auf den schmalen, vom Regen ausgewaschenen Pisten im Schritttempo verkehren. Wer nicht schwindelfrei ist, sollte während der Fahrt besser nicht aus dem Fenster schauen. Die Straße windet sich so steil die Hänge hinauf, dass man das Gefühl nicht los wird, jeden Augenblick in die Tiefe zu stürzen. Nach 16 Stunden kommen wir durchgeschüttelt in Bolívar an. Der 3400 Meter hoch gelegene Indio-Ort ist der Ausgangspunkt unserer Expedition. Ein tristes Nest voller verfallener Lehmbauten. Es gibt hier kein Hotel, wir wohnen in einer *pension,* einer Privatunterkunft, in der es geraten ist, seine eigenen Handtücher und auch Seife mitzubringen.

Die Plaza Bolívar vor unserer kleinen Pension ist nach dem Nationalhelden Südamerikas benannt, Simón Bolívar, den sie bewundernd *liberador* nennen, Befreier. Der Revolutionär war der Anführer des Aufstands gegen die Kolonialmacht Spanien. Bolívar wurde 1819 Präsident der Republik Großkolumbien, aus der später die Länder Venezuela, Kolumbien, Panama, Ekuador und Peru hervorgingen. Die enge Straße hallt wider vom Wiehern der Pferde und dem Geschrei der *arrieros,* der 60 Maultiertreiber. Eine Karawane von 88 Maultieren und Pferden wird beladen. Hunderte Säcke und Kisten werden festgezurrt, Verpflegung, Zelte und Ausrüstung – alles, was eine Expedition zum Überleben und Arbeiten in der Wildnis braucht. Als sich der lange Zug der Packtiere in Bewegung setzt, stehen die Dorfbewohner überall dicht gedrängt und applaudieren. Viele Frauen rufen ihren Männern ein letztes Lebewohl nach. Während der Morgenstunden haben Lautsprecheransagen über die Expedition informiert. Es ist das Ereignis des Jahres an diesem verlorenen Ort, eine seltene Fiesta, die Geld in die armselige Gegend bringt und Arbeit für viele Maultiertreiber.

Kaum haben wir die letzten Häuser hinter uns gelassen, beginnt der steile Aufstieg auf einem schlüpfrigen, schmalen Pfad. Gerade noch hat man lachend zum Abschied gewinkt, nun hört man außer dem Klappern der Hufe bald nur noch das gelegentliche Stöhnen gestresster Reiter, deren Hinterteil schmerzt. Die meisten Expeditionsteilnehmer sitzen zum ersten Mal im Sattel, und das auf so gefährlich schwierigem Terrain. Nach wenigen

Stunden schon zieht sich die Karawane einen halben Kilometer auseinander und kriecht langsam bis zum Bergsattel unterhalb des schneebedeckten Nevado de Bolívar empor, der 4800 Meter über uns thront, so hoch wie der Montblanc. Plötzlich verdunkelt sich der Himmel, Nebelschwaden ziehen auf. Hastig umwickeln die Treiber die Lasten der Tiere mit Plastikplanen, das Filmteam verpackt die empfindlichen Kameras – eine ungemütliche Aufgabe auf einem schmalen, gefährlichen Pfad, auf dem Matsch bis zu den Knöcheln reicht.

Niemand ist auf den plötzlichen Kälteeinbruch vorbereitet. Selbst Gene Savoy wird vom Zorn der Berggötter überrascht. Der eisige Wind macht das Reiten zur Qual, und dann peitscht knapp unterhalb des Berggipfels auch noch ein Schneesturm über uns hinweg. Man wischt in einem fort die tränenden Augen frei, kann vor sich kaum das nächste Pferd erkennen und fürchtet ständig, in den Abgrund zu rutschen. Immer wieder müssen wir absteigen, um die Tiere zu entlasten, die auf dem glitschigen Boden kaum Halt finden. Gummistiefel und Gamaschen gehören zwar zur Ausrüstung, sind aber irgendwo tief in einer Kiste verstaut. Natürlich haben wir uns auf das große Abenteuer gefreut, wir haben ja alle die Berichte vom heroischen Zug der Konquistadoren über die Anden gelesen, aber wenn die Herausforderung dann Wirklichkeit wird, säße man doch lieber gemütlich zu Hause am Kamin. Die meisten Menschen eignen sich nun mal eher zum Pantoffel-Abenteurer – »armchair adventurer«, wie es die Engländer nennen –, als wirkliche Abenteuer zu durchleiden. Reisen im Gebirge sind für den Neuling, der erst vor wenigen Tagen mit dem Flugzeug auf Meereshöhe gelandet ist, besonders anstrengend. Die dünne Luft mit ihrem geringen Sauerstoffgehalt verursacht Atemnot, Kopfschmerzen und Übelkeit.

Durchnässt und vor Kälte schlotternd erinnere ich mich an die Schauergeschichten, die Gene Savoy von seinen ersten Expeditionen erzählte. Zudem hat Savoy den Siegeszug Pizarros und die alten Berichte über den Freiheitskampf der Indios bis zur endgültigen Niederschlagung 1572 genau studiert. Atahualpa hatte noch während seiner Gefangenschaft den Befehl gegeben, seinen Halbbruder Huascar zu töten, damit er Pizarro nicht heimlich noch mehr Gold bieten konnte, um mit Hilfe »des Bärtigen« den Inka-Thron zu erobern. Nach Atahualpas Ermordung krönte der Eroberer Perus 1533 Manco Inka, einen überlebenden Halbbruder Atahualpas, zum Marionettenkönig, weil er sich bewusst war, dass die Indios des weit gespannten Reiches mit Hilfe eines einheimischen Prinzen effektiver zu beherrschen waren. Manco aber erhob sich 1536 gegen die blutigen Unterdrücker und zog sich nach der vergeblichen Belagerung Cuscos mit 20 000 Anhängern in ein entlegenes, feuchtheißes Urwaldgebiet des Antisuyo nordwestlich von Cusco zurück. Wie alte Chroniken berichten, soll Manco die königlichen Mumien, die Reste der Inka-Schätze, die heilige, goldene Sonnenscheibe aus dem Tempelbezirk und die *mamacunas,* die auserwählten Frauen, dorthin mitgenommen haben. Seine neue Hauptstadt hieß Vilcabamba. *Wilka* ist der alte Quechua-Name für Sonne, *pampa* heißt Ebene. Die Inka hatten die Provinz Vilcabamba, das Land der Anti, das die Dschungelregion im Osten einschloss, erst im 15. Jahrhundert erobert. Savoy nimmt an, dass die neuen Herren viele Siedlungen im Urwald bauten, um Steuern in Form von Koka, Fellen, Holz, Früchten, Gold und vielen anderen Produkten eintreiben zu können. Nun wurden sie zum Rückzugsgebiet.

Manco ließ alle Hängebrücken auf dem Weg in sein Exil zerstören, die wichtigsten Pässe besetzen und startete einen zermürbenden Guerillakrieg gegen die Spanier. Ein gefährlicher Gegner etablierte sich in der Flanke der neuen Herren Perus. Francisco Pizarro krönte Mancos Bruder Paullo zum neuen Inka, um Mancos Gefolgschaft abzuwerben, konnte aber die Position des rechtmäßigen Herrschers nicht schwächen. Manco nutzte vielmehr den Kampf der führenden Konquistadoren um Macht und Beute geschickt aus.

1537 eroberte Pizarros streitbarer Rivale Diego de Almagro Cusco und krönte seine eigene Inka-Marionette. Ein Jahr später ließ Pizarro seinen alten Weggefährten erdrosseln. Almagros Parteigänger aber setzten den blutigen Streit fort und ermordeten den Generalkapitän 1541 in Lima. Als der Mörder hingerichtet wurde, flohen viele Anhänger Almagros zu Manco nach Vilcabamba und unterstützten ihn im Kampf gegen ihre Landsleute. Weil der Inka immer gefährlicher wurde, bestach Gonzalo Pizarro einige Almagristen 1545, den Inka zu töten. Dennoch herrschten die Inka-Könige Titu Cusi und Tupac Amaru von ihrer neuen Hauptstadt im Schatten schneebedeckter Bergriesen und dichter Wälder noch 27 Jahre über den kümmerlichen Rest ihres einst so riesigen Reiches und leisteten den Spaniern auch weiterhin Widerstand.

1572 schickte der neue Vizekönig von Peru 250 spanische Soldaten und 2000 indianische Söldner zu einer Strafexpedition in den Dschungel. Die letzte Stadt der Inka aber war bei ihrer Ankunft verlassen und abgebrannt, von den erhofften Goldschätzen fand sich keine Spur. Als der Anführer der Spanier erfuhr, dass sich der Inka Tupac Amaru in den Urwald zurückgezogen hatte, verfolgte er ihn in Eilmärschen und spürte den Herrscher eines Nachts am Lagerfeuer auf. Weil seine hochschwangere Frau Angst vor der Flussfahrt hatte, verzichtete der Inka darauf, sich rechtzeitig mit einem Kanu in Sicherheit zu bringen. Der Gefangene wurde nach Cusco geschleppt, wo dem letzten »Sohn der Sonne« nach einem Schauprozess die Kehle durchgeschnitten und fast der gesamte Inka-Adel vernichtet wurde. Die niedergebrannten Tempel und Paläste Vilcabambas verschluckte der Urwald. Die Spanier schleiften im Hinterland jeden Ort, den sie finden konnten, töteten die Einwohner oder trieben sie in unzugängliche Dschungelgebiete. Am Schicksalsort, an dem Tupac Amaru gefangen wurde, endet heute die Piste am Oberlauf des Urubamba an einer winzigen Siedlung mit dem Namen Tintiniquiato. *Colonos,* Siedler aus dem Hochland, haben sich dort Bretterbuden gebaut und damit begonnen, den Urwald zu roden. An welch schicksalsträchtigem Ort sie sich niedergelassen haben, wissen die Indios nicht.

Machu Picchu

Als Gene Savoy Berichte über den Zufluchtsort Mancos studierte, wurden die Weichen für seine Entdeckerkarriere gestellt. Savoy schien ein entscheidendes Indiz gefunden zu haben, das es ihm ermöglichen sollte, die sensationelle Entdeckung Hiram Binghams in den Schatten zu stellen. »Ich glaubte, dass Machu Picchu nicht Vilcabamba war, ›die letzte Stadt der Inka‹, nach der Hiram Bingham gesucht hatte«, erzählt Savoy stolz. »Meine Großmutter war mit einem Bingham verheiratet. Ich habe das Entdeckervirus also quasi im Blut. Es gab viel Zweifel an meinen Theorien. Ich wurde Visionär, Mystiker, sogar Verrückter genannt. Mein Traum jedoch basierte auf Geschichte.«

1911, am Ende des Zeitalters der Entdeckungen, hatte sich Hiram Bingham, der Historiker an der Yale Universität, nach Peru aufgemacht, um nach Inka-Stätten zu suchen, die in Vergessenheit geraten waren. Er unternahm mehrere Expeditionen in die weitere Umgebung von Cusco. Nachdem er einige Tagesreisen weit dem Flusslauf des Urubamba gefolgt war, wies ihm ein Bauer den steilen Inka-Pfad zu einem Berg hinauf, den er Machu Picchu nannte, »alter Gipfel«. So fand Bingham 600 Meter oberhalb des Rio Urubamba jenen geheimnisvollen Ort, der die Phantasie der Menschen in aller Welt bis heute fesselt.

»Hier sehe ich nicht nur schneebedeckte Berge, deren Gipfel über die Wolken ragen, nicht nur gigantische, 1000 Meter tiefe Schluchten aus unterschiedlich gefärbtem Granit, in deren Tiefe schäumende und funkelnde Stromschnellen rauschen, – hier finde ich auch Orchideen und Farne, die grandiose Schönheit einer üppig wuchernden Vegetation und die geheimnisvolle Magie des

Urwalds«, berichtete der Forscher. »Die Gebäude waren kaum zu sehen, weil sie von Jahrhunderte alter Vegetation überwuchert waren, aber ab und zu schauten aus dem dichten Schatten zwischen Dickicht und Rankengewirr Mauern aus weißen, sorgfältig behauenen Granitquadern, die kunstvoll zusammengefügt waren.«

Erst langsam gab die von Schlingpflanzen, Humus und Blättern überwucherte Ruinenstätte ihr Geheimnis preis, nachdem 200 Häuser, ein königliches Mausoleum, Tempel und Kultplätze freigelegt worden waren. Bis auf die eingestürzten Strohdächer der Häuser war die Zitadelle völlig unversehrt. »Auf geradezu verwirrende Weise folgte eine Überraschung auf die andere«, beschreibt Bingham seine Eindrücke. Er bewundert die Kunst der Steinmetze, die aus Granit Bauten schlagen, »deren zyklopische Steinblöcke die Größe eines Mannes überragen«. Auf dem höchsten Punkt der Bergkuppe, in 2625 Metern Höhe, entdeckte der Forscher am Ende einer langen, gewundenen Treppe einen mit unglaublicher Kunstfertigkeit zusammengesetzten Steinkoloss. *Intihuatana* heißt der Fels in der Quechua-Sprache, »Stein, an dem die Sonne festgebunden ist«. Der Entdecker vermutete, dass hier die Sonne »angebunden« wurde, damit sie nach der Wintersonnenwende nicht entweichen konnte. Wahrscheinlich waren die Indios einst während des Juni-Sonnenfestes *Inti Raymi* zum Intihuatana gepilgert, um dem Sonnengott *Inti* zu huldigen.

Stein war den Inkas heilig. Der oberste Gott des Inka-Pantheons, Kon Tiki Virakotcha, soll den ersten Menschen aus Stein geschaffen haben. Stein beinhaltete in seinem Wesen den göttlichen Funken, der sichtbar wurde, wenn man ihn mit Feuerstein oder Metall schlug. Also war der Stein mit der Sonne verwandt, dem Vorfahren des Menschen. Aus Stein war das Universum gebaut. In spezieller Form wurden Steine von Priestern als zentrale Kultplätze, *apu,* benutzt, weil sie Brücken zwischen Gegenwart und Vergangenheit darstellten.

Bingham legte 107 Gräber frei, in denen vor allem Frauen beerdigt waren. Daraus schloss der Historiker, dass der Kultplatz in erster Linie von Priestern und auserwählten Frauen bewohnt war, *mamacunas,* die im »Haus der Auserwählten« wohnten, *aqllawasi.* »Jungfrauen der Sonne« nannten sie die Spanier. Mamacunas waren Mädchen, die schon frühzeitig auf ein Leben als Priesterinnen des Inka ausersehen wurden. Insgesamt schätzt man, dass es im ganzen Land an die 15 000 Auserwählte gegeben hat. Priester bereiteten sie in Provinzklöstern auf die Durchführung religiöser Riten vor, bis man sie in besonderen Zeremonien symbolisch mit Inti und anderen Gottheiten verheiratete und dann in die über das ganze Land verteilten Tempel schickte. In einem Haus der Auserwählten in Cusco, das später in ein Dominikanerkloster umgewandelt wurde, sollen etwa 1500 Mamacunas unter der Leitung einer Hohepriesterin gelebt haben.

Nur vom hoch gelegenen Observatorium *Intikunku* aus kann man die phantastische Anlage Machu Picchus in vollem Umfang bewundern. Tausende Touristen bestaunen jedes Jahr die majestätische Lage des magischen Ortes, der von einem Kreis heiliger Berge umgeben ist. Die Gipfel der Anden bilden in der Weltvorstellung der Inka eine Art Achse. Sie wurden als mystische Orte verehrt, *huacas,* die übernatürliche Kräfte ausstrahlen.

Bingham war überzeugt, dass der hoch oben auf einem Bergrücken gelegene Kultplatz der mythische Ursprungsort des ersten Inka, *Tambo-Toco,* und gleichzeitig Vilcabamba sei. Wie Wissenschaftler später feststellten, wurde der Ort aber schon 1532 aus unbekannten Gründen verlassen, also lange bevor Vilcabamba geräumt wurde. Pedro Pizarro, ein Mitglied des großen Pizarro-Klans, und andere Zeugen berichten von einer Stadt in einem weiten, heißen Urwaldtal. Machu Picchu aber thront auf einem Bergrücken und ist viel kleiner, als die weitläufige Metropole Vilcabamba beschrieben wird.

Diese Erkenntnis feuerte den jungen Journalisten Gene Savoy an, das Rätsel um die verschollene Stadt endlich zu lösen. Nach

Savoys Berechnungen musste Vilcabamba in der Region liegen, die man *Espiritu Santo* nennt, »Ebene der Geister«. Schon 1834 hatte der französische Graf de Sartiges nach unendlichen Strapazen die Suche nach der Sagenstadt aufgegeben. 1911 folgte Bingham seinen Spuren am Río Urubamba, der in einem tief eingekerbten Tal durch dichten Regenwald bis zum Amazonas fließt. Er drang bis zur Ebene der Geister vor, etwa 130 Kilometer nordwestlich von Machu Picchu, kehrt aber nach wenigen Tagen wegen der Dichte des Dschungels um. »Nichts vermittelt einen besseren Eindruck von der Undurchdringlichkeit des Dschungels«, schrieb Bingham, »als die Tatsache, dass selbst die Wilden (Bingham meint Indios) oft nur anderthalb Meter von einer Mauer entfernt standen und dennoch keine Ahnung von ihrer Existenz hatten.« Kein König, der im Hochland von Cusco residiert hatte, würde sich im heißen Regenwald des Antisuyo niederlassen, glaubte der Archäologe.

Vilcabamba, die verschollene Stadt

Savoy las die alte, autobiografische Chronik des letzten Herrschers der Inka, die erst kurz vor Binghams Expedition nach Peru entdeckt worden war, genauer als sein berühmtes Vorbild und bewies das Gegenteil: »Nach sieben Tagen harten Marsches fanden wir Vilcabamba genau an dem Ort, wo es die vergessenen Geschichtsschreiber vermutet hatten«, erinnert sich der Amerikaner. 1964 und 1965 rüstete Savoy drei Expeditionen aus und durchsuchte ein Gebiet, das noch heute schwer zugänglich ist. »Eine Woche reitet man auf Mauleseln tief in die Montaña Perus, deren Wildheit es zu einer der am schwersten zugänglichen und gefährlichsten Gegenden der Welt macht«, berichtet Savoy. »Tausende Quadratkilometer steiles Auf und Ab vom Urwald überwucherter Gipfel, ein gigantisches Waschbrett aus grünen Pyramiden, so weit das Augen reicht – und noch viel weiter. Unberührter Regenwald bedeckt alles. Ein grüner, undurchdringlicher Wald, der sich von den Niederungen Brasiliens nach Westen ausdehnt, die Hänge der Berge hinauf bis zu den Nebelwäldern ausgreift, die 3000 Meter über dem Meeresspiegel wachsen, bis ihm endlich die Gebirge der Anden den Garaus machen, die bis zu 7000 Meter hoch in den Himmel ragen. Vilcabamba! Eine abgelegene Region, menschenleer bis auf Indio-Nomaden, die noch in der Steinzeit leben. Außer einigen Pionieren, die seit ein paar Jahren dem Urwald ein Stück urbares Land abringen, gibt es hier keinerlei Zivilisation. Es ist eine der isoliertesten Gegenden auf der Erde. Es ist ein heißer, Feuchtigkeit ausdünstender Dschungel, wo es von giftigen Schlangen, Pflanzen und Insekten wimmelt, von Jaguaren, Pumas und wilden Schweinen. Um sich Zugang zu diesem Land zu verschaffen, muss man Berge überwinden, die bei der Geburt der Erde aufgeworfen wurden, tiefe Schluchten und Täler überqueren, durch die reißende Flüsse schießen.«

Im Juli 1964 fährt Savoy mit dem Zug eine Strecke, die jedes Jahr Tausende Touristen auf ihrem Weg nach Machu Picchu bestaunen. Vom Vilcanota-Tal windet sich die Bahnlinie in Serpentinen durch eine der schönsten Schluchten Perus und passiert die königlichen Feldterrassen von Ollantaytambo, die steil an den Berghängen aufsteigen. Von der Haltestation unterhalb des Picchu schleicht die Bahn in langsamer Fahrt zur stickig heißen Dschungelebene hinab bis zum Dorf Huadquiña, sechs Stunden von Cusco entfernt. Das Gepäck wird auf einen ramponierten Lastwagen umgeladen, der auf durchlöcherten Urwaldpisten bis zum Pueblo Chaullay fährt, dem Ausgangspunkt für die Expedition. Da fruchtbares Land an der Küste und im Hochland Perus begrenzt ist, suchen immer mehr Menschen ihr Glück in den Urwaldregionen jenseits der Anden, wo schon die Inka Ackerland urbar gemacht haben. Der Laster rumpelt auf einer Stahlbrücke über den Urubamba, der sich hier mit den wilden Wassern des Vilcabamba vereint, der von der Hochebene, der *sierra,* herabtost. Aus alten Quellen weiß der Amerikaner, dass in der Nähe einst eine Hängebrücke über den Fluss gespannt war, die ins Vilcabamba-Gebiet führte.

»Ich stand da und schaute auf die unbeschreibliche Schönheit der Vilcabamba-Region, mit ihrem Labyrinth aus Tälern, Schluchten, Graten, Abgründen und Wäldern«, schwärmt Savoy. »Über der Landschaft thronen die hohen Gipfel des Massivs, das die Spanier ›El Señorio de Vilcabamba‹ nennen, mit dem strahlenden, schneegekrönten Pumasillo, der alles überragt.« Indiobauern haben von Urwaldnomaden erfahren, dass es in der Montaña Ruinen geben soll. Aber die Campesinos haben zu viel Angst vor Urwaldgeistern, *relámpagos,* um sie zu untersuchen. Sie glauben, dass Blitz und Donner auf jeden niederfahren, der sich den verwunschenen Plätzen nähert. Savoy kennt die Legenden von Illpa, einem Abgesandten des Sonnengottes Inti, der Frevler, die heilige Plätze missachten, mit Blitzen niederstreckt. »Und dann ist da noch die Legende von Ccoa, der die Seelen seiner Opfer auf ewig versklaven soll.«

Maultiere werden mit der Ausrüstung beladen. Die Expedition folgt dem Lauf des Vilcabamba, überquert marschige Tundra, quält sich zur kalten Sierra empor, überquert den 4000 Meter hohen Pass des Ccolpa Casa und steigt wieder ab in heiße Dschungel. Jeden Tag die gleiche Prozedur: 1000 oder 2000 Meter Aufstieg, dann der schlüpfrige Abstieg und eine nächste Klettertour. In den Tälern verschließt das dichte Dach der Urwaldriesen die Sicht, von den Pässen aber ist der Ausblick um so grandioser. Im Süden ragt die majestätische Cordillera Vilcabamba empor, deren schneeweiße Gipfel über 6000 Meter hoch über der Landschaft thronen. Die Karawane passiert die Ruinen des Inka-Forts, das einst den Zugang zum Vilcabamba-Tal bewachte, zieht auf alten Wegen weiter am Río Concevidayok entlang bis zur Region um Espiritu Santo, einem fruchtbaren Tal mit natürlicher Bewässerung, das zu Manco Inkas Zeiten Zehntausende Bewohner ernährte.

Tag für Tag schlägt sich Savoy mit seinen Macheteros durch das verwunschene, dicht bewachsene Urwaldgebiet. Regen erschwert die Arbeit. Regen mitten in der Trockenzeit gilt als böses Omen. Die Trockenzeit hat für die Bauern im Regenwald eine besondere Bedeutung. Nach den allzu langen, feuchten Wintermonaten ist man auf die Trockenperiode angewiesen, um die Felder bestellen zu können. Die Maultiertreiber und Arrieros machen die fremden Eindringlinge für den Regen verantwortlich: Vermeintlich ziehen sie die dunklen Wolken an, bringen die Natur im Tal aus dem Gleichgewicht. Savoy erzählt von Rudeln wilder Schweine, oft 50 auf einmal, die auf die Männer einstürmen, wenn sie plötzlich gestört werden. Waffen werden ausgegeben.

»Wir sind in tropischem Gebiet, wo sich schon die kleinste Infektion wie ein Waldbrand ausbreiten kann. Wir erreichen bald Schlangengebiet, wo die tödliche Grubenotter lauert, die größte Giftschlage Amerikas, die bis zu vier Meter lang wird. Die *chinuco* greift alles in ihrer Nähe an. Diese tödliche Vipernart wird am meisten gefürchtet. Daneben gibt es noch viele andere Schlangen, deren Biss gefährlich ist. Die Gefahren durch Taranteln, Skorpione, Vampir-Fledermäuse, beißende Ameisen und giftige Pflanzen werden meist übertrieben.« Aber der Dschungel ist nicht die Hölle, mit der Regenwälder immer wieder klischeehaft verglichen werden. »Unberührter Urwald kann tagsüber wunderschön sein, wenn es nicht regnet«, schreibt Savoy. »Cendrela-Bäume, Baumfarne, Reed, Bambus und Palmendickichte der verschiedensten Art umzingeln uns. Wurzelstränge kriechen und schlängeln sich über den Urwaldboden, von dem senkrecht Lianen wie Seile zum Licht oberhalb der Bäume wachsen. Die Wurzeln der Urwaldriesen sind mit Moos, Flechten und Bromelien bewachsen. Selbst ohne Sonnenlicht wächst die Vegetation im Übermaß. Nirgendwo habe ich so grelle Farben gesehen wie hier, das tiefe Rot, Orange und Gelb tropischer Blumenpracht. Gelb und rot blühende Parasitenpflanzen wachsen wie hängende Gärten über uns. Kardinalsfinken schmettern ihre Lieder voll guter Laune, die Affenherden haben sich in höheres Gelände zurückgezogen und kehren erst in der Regenzeit zurück. Von allen Wundern der Natur löst der Urwald gleichzeitig Furcht und Staunen im Menschen aus.«

Und dann entdeckt Savoy schließlich südlich des Zusammenflusses des Río Concevidayok und Chontabamba aufgeschichtete Wände und zusammengefallene Portale, alles dicht überwuchert, von Schlingpflanzen umschnürt, von undurchdringlichem Dornendickicht bewacht. Jeder Quadratmeter muss mühsam frei geschlagen werden. Aufgemauerte Treppen und Nischen, zerbrochene Türsimse und Fensteröffnungen tauchen aus dem Urwald auf. Tage dauert die Schufterei, bis die Ruinen ganzer Häusergruppen sichtbar werden. Straßen kommen zum Vorschein, Kanäle, in denen einst Wasser zugeleitet wurde, Versammlungsplätze. Savoy steht mitten in der verschollenen Stadt der Inka. Ein Pompeji im Urwald. »Eine Aufregung packte mich, eine Erregung, die nur durch Entdeckungen ausgelöst werden kann, ein berauschendes Gefühl.« Steinanlagen steigen in Stufen die Hänge hinauf. Das Tal ist mit großen, terrassenartig angelegten Hausgruppen besetzt, die voneinander wie »Inseln in einem grünen See« getrennt sind. Der Forscher nimmt an, dass die Wohneinheiten an den Hängen der Aristokratie vorbehalten waren.

Die Ruinen von Vilcabamba erstrecken sich über ein Gebiet von fünf Quadratkilometern. Savoy befreit schließlich mit seiner Helferschar Dutzende Gebäude von einer 400 Jahre alten Humusschicht und von kilometerlangen Wurzellabyrinthen. Die Macheteros legen freilich nur die oberen Partien frei, bis die Dimensionen der Gebäude erkennbar werden. Jede Hausgruppe wird vermessen und in einem Lageplan verzeichnet, sonst hätte die Expedition keinen wissenschaftlichen Wert. 300 kleinere Bauten und 60 monumentale Steingebäude registriert Savoy insgesamt. Die genauere Untersuchung bleibt Archäologen vorbehalten. In der weiteren Umgebung entdecken die Macheteros weitere Orte, die jeweils eine Stunde Fußmarsch voneinander entfernt liegen.

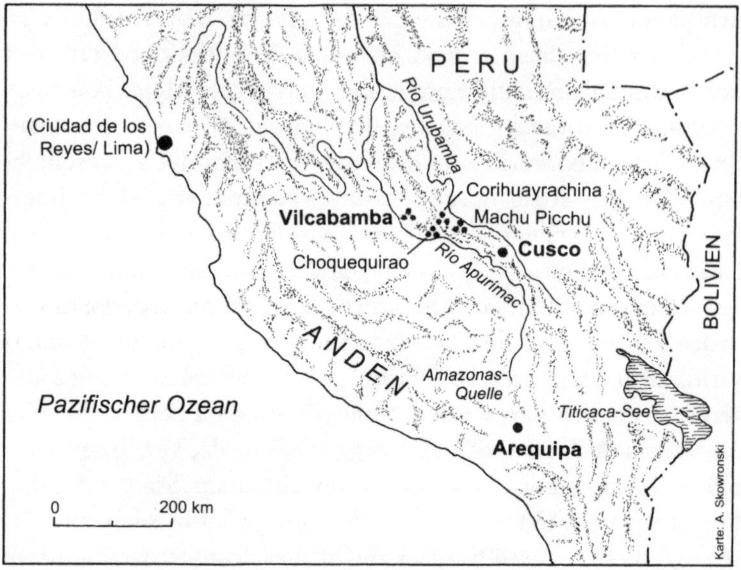

Ruinenstädte der Inka.

»Ich empfinde im Angesicht der Ruinen ein überwältigendes Gefühl für Geschichte. 400 Jahre lang waren sie im Reich der Legende verborgen. Einige haben bezweifelt, ob sie überhaupt existieren. Ich habe immer gewusst, dass sie auf ihre Entdeckung warten. Für mich waren sie stets die wichtigste Hinterlassenschaft des alten Peru, wichtig, weil Manco ein großartiger Held war, der Peru Würde verlieh, nachdem alles verloren schien, und weil so viele große Männer nach ihr gesucht haben. Einige mögen mit Goldplatten bedeckte Wände erwarten, wie sie Pizarro in Cusco vorfand, aber Vilcabamba ist ganz anders. Man kann immer noch sehen, dass es eine Metropole war, ein Koloss im Dschungel, aber jetzt ist es alt und verbraucht. Die Wände der Häuser, bedeckt mit dicken Humusschichten, zerfallen, ihre Fundamente sind unter Tonnen Abfall und Schlamm begraben. Vilcabamba wurde von den Inka abgebrannt und von den Spaniern, die nach Gold suchten, geschleift. Es bräuchte eine ganze

Armee, um die Ruinen richtig freizulegen, und es würde ein Vermögen kosten, alles wieder aufzubauen. Vilcabamba ist zu weit von der Zivilisation entfernt, als dass es je auferstehen könnte.«

Drei Expeditionen führt Gene Savoy zu den Ruinen der untergegangenen Inkastadt. Erst der Vormarsch der Rebellenorganisation *Sendero luminoso,* »Leuchtender Pfad«, zwang ihn, seine Forschungsarbeiten abzubrechen. Die Nachricht von seinen Entdeckungen ging wie ein Lauffeuer um die Welt und machte den selbst ernannten Forscher über Nacht Fachkreisen bekannt. Endlich ist sie gefunden, die Fabelstadt Vilcabamba. Die Faszination, die das magische Machu Picchu bis heute auslöst, erreicht aber Vilcabamba ebenso wenig wie Savoy den Ruhm seines Vorbildes Hiram Bingham. Vilcabamba ist kein Pilgerort für Touristen geworden, weil die Stadt im Gegensatz zu Machu Picchu total zerstört worden war, bevor ihre Reste vom Urwald überwuchert wurden. Antisuyo aber hat noch lange nicht alle Geheimnisse preisgegeben.

Magische Berge

Im März 2002 verbreiteten die Agenturen Nachrichten und Bilder von neuen, »sensationellen« Entdeckungen im Vilcabamba-Gebiet, 35 Kilometer südwestlich der Inka-Kultstadt Machu Picchu. 38 Jahre nachdem Gene Savoy die Ruinen der letzten Metropole der Inka-Herrscher entdeckt hatte, ließ sich ein Wissenschaftlerteam der US-Forschungsgesellschaft »National Geographic Society« mit Armeehubschraubern auf einem 3300 Meter hohen Berggipfel absetzen. Fernsehreporter dokumentierten den Augenblick der Landung in einer der angeblich ältesten bisher gefundenen Inka-Siedlungen. Aus der Luft sind deutlich weitläufige Ruinenanlagen zu erkennen, die sich wie ein engmaschiges Netz aus Steinwällen über den runden Buckel des Victoria Berges breiten. Der Helikopter dreht sich vor der Lan dung um 360 Grad und ermöglicht einen atemberaubenden Blick auf ein grandioses, bis zu 5500 Meter hohes Bergpanorama, das die einstige Gipfelstadt umgibt. Wie ein gigantischer Burggraben legt sich die 3000 Meter tiefe Schlucht des Apurímac im Westen um die Anden-Zitadelle.

Als der britische Fotograf und Bergführer Peter Frost und der amerikanische Psychologe und Entdecker Scott Gorsuch auf einem gegenüberliegenden Berggrat nach Beerdigungsstätten der Inka forschten, hatten sie den archäologischen Schatz Mitte 1999 auf dem Cerro Victoria erspäht. »Wir sahen durch unsere Feldstecher eine Steinplattform, auf die bei Sonnenauf- und Untergang die ersten und letzten goldschimmernden Strahlen fielen«, berichtet Peter Frost. »Wir nahmen an, dass es sich um einen heiligen Platz handelte.« Corihuayrachina heißt der Ort denn auch in der Quechua-Sprache poetisch, »Gold, das dem Wind zum Schmelzen ausgesetzt wird«. Der Fund wurde erst bekannt gemacht, nachdem die Entdecker mit Hilfe der Geographic Society eine wissenschaftliche Expedition ausgerüstet und umfassende Untersuchungen unternommen hatten.

Leider ist Corihuayrachina im Gegensatz zu Machu Picchu völlig zerstört und ausgeplündert. Reste von Rundhäusern, Lagerräumen, Kanälen und Terrassenfeldern sowie ein zerfallenes Stauwehr entdeckten die Forscher über eine Fläche von sechs Quadratkilometern verstreut. Die Toten hatte man einst in kleinen, zylindrisch angelegten Grabtürmchen, *chullpas,* bestattet, die wahrscheinlich von Grabräubern leer geräumt waren. Nur in unterirdischen Totenkammern fand man einige verstreute Skelettreste. Im Zentrum der Anlage erhob sich ein arg beschädigter heiliger Stein, der – ähnlich wie der Intihuatana-Stein in Machu Picchu – wahrscheinlich als Plattform für zeremonielle Handlungen diente; auch er war dem Sonnengott geweiht. Die Wissenschaftler gehen davon aus, dass die Inka den Ort in luftiger Höhe ausgewählt hatten, weil er in der Nähe von Silberminen lag, die einst ausgebeutet wurden. Außerdem ist der Gipfel des Cerro

Victoria der einzige Ort, der den Blick auf die umliegenden schneebedeckten Berge ermöglicht, die magische Bedeutung für die Inka hatten.

Das Ausgräberteam unterscheidet auf Grund der Untersuchungen drei Siedlungsperioden: eine vorinkaische, eine mittlere Epoche, die mit der Blütezeit der Inka-Kultur zwischen 1400 und 1540 zusammenfällt, und eine kolonial-inkaische. »Diese Stätte könnte Zeugnis ablegen von den Ursprüngen der Inka-Kultur bis zu ihrem Ende«, glaubt Peter Frost, »ungestört vom Einfluss der Spanier, denen dieser Ort ebenso entgangen zu sein scheint wie Machu Picchu. Vor allem die vielen Bauten, die im Gegensatz zur rechteckigen Architektur der Inka in runder Form angelegt sind, lassen darauf schließen, dass schon vor den Inka Angehörige eines alten Anden-Volks in Corihuayrachina siedelten.«

Als das Archäologenteam im Juni 2001 auf dem Berg landete, wurde es von zwei Indio-Familien begrüßt, die sich in schon vor 1000 Jahren bewohnten, notdürftig restaurierten Häusern eingerichtet hatten.

Lockendes Paititi

Der Offizier Alvarez Maldonado, der an der Strafexpedition gegen Inka Tupac Amaru teilnahm, hatte während eines Vorstoßes in unbekannte Urwaldregionen den »Fluss der Mutter Gottes« befahren, den Río Madre de Dios. Die wenigen Überlebenden der Todesfahrt schwärmten nach ihrer Rückkehr von einem Land voller Gold, das sie *Paititi* nannten. Nach ihrem Tod geriet das Wissen um den Ort der Verheißung in Vergessenheit, die Berichte wurden zur Legende und locken dennoch bis heute Abenteurer und Entdecker in die »grüne Hölle«. Paititi ist *ciudad perdida*, eine jener »verlorenen Städte«, von denen es viele zu geben scheint.

Niemand weiß, ob es sich bei Paititi um eine Art Synonym für Eldorado, um eine Stadt oder ein ehemaliges Reich handelt. In der Vorstellung der Inka war Paititi immer mit *hacha hacha*, dem weit entfernten Urwald, identisch, aus dem Gold, wertvolle Federn und Koka kamen. Auch am Beginn des 3. Jahrtausends brechen unbeirrt Expeditionen in den Urwald auf, um Licht ins Dunkel der Legenden zu bringen, die natürlich irgendwie immer auch mit Gold zu tun haben. Der Ursprung der Legende von Paititi ist die Annahme, dass die Inka hier ihre letzten Goldreserven vor den Spaniern versteckten.

Der Historiker Victor Angles, der sein Leben der Geschichte der Inka gewidmet hat, behauptet dagegen: »Die Inka glaubten, die Spanier wären Götter, und lieferten ihnen alles Gold aus. Nichts ist übrig geblieben. Es gibt kein Paititi.« Die Expertenmeinung wird die Jäger verlorener Schätze nicht abhalten. Belesene unter ihnen werden entdeckt haben, dass der Historiker in einem seiner Bücher schreibt, der Graf von Castelar habe dem spanischen König Dokumente geschickt, aus denen hervorgehe, dass ein »Reich Paititi« am Zusammenfluss der Flüsse Beni und Mamoré liege. Angles zieht den Schluss, »wenn mehr ausführliche ethnologische Studien über die Indianer der südlichen Urwaldgebiete Perus durchgeführt worden sind, wird mehr über Paititi ans Licht kommen«.

Das klassische Suchgebiet nach Paititi liegt nördlich von Cusco, erzählt Gene Savoy, im Bogen zwischen Quincemil im Osten, Ausangate im Süden, über die Alto Madre de Dios, Alto Manu und Atalaya, bis zur Westseite des Apurímac.

Eldorado ist das ultimative Ziel – der verführerischste und dauerhafteste Mythos der westlichen Welt. Peru, wo die ersten Nachrichten vom Sagenort auftauchten, lieferte und liefert immer wieder einen unerschöpflichen Nachschub an Erfolgsstorys und Phantasiegeschichten. Irgendwie scheint jeder davon zu träumen, einmal eine verschollene Stadt zu entdecken. Ihr Reiz liegt in der Verborgenheit. Wenn sie einmal gefunden ist, beschlagnahmen Archäologen das Terrain, und denen folgen häufig die Touristen. Archäologen sind gewöhnlich keine Entdecker; sie stecken ihre Nase lieber in den Boden und konzentrieren sich auf Details, was zur Folge hat, dass sie manchmal den Wald vor lauter Bäumen nicht sehen. Nach sagenhaften Städten suchen, das ist ihnen nicht wissenschaftlich genug. Sie sind auf Visionäre wie Gene Savoy oder Hiram Bingham angewiesen.

Dass heute in Peru auch Entdeckerträume von Archäologen erfüllt werden können, zeigte sich 1987 in Sipán. Das liegt nicht im Urwald jenseits der Anden, wie es die Überlieferungen und Klischeevorstellungen von verschwundenen Orten eigentlich erwarten ließen, sondern in der Wüste, unweit des Pan American Highway, der an der Küste entlang führt. Hier fand der peruanische Archäologe Walter Alva das Grab des Fürsten von Sipán, das reichste Grab eines Moche-Adligen, das jemals unter wissenschaftlicher Leitung ausgegraben wurde. Die wirklichen Entdecker der Gräber von Sipán waren freilich Grabräuber, wie meistens in Peru.

»Wäre ich Archäologe geworden, hätte ich nie etwas gefunden«, stellt Savoy fest. »Ein Loch graben, mit C-14-Untersuchungen datieren und anderer Kleinkram – das ist nicht mein Ding. Die Geschichte ist der Schlüssel zu allem, nicht die Archäologie! Die folgt dem Entdecker.« Wer glaubt, Archäologen wären Männern wie Savoy dankbar, dass sie ihnen Arbeit verschaffen, irrt. Sie verachten und bekämpfen Savoy heute genauso, wie damals Hiram Bingham angefeindet wurde. Beide wurden beschuldigt, Grabräuber zu sein oder zumindest *huaqueros* anzulocken und damit Mitschuld an der Zerstörung historischer Stätten zu haben.

Entdecker wie Bingham und Savoy überlebten ihre Abenteuer und ernteten Ruhm, andere hatten weniger Glück, wie Oberst Percy Fawcett oder Robert Nichols. Nichols wurde vor 26 Jahren bei seiner Suche nach Paititi von Indianern getötet – wie es auch Fawcett 1926 ergangen war. Der Amerikaner Nichols, der wie Savoy für die »Peruvian Times« schrieb, hatte nach 1960 einige Jahre im Convención-Tal südlich von Cusco und im Dschungel des Alto Madre de Dios in der Nähe des Quosñipata-Tals gesucht. Heute fahren ab und zu Touristen in Kanus mit Außenbordmotor durch die Gegend, aber vor 40 Jahren war das noch eine schwer zugängliche, mörderische Region. In der Legende wird Paititi als ein Ort geschildert, der eifersüchtig von undurchdringlichem Urwald, unüberbrückbaren Schluchten und sieben Meter langen Schlangen, Jaguaren und natürlich blutrünstigen Indianern bewacht wird. Tragischerweise scheint die Sage zu stimmen: Im Madre de Dios hatten Indios Nichols die angeblich »ultimative Insidergeschichte« über Paititi erzählt, und welcher Lost-City-Süchtige fragt schon nach dem Wahrheitsgehalt einer verheißungsvollen Story. Nichols, zwei Franzosen und sechs Mashco-Indianer starteten 1970 in Shintuya und fuhren den Río Palatoa hinauf. Eines Tages kehrten die Indianerführer zurück und sagten aus, dass sie sich geweigert hätten, weiter mit Nichols und den Franzosen in den Urwald vorzudringen. Zwei Jahre später folgte ein japanischer Student mit unglaublichem Durchhaltewillen und Mut den Spuren der Vermissten und traf tatsächlich auf Machiguenga-Indianer, die behaupteten, sie hätten die drei Entdecker getötet. Zudem übergaben sie Yoshiharu Papiere, die eindeutig Nichols gehörten. Der Japaner wagte sich noch einmal in die Gegend, konnte aber den Ursprung der geheimnisvollen, dreieckigen Punkte nicht entdecken, die er auf einer Satellitenkarte von dem Gebiet gesehen hatte. Schließlich unternahm die peruanische Armee Erkundungsflüge mit Helikoptern über den Pantiacolla-Hügeln. Wer jemals mit einem Hubschrauber über das dichte, undurchsichtige Urwalddach geflogen ist, wundert sich nicht, dass die Piloten Paititi nicht gefunden haben.

Robert Nichols hat sein Tod keinen Ruhm gebracht, der Brite Percy Fawcett hingegen ist zur Legende geworden. Der exzentrische Offizier war 1911 im Auftrag der Royal Geographic Society nach Südamerika gereist, um die Grenze zwischen Peru und Bolivien festzulegen, mitten im Urwald, den zum größten Teil noch kein Weißer betreten hatte. Als der Engländer hörte, dass man Machu Picchu gefunden hatte, spornte ihn die sensationelle Entdeckung Binghams an, in Brasiliens Mato Grosso, an der Grenze zu Bolivien, nach einer Sagenstadt zu forschen. Dabei hätte er aus eigener Erfahrung wissen können, wie vorsichtig man mit Gerüchten umgehen sollte. Während der Suche nach den Quellen des Río Verde musste sein Vermessungstrupp das Expeditionsgepäck auf ein Minimum reduzieren. Deshalb vergrub man einen Teil der Ausrüstung und 60 Gold-Sovereigns, etwa 300 Dollar, und holte sie nach der Rückkehr wieder ab. Jahre später erreichten Fawcett Gerüchte von einem »Verde-Schatz«, den sein Team zurückgelassen habe. Die Geschichte war so oft erzählt und wiederholt worden, dass inzwischen aus 60 Sovereigns 60 000 geworden waren. Ganz sicher hat das Gerücht viele Schatzsucher in den Urwald gelockt.

Nach seiner Rückkehr studierte Percy Fawcett Kopien eines geheimnisvollen Dokuments. Es handelte sich um Manuskript Nr. 512 der Biblioteca Nacional de Río de Janeiro, das er aus Südamerika mitgebracht hatte und das von einer rätselhaften Stadt im Mato Grosso berichtete. Er nannte sie »Z«. 1953 veröffentlichte Fawcetts Sohn Brian die Aufzeichnungen seines verschollenen Vaters, in denen der Oberst schildert, was er in der alten Chronik gelesen hatte. Der Text erwähnt vorzeitliche Menschen, die einst auf den Hochebenen des Mato Grosso siedelten. Am Ende des 16. Jahrhunderts, so erzählt eine Legende, protzte ein Mann Namens Moribeca, der halb Portugiese und halb Indianer war und den größten Teil seines Lebens bei unbekannten Eingeborenen gelebt hatte, mit Mengen an Gold, Silber und kostbaren Steinen, was den Neid habgieriger Europäer erregte. Da es den portugiesischen Kolonialbeamten nicht gelang, Moribeca und seinem Sohn die Quelle ihres Reichtums zu entlocken, zogen mehrere Expeditionen los, von denen eine 1400 Männer umfasst haben soll. Alle verschwanden, als hätte sie der Dschungel verschluckt.

1743 machte sich noch einmal ein Abenteurer, begleitet von ein paar Portugiesen, Indianern und Negersklaven, auf die Suche nach Moribecas Minen. Nach zehn Jahren unter unsäglich schwierigen Bedingungen entdeckten die Glücksritter zufällig den Ort ihrer Begierde. Auf der Jagd hatte Wild sie durch eine tiefe Felsspalte zu einem steilen Abhang geführt. Auf der Höhe angekommen, starrten sie sprachlos auf ein phantastisches Bild. Vor ihnen lag eine weite, grüne Ebene voller sprudelnder Bäche, und in etwa vier Kilometer Entfernung konnten sie klar und deutlich eine große Stadt erkennen. Nichts hätten die verlumpten und verzweifelten Männer weniger erwartet als diesen märchenhaften Anblick. Vorsichtige Erkundungen ließen darauf schließen, dass der Ort völlig verlassen war.

Vorsichtig näherten sich die Männer den geheimnisvollen Mauern, immer auf der Hut vor möglichen Angriffen versteckter Bewohner. Ein Weg führte durch hohe Stadttore, die aus riesigen Steinquadern auf grandiose Weise zusammengefügt waren. Die würdevolle Architektur, die ungewohnte Stille und das mysteriöse Erscheinungsbild dieser verlassenen Stadt schlugen die grobschlächtigen Männer in ihren Bann. Im oberen Teil eines mächtigen Turmbogens konnte man im dunklen, verwitterten Stein unbekannte Schriftzeichen erkennen. Alles sah undenkbar alt und dennoch erstaunlich perfekt erhalten aus. Keine Menschenseele war zu sehen. Dicht aneinander gedrängt wie eine Herde ängstlicher Schafe schlichen die staunenden Entdecker durch die Stadt. Zweistöckige Häuser säumten die breiten Straßen, alle aus präzise behauenen Blöcken errichtet und mit kunstvollen Verzierungen geschmückt.

Vor ihnen öffnete sich ein großer Platz, in dessen Zentrum, alle umgebenden Gebäude weit überragend, sich eine riesige schwarze Säule auf einem viereckigen schwarzen Sockel erhob. Auf der Säule stand die majestätische Statue eines Mannes, der eine Hand in die Hüfte stützte und mit der anderen mit ausgestrecktem Zeigefinger Richtung Norden wies. Eine meisterhaft gestaltete, hervorragend erhaltene Skulptur. In jeder Ecke der Plaza ragten große Obelisken aus schwarzem Stein empor, in die Steinmetze undeutbare Zeichen geschlagen hatten. Die gesamte rechte Seite des Platzes nahm ein wunderschönes, palastartiges Gebäude ein. Die Kolonnaden standen noch aufrecht, aber Teile der Wände und des Daches waren eingefallen. Eine breite, beschädigte Treppenflucht führte zu einer weiten Eingangshalle, die hervorragende Schnitzereien zierten. Überall waren Reste einer einst umfangreichen Bemalung zu erkennen, die an die eindrucksvollsten Bauwerke Ägyptens erinnerten. Über dem Haupteingang sahen sie einen Jüngling im Halbrelief. Die schön geformte Figur war von der Hüfte an aufwärts nackt, trug einen Schild in der Hand und eine Schärpe über den Schultern. Auf dem Kopf prangte ein Lorbeerkranz.

Dem Palast gegenüber erhob sich die Ruine eines anderen großen Gebäudes. Die eindrucksvolle Fassade ließ auf einen Tempel schließen. Obwohl schwer beschädigt und ohne Dach, waren doch noch Bilder von Tieren und Vögeln zu erkennen. Jenseits der Plaza schien die Stadt völlig zerfallen zu sein. Tiefe Risse klafften wie offene Wunden in den Ruinen. Eine schreckliche Tragödie musste sich hier einst abgespielt haben, als mächtige Erdbeben die blühende Stadt heimsuchten und eine Zivilisation zerstörten, die vielleicht 1000 Jahre alt war. Es schien, dass einst eine Terrasse Stadt und Fluss verband, über die jetzt Wasser strömte. Etwa 500 Meter außerhalb der Stadt stand ein einsamer, palastartiger Komplex, dessen Frontseite über 200 Meter lang war. Eine Treppenflucht aus vielen bunten Steinen führte zu ihm hinauf. Kolonnaden faßten das gesamte Gebäude ein. Ein prachtvoller Portikus gab den Weg in eine riesige Halle frei, deren Wände mit exquisiten bunten Fresken geschmückt waren; nichts schienen die Farben von ihrer ursprünglichen Kraft eingebüßt zu haben. 15 kleinere Säle gingen von der Halle ab, und in jedem erhob eine große Schlange ihren Kopf, aus dem kleine Wasserfontänen sprudelten.

Die Glücksritter trauten ihren Augen nicht. Das Grandiose, die alte Pracht der Bauten begeisterte sie anfangs über alle Maßen, aber dann übermannte sie die Gier nach Gold. Wenn nur die geringste Chance bestanden hätte, Schätze zu finden, hätten die gierigen Kerle keinen Stein auf dem anderen gelassen und die wundersamen Überbleibsel jener untergegangenen Kultur hemmungslos zerstört. Die Aussicht auf verborgene Schätze, nicht das Mysterium begeisterte sie. Der Anführer beschloss, so schnell wie möglich in die Zivilisation zurückzukehren, um später mit spezieller Ausrüstung wieder zu kommen und dort zu graben. Zwar hatte er keine Ahnung, wo sich die Geisterstadt befand, hoffte aber, dass die indianischen Führer, die die Entdeckung in Angst und Schrecken versetzt hatte, den Ort schon finden würden. Bald nachdem der Trupp die Stadt auf dem Fluss verlassen hatte, stieß er auf verlassene Minen, die auf Gold- und Silbervorkommen hindeuteten. Waren das die Quellen des Reichtums, der Moribeca zum Verhängnis geworden war? Noch eine Überraschung fachte die Phantasie der Männer an: Kammern waren aus dem Fels geschlagen und mit immensen Steinplatten verschlossen worden, die auch unter größten Anstrengungen nicht bewegt werden konnten. Waren es Gräber von Königen und Priestern oder Tresore, hinter denen Schätze gehortet wurden? Im Vorgefühl unermesslichen Reichtums beschlossen sie, ihre Entdeckung geheim zu halten und nur den Vizekönig einzuweihen, um mit seiner Hilfe zurückzukehren und die Minen wieder in Betrieb zu nehmen.

Nach acht Tagen erspähte ein Vorauskommando in einem Nebenfluss ein Kanu mit zwei Männern mit schwarzem Haar und weißer Haut. Als die überraschten Portugiesen Schüsse abgaben, um die unbekannten Gestalten auf sich aufmerksam zu machen, paddelten die seltsamen Männer mit größter Schnelligkeit davon. Menschen dieses Aussehens waren von Entdeckern immer wieder erwähnt worden, aber man hatte nie eine Erklärung für die angeblich »weißen Indios« gefunden.

Was ist wohl aus den erfolgreichen Schatzjägern geworden? Wie gerne hätte man aus ihrem Munde erfahren, was wirklich geschehen ist? Ob sich die Männer in der Unendlichkeit des Dschungels verlaufen haben oder ob sie sich im Streit gegenseitig umbrachten, ist nicht bekannt. Die Portugiesen und ihre schwarzen Sklaven blieben für immer verschollen. Ein Indianer, der zum Begleittrupp gehört hatte, brachte das aufregende Dokument »Z« zurück. Warum es aber scheinbar ungelesen im Archiv verborgen lag, bis es Percy Fawcett aufstöberte, weiß niemand zu sagen.

»Ist die Überprüfung des Berichts vom wissenschaftlichen Standpunkt aus interessant?«, fragte Percy Fawcett 1925 rhetorisch. »Ja, ganz sicher. Ich zweifle, ob es irgendein archäologisches oder ethnologisches Ziel gibt, das heute wichtiger wäre als das Studium der Ruinen und dessen, was unter ihnen verborgen ist. Welche Bedeutung haben die Hunderte Inschriften, die überall zu sehen sind und den ältesten uns überlieferten Zeichen ähneln. Vielleicht finden wir da einen neuen Rosetta-Stein, der einst half, die Hieroglyphen zu entziffern. Wer weiß, vielleicht erscheinen uns die Bauten Ägyptens im Vergleich zu den Urwaldruinen als jung.«

1925 ging der Oberst mit seinem Sohn Jack und dessen Freund im Mato Grosso auf die Suche. Als sie am 29. Mai unerforschtes Gebiet erreichten, schickten sie alle Helfer zurück. Fawcett schrieb an seine Frau: »Du brauchst keine Angst zu haben, dass etwas passiert.« Es war die letzte Nachricht. Die drei Forscher verschwanden auf Nimmerwiedersehen im Urwald.

Fawcetts mysteriöses Schicksal löste in England eine wahre Verschollene-Stadt-Hysterie aus. Ganze Abenteurer-Generationen zogen in den Urwald, um nach dem Forscher und der geheimnisvollen Stadt zu suchen, in der Fawcett und seine jungen Begleiter vermeintlich in unglaublichem Luxus als Gefangene lebten, wie Gerüchte verbreiteten. Was ist mit den Abenteurern geschehen? Haben Indianer sie getötet? Waren es die Wächter der ominösen Stadt? War es eine riesige Anaconda? Oder herrscht Percy Fawcett tatsächlich gar als weißer Häuptling über einen Stamm von Kannibalen? Die letzte Expedition, die nach Fawcetts Spuren fahndete, zog meines Wissens 1996 in den Urwald, um einen Film über die faszinierende Geschichte zu drehen. Sie kam nicht weit: Indianer nahmen die Abenteuer-Amateure gefangen. Als man die Eindringlinge schließlich freiließ, mussten sie ihre Ausrüstung im Wert von 60 000 Dollar zurücklassen. Der Urwald des Mato Grosso ist scheinbar immer noch ein zu gefährlicher Ort für Schatzjäger.

Die Straßen der Inka

Gegen 3 Uhr nachmittags beginnt für uns der Abstieg aus fast 5000 Meter Höhe. Viele von uns quält die Höhenkrankheit. Man glaubt, der Kopf platzt vor Schmerzen. Wieder und wieder rutsche ich von meinem Maultier, stapfe durch Morast, gleite aus, stoße mir die Beine an Steinen auf und bin bis zu den Hüften mit Schlamm verdreckt. Solche ungewohnten Herausforderungen sind die besten Gelegenheiten, sich selbst zu bemitleiden. Die peruanischen Arrieros, die teilweise noch die schwere Kameraausrüstung tragen müssen, scheinen keine Müdigkeit zu kennen. Zum Glück lichtet sich am Abend der Nebel, und wir können das grandiose Bergpanorama der Anden und die grünen, weit schwingenden Täler im Licht der letzten Sonnenstrahlen bewundern. Wir steigen zu den Yonan-Seen ab, die unter uns wie Silber schimmern, bevor das Lager in 3200 Meter Höhe aufgeschlagen wird. Alle sind durchnässt und schlottern vor Kälte, viele haben vom langen Ritt Krämpfe in den Beinen. Einer der peruanischen Archäologen hat einen Kälteschock erlitten und war unbemerkt zurückgeblieben. Er wäre sicherlich gestorben, wenn wir keine Funkgeräte gehabt hätten. So konnte er gerettet und spät abends ins Lager getragen werden. Erst nach mehreren Tagen kann er sich der Expedition wieder anschließen. Als ich Gene Savoy frage, ob uns auf dem Weg noch mehrere solcher Herausforderungen bevorstünden, meint er lachend: »Das war erst ein Vorgeschmack.« Wie übersteht der willensstarke Mann das nur mit seinen 74 Jahren?

Am Tag darauf – es ist der 25. Juli 2001 – sind unsere Helfer schon seit dem ersten Morgengrauen auf den Beinen und beladen die Maultierkolonne. Ein kaum erkennbarer Pfad führt uns am Rand von Hochgebirgsseen langsam zur Baumgrenze und zu den Ausläufern der Waldgebiete des Amazonas-Beckens hinunter. Die erste Ruine taucht auf. Wahrscheinlich ist es eines der Vorrats- und Rasthäuser, *tambos* genannt, die in regelmäßigen Abständen an den Inka-Straßen errichtet wurden. Gene Savoy und die Archäologen Cornejo und Medoza vermessen die verfallenen Steinbauten samt ihren trapezförmigen Fensteröffnungen, die typisch sind für die genialen Baumeister der Inka. Die Arrieros sitzen unterdessen am Straßenrand und präparieren ihre alltägliche Dosis Koka. Bei jedem Halt fischen sie mit überdimensionalen Zahnstochern zarte Blätter des Kokabuschs aus kleinen Kalebassen, die sie am Gürtel tragen. Dann reißen sie die Stengel ab, sammeln die grünen Blätter in einer Hand und blasen darauf, bevor sie die Quechua-Worte »Pachamama, Pachamama, Pachamama« (Erdmutter) murmeln, was in etwa einem katholischen »Gesegnet seist du, Maria!« gleichkommt. Die Männer stopfen die Blätter in den Mund und schieben weiße Asche oder ein Kalkgemisch nach, um Alkaloide aus der Pflanze zu lösen, die eine stimulierende, narkotisierende Wirkung haben. Auch ich habe bald eine kleine Tüte mit Kokablättern am Gürtel hängen. Der unangenehm bittere Geschmack wird durch das angenehme Gefühl wettgemacht, wieder atmen zu können. Auch das Schwindelgefühl hört auf.

Ähnlich putschten sich schon die Postboten der Inka auf. Bis zu 40 Kilometer am Tag liefen sie über Straßen, die das riesige, lang gestreckte Reich mit einem 25 000 Kilometer langen Verkehrsnetz überzogen. Die Boten, *chasquis,* die sich nach festgelegten Etappen wie Stafettenläufer ablösten, waren Teil »des besten Nachrichtensystems, das ich je gesehen habe«, wie der Chronist Cieza de León 1650 bewundernd berichtet. »Auch Pferde könnten Botschaften nicht schneller übermitteln.« Diese großartige Einrichtung, die in Europa nur von dem viel bewunderten System der römischen Militärstraßen erreicht wurde, bildete die Voraussetzung für eine straffe Kontrolle des riesigen Gebiets, das von königlichen Residenzen verwaltet, aber zentral von Cusco aus regiert wurde. Bis zu 400 Kilometer konnten Nachrichten an einem Tag weitergeleitet werden. Die Chasquis trainierten schon in ihrer Jugend, lange Strecken in dünner Höhenluft im Dauerlauf zurückzulegen. Der mit einer weißen Feder am Kopf geschmückte, mit einer Keule und einer Schleuder bewaffnete Bote kündigte sein Kommen durch das Blasen einer Muscheltrompete an. Ein zweiter Läufer rannte an der Relaisstation so lange neben ihm her, bis er sich die Nachricht eingeprägt hatte und dann auf gleiche Weise weitergeben konnte.

Überall im Land der Inka begegnete man Trupps mit Sänften, in denen sich Inspektoren durchs Land tragen ließen. Es waren Verwaltungsbeamte, die das Reich im Namen des Königs kontrollierten. Ihr Titel *tucuyrícuc,* »der alles sieht«, weist darauf hin, welchen Respekt die adligen Herren genossen. Die Inka-Baumeister überwanden im wahrsten Sinne des Wortes atemberaubende Hindernisse. Über 5000 Meter hohe Pässe mussten Trassen gelegt werden, während in den Tälern genial konstruierte Brücken reißende Flüsse und tiefe Schluchten überspannten.

Das Inka-Reich war durch zwei Hauptstraßen erschlossen, die zahlreiche Nebenrouten verbanden. Eine Hauptarterie führte an der Küste entlang, die andere, *capac-nan,* die »königliche Straße«, wand sich durch das Hochland der Anden. Wie schnurgerade die Straßen in einigen Regionen verlaufen, ist eindrucksvoll aus der Luft zu erkennen, wenn man die Route am Ostrand der Atacama-Wüste in Chile überfliegt. Noch heute kann man die niedrigen Mauern sehen, mit denen die Wege eingefasst waren, um Sandverwehungen zu verhindern. Im Flachland sind die Straßen bis zu sechs Meter breit, im Gebirge aber an manchen Stellen kaum einen Meter. Wie genial die Baumeister der Inka ihre Gebirgspfade anlegten, kann jedermann erkunden, der den alten Weg im steilen Zickzackkurs nach Machu Picchu hinaufläuft. Immer wieder sind Stufen in den Fels gehauen und dreieinhalb Meter hohe Dämme aufgeschüttet. An einer Stelle geht man sogar durch einen Tunnel. Für trittsichere Lamas, die Lasttiere der Inka, stellten die steilen, häufig im Winkel von 70 Grad in den Fels gehauenen oder aufgeschichteten Steinpfade kein Hindernis dar. Für die aus Europa importierten Pferde der Konquistadoren waren sie aber oft nicht zu bewältigen.

Gene Savoy erkundete in den 60er Jahren die Routen der Inka und ihrer Vorläufer aus der Luft, weil er Wege finden wollte, die von der Ebene zur Sierra, dem Hochland der Anden, und von da nach Osten ins Amazonas-Becken führten. Er war überzeugt davon, dass sie ihn zu verborgenen Städten im Urwald leiten würden. Berichte von Historikern des 16. Jahrhunderts regten Savoy an, seine Suche im Santa-Tal, dem Zentrum des Reichs der Chimú, zu beginnen, das im 9. Jahrhundert gegründet worden war.

Der Spanier Pedro Cieza de León, der Peru im 16. Jahrhundert viele Jahre als Soldat bereiste, und Garcilaso de la Vega, der Sohn eines Spaniers und einer Inka-Prinzessin, beschreiben das Tal als die am dichtesten besiedelte Region des Inka-Reichs. In »Königlicher Bericht über die Inka« erwähnt de la Vega, dass der Großkönig der Chimú dem Ansturm des Inka Tupac Yupanqui, der über das Santa-Massiv vordrang, lange Zeit standhielt und Abertausende Krieger bei dem erbarmungslosen Kampf fielen. Erst nach langen Verhandlungen gelang es dem Inka, das Gebiet der Chimú seinem Reich einzuverleiben. Das Küstenvolk hatte seine Verteidigungsanlagen strategisch so günstig gebaut, dass sie fast uneinnehmbar waren. Aus der Luft erspähte Savoy Festungswälle der Chimú, die ihn an die Chinesische Mauer erinnerten. Ein Wall zieht sich im südlichen Herrschaftsgebiet 80 Kilometer durch das Vorgebirge der Anden. Nur aus der Vogelperspektive kann man ermessen, was für ungeheure Anstrengungen es gekostet haben muss, diese Barriere in der unebenen Gebirgsregion zu errichten.

Auf unserer Fahrt an der Küste entlang, auf dem Transamerika-Highway, der sich von Alaska bis nach Feuerland durch den ganzen Kontinent schlängelt, erkunden wir die Ruinen der einstigen Hauptstadt der Chimú, Chanchán. Bald schon verlieren wir uns im Labyrinth endloser Gänge, die verfallene Mauern umschließen. Bis zu zehn Meter hoch steigen sie neben uns auf, teilweise bis zu 600 Meter lang. Kunstvolle Reliefs voller geometrischer Muster und Figuren verzieren großflächig die Palastanlagen. Die Sandtönung der mächtigen Ruinen unterscheidet sich nicht von der Farbe der Erde, aus der sie einst geformt wurden. Es ist nur schwer vorstellbar, dass große Teile der Wände und Friese einst verputzt und farbig bemalt waren. 33 000 Einwohner sollen in dieser Lehmziegelstadt gelebt haben, die zu den größten Metropolen des Kontinents gehörte.

Nur aus der Luft ist das 26 Quadratkilometer große Areal Chancháns zu überblicken. Kilometerlang ziehen sich ummauerte, palastähnliche Wohnviertel und Arbeiterquartiere hin. Alles scheint dem rechten Winkel untergeordnet. Den Chimú war es gelungen, das Wüstengebiet an der Küste durch ausgeklügelte Kanalsysteme zu bewässern und so die Voraussetzung für die Entwicklung eines blühenden und mächtigen Staatswesens zu schaffen. Im 14. und 15. Jahrhundert erstreckte sich das Herrschaftsgebiet fast 1000 Kilometer entlang der Küste.

Vor allem die Goldschmiede der Chimú waren in Südamerika unübertroffen. Gold wurde in großem Stil gewonnen. Archäologen schätzen, dass fast 6000 Arbeiter in den Minen arbeiteten und viele hundert Schmiede das Metall bearbeiteten. Sie kannten die meisten Verfahren der Metallbearbeitung und gaben ihr Wissen an die Eroberer weiter. Die Inka verschleppten die Chimú-Handwerker nach Cusco, wo sie den kostbaren Schmuck fertigten, der den Goldrausch der Spanier und schließlich die Legende von Eldorado auslöste. Während Gold für die Spanier das höchste materielle Gut bedeutete, stellte es für die Chimú und die Inka ein Symbol der Macht dar, weshalb sich auch nur der Adel mit Gold schmücken durfte.

Die den Indiovölkern scheinbar weit überlegenen Eroberer aus Europa waren nicht in der Lage, ihre Kolonie so effektiv zu verwalten wie Chimú und Inka. Ihr Erbe wurde zerstört. Terrassenfelder und Bewässerungskanäle, Bauten und Straßen verfielen. Die Gold- und Silbervorkommen waren bald erschöpft. Das Land degenerierte zu einem der vielen Armenhäuser Amerikas.

Gene Savoy interessierte sich vor allem für das perfekte Straßensystem der Chimú. Der Forscher startete mit seinem Piloten über dem Delta des Santa-Flusses und flog über die Hügellandschaft am Fuße der Anden, die zur *Cordillera Negra* ansteigen, den »Schwarzen Kordilleren«, auf denen kein Schnee liegt, obwohl sie bis zu 5000 Meter aufragen. Weiter ging es über die *Cordillera Blanca,* die Wasserscheide, auf deren Höhen alle Quellflüsse des mächtigen Amazonas entspringen. Tatsächlich erspähte Savoy immer wieder dünne Linien im wechselnden Gelände, die sich bis jenseits des Marañón erstrecken. Sie führen an der Ostgrenze der Provinz La Libertad vom Hochland in die *ceja de la montaña,* die »Augenbraue der Berge«, wie die Spanier die ins Amazonas-Gebiet übergehenden Urwälder am Osthang der Anden nennen. Da alle Straßen westlich der Bergketten zu Stadtzentren führten, nahm Savoy an, dass auch die Wege im Hochland größere Ansiedlungen verbanden. Deshalb reiste er in die Montaña und hörte bei seinen Recherchen in abgelegenen Siedlungen von Jägern und Neuland suchenden Bauern, armen *campesinos,* Berichte von überwachsenen Ruinen, die so viel versprechend waren, dass er sich zu einer Expedition in die Urwaldgebiete der »Chachas«, wie die Chachapoya kurz genannt werden, im Osten Perus entschloss. Viele weitere sollten folgen.

Gran Pajatén

In Vilcabamba fielen Gene Savoy Rundbauten auf, die sich grundlegend von der Baukunst der Inka unterscheiden. Der Forscher vermutete, dass es sich um Architekturen der Chachapoya handelte, die einst 800 Kilometer nordöstlich von Vilcabamba im wolkenumhüllten Regenwald in Höhen zwischen 2500 und 3000 Metern siedelten. Garcileso de la Vega berichtet in der 1606 in Lissabon erschienenen Chronik »El Inka«, dass der Inka Tupac Yupanqui um 1480 Militärstraßen von Huanuko aus ins Gebiet der Chachapoya bauen ließ, bevor er ihr Land nach langen, verlustreichen Kämpfen eroberte. Von den Städten, die der Inka besetzte, werden sieben mit Namen aufgezählt. 30 Jahre später rebellierten die Chachapoya gegen die neuen Herren und mussten von Tupac Yupanquis Sohn Huayna Capac noch einmal unterworfen werden. Im Nationalarchiv von Lima fand Savoy alte Texte, die darauf hinwiesen, dass die Inka viele Chachapoya um Cusco ansiedelten. Aus den Reihen der ungewöhnlich groß gewachsenen Männer wurden später die Gardetruppen des Königs rekrutiert. Wissenschaftler gehen davon aus, dass die Chachapoya das Urwaldgebiet der Montaña im Nordosten Perus seit etwa 600 nach Christus beherrschten.

»Wir haben die verlorene Stadt Vilcabamba gefunden und sind dann weitergezogen, um noch mehr verschollene Städte aufzuspüren«, erzählt Savoy. »Die alten Archäologen, die zunächst so skeptisch waren, kamen und rieten mir, noch tiefer in den Regenwald vorzudringen, nach Nordosten. Von Vilcabamba kamen wir so zum Reich der Chachapoya.«

Einige mit Manco verbündete Chachapoya-Häuptlinge hatten dem Inka Zuflucht in einer uneinnehmbaren Festung angeboten, die sie »Rabantu« nannten. Manco plante, sich mit den Anti zu verbünden, den Bewohnern des Antisuyo, der Urwaldregionen an der Ostgrenze des Inka-Reiches, und dann nach Rabantu zu ziehen, aber er zögerte, wie bereits erwähnt, zu lange. Diese Information, die Mancos Sohn Itu Cusi weitergab, motivierte Savoy, nach Rabantu zu fahnden, einem Ort, von dem noch nie jemand gehört hatte. Die Suche nach der Sagenstadt sollte den Forscher jahrzehntelang in Atem halten.

1965 zog der Amerikaner mit einer Expedition in das Urwaldgebiet nördlich von Vilcabamba. Sein Ziel war der südlichste Vorposten des Reiches der Chachapoya. Abgesehen von den vielversprechenden Ergebnissen seiner Suche nach alten Inka-Wegen, ließ sich Savoy von den Entdeckungen früherer Forscher leiten. Der französische Botaniker Vidal Senéze hatte 1885 an den Osthängen der Anden in der Nähe von Rodriguez de Mendoza gelegentlich Ruinen gesichtet. Im 20. Jahrhundert forschten die Archäologen Hans Horkheimer sowie Paul und Henry Reichlen in dem von Senéze bezeichneten Gebiet. Am 10. September 1965 fuhr Savoy bei strömendem Regen den steilen Serpentinenweg vom 4250 Meter hohen Alto Huagil-Pass zum Río Marañón hinab: »auf einer kurvenreichen Sandpiste, der steile, über 300 Meter tiefe Felssturz immer zu unserer Rechten. Nach grauenhaften neun Stunden erreichten wir Chagual, wo wir auf Maultiere umsattelten. Am nächsten und übernächsten Tag stiegen wir wieder auf, erst bis Los Alisos auf fast 3200 und dann auf einem steilen Felspfad bis zum höchsten Punkt der Cordillera, auf 4000 Meter, wo wir bald auf einen alten Seitenpfad der 60 Kilometer weiter westlich verlaufenden, berühmten Inka-Straße stießen. Der mit Bruchstein ausgelegte, im Durchschnitt drei bis vier Meter breite Weg verengte sich allmählich bis auf einen 90 Zentimeter Meter breiten Damm, der bis Puerta del Monte führte, dem Tor zum Urwald des Hochlandes.«

In ständigem Auf und Ab schlug sich der kleine Trupp durch den Dschungel, bis er endlich in 3100 Meter Höhe auf die ersten gemauerten Wände stieß. Die Positionsbestimmung ergab eine ungefähre Breite von 77 Grad West und einer Länge von 7 Grad 45 Süd. Der Blick zurück zu den Höhenflächen der Sierra, über die Savoy vor wenigen Tagen geritten war, zeigte eine Landschaft, wie sie kontrastreicher kaum sein konnte. »Dort die kahle, braune Hochebene und hier überquellende, wuchernd grüne Wälder, die der Regen aus Wolken von der dampfend heißen Amazonasebene im Osten feucht hält.« Wie besessen kletterte und hangelte sich Gene Savoy mit seinen Macheteros durch wucherndes Dickicht und stieß dabei immer auf neue Anlagen und Steintreppen, die zu immer neuen Terrassen anstiegen. Alle Bauten waren rund, kunstvoll aus Schiefer aufgeschichtet und mit Mörtel verfugt. Bis zur völligen Erschöpfung hackten die Männer auf Lianen und Schlingpflanzen ein, kratzten und schabten dichte Moosteppiche ab, hinter denen sich die eindrucksvollen Reste einer unbekannten, längst untergegangenen Kultur verbargen. Elegante Mosaikornamente kamen zum Vorschein, die teilweise ganze Gebäude schmückten und von Simsen unterteilt waren. Die Verzierungen erinnerten Gene Savoy an Ornamente, die er an Tempelmauern in Chichén Itzá, Labna und Mitla in Mexiko gesehen hatte. Tausende behauene Steine schienen zu einem riesigen Puzzle zusammengesetzt.

Savoys eindrucksvollster Fund war ein Rundbau von 15 Meter Durchmesser und über vier Meter Höhe. Mit größter Vorsicht befreiten die Macheteros das Wunderwerk von Teilen des Stützkorsetts aus Baumwurzeln und Rattangeflecht. Das Ergebnis ist frappierend: Ein umlaufender Sims unterteilt die Fassade in zwei Teile. Das obere Segment ist reich mit Friesen voller Steinornamenten verziert. Mal sind sie im Zickzackmuster angelegt, mal greifen rechteckige Bandmuster kettenartig ineinander. Schwarze Schiefersteine mäandern um die kreisförmig angelegten Strukturen. Aufgeregt kratzte Savoy ein Meter breite und 60 Zentimeter hohe Vögel mit ausgebreiteten Schwingen frei, Kondore. Die Inka haben den Vogel des Lichtes und Boten der Sonne nie abgebildet, nur die Kulturen vor ihnen. Unter den Kondor-Plastiken ragten nebeneinander zehn seltsame Wesen aus der Wand, einfach stilisierte menschliche Gestalten aus Schiefer. Mal wuchsen aus den Köpfen Flügel, mal krönten sie Sonnenstrahlen. Aus Stein modellierte Köpfe mit perückenartigem Haar, großer Nase und rundem Ohrschmuck standen aus den Fassaden vor. Der gute Zustand der Ornamente zeigte, dass die spanischen Eroberer den Ort nicht gefunden hatten, weil sie sonst wie üblich alle »heidnischen« Motive zerstört hätten.

Gene Savoy nannte die Anlage nach der alten, fünf Tagesreisen weiter nordöstlich gelegenen, längst verfallenen Missionsstation der Franziskaner, nach Jesús de Pajatén: Gran Pajatén. Bis heute kann der Forscher sein Glück kaum glauben. Der große Komplex voller stilisierter Rundbauten zeugt von einer hoch entwickelten Kultur, deren Architektur sich grundlegend von der Bauweise der Inka unterscheidet. Es scheint sich bei dem Ensemble um ein zeremonielles Zentrum mit Tempelanlagen der Chachapoya zu handeln. Woher kommt dieser einmalige Stil? Hat er sich vor Ort entwickelt? In der Küstenregion sind derartige Formen nicht gefunden worden, aber im Amazonas-Becken – etwa bei den Arawak – kennt man ähnlich runde und ovale Strukturen. Ist der Ursprung der Kultur der Chachapoya etwa im Amazonas-Gebiet zu suchen? Auf jeden Fall hat Savoy die imposanten Zeugnisse eines Volkes entdeckt, das der Welt bis dahin fast unbekannt war. Die meisten Archäologen hatten angenommen, dass diese Region zur Zeit der Inka so gut wie unbewohnt gewesen sei. Warum sollte sich ein Volk an den steilen, regnerischen, wolkenverhangenen Hängen der Ostanden ansiedeln? Aber seine Theorie, dass dort viele Ruinen untergegangener Städte auf ihre Entdeckung warten, muss Gene Savoy erst noch beweisen.

Die Nachricht von dem überraschenden Fund im Urwald Perus brachte den Namen Savoy wieder in die Schlagzeilen. Die peruanische Regierung schickte Macheteros an den Ort des Geschehens, die einen Helikopter-Landeplatz im Urwald freischlagen sollten, damit ein halbes Dutzend Armeehubschrauber Archäologen und vor allem Presseleute in Gran Pajatén absetzen konnten. Gene Savoys Aufgabe indessen war mit der Entdeckung der verschollenen Stadt für ihn erledigt; er strebte schon wieder neuen Zielen zu, die das geheimnisvolle Volk der Chachapoya enträtseln sollten.

Am 9. November 1997 ging eine Pressemeldung um die Welt, die von sensationellen Funden in der Region von Gran Pajatén berichtete. »Der belgische Ornithologe Jean de Corninck meldet, er habe Ruinen aus der Zeit vor den Inka gesehen, die ›größer und imposanter‹ als Gran Pajatén sein sollen. Corninck war zusammen mit drei Gefährten einen Monat lang im Urwald verschollen gewesen. Am Donnerstag wurde er mit zwei Begleitern entkräftet gerettet. Der vierte sei von der Strömung des Río Abiseo weggerissen worden. Nach Angabe von Corninck war die Gruppe im Auftrag einer Filmgesellschaft nach Gran Pajatén gereist, um einen Dokumentarfilm über die Ruinen zu drehen. Einige trennten sich von der Gruppe, um ein Stück unberührter Wildnis zu betreten – und verliefen sich. Im Dschungel fanden sie die Ruinen aus Stein gehauener Häuser und auch Gold, berichteten sie. Da ihre Lebensmittel bald aufgebraucht waren, ernährten sie sich bis zu ihrer Rettung überwiegend von Schmetterlingen. Der Direktor des Nationalen Instituts für Kultur im Bezirk San Martín, Mendoza, sagte: ›Es ist möglich, dass Cornincks Team eine Ruinenstadt in der Region gefunden hat. Es sind dort schon 26 Expeditionen gewesen, aber nur fünf hatten eine offizielle Erlaubnis. Die anderen kamen, um zu rauben.‹ In Gran Pajatén werde die sagenhafte Goldstadt El Dorado vermutet. Corninck sagte, man habe große Mengen Goldes gesehen. Corninck wurde von dem peruanischen Ornithologen Segundo

Rivadenyra und dem peruanischen Insektenforscher Mario Callegari begleitet. Verschollen ist ihr Begleiter Marcial Huaman.«

Seltsamerweise hat man nie wieder etwas von der Goldstadt Cornincks gehört, und Filmmaterial, um das sich doch jeder Fernsehsender reißen würde, ist auch nie aufgetaucht. Doch fachen solche Sensationsberichte immer wieder den Mythos von Eldorado an.

Im Urwald der Montaña

26. Juli 2001. Urwald hüllt unseren Treck von allen Seiten ein, die feuchte Schattenwelt des Nebelwaldes. Die Wildnis abseits freigeschlagener Pfade ist nur unter großen Mühen zu durchdringen. Überall Schlingpflanzen, die wie endlose Schlangen aussehen, Lianen, an denen Tarzan schwingen könnte, grüne Girlanden, mit dichtem, feuchtem Moos und Schmarotzerpflanzen überwucherte Baumriesen. Ab und zu ein Farbtupfer im ewigen Grün, bündelweise Orchideen, die in den vermoosten Ästen nisten oder die glutroten Blüten der Bromelien. Riesige Baumfarne lassen uns wie Zwerge erscheinen.

Macheteros haben den engen Pfad auf Anordnung Savoys schon im Jahr 2000 in den Urwald geschlagen. Weil die Regierung die Genehmigung für die Expedition zurückzog, musste sie um ein Jahr verschoben werden. Savoy ärgert sich, dass sich an dere Forscher »seine Wege« zunutze machten und illegal vor ihm nach Gran Saposoa treckten. Der Boden ist aufgeweicht und lehmig. Bis zu den Knien versinken wir im Morast, in dem die Gummistiefel immer wieder stecken bleiben.

Verdammte Tour! Die Maultiere rutschen auf nassen Felsen aus, stolpern über ein Gewirr aus hohen Wurzeln, das über den Pfad wuchert, schütteln die Ladung ab und auch so manchen unbeholfenen Reiter. Im Zeitlupentempo sieht man sie aus dem Sattel gleiten und im Matsch landen. Dann gerät das erste Muli mit den Hinterhufen über die Kante des glitschigen Pfades. Drei, vier Arrieros versuchen das panische Tier zu halten, sie stemmen die Füße gegen Felsbrocken und zerren am Halteseil, »Carajo!«, schreien sie, aber dann zieht das Gewicht der verrutschten Ladung das Muli den Abgrund hinunter. Viermal überschlägt es sich, bis es im Gebüsch hängen bleibt. Zum Glück ist das Tier nicht verletzt. Zwei Stunden dauert es, bis ein halbes Dutzend Treiber das verängstigte Muli wieder auf die Beine bekommen. Mühsam zerren sie es im Zickzack den steilen Hang empor.

27. Juli 2001. Javier, einer der Polizisten, kann sich bei einem Sturz im letzten Augenblick retten, indem er sich an ein paar hervorstehenden Ästen festklammert. Sein Maultier rutscht 30 Meter bis zu einem Fluss ab. Ein Wunder, dass es überlebt. Kameramann Florian fällt vom Pferd und bleibt unter einem herabgestürzten Baum eingeklemmt liegen. Seine großen Schmerzen zeigen, dass er wahrscheinlich zwei Rippen gebrochen hat. Der Veteran vieler Amazonas-Expeditionen hat »die Nase voll«.

Nur mit Mühe können uns die einheimischen Führer der Nachhut davon abhalten, mitten im Wald zu übernachten. Acht Stunden ununterbrochener Marsch, das ist für uns die Hölle. Es ist längst dunkel, als wir schließlich eine große Lichtung am Rand eines tosenden Flusses voller abgestorbener, ausgeblichener Baumriesen erreichen.

»Pampa Hermosa« heißt das Lager. Arme Bauern haben versucht, hier zu siedeln, aber der Ertrag des kargen Bodens reichte nicht zum Überleben. Ringsherum erobert sich der Urwald das mühsam gelichtete Terrain zurück. Nur noch eine Familie fristet in einem Blockhaus am Rande der Lichtung ein kümmerliches Dasein.

26. Juli 2001. Bevor wir zum Basislager aufbrechen, bestimmen die Kartografen unsere Position mit Hilfe von GPS-Geräten und tragen die Koordinaten in die Expeditionskarte ein. Ich bin froh,

dass wir ein Satellitentelefon mitgenommen haben, so können wir im Notfall wenigstens unseren genauen Standort durchgeben. Das tröstet ein wenig, obwohl uns im Ernstfall keine schnelle Hilfe erreichen würde. Wenn uns nur der Dauerregen nicht ständig durchnässen würde!

Immer wieder steigen wir in tiefe Täler ab und wieder zum nächsten Pass hinauf. Allmählich führt der Weg dann weiter abwärts in die Urwaldzonen der Montaña. Wieder Schlamm, Abgründe, umgestürzte Bäume und durchgehende Mulis. Ich bin entschlossen, den Weg zurück nicht noch einmal durchzustehen. Irgendwo hier müsste doch ein Hubschrauber landen können, der mich schnell in die Zivilisation zurückbringt. Wenn ich mir vorstelle, unser Team hätte sich den Weg selber freischlagen müssen, wären wir wohl nie am Ziel angekommen.

Goldene Brücken

Das Vorauskommando hat Holzbrücken über die reißenden Gebirgsflüsse gebaut. Dabei werden ein paar Baumstämme gefällt, über die Hindernisse gehievt und die Zwischenräume mit Erde aufgefüllt, damit die Packtiere sicheren Tritt finden.

Einige Wochen später filmen wir im Hochland von Huanchiri ein äußerst seltenes Ereignis, den Bau einer Inka-Brücke über eine tiefe Schlucht. Hier am Apurímac wird deutlich, dass die zahlreichen Wildwasser des Anden-Gebiets eine der größten Herausforderungen für die Straßenbauer darstellten. Der *chaca major,* der Brückenbaumeister Victoriano Arizapana, und seine Seiler flechten eine Hängebrücke, wie sie schon vor 500 Jahren über Schluchten gespannt wurde. Ein ständiger Strom von Menschen, Tieren und Waren zog dann über sie hinweg, bis eine Erneuerung fällig wurde. »Brücke aus feinem Gold« nannten sie die Inka und dachten dabei wohl an den Goldton des Strohs.

Über 100 Männer und Frauen kommen zum Teil von weit entfernten Gehöften, um die einzige Strohbrücke zu bauen, die noch jedes Jahr in Peru erneuert wird. In langen Reihen steigen sie die steilen Serpentinenpfade zum Canyon hinunter. Auf dem Rücken tragen die Indios dicke Seilbündel, die Victoriano alle nachmisst, weil jeder Bewohner der Umgebung 70 Meter geflochtenes Stroh abliefern muss. Die Männer tragen meist Cowboyhüte aus Stroh, Arbeitshosen und karierte Hemden. Die Frauen in ihren bunten, in mehreren Schichten übereinander getragenen Glockenröcken, gewebten Jacken und den typischen weißen, beigen oder braunen Bowlerhüten scheinen aus einer anderen Zeit zu stammen. Auf ihren Feldern haben sie mit der Sichel goldgelbes Ischugras geschnitten und es mit Steinen weich geschlagen, weil sich nur geklopftes Gras zu Seilen verbinden lässt. In langen Reihen stehend flechten Männer und Frauen Grasbündel zu langen, fingerdicken Strängen, 15 dieser Stränge werden dann mit großem Geschick zu einen festen Seil verdreht, drei Seile zu einem dicken Tau. Wenn gleichzeitig ein Dutzend Seile und Taue verspleißt und zusammengedreht werden, sieht es aus, als würden die Indios überlange Springseile schwingen. Manchmal winden sich die Seile so schnell, als kämpfte eine Schlange um ihr Leben.

Insgesamt werden etwa 18 000 Meter Ischugras geflochten und zu 270 Seilen gedreht. Da sich Frauen nicht direkt am Bauplatz aufhalten dürfen, weil dies nach alter Überlieferung Unglück bringen würde, schleppen Männerkolonnen die scheinbar endlos langen, dicken Zopfwülste die letzten steilen Treppen bis zum 30 Meter tiefer liegenden Canyonrand hinunter. Aus der Ferne wirkt das, als klammerten sich Indiojäger an eine riesige, lebendige Python. Noch schwingt die alte, verbrauchte Hängebrücke über dem Apurímac, die niemand mehr betreten darf, weil sie zu brüchig geworden ist. An einem dünnen Hilfsseil wird erst ein Zugseil und dann eines der dicken, sechs Zentner schweren Tragetaue über die 15 Meter hohe Schlucht gezogen. Vier Zöpfe müssen für den Boden und zwei für das Geländer gespannt wer-

Bau einer Grasbrücke im Hochland von Huanchiri: Tausende von Seilen werden zu einem dichten Geländergeflecht vertäut.

den. Wie beim sportlichen Tauziehen stemmen sich zwei Dutzend Männer gegen das schwere Gewicht des feuchten Taus und ziehen es Meter für Meter über die Schlucht, bevor es in steinernen Stützpfeilern verankert wird. Jetzt erst werden die Haltetaue der alten Brücke durchgeschnitten. Mit elegantem Schwung schlägt sie gegen die gegenüberliegende Felswand, dann wird das verwitterte Meisterwerk vom reißenden Fluss fortgeschwemmt. Zwei schwindelfreie Indios sitzen an jeder Seite auf den vier Basistauen, arbeiten sich langsam bis zur Mitte der schwankenden Seilkonstruktion voran und vertäuen dabei mit Hunderten von Seilen die oberen und unteren Taue zu einem dichten Geländergeflecht. Danach erst werden Gras und Zweige mit den vier Tragezöpfen zu einem sicheren Steg verzurrt.

Bevor ich die ersten Schritte auf diese schwankende Konstruktion mache, muss ich meinen ganzen Mut zusammennehmen. In der Mitte, wo sie am weitesten durchhängt und am meisten schwingt, habe ich Schwindelgefühle und schließe eine Weile die Augen, ehe ich mich bis zum gegenüberliegenden Felshang vorantaste. Die kühnste Hängebrücke der Inka, die nördlich von Cusco in 35 Meter Höhe über den schäumenden Apurímac führte, hatte eine Spannweite von sieben Metern.

Einer besonderen Fährenkonstruktion der Inka, *oroya,* muss sich auch heute noch anvertrauen, wer in abgelegenen Urwaldgebieten tiefe Schluchten überqueren will. Früher setzte sich der Reisende in einen Korb aus Strohgeflecht, der an stabilen Seilen aus Ischugras oder Schlingpflanzen hing und an einem Tau zur anderen Seite gezogen wurde. Heute ersetzt man Grastaue durch Stahlseile und Schilfkörbe durch eiserne Kästen.

Das Filmteam wird zu einem Mahl in Victorianos Hütte eingeladen. Das Haus hat nur einen Raum, in dem gekocht und geschlafen wird. Wir sitzen auf kleinen Schemeln um das Feuer und wärmen uns. Der Hausherr scheucht armwedelnd eine aufgeregte Hühnerschar ins Freie, während seine Frau Maisfladen in der Holzkohle backt. In einer Ecke wieseln Meerschweinchen herum. Da sie alle herumliegenden Essensreste vertilgen, werden die haarigen *cuy* als Saubermänner geschätzt. Heute werden einige der Haustiere als leckerer Braten serviert, der nach Rindfleisch schmeckt. Die Indios glauben an die Heilkraft der putzigen Tiere. Der Medizinmann des Dorfes zeigt uns später, wie er einem Patienten mit lebendigen Meerschweinchen über schmerzende Körperpartien streicht, bevor er den Mund voll Schnaps nimmt und seinen Kunden mit dem scharfen Gebräu bespritzt. Der Heiler ist überzeugt, dass Meerschweinchen Krankheiten aus dem Körper eines Patienten leiten können.

Die »weißen Städte« der Chachapoya

Das Basislager »Naranjos« liegt am Ufer eines tosenden Flusses, eingebettet in einen tiefen Talkessel, den steile Berge umschließen. Aber für die eindrucksvolle Kulisse haben wir keinen Sinn. Der Kameramann ist entschlossen, die Reise – und damit auch die Filmproduktion – abzubrechen. Wie soll man mit kaputten Rippen in unwegsamem Gelände eine Kamera bedienen? Ich kann die Produktionsfirma in Deutschland über Satellitentelefon nicht erreichen. Wie sollen wir aus dieser Situation bloß herauskommen? Warum hat Gene Savoy eigentlich keinen Arzt mitgenommen, wie er versprochen hatte? Erst einmal haben wir Florian bandagiert und ihm starke Schmerzmittel gegeben. Nun hoffen wir auf Besserung. Zum Glück stellt sich heraus, dass die Rippen nicht gebrochen, sondern nur geprellt sind.

Zwei Explorationstrupps ziehen los. Einer wird von Vincente Durango angeführt, der für die Logistik zuständig ist. Der bullige Peruaner führt bei Savoys Expeditionen immer die Voraus-Trupps an, die Wege durch den Urwald schlagen und auf Anweisung des Chefs im Umkreis des Basislagers nach Ruinen verschollener Städte suchen. Vicente begleitete Savoy vor 17 Jahren zum ersten Mal bei der Expedition nach Gran Vilaya als Polizeioffizier. Damals war Polizeischutz lebenswichtig, weil die Rebellen vom »Leuchtenden Pfad«, die jahrzehntelang gegen die Regierung in Lima kämpften, das Land unsicher machten. Polizei-Eskorten haben aber auch die Funktion, darauf zu achten, dass Ausländer nicht unerlaubt Grabungen vornehmen und wertvolle Artefakte außer Landes schmuggeln. Savoy heuerte den zuverlässigen, umgänglichen Offizier später als seinen peruanischen Stellvertreter an. Am Abend berichtet Vicente von viel versprechenden Ruinen in der Nachbarschaft.

Ein mehrstündiger Urwaldmarsch führt uns zu Gene Savoys wichtigstem Fund in dieser Gegend. »Las Cruces« nennt er die Ruinen der kleinen Chachapoya-Siedlung, weil auf allen Gebäuden Steinkreuze eingelassen sind, deren Bedeutung man noch nicht kennt. An die 80 Wohneinheiten, einige Verwaltungsbauten und zeremonielle Stätten sind unter Urwalddickicht verborgen. Unter Leitung der Archäologen legen 30 Helfer zehn Tage lang einen Teil davon frei. Im Mittelpunkt des Interesses steht ein großer Komplex, der sich über drei Ebenen zieht; die verschiedenen Terrassen boten Raum für Versammlungs- und Kultplätze sowie die typischen Rundgebäude der Chachapoya. Im Zentrum ragt ein turmartiger, runder Komplex empor. Zehn Meter Radius messen die Archäologen. Das ist ungewöhnlich groß. Die steinernen Gebäude waren einst mit einem Gemisch aus Tierkot und Lehm bedeckt und weiß gestrichen.

Schon die Chronisten aus der Zeit der Konquista sprachen von »weißen Städten«. Über die Jahrhunderte hat der Urwald die einstige Siedlung überwuchert. Baumriesen wachsen aus den Ruinen, ein Gewirr dicker Wurzelstränge durchbricht das Mauerwerk. Die Terrassen sind von einer 50 Zentimeter dicken Schicht aus Humus, Moos und Laub bedeckt. Es würde Monate dauern, um allein diesen kleinen, 2000 Quadratmeter umfassenden Platz freizulegen und zu rekonstruieren. Ähnlich hat einmal das heute so berühmte Machu Picchu ausgesehen. Selbst heute, nach 90 Jahren, sind dort erst 25 Prozent der Terrassen freigelegt.

Rekonstruktion einer Chachapoya-Siedlung.

»Ich studierte die historischen Schriften. Und so kam ich auf Garcilaso de la Vega, der kein wirklicher Historiker war, aber ich glaubte an seine Arbeit. Anstatt seine Aussagen als Fiktion oder reine Spekulation abzutun, habe ich mir die Aufgabe gestellt, seine Angaben zu überprüfen. Ich suche also nach den sieben verlorenen Städten der Chachapoya, eine Suche, die vor 40 Jahren begonnen hat. Gran Saposoa, wo wir uns jetzt befinden, war ein administratives Zentrum. Es war vermutlich auch ein zeremonieller Ort mit einem Tempel. All das passt sehr gut zur historischen Beschreibung des Ortes, der von Chronisten ›Cajamarquilla‹ genannt wurde. Es war die dritte Stadt, die 1480 vom Inka Tupac Yupanqui erobert wurde. Die Inka haben dann auf den Mauern der Chachapoya weitergebaut. Man kann das an den behauenen Steinen sehen. Über die Chroniken hinaus können wir uns auf mündlich überlieferte Legenden und Mythen der Leute hier stützen. Ich begann ihren Erzählungen zu glauben. Wenn ein Farmer, ein Jäger oder ein Minenarbeiter sagte, dass er Felsbauten auf den Hügeln gesehen habe, ging ich hin, um die Hinweise zu überprüfen. Zuerst haben wir Steinstraßen gefunden, dann Terrassen, dann Wachtürme und kleine Festungen, dann immer größere Siedlungen und schließlich kleine Städte. Das Chachapoya-Reich war über Jahrhunderte verschwunden, seine Städte vom Regenwald verdeckt, als hätten sie nie existiert. Meine Arbeit ist mit dem Auffinden der Orte beendet, das Weitere müssen Archäologen übernehmen. Die historische Archäologie ist ein neues Betätigungsfeld für diesen riesigen Regenwald. Nicht nur in Peru, sondern auch in Venezuela, Brasilien, Kolumbien und Ekuador. Wir eröffnen Horizonte für ein neues Abenteuer der Archäologie.

Wenn man an Orte kommt, die seit Jahrhunderten vom Regenwald verschlungen waren, wenn man nachempfindet, wie die Menschen da gelebt haben, Keramik auf dem Boden liegen sieht, mit Lianen, die sich durch die Henkel winden, wenn schreiende Affenhorden aus dem Wald springen und sich an die Brust schlagen, weil wir in ihre Privatsphäre eingedrungen sind, Vögel und Papageien kreischend über einen fliegen, dann fühlt man Geschichte lebendig werden, spürt etwas, was nur ein Entdecker erfahren kann. Wir fühlen alle das Gleiche. Woher du auch kommst, wie alt du auch bist. Es ist etwas, das ans Herz geht. Wir haben aus Legenden Realität gemacht. In vergangene Zeiten zurückzugehen und so ein Teil der Geschichte zu sein, dieses Gefühl erleben nur wenige Menschen.«

Die runden, aus kleinen Steinziegeln aufgeschichteten Bauten der Chachapoya sind Zeugnisse einer völlig anderen Baukultur, als sie Inka-Architekten auftürmten. Die verstanden es meisterhaft, Mörtel aus Lehm einzusetzen. Pirka-Mauerwerk lautet der Fachausdruck dafür. Ihre beeindruckendsten Bauten aber errichteten sie mit gewaltigen Steinquadern, die mit wunderbarer Kunstfertigkeit zu Tempeln, Palästen und mächtigen Mauern zusammengesetzt wurden, vorwiegend in polygonaler Bauweise.

Unterschiedlich geformte Quader wurden wie ein dreidimensionales Puzzle so unglaublich exakt miteinander verzahnt, dass kein Messer zwischen die Fugen passt. Wenn man die Zyklopenbauten der Festung von Sacsahuamán oberhalb von Cusco untersucht, kann man nicht glauben, dass sie ohne Eisenwerkzeuge errichtet wurde, von einem Volk, das weder das Rad noch eine Schrift kannte. Lange hat man vergebens herauszufinden versucht, wie der harte Fels so präzise bearbeitet werden konnte. Nun scheint der Schweizer Jean-Pierre Protzen einer Lösung auf der Spur zu sein. In einem alten Steinbruch hat er eiförmige Kieselsteine gefunden, die härter sind als die Steinblöcke. Mit diesen Schlagwerkzeugen gelang es Protzen, Granit nach exakten Maßen zu behauen.

1. August 2001. Es regnet wieder. Die ständigen Urwaldmärsche auf der Suche nach versteckten Grabanlagen und von der dichten Vegetation verschluckten Ruinen rauben uns die letzten Energien. Ich habe bereits stark abgenommen. In Las Cruces ist der zentrale Platz inzwischen völlig freigelegt. Im Hintergrund einer Terrasse sind bearbeitete Felsblöcke zu erkennen: Inka-Steine, sagen uns die Archäologen, behauen nach der Besetzung des Chachapoya-Reichs. Die Helfer können die Mauern nur von sekundärer Vegetation befreien. Um die hohen Bäume, die aus der Anlage herauswachsen, fällen zu können, bräuchte das Kulturministerium, das die Schirmherrschaft über die Expedition übernommen hat, die Genehmigung einer weiteren Behörde. So werden die Urwaldriesen das Mauerwerk bald wieder zerstören. Die Bürokratie hat Gene Savoy in 40 Jahren Forscher- und Abenteurerleben immer wieder die Arbeit schwer gemacht. Natürlich ist das arme, hoch verschuldete Land nicht in der Lage, sein archäologisches Erbe zu bewahren. Es gibt zu viele Orte, die erforscht, restauriert und bewacht werden müssten. Allein in der Provinz von Cusco existieren an die 5000 archäologische Fundstellen. Deshalb investieren die Behörden nur in Projekte, die zahlungskräftige Touristen anziehen.

6. August 2001. Heute habe ich das unbeschreibliche Erlebnis eines »Entdeckers«. Die Macheteros vor mir bleiben plötzlich stehen und zeigen nach vorn. Ich sehe gar nichts, nur dichtes Urwaldgebüsch. Dann werden die Sträucher weggeschlagen. Ich kann es nicht fassen: Ich stehe nur wenige Schritte vor einer sechs Meter hohen, mit Moos überwachsenen Mauer und habe sie nicht gesehen. Jetzt verstehen wir Gene Savoys Bemerkung: »Diese Entdeckungen sind erst der Anfang. Ganze Kulturen werden aus dem Urwald auftauchen.« Eine Stunde später haben die Macheteros eine riesige, 80 Meter lange und sechs Meter hohe Rundmauer freigelegt. In der Mitte steht ein Ring aus Steinen hervor. Was verbirgt sich dahinter? Was befindet sich auf der zweiten Ebene dieser Konstruktion? Man wünscht sich magische Kräfte, um auf einen Schlag alles freilegen zu können. Savoy ist überzeugt, dass die Bauten Teile von Stadtanlagen sind, die sich von Gran Pajatén im Süden bis zum Machtzentrum der Chachapoya im Norden hinziehen.

Wolkenmenschen

Abends, wenn wir uns am Lagerfeuer wärmen, erzählt Gene Savoy, wie er das sagenhafte Rabantu entdeckt hat, die legendere Festungsstadt, in die sich der Inka Manco nach seiner Flucht aus Vilcabamba zurückziehen wollte. Das Chachapoya-Reich, das sein Urgroßvater erobert hatte, erstreckte sich vom Río Marañón im Westen bis zum Río Huallaga im Osten, vom Río Apisoncho im Süden, bis zur Grenze zu Ekuador im Norden, wie Savoy nachweisen konnte. »Land der Wolkenmenschen« nannte man das Gebiet: Chachapoya. In der Quechua-Sprache heißt *sacha* Urwald und *puyos* Wolken oder Nebel. Für ein Volk, das in einem während eines großen Teils des Jahres in Nebel gehüllten Land lebt, ein passender Name. Aus dem Amazonas-Becken aufsteigende, schwüle Luft kondensiert, überzieht die dichten Urwälder an den Gebirgsflanken mit Wolkenschleiern und sorgt für hohe Luftfeuchtigkeit. Der Chronist Cieza de León berichtet, dass die Inka 30 000 bis 40 000 besiegte Chachapoya in andere Gegenden ihres Reiches umsiedelten. Vielleicht ist das einer der Gründe, warum das Volk plötzlich aus der Geschichte verschwunden ist.

Erster Anlaufpunkt jeder Expedition im Nordosten ist die Provinzhauptstadt Chachapoyas, Chacha, wie sie die Einheimischen kurz nennen. Sie liegt auf einem 2300 Meter hohen Plateau, das von tiefen Flusstälern durchschnitten wird. Vom spanischen Erbe der einstigen Kolonialstadt, die Hauptmann Alonso de Alvarado 1538 gegründet hat, sind nur noch einige Bauten im Zentrum übrig geblieben. Nach mehreren Erdbeben musste die Stadt immer wieder neu aufgebaut werden. Die vielen schwer mitgenommenen Herrenhäuser in der Nähe der Plaza zeigen, dass Chacha einmal bessere Zeiten erlebt hat. Die Ausbeute der nahen Gold- und Silberminen machte die Stadt reich, aber als die Spanier Peru aufgeben mussten und die Missionsstationen verfielen, setzte der Niedergang der Metropole ein. Erst seit Chacha von Lima aus regelmäßig angeflogen wird, erwacht die Stadt langsam aus ihrem Dornröschenschlaf. Immer mehr Touristen wollen die Ruinenstädte der Wolkenmenschen erkunden, vor allem die mächtige Festung Kuélap drei Fahrtstunden weiter südlich.

Kuélap ist das größte Bauwerk Südamerikas, ein steinerner Koloss, der hoch oben auf einem Bergkamm in 3400 Meter Höhe thront. Im Osten der Festung fällt der Hang 1300 Meter tief bis zum Río Utcubamba ab. Im Norden bietet ein Kalksteinmassiv oberhalb der Schlucht des Río Tingo Schutz. Im Westen macht eine 100 Meter hohe Steilwand jeden Angriff zunichte. Im Süden wacht eine Kette stark befestigter Bergrücken. Kuélap ist ein Zyklopen-Fort, dessen äußere Mauern aus ein Meter langen und 15 Zentimeter dicken Kalksteinblöcken aufgeschichtet sind. Bis zu 15 Metern ragt die Außenwand des Bollwerks auf und umschließt einen 600 Meter langen Felsgrat. 200 Jahre brauchten die Chachapoya, um 100 000 bis zu 200 Kilogramm schwere Steinblöcke aufzuschichten. In der Verteidigungsanlage ist dreimal mehr Baumaterial verarbeitet worden als in der Cheops-Pyramide. Drei riesige, nach oben spitz zulaufende Maueröffnungen führen wie schmale Korridore in eine weitläufige Umfriedung voller Grabstätten, Grüfte und 400 runde Fundamente von turmartigen Häusern. Treppen verbinden eine Vielzahl nebeneinander und übereinander angelegter Terrassenanlagen, die bis zum Grat aufsteigen. Einige der typischen kreisförmigen Wohnhäuser der Chachapoya mit konisch zulaufenden, strohgedeckten Dächern sind rekonstruiert worden. Die *shunderhuasi* sehen aus wie steinerne Krale. An die 2000 Menschen müssen in der Garnison gelebt haben. »Machu Picchu Nordperus« nennen die lokalen Behörden Kuélap werbewirksam, weil sie gern einen Teil des Touristenstroms in die Provinz Amazonas umlenken würden. Schließlich liegt Kuélap nicht nur höher als Machu Picchu, sondern ist auch viel größer.

Gene Savoy erkundete ab 1966 in mehreren Anläufen die Region östlich von Kuélap. Die günstigste Zeit für Kampagnen im Regenwald ist die Trockenperiode, die in der höheren *Montaña* von April bis November dauert. Bei jeder Expedition, die er »El Dorado I bis VI« nennt, entreißt Savoy dem Urwald mehr und mehr Geheimnisse. Er folgte der Militärstraße auf der Ostseite des Río Utcubamba, die Tupac Yupanqui ins Land der Chachapoya bauen ließ. 300 Kilometer weiter südlich hatte der Inka in 4000 Metern Höhe seine Angriffsbasis gebaut, Huánuco, eine Stadt mit 1000 Häusern, in denen 30 000 Bewohner gezählt worden sein sollen, ehe die Invasion begann. Die ersten Ruinen weitläufiger Stadtanlagen und ein Netz von Straßen, das weit nach Norden bis zur Grenze von Ekuador ausgreift, entdeckte Savoy oberhalb des Río Huambo. Auf und ab stieg Savoy über immer neue Treppen, die zu immer neuen Terrassen voll runder und ovaler Gebäude und großer, umbauter Plätze führten. In Doppelreihen

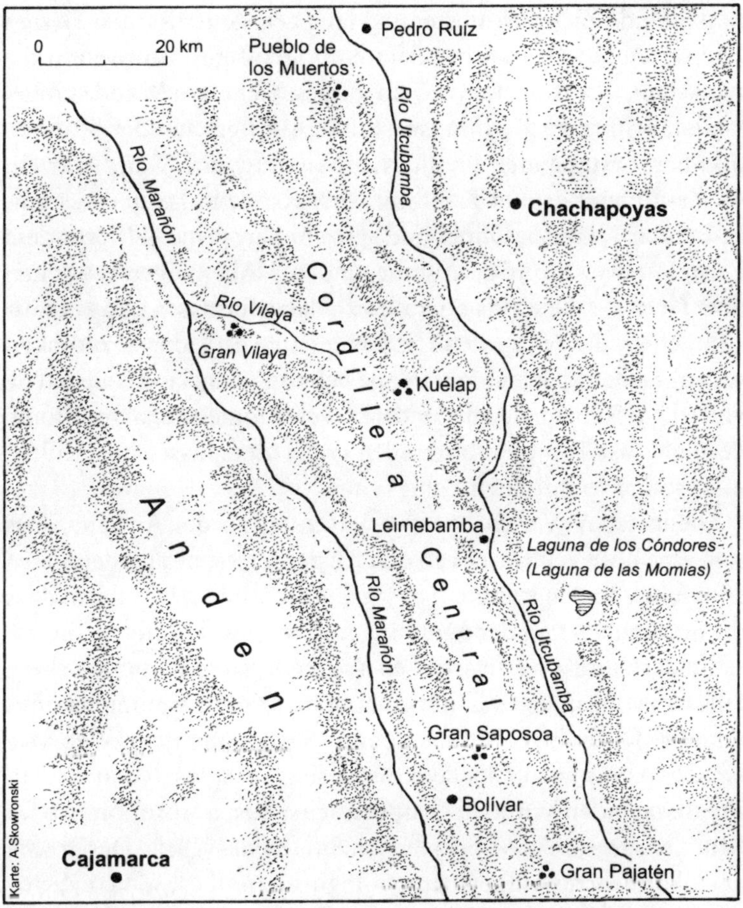

Mehr als 40 Siedlungen und Tempel entdeckte Gene Savoy unter meterdicken Humusschichten und Wurzelgewirr.

umlaufende Zickzackmuster und lang gezogenes Rauten-Design erinnerten Savoy an Gran Pajatén. »Steinfiguren waren in die typischen, aus Kalksteinziegeln aufgeschichteten Wände eingelassen, grimmige Zwillingsgestalten mit fletschenden Zähnen und hervorstehenden Phallussymbolen. In eine Wand war ein 40 Zentimeter großer Kopf mit einer Krone in Form eines umgedrehten T, langen Ohren und spitzem Bart gemeißelt. Mit dem Fernglas waren auf den umliegenden Höhenzügen zwischen dem Grün des Urwalds überall zerfallene Terrassenanlagen auszumachen, die bis zu den Gipfeln anstiegen. Jeder Bergrücken war mit einer kleinen Stadtanlage bebaut.« Tagelang stieg Savoy von einem Ruinenfeld zum anderen, von Monte Arenal bis Monte Peruvia, fast 100 Quadratmeilen voller Zeugnisse einer Kultur mit großen technischen Fähigkeiten.

Die meisten Wissenschaftler waren bisher der Ansicht, dass sich eine hohe Kultur nur in den Küstenregionen und der Sierra entwickelt haben konnte. Savoys Entdeckungen beweisen, dass die Stadtanlagen in der Montaña mit ihren weitläufigen Terrassenfeldern und Zugangsstraßen aus niedrigeren Regionen ebenfalls nur von einem Volk mit einer hohen Kultur stammen konnten. Im Dezember 1986 erspähte Savoy auf dem Weg von Chachapoyas nach Chiclayo durch sein Fernglas in den steilen, überhängenden Wänden Gruppen seltsamer, anthropomorpher Mumiensärge auf vorspringenden Simsen des Kliffs. Der größte der phallusartig aufgerichteten Figuren maß etwa 120 Zentimeter. Unterhalb des Felsens war der Utcubamba durch eine Steinlawine zu einem großen See aufgestaut, der bis zum Fuß des Kliffs reichte. Die ungewöhnlichen Särge waren aus einem Gemisch aus Lehm und Pflanzenfasern geformt und mit geometrischen, purpurroten, weißen und schwarzen Mustern bemalt. Die stilisierten Köpfe der Sarkophage ließen spontan an die riesigen Steinkolosse der Osterinsel, die *Moais,* denken; allerdings fehlten die langen Ohren.

Hatte Thor Heyerdahls legendäre Floßfahrt mit der »Kon

Tiki« beweisen sollen, dass die Inselwelt Polynesiens von Südamerika aus besiedelt wurde, so fragte Savoy jetzt: »Könnte es nicht umgekehrt gewesen sein?« Er und seine Helfer hangelten sich um eine Felsausbuchtung, seilten sich zu einem Überhang ab und standen staunend vor einem wahren Totenkabinett. Fast 40 anthropomorphe Figuren duckten sich unter einen spitz zulaufenden Felsüberhang. Die Särge wogen zwischen zwei und drei Zentnern. In einigen aufgebrochenen Gehäusen sah man in rupfenartige Tücher gewickelte Mumien hocken. Herumliegende Töpferwaren trugen das typische Zickzack-Design der Chachapoya; andere Motive wiesen auf Einflüsse aus dem Amazonas-Becken hin.

Eine Seillänge unterhalb der Totengalerie entdeckten die Männer eine weitere Ansammlung konisch geformter Lehmsärge. Savoy achtete streng darauf, dass keine der Hüllen geöffnet wurde. Archäologische Untersuchungen überlässt der Entdecker, wie gesagt, grundsätzlich Spezialisten. Als sich die Männer weiter an der Felswand vorantasteten, erspähte ein Träger hoch oben in der Wand Reihen von Steinkammern, die auf künstlich angelegten Überhängen aus der Wand herausragten. Ein natürlicher Felsüberhang schützte die Totenhäuser vor Regen. Savoy und seine Männer hangelten sich an herausstehenden Felsbrocken 800 Meter über dem Talgrund voran, bis zu einer Galerie von sechs halb verfallenen, runden Lehmcontainern. Die Wände waren mit Kreuzen, Schlangen und unbekannten Zeichen bemalt. Im Hochgefühl, etwas Außergewöhnliches entdeckt zu haben, taufte Savoy die luftige Nekropole *Pueblo de los Muertos,* »Stadt der Toten«. Zwei Zeichen an einem Lehmbau erregten seine Aufmerksamkeit ganz besonders, eingemeißelte Glyphen, die Savoy zu der äußerst gewagten These verführen: König Salomos Goldland könnte in Südamerika gelegen haben. Eine abenteuerliche Vorstellung, die uns noch beschäftigen wird.

»Es ist außerordentlich traurig, dass rücksichtslose Möchtegern-Forscher und gewissenlose Grabräuber, die kein Gespür für das archäologische Erbe haben, inzwischen viele der Grabanlagen zerstört haben«, klagt der Entdecker. »Die Bewohner kleiner Orte wie Vista Hermosa hatten keine Ahnung von der Existenz imposanter Ruinen, die oft kaum eine Wegstunde entfernt lagen. Viel wurde nun durch Pionier-Farmer zerstört, die unseren Pfaden folgten und das Land ringsherum abbrannten, um Felder anlegen zu können. Ich bedaure es sehr, dass die großartigen Anlagen der Chachapoya jetzt von wild siedelnden Bauern verschandelt werden. Uralte Monumente missbraucht man als Steinbrüche für Farmhäuser, Zäune und Krale. Zahllose Plünderer haben Begräbnisstätten in den Wänden direkt oberhalb unserer Routen ausgeraubt, Mumienbündel auseinander gerissen und die Lehmsärge zerschlagen.«

1967 zog Gene Savoy von dem kleinen, 2300 Meter hoch gelegenen Ort Leimebamba aus mit einer Maultierkarawane in die Bergregion des Río Atuen, wo er vierstöckige Wohnanlagen und eine Bergzitadelle freilegte. Jedes Hauskluster auf den Berggipfeln war nur durch lange, mühsame Auf- und Abstiege zu erreichen. Im Petaca-Tal stieß der Forscher wieder auf heilige Schreine der Chachapoya. Kliffhäuschen hingen wie Schwalbennester an der Steilwand. Es war eine phantastische Ansammlung von Grabkammern mit Türeinlassungen, zugemauerten Höhlen und roten Felszeichnungen, die sich bis zu einer Höhe von 300 Metern über die Wand verteilten. In einer fensterartigen Öffnung saß ein Skelett, als würde es die grandiose Aussicht genießen. Deutlich war die rote Zeichnung eines Menschen mit Strahlenkrone oder ausladendem Geweih an der Wand zu erkennen. Weil Kondore ihre Nester in die Wand bauten, nannte Savoy die Gesamtheit der entdeckten Ruinenstädte und Pueblos in der Steilwand nach dem König der Lüfte *Pueblos de los Cóndores,* »Städte des Kondors«.

1968 besuchte Gene Savoy die Gegend noch einmal und folgte wieder überwucherten Wegen in den Dschungel. Auf dem Monte Paula hackten seine Macheteros Hunderte Rundbauten frei, die auf gemauerten Plattformen ruhten. Die Wände waren mit Steinköpfen und Geweihen verziert. Im Teaven-Tal entpuppte sich ein vierstöckiger, an einer Felswand aufragender Rundbau als Begräbnisturm. In Llamac Tambo krönte ein riesiger Tempel aus großen Steinblöcken den 4000 Meter hohen Gipfel. Es war eines der wenigen viereckigen Bauwerke, die Savoy im Land der Chachapoya fand. Inmitten eines Bergensembles stieß der unermüdliche Forscher in 3300 Meter Höhe auf einen über drei Kilometer langen, von Urwäldern eingerahmten jadegrünen See. Die Expedition kämpfte sich durch tückisches Sumpfland am Ufer entlang, bis sie eine passable Position erreichten, von der die gegenüberliegende Bergwand gut einzusehen war. Über 60 gemauerte Grabkammern klebten am steilen Fels ein paar hundert Meter über Savoys Truppe. Die Nekropole am Kondorsee sollte allerdings erst viele Jahre später Weltruhm erlangen, wie wir noch erfahren werden.

Während seiner El-Dorado-Expeditionen entdeckte Gene Savoy an die 40 Stadtanlagen und Tempel. Er durchkämmte zwar nur einen verschwindend kleinen Teil der fünf Millionen Quadratkilometer Urwaldregion. Trotzdem steht für Savoy fest, dass die östliche Montaña Perus keineswegs so ungastlich war, wie Wissenschaftler vermutet hatten, sondern ganz im Gegenteil das Zentrum einer blühenden, relativ hoch entwickelten Kultur mit einer beachtlichen Bevölkerungszahl gewesen sein muss. C-14-Tests belegen, dass die Chachapoya ihre Toten schon um 800 n. Chr. in Steingräbern bestatteten, zu einer Zeit also, als etwa die Kultur der Maya auf ihrem Höhepunkt war. Savoy glaubt fest daran, dass im tropischen Urwald östlich der Anden noch viele Spuren alter Kulturen verborgen sind. »Die Provinz Amazonas bietet Archäologen mehr Möglichkeiten als sonst eine Region der Welt«, behauptet Gene Savoy.

1984, 15 Jahre nach seiner letzten Expedition in Peru, nahm Gene Savoy die Suche nach der Sagenstadt Rabantu wieder auf. Ein Jahr später schon überraschte er die wissenschaftliche Welt mit der sensationellen Nachricht von der Entdeckung der möglicherweise größten Metropole aus präkolumbischer Zeit in Amerika. Es handelte sich um eine weit verzweigte Ansammlung von 24 000 runden und ovalen Steinstrukturen westlich des Río Utcubamba und östlich des Marañón, die sich über ein Gebiet von 160 Quadratkilometern hinzog und durch ein Netz von Straßen verbunden war. Savoy rüstete bis 1994 sechs Expeditionen aus und erkundete immer neue Teile der Stadtanlage, die er nach dem größten Fluss, der die Region entwässert, Gran Vilaya nannte. Savoy erkannte, dass die riesige Bastion Kuélap nicht nur gebaut worden sein konnte, um die Stadtanlagen, die er östlich des Utcubamba entdeckt hatte, vor Angriffen aus dem Amazonas-Gebiet zu schützen, sondern vor allem Gebiete im Westen. Dort, so vermutete der Forscher, lag Rabantu, die einstige Hauptstadt des Chachapoya-Reiches, von deren Eroberung Inka Tupac Yupanqui sagt: »Es ist eine befestigte Stadt, in der sich ein große Festung befindet.«

Fünf Expeditionen rüstete Savoy aus, bis er 1990 endlich alle Beweise gesammelt hatte, die seine Behauptung von der Existenz Rabantus belegten. Zum Glück hat der medienkundige Entdecker, der den Beruf des Journalisten erlernt hatte, jede seiner mühsamen Suchaktionen von einem Kameramann filmen lassen. Am meisten prägen sich Bilder von Dauerregen und dampfenden Urwäldern ein, Blicke in tiefe Canyons, durch die sich reißende Flüsse wie schimmernde Schlangen winden, Aussichten auf nicht enden wollende Labyrinthe zahlloser grün bewachsener Bergketten. Dutzende Männer in grauen Regencapes und lange Reihen bepackter Maultiere stapfen durch Morast und steigen immer wieder über steile, sorgfältig mit Steinen ausgelegte Pfade.

Tiere rutschen Abhänge hinunter und müssen unter größten Anstrengungen gerettet werden. Gruppen von Macheteros schlagen schmale Korridore in den tropfenden Urwald und hacken in steilem Gelände endlos scheinende, hohe Mauern, Wachtürme und Kasernen frei. Alles sieht nach großer Plackerei aus. Hier gibt es keine geraden Linien in freiem Gelände, jeder Meter muss erkämpft werden. Mal erkennt man das riesige, wild zerklüftete Areal, mal beträgt die Sicht im Urwald kaum ein paar Meter. Das hohe Grasland der Montaña, die *puna,* ist mit Tausenden überwucherter Terrassenfeldern durchzogen, die dem Lauf der Hänge folgen wie ein kunstvoll angelegtes Design.

Savoy und seine Helfer teilten sich in mehrere Gruppen auf, um im Gebiet zwischen San Pablo, San Pedro und Vista Hermosa so viele verborgene Ruinen wie möglich zu entdecken. Nirgendwo sind die Wände so kunstvoll aufgeschichtet wie hier. Die Chachapoya erweisen sich als meisterhafte Architekten und Steinmetze: Weißer, exakt behauener Kalkstein ist in abwechselnden Lagen aus breiten und schmalen Blöcken ohne Mörtel aufgeführt; Öffnungen in den Außenwänden, Aquädukte und Kanäle zeugen von ausgeklügelten Entwässerungssystemen. Da in den Häusern keine zentralen Stützpfeiler gefunden wurden, nimmt Savoy an, dass die Dächer aus kegelförmigen Balkenkonstruktionen mit Strohbedeckung bestanden.

In den monumentalen Anlagen bestand der Hauptteil aus frei stehenden Gebäuden mit Simsen und geometrischen Musterbändern im oberen Bereich. Die kurvenden, wegen der größeren Stabilität nach innen lehnenden Wände, dienten vor allem als Verteidigungswälle. Dahinter aufgeschüttete Plattformen bildeten die Basis für Gebäude. Noch heute schlängeln sich über 200 Meter hohe Treppen durch die Häuserkomplexe bis zu einem eingelassenen Innenhof hinab und steigen auf der gegenüberliegenden Seite wieder 130 Meter empor. Wie ein Amphitheater schmiegt sich die Anlage in den Bergkessel. »Wahrscheinlich lag hier das zeremonielle Zentrum der Siedlung«, stellt Gene

Savoy fest. »Wir bewunderten die Fähigkeit der Baumeister, schwer zugängliche Berglandschaften in ausladende Stadtanlagen zu verwandeln. Wir haben mit Sicherheit eine der prestigeträchtigsten archäologischen Stätten Perus gefunden, einen gewaltigen Stadtkomplex, wie ich ihn nie vorher gesehen habe. Das ist ein lang gestrecktes, tief gestaffeltes Verteidigungssystem, das am besten mit der Maginotlinie, der Verteidigungsanlage der Franzosen im Ersten Weltkrieg, zu vergleichen ist. Das zeugt von einer zentral organisierten Macht, die von Gran Vilaya aus das Chachapoya-Reich beherrschte.«

Das große Tal des Utcubamba war einst Handelsroute zwischen Ekuador und dem oberen Amazonas-Gebiet, durch das auch die Verbindungswege von der Küstenregion über die Anden führten. Kein Wunder, dass die Chachapoya ihre Westflanke vor allem nach der machtvollen Bedrohung durch die Inka mittels eines Kordons von Festungsstädten sicherten, der sich über die gesamte Länge der Berggipfel zog. Von diesen Adlerhorsten aus konnten die kriegerischen Chachapoya auch auf die reichen Völker an der Küste, wie die Chimú, hinunterstoßen. Gene Savoy spekuliert, was wohl geschehen wäre, wenn Inka Manco die Flucht nach Rabantu, alias Gran Vilaya, gelungen wäre. Zumindest hätte er die Spanier von den Bergbastionen aus wirkungsvoller bekämpfen können als in den Niederungen Vilcabambas.

Mumien im Fels

Gene weiß, was er will. Geduldig versucht er, seine Gesprächspartner auf die richtige Spur zu bringen: seine Spur. Ich habe nur wenige Menschen getroffen, die das Zeug zum Entdecker haben, denn dazu gehören Vision, Passion und Phantasie; und davon hat der Mann eine Menge. Auffallend ist die spirituelle Dimension in seinem Denken und Fühlen. »Wissenschaft ohne Religion ist blind«, predigt der Forscher. »Es gibt keine Wissenschaft ohne Religion und keine Religion ohne Wissenschaft. Es muss eine meditative Kraft vorhanden sein.« Kein Wunder, dass orthodoxe Wissenschaftler, die nur Fakten gelten lassen, den Romantiker als verblendeten Amateur abtun.

8. August 2001. Peruanischer Nationalfeiertag. Die 60 Maultierführer wurden von den drei Polizisten zu Ehren dieses Tages militärisch gedrillt. Während die Landesflagge aufgezogen wird und die Nationalhymne aus dem Transistorradio ertönt, stehen die Expeditionsteilnehmer auf einem Holzpodest und legen nach Landessitte feierlich die Hand aufs Herz. Die Arrieros versuchen vergebens, die stramme Haltung der Polizisten nachzuahmen: Kreuz durchdrücken! Bauch hinein! Brust heraus! Als der komische Haufen anfängt, in lehmverschmierten Gummistiefeln preußischen Stechschritt zu imitieren, dabei heillos durcheinander gerät und dennoch im Parademarsch vorbeidefiliert, müssen wir uns mühsam das Lachen verkneifen. Eine martialische Maschinengewehrsalve macht dem Spuk ein Ende.

Heute wird der populäre peruanische Präsident Toledo ins Amt eingeführt. Er hat sich als Symbol des Beginns einer neuen Politik den legendären Ort Machu Picchu ausgesucht. »Seht, wir sind stolz auf unsere Vorfahren, die Inka«, verkündet der Sohn einer weißen Mutter und eines indianischen Vaters. »Wir müssen an unsere alten Traditionen anknüpfen, müssen versuchen, unsere Probleme zu lösen, indem wir uns an unsere Wurzeln erinnern. Sind wir nicht immer noch ein kolonisiertes Land?!« Toledo möchte den jahrhundertealten Konflikt zwischen den Quechua sprechenden Indianern des Hochlands und der weißen Oberschicht in Lima überbrücken. Stolz auf die große Vergangenheit des Landes soll den Peruanern neues Selbstbewusstsein geben.

Luis Ordoñez Sanchez hält im leuchtend orangefarbenen Anzug des peruanischen Zivilschutzes eine Ansprache, die auch etwas mit Geschichte zu tun hat. Sanchez ist Bürgermeister des weit entfernten Ortes Saposoa und die nächste zivile Autorität in dieser Gegend. Ordoñez Sanchez spricht von der Verantwortung eines Jeden zum Schutz der archäologischen Stätten, kritisiert die Ausplünderung und Vermarktung der Stoffe, Keramiken und anderer Gegenstände, die aus Gräbern gestohlen werden. Vor allem die Mumien haben es ihm angetan. »Viele sind zerstört, andere in Museen verbracht, die weit weg von ihrem Ursprungsort sind. Sie müssen zurückgebracht werden!«, lautet sein Appell.

Während Gene Savoy laut applaudiert, schlagen die Arrieros etwas betreten die Augen nieder, ist doch so mancher unter ihnen, der sich durch Grabräuberei ein wohlfeiles Zubrot zum kargen Einkommen verdient. Es geht das Gerücht um, für eine Mumie seien auf dem internationalen Schwarzmarkt bis zu 18 000 Dollar gezahlt worden. Wenn ein *campesino,* ein peruanischer Bauer, solche Summen hört, nützt kein Appell an den Nationalstolz. Wer könnte es ihm verübeln? Was verbindet diese ungebildeten, armen Männer mit den Chachapoya, die doch »Heiden« waren? *Huaquería* heißt das spanische Wort für Grabräuberei. Huaquería ist ein Volkssport in Peru.

Ein paar Tage später finden die Archäologen ein Versteck mit Keramiktöpfen der Chachapoya-Kultur. Natürlich behaupten die Treiber, nichts mit dem Raub zu tun zu haben, und in Gegenwart der schwer bewaffneten Polizisten wollen sie schon gar nichts sagen. Ich frage mich bei dieser Gelegenheit, warum wir eigentlich so schwer bewacht werden? Maschinenpistolen, Revolver, Handgranaten. Vor wem sollen wir geschützt werden? Gibt es in dieser Gegend vielleicht doch noch Guerilleros? Oder will man uns vor einer Bevölkerung schützen, die Gringos, wie man Amerikaner und eigentlich alle fremden Weißen hier nennt, als Eindringlinge fürchtet, die ihnen das Geschäft vermiesen?

Gene Savoy hat sehr persönliche Gründe für seinen Kampf gegen Grabräuberei: »Einmal fühlen sich die lokalen Bewohner verletzt, wenn Wissenschaftler oder Plünderer in die Gegend kommen, Gräber entweihen und Mumien mitnehmen. Sie fühlen, dass etwas von ihnen verloren geht. Sie möchten, dass ihre Vorfahren in ihren Gräbern verbleiben, die sie irgendwie immer noch für heilig halten. Viele meiner Begleiter haben mich weinen sehen, wenn ich zerstörte Mumiengräber entdeckte. Als ich vor vielen Jahren in Huaráz in den peruanischen Anden lebte, wurde die Stadt durch einen gewaltigen Erdrutsch verschüttet, wobei 7000 Bewohner umkamen. Mein dreijähriger Sohn war eines der Opfer. Statt ihn auf dem lokalen Friedhof zu begraben, hatte ich mit Hilfe von Indios von den lokalen Behörden die Genehmigung erhalten, ihn in den hohen Klippen auf meinem Stück Land zu bestatten. Die Indios höhlten einen riesigen Felsen aus, und wir legten meinen kleinen Sohn in einer Nische. Wir konstruierten einen Glasbehälter über seinem Grab, um ihn sehen zu können, und bauten Steinhaufen um die Anlage. Es war ausgesprochen schön. Mein Sohn hatte den Sonnenuntergang im Antlitz und das zauberhafte Tal unter sich. Nach ein paar Jahren kamen Ingenieure in die Gegend, um Strommasten aufzustellen. Sie sahen das Grab meines Sohnes und haben es zerstört, weil sie dachten, dass es ein Inka-Grab sei und dass es da was zu holen gäbe. Die Reste meines eigenen Sohnes wurden also durch Grabfrevler zerstört. Meine Urgroßmutter war eine Indianerin vom Stamm der Cheroquee. Mein Urgroßvater war Baptisten-Priester und missionierte in North Carolina in der Cheroquee-Nation. Viele Indio-Nationen in den USA mumifizieren ihre Toten. Es ist vielleicht mein Indioblut, das hier mitgespielt hat – oder mehr als das.«

Generationen von Grabräubern, *huaqueros*, plünderten Grabstätten auf der Suche nach Schmuck und Töpferwaren. Unzählige einst unsichtbare, vom Sand überwehte Friedhöfe sind verwüstet. Tausende Knochen liegen herum, zerfetzte Mumienbündel, zerbrochene Keramikstücke. Die Gier der Antiquitätensammler in aller Welt sorgt auch weiterhin für die unverantwortliche

Zerstörung unwiederbringlichen Kulturguts. Die Plünderung der Gräber und Ruinenfelder füllt die Vitrinen von Museen und Kunstliebhabern mit Millionen Artefakten, aber Archäologen verpassen durch Raubgrabungen die Gelegenheit, die Funde wissenschaftlich zu untersuchen und neue Aufschlüsse über untergegangene Kulturen und die Menschen zu bekommen, die sie schufen. Wer einen Eindruck von den Ausmaßen der Grabräuberei in Peru haben will, sollte nach Batan Grande gehen, einem Gräberfeld der Lambayeque-Kultur aus der Zeit um 900 bis 1100. Die Bestattungsplätze und Pyramiden des sakralen Bezirks wurden wegen der Menge vergrabener Goldobjekte jahrhundertelang immer wieder durchwühlt. Inzwischen durchlöchern 100 000 Suchschächte das Gebiet, das aus der Luft wie eine endlose Aneinanderreihung von Bombenkratern aussieht.

9. August 2001. Ein Suchtrupp hat viel versprechende Nachrichten: Er hat ein intaktes Mumiengrab gefunden. Da die meisten Gräber der Chachapoya bereits ausgeplündert sind, ist das eine kleine Sensation. Nach einem langen Fußmarsch schlagen unsere Macheteros einen schmalen Pfad in den Urwald ein. Teilweise ist der Klettersteig so steil, dass wir uns an Seilen hochziehen müssen. Dabei macht uns die Gefahr, von giftigen Schlangen gebissen zu werden, besonders nervös. Spitze Widerhaken wuchernder Pflanzen reißen die Hände auf. Der Urwald wimmelt von Insekten und Ameisen. Myriaden Mücken quälen uns. Wir kratzen die juckenden Stiche auf, die sich schnell entzünden. Auch die erfahrenen Führer treiben Ängste um. Sie beschwören uns, nach 5 Uhr nachmittags nicht mehr durch den Wald zu laufen, weil uns sonst Geister und gefährliche Fabeltiere verfolgen könnten. Die abergläubischen Männer sind überzeugt, dass die Gräber und Ruinen *encantado,* also verhext seien. Ein Machetero erzählt flüsternd von einer Schlange, die wie ein Hund belle und sehr aggressiv und giftig sei. Die einzigen Tiere, denen wir begegnen, sind jedoch aggressive Brüllaffen, die

wütend Äste abbeißen und auf uns werfen. Ihr wolfähnliches Geheul geht durch Mark und Bein.

Die steilen Berge ringsherum sind aus Kalkstein. Gene zeigt uns hoch oben in einer nach Norden weisenden Felswand eine Konstruktion aus Hunderten sauber aufgeschichteter und verfugter Ziegelsteine – ein erster Vorgeschmack auf die Entdeckungen, die noch auf uns warten. »Das ist ein Chachapoya-Mausoleum«, erklärt der Amerikaner. »Solche Grabstätten wurden an versteckt liegenden, schwer zugänglichen Orten gebaut. Hier werden wir Mumien finden. Hier gibt es ganze Gruppen von Gräbern, eine im Urwald versteckte Nekropole.«

Gene teilt mir mit, dass die Gegend, die wir erforschen werden, nur nach stundenlangen Fußmärschen durch den Urwald zu erreichen sei. Dem Kameramann geht es zwar inzwischen besser, aber größere Anstrengungen kann er sich nicht zumuten. Unsere Kleidung ist nass und verschlammt. Und es regnet immer noch.

Am oberen Rand der Klippe bohren die amerikanischen Bergsteiger Herb und Richard mit Hilfe eines batteriegetriebenen Geräts Löcher in den Fels, um dort Anker befestigen und Kletterseile einhaken zu können. 60 Meter tief abseilen, das ist an einer glatten Felswand kein Problem, aber hier werden die Männer von stacheligen Büschen und Kakteenfeldern behindert und müssen überhängende Felsblöcke überwinden. Immer wieder stoßen sich Herb und Richard mit den Beinen kräftig vom Fels ab und schwingen am Seil hin und her; immer wieder, bis sie an der Grabstelle Fuß fassen können, die an die zehn Meter seitwärts der Abstiegsgeraden liegt. Die Bergsteiger gehen mit größter Umsicht vor, haben ihnen die Archäologen doch verboten, die Totenhäuser zu betreten. Die Männer hängen über den Kammern, die über die Felswand hinausragen, und filmen das Innere der Gräber. Die Balken der Dachkonstruktion sind eingestürzt. Welche Enttäuschung, als sie feststellen, dass die Stätten schon leer geräumt sind. Wie ist es möglich, dass Grabräuber ohne professionelle Ausrüstung bis an diese senkrecht abfallende Wand vordringen konnten?

Wie haben es die Chachapoya nur fertig gebracht, derlei hüttenartige Grabkammern, *chullpas,* in den steilen Felswänden zu verankern. Zum Bau der Grabhöhle mussten Hunderte Ziegelsteine die Felswand herabgelassen und dann penibel genau verfugt werden. In vielen Fällen kann Baumaterial abgeseilt oder über vorspringende Simse bugsiert worden sein. Aber an einigen Stellen sind die Totenkammern so schwer zugänglich, dass sie nur mit Hilfe beweglicher Gerüste gebaut worden sein können, die man an der Felswand abseilte – so ähnlich wie wir das tun, um die Grabkammern filmen zu können. Nur Mumien hochrangiger Chachapoya scheinen in den Felsgräbern bestattet worden zu sein. Angehörige der niederen Stände sind wahrscheinlich in Gemeinschaftsgräbern untergebracht worden.

Um die Mumien nicht nur vor Räubern zu schützen, sondern auch vor der allgegenwärtigen Feuchtigkeit im Regenwald, wählten die Chachapoya unzugängliche Stellen aus, an denen sich kein Wasser ansammeln konnte. Unter Felsvorsprüngen errichteten sie Kammern aus Lehm und Steinen, in denen die Bündel in trockenen, natürlich klimatisierten Kammern die Jahrhunderte unbeschadet überstanden.

10. August 2001. Wir ziehen mit den Bergsteigern los, um weitere Mausoleen zu untersuchen. Eines dieser Totenhäuser wird *Casa Blanca* genannt, weil die viereckige Mauer, die das Grabloch in der Felswand versiegelt, weiß getüncht ist. Endlich entdecken die Bergsteiger ein relativ intaktes Grab mit ungewöhnlich geformten Mumienbündeln von drei Erwachsenen, die auf dem Boden liegen, und einem Kleinkind, das an der Rückwand lehnt. Die Bergsteiger sind im ständigen Funkkontakt mit Gene Savoy. Herb berichtet: »Auf einer runden Holzbasis, auf der eine Mumie hockt, sind etwa zehn Stäbe eingelassen, die oben zusammengebunden sind und so den Toten umschließen. Die

Zum Schutz der Toten wurden Mausoleen in unzugänglich steile Felswände gebaut.

Holzstreben sind mit zopfartig geflochtenen Seilen zu einem kegelförmigen Paket verschnürt. Die Kindermumie ist am Kopfteil aufgerissen. Dichtes schwarzes Haar quillt aus der Öffnung. Die Umrisse des fest umwirkten Kindergesichts sind deutlich zu erkennen.«

Wurde es von Grabräubern aus seinem Lattensarg geholt? Oder hat die Witterung, die nach Jahrhunderten das Dach der Grabkammer zerstörte, auch das Holz zerfallen lassen? Fragen, die später geklärt werden müssen. Richard macht über Walkie-Talkie auf einen etwa drei Meter langen Stab mit einem durchbohrten, sternförmigen Stein an der Spitze aufmerksam, der eine Datierung des Grabes ermöglicht. Die langstielige Keule gehörte zu den bevorzugten Waffen der Inka, mit denen sie Gegnern die Köpfe einschlugen. Da das Reich der Chachapoya aber erst 1480 von den Inkas erobert wurde, also kurz vor der Ankunft der Spanier, kann das Grab kaum älter als 500 Jahre sein. Der Vertreter des peruanischen Kulturinstituts entscheidet, die Mumien und anderen Fundstücke an ihrem Ort zu belassen. Das Mauso-

Nur selten sind unberührte Mumienbündel zu finden, weil die meisten Chullpas von Grabräubern geplündert wurden. Hier ein Lattensarg, der eine kunstvoll verschnürte Mumie schützt, mit Stoffbändern und Strohzöpfen fest verschnürt.

leum ist so schwer zugänglich, dass es vor Grabräubern sicher scheint.

11. August 2001. Entlang der Flusstäler sehen wir Hunderte Grabstellen an den steilen Felshängen. Die Bauherren scheinen Wert auf eine schöne Aussicht gelegt zu haben. Oft markieren rote Kreise die Gräber – Zeichen, die für die Sonne stehen. Vergebens hangeln, klettern und rutschen Herb und Richard immer wieder zu neuen Fundstätten; alle sind schon ausgeräumt. Nur ein paar ausgeblichene Schädel liegen herum, an denen noch pergamentartige Hautfetzen hängen, Knochen, einige Keramiktöpfe mit amorphen Tierdarstellungen sowie gewebte Bänder mit rautenartigen Zeichen, die einst die Bündel zusammenhielten. Erstaunlich, wie hervorragend sich die Farben erhalten haben. Ganz selten melden die Bergsteiger den Fund metallener Gegenstände, Haarspangen voller Grünspan und große, kupferne Nähnadeln. Ein Faden ist noch eingefädelt.

Die Huaqueros, die hier eingedrungen sind, haben vergebens

nach Gold gesucht. In keinem Chachapoya-Grab ist bisher Gold gefunden worden, woraus man schließen kann, dass Gold bei ihnen nicht die sakrale Rolle spielte wie bei den Inka. »Ich habe weder Gold gefunden noch gesehen«, versichert Gene Savoy. »Leider, und das ist ganz schrecklich, gibt es Sammler, die Keramiken und sogar Mumien kaufen. Diese verantwortungslosen Gesellen ermutigen die armen Leute hier, die Gräber ihrer Vorfahren zu berauben. Alle Fundstücke sollten in ihrem Kulturraum verbleiben. Es kann doch auch lokale Museen geben.«

12. August 2001. Moskitoheere attackieren uns in dichten Wolkenhaufen, während wir mit unserer schweren Kameraausrüstung hinter den Macheteros herstolpern. Heute begleiten wir die Bergsteiger erneut in ein weit entferntes Flusstal und balancieren auf quergelegten Baumstämmen über reißende Flüsse. Auf der gegenüberliegenden Uferseite postieren sich vier Peruaner und ziehen die Pferde durch das schäumende Wasser. Dramatische Szenen sind das, wenn sich die Tiere angstvoll wiehernd gegen die starke Strömung stemmen, immer wieder abgetrieben werden und verzweifelt auf dem steinigen Grund Halt suchen. Die Arrieros ziehen mit aller Kraft und werden von der Last fast selbst in den Fluss gerissen. Ein Pferd gerät in Panik, geht immer wieder unter, taucht schnaubend wieder auf, die Augen weit aufgerissen. Wir geben es fast schon auf, aber mit vereinten Kräften gelingt es endlich, das zitternde Tier ans Ufer zu zerren.

Wieder steigen wir steile Berghänge auf und ab. In immer kürzeren Abständen bleibe ich stehen und ringe abgekämpft nach Luft. Ich hätte vor dieser Expedition mehr trainieren sollen. Die Macheteros lachen über die schlappen Gringos und schwingen die schwertartigen Macheten, als wären es Kartoffelmesser. Besonders Guillermo, der die Kamera trägt, beeindruckt mich. Warum ist er so trittsicher, während wir ständig auf dem modrigen Boden ausrutschen? Ich halte mich mühsam an Schlingpflanzen und morschen Baumstämmen fest. Nur die Wurzeln der Bäume geben mir Halt. Die Helfer ermahnen uns, stets auf der dem Berg zugewandten Seite der Pfade zu laufen, damit wir nicht die steilen Abhänge hinunterrutschen. Als ich mich an einem hohen Baum hochziehe, stürzt der morsche Stamm mit gewaltigem Getöse auf die hinter mir gehenden Expeditionsteilnehmer. Zum Glück ist das Holz schon so weich, dass niemand verletzt wird.

Mit wuchtigen Hieben schlagen die zähen Männer mit ihren Macheten Schneisen durchs Urwalddickicht. Hieb auf Hieb, Meter für Meter, eine schweißtreibende, ermüdende Arbeit. Zwei Stunden von »Las Cruces« entfernt macht Vincente Durango endlich Halt und zeigt ins Dickicht vor uns. Unmöglich zu erkennen, was den nüchternen Mann so erregt. Erst als Vicentes Helfer mit ihren Messern meterlange Moosbündel und Flechten wegkratzen, erkennen wir staunend, das sich dahinter eine von Menschenhand aufgeschichtete Mauer verbirgt. Man muss es mit eigenen Augen gesehen haben, um zu verstehen, warum ganze Städte verschwinden konnten. Wir hätten die Mauern für bewachsenen Fels gehalten und wären ahnungslos vorbeimarschiert. Vincente hat ein turmartiges Gebäude mit hohen Mauern entdeckt.

Nur, was heißt schon »entdeckt«?! Viele Orte sind den Einheimischen längst bekannt. Auch Gene Savoy ist immer wieder auf Tips von Bauern und Jägern angewiesen, um Ruinen in Chachapoya-Land zu entdecken. Und sprechen wir nicht immer wieder Forschern Entdeckungen zu, die Einheimischen längst vertraut sind? Etwa Sven Hedin, der als erster Europäer der Neuzeit Zentralasien kartografiert hat, oder Mungo Park, der den Niger »entdeckte«, oder Gordon Speek, der als erster Europäer die Quellen des Nils zu Gesicht bekam. Beim Entdeckerruhm ist Vorsicht geboten.

13. August 2001. Alltag im Lager. Während unsere Helfer im Fluss Forellen fangen und jeden Tag einheimische Speisen kochen, leben die Amerikaner aus der Büchse, wie zu Hause im Fast Food

Restaurant, mit Instant-Rühreiern, Granola-Sticks und Erdnussbutter. Während die Einheimischen das frische Flusswasser trinken, wird das Wasser für die Expeditionsteilnehmer abgekocht oder mit Tabletten entkeimt. Einige Macheteros haben ihre Frauen nachkommen lassen, die Zuckerrohr zu Sirup verkochen, der in Holzformen zu braunen Blöcken abkühlt. Die Peruaner nennen sie: *chancaca*. Gekochte Yucca, Eier und Kartoffeln, die mit einer scharfen Soße aus grünem Pfeffer, *aji*, serviert werden, schmecken besser als das ewige Einerlei aus Konservendosen.

Zum Glück waschen die Frauen auch unsere Wäsche und besorgen Feuerholz. Am unangenehmsten empfinden wir die ewig juckenden Insektenstiche und die nasse Kleidung, die im feuchten Urwald einfach nicht trocknen will. Der Boden ist vom Dauerregen aufgeweicht und um die Zelte zu braunem Brei zertreten. Manchmal bereitet uns die Frage, wie wir mit den schlammverkrusteten Stiefeln trocken ins Zelt kommen sollen, mehr Kopfzerbrechen als die Frage, ob wir Zeuge einer sensationellen Entdeckung werden.

14. August 2001. Es regnet den ganzen Tag. Wir sind im Camp gefangen. Ich habe so etwas wie einen Lagerkoller, der noch durch das penetrant laute Donnern des angeschwollenen Flusses verstärkt wird. Am Nachmittag klettern die Bergsteiger Richard und Herb trotz des Regens wieder zu Gräbern. Aber die Ausbeute ist spärlich.

Eine Mumie wirkt ohne Stoffumhüllung auf obszöne Weise nackt, ihrer Würde beraubt: die Haut wie aus Pergament, die unversehrten dicken Haarbüschel, die langen Fingernägel. Die Bestattungsmeister der Chachapoya müssen die Toten in die extreme Hocklage gepresst haben, bevor der Körper erstarrte. Die Hände liegen eng an den Kopfseiten, als ob sie die Ohren zuhalten wollten. Das Gesicht scheint mich klagend anzustarren, mit weit aufgerissenem Mund, als wäre es ein letzter Aufschrei, die Augen weit geöffnet und nach oben gewandt. Die Toten strahlen nichts vom maskenhaften Frieden der Verstorbenen aus, die wir aufbahren. Es ist ein bewegender, existenzieller Moment. Ich schäme mich bei diesem Anblick wegen unserer voyeuristischen Neugier. Warum achten wir die Ruhe der Toten nicht?!

Die Mumifizierung wichtiger Persönlichkeiten ist Teil aller Indiokulturen der Anden-Region. Verstorbene wurden schon in der Zeit um viele Jahrtausende vor unserer Zeitrechnung für die Nachwelt erhalten. Die Mumien von Chinchorro in der Atacama-Wüste sind 8000 Jahre alt. Als die ersten großen Reiche entstanden und sich ein ausgeprägter Ahnenkult entwickelte, begann man Verfahren zur Konservierung der Toten zu entwickeln, um die Körper von Würdenträgern zu bewahren und später verehren zu können. Garcilaso de la Vega berichtet von Informanten, die behaupteten, dass die Haut mit einer teerartigen Substanz eingerieben wurde. Aber welches Balsamierungsverfahren man tatsächlich anwandte, konnte der Chronist nicht in Erfahrung bringen. Die meisten Experten meinen, dass die von ihnen untersuchten Mumien nicht durch künstliche Behandlung entstanden sind, sondern durch natürliche Austrocknung. Im Hochland um den Titicaca-See ragen klotzige Türme empor, in denen tote Adlige beerdigt wurden. Die aus großen Quadern meisterhaft aufgeschichteten *chullpas* sehen wie übergroße Säulen aus. Sie gehörten zum Reich der Tiahuanaco, einer Kultur, die zwischen 550 und 1000 n. Chr. ihre Blütezeit erreichte. Vor allem im trockenen Klima der Küstenzone wurden Mumienbündel über Jahrtausende konserviert.

In Peru hat sich die jüngste Form der Archäologie entwickelt, die Gebirgsarchäologie. In keinem Land der Erde gibt es so viele und so hoch gelegene Zeremonialplätze und Begräbnisstätten. Die Anden-Bewohner, vor allem die Inka, erkannten Berge als höhere Macht an. Berge wurden als Götter verehrt oder zumindest als Wohnort von *apus,* Berggöttern. Noch heute nennen viele Anden-Bewohner bestimmte Berge »Vater«. Auf Gipfeln in Bolivien, Argentinien, Chile und Peru opferten Inka-Priester Menschen und begruben die festlich dekorierten Leichen in Hockstellung. Der höchste Zeremonienplatz der Welt liegt auf dem Gipfel des Llullaillaco in einer eisigen Höhe von 7330 Metern. Die Inka müssen begnadete Bergsteiger gewesen sein, wenn es ihnen nicht nur gelang, in solche Höhen vorzudringen, sondern dort auch noch Zeremonialzentren zu errichten. Der Permafrost mumifizierte Tote auf natürliche Weise.

Bevor die spanischen Eroberer in Cusco einmarschierten, brachten die Priester den wertvollsten Besitz des Landes in Sicherheit: kein Gold, wie die Konquistadoren glaubten, sondern die Mumien früherer Herrscher. Königsmumien, die von Dienern in Sänften getragen wurden, bezeugte das Volk dieselbe Achtung wie einem regierenden Monarchen. Ein Teil der Staatseinnahmen wurde für den luxuriösen Unterhalt der toten Herrscher ausgegeben. Die Mumien saßen in eigenen Palästen auf einem stuhlartigen Thron und waren so leicht, dass man sie mühelos hin- und hertragen konnte. Beamte bedienten die toten Könige, die in mehrere Lagen feinster Baumwolltücher eingewickelt und mit kostbaren, gewebten Stoffen bekleidet waren, so exquisit, als wären es lebendige Herrscher. Zu besonderen Festtagen wurden alle Königsmumien auf den Hauptplatz von Cusco gebracht und ihrem Alter entsprechend aufgereiht. Wie seine Vorfahren, so glaubte auch Atahualpa, dass er als Mumie ewig weiterleben würde.

Die Konquistadoren suchten jahrelang nach den verehrten Reliquien, die von den Inka versteckt worden waren. Nicht nur, weil das Gerücht umging, sie seien mit Gold bedeckt, sondern vor allem, weil die spanischen Statthalter die Symbole der Inka-Herrschaft beseitigen wollten und weil die »Götzen« der Kirche bei der Bekehrung der heidnischen Indios im Weg waren. Garcilaso de la Vega beschreibt die Mumie des Inka Pachacútec, die 1559 entdeckt wurde, als man ihr heimlich huldigte. »Kein einziges Haar fehlte, keine Augenbraue und keine Wimper; die Finger waren hart wie Holz.« Als man die Königsmumie von Cusco nach Lima transportierte, »bedeckten die Indios sie mit einem weißen Tuch, knieten am Wegesrand nieder, verbeugten sich und weinten. Selbst viele Spanier nahmen ihre Hüte ab«. Die Mumie des Erderschütterers Pachacútec, die einfache Indios immer noch als Symbol der Macht anbeteten, wurde in der neuen Hauptstadt Perus verbrannt.

Als Ersatz für die verbotene Prozession der 14 Inka-Mumien auf dem Hauptplatz von Cusco ließ der Bischof von Cusco alljährlich im Juni die Fronleichnamsprozession mit 14 katholischen Heiligen abhalten. Die katholische Kirche hat es schon immer verstanden, sich sakrale Feste bekehrter »Heiden« für eigene Zwecke zunutze zu machen.

Zwischenbilanz

In Anwesenheit der versammelten Helfer und Expeditionsteilnehmer werden die bei den Ausgrabungen gefundenen Gegenstände und aus Gräbern entfernten Keramikstücke und Webarbeiten von den Archäologen registriert, archiviert und zur Universität nach Trujillo gebracht, wo die wissenschaftliche Untersuchung beginnt. Später sollen die Fundstücke in der Provinzhauptstadt Moyebamba in einem regionalen Museum ausgestellt werden. Gene Savoy legt Wert drauf, dass die einheimischen Mitarbeiter Zeugen der Registrierung sind, damit nicht der Eindruck zurückbleibt, Gringos und mächtige Behörden in der fernen Hauptstadt Lima würden sich an »ihrem« Erbe bereichern.

Ich versuche in den Gesichtern der Campesinos zu lesen. Sie fragen sich sicher, warum so viel Aufhebens um ein paar zerbrochene Keramikstücke und Stoffreste gemacht wird. Wird die pädagogisch motivierte Demonstration nicht einen gegenteiligen Effekt haben? Wird es Grabräuberei nicht eher fördern, wenn man den Eindruck vermittelt, dass scheinbar wertloses Zeug in Wirklichkeit lohnende Beute darstellt?

Am 16. August 2001 brechen wir von Naranjos auf. Wieder quälen wir uns durch den Urwald. Aber diesmal habe ich ein gutes Maultier. Mit schlafwandlerischer Sicherheit geht es den halsbrecherischen Pfad entlang. Manchmal bricht mein Tier aus und wählt instinktsicher seinen eigenen Weg – wie Gene Savoy. Man kann nicht immer nur ausgetretene Pfade einschlagen, wenn man Visionen hat. Im Regen kommen wir am Lagerplatz an. Alle sehen erschöpft, fast resigniert aus. Endlich können wir ohne lauten Flusslärm schlafen.

Am nächsten Morgen schreckt mich das Rattern eines Maschinengewehrs auf. Ein Überfall der Guerilla? Es soll ja in Peru wieder kleine Gruppen des »Sendero Luminoso«, des »Leuchtenden Pfads«, geben. Ich springe aus dem Zelt und sehe unsere Polizisten mit ihren Maschinengewehren lachend in die Luft ballern. Sie wollten uns aufwecken und haben dabei ihre letzte Munition als Salut verschossen. Morgen beginnt der schwierige Auf- und Abstieg nach Bolívar.

Wieder stelle ich mir die Frage, warum jemand so viel Mühe auf sich nimmt und Jahr um Jahr in den Urwald vorstößt. Genes Antwort: »Es ist eine Art Test. Wir testen unseren Willen, wenn wir unentwegt Unbekanntes und Unentdecktes suchen. Wir testen uns, indem wir uns einer der wenigen Prüfungen unterziehen, die uns in unserer Welt des Überflusses geblieben sind: Wir prüfen unser Durchhaltevermögen. Wenn man die Spannung hinzurechnet und die Befriedigung, die eine Entdeckung mit sich bringt, so ist das eine perfekte Kombination.«

Vom wissenschaftlichen Standpunkt aus war die Gran-Saposoa-Expedition wenig ergiebig, weil sie keine wirklich neuen Erkenntnisse brachte. Sie schloss zwar eine weitere Lücke in der langen Kette von Stadtanlagen, die entlang der Höhenzüge der zentralen Kordilleren im Urwald existierten, aber weder wurden neue Architekturformen oder Begräbnisstätten gefunden noch

Eldorado. Hatte Savoy nicht gesagt: »Man glaubt, dass der legendäre El Dorado, der ›goldene Mann‹, Herr über ein großes Reich im Regenwald war. Nach dem Studium historischer Dokumente und der Funde im Urwald, einschließlich Gran Saposoa, bin ich überzeugt, dass das Geheimnis um El Dorado gelöst werden kann.« Die Erforschung Gran Saposoas zeigt zwar, dass sich das Chachapoya-Reich weiter ausdehnte als angenommen; dennoch können wir uns des Eindrucks nicht erwehren, dass der 74-jährige Entdecker Gene Savoy auf ausgetretenen Pfaden marschiert ist und von seinem Entdeckerruhm zu zehren beginnt. Für einen spannenden Film reicht die Ausbeute jedenfalls nicht aus, und deshalb entschließen wir uns, einen Abstecher ins Zentrum des einst so mächtigen Chachapoya-Reiches zu machen. Wir wollen nicht nur Ruinenstädte in Gran Vilaya filmen, sondern auch die Grabanlagen oberhalb des Kondorsees.

Grab mit Aussicht

Von Bolívar aus fahren wir nach Balsas am mächtigen Río Marañón, einem der großen Quellflüsse des Amazonas. Der reißende Fluss hat tiefe Schluchten in den Fels gegraben. Der Bus schaukelt über schmale Lehmstraßen, die sich weit oberhalb des Marañón an haarsträubend steilen Felswänden entlang winden. Beim Río Utcubamba, einem Nebenfluss des Marañón, tauchen wir ein in scheinbar unberührten subtropischen Hochland-Urwald. Zwei Tage fahren wir bis zu dem kleinen Ort Leimebamba, dem Ausgangsort zum Kondorsee, dem der bekannteste Archäologe Perus und Erforscher präkolumbischer Völker, Frederico Kauffmann-Doig, den unheimlichen Namen *Laguna de las Momias* gibt, »Mumiensee«. Es ist eine wahrhaft atemberaubend schöne Gegend, und der See verdient eine so abgedroschene Bezeichnung wie paradiesisch.

Bis zum Kondorsee sind es zwar nur knapp zwei Tage Fußmarsch, aber die haben es in sich. Wir waten durch Sumpfland, erklimmen steile Bergpfade und überqueren kalte, regnerische Hochlandwiesen, bevor wir den dichten Dschungel erreichen, der sich bis zum Mumiensee erstreckt. Ohne Führer hätten wir den Weg nie gefunden. Er ist auf keiner Karte eingezeichnet, und der einzige klare Hinweis für seine Lage ist die Auskunft, dass er in der Nähe einer Plantage mit dem romantischen Namen *La Perla Escondido,* »Die versteckte Perle«, zu finden ist. Die Gräberwand liegt teilweise im Nebel. Es lohnt sich nicht, die Felswand zu erklimmen, denn die Totenhäuser sind alle leer.

1997 führten örtliche Polizisten den Archäologen Federico Kauffmann-Doig zu den Mausoleen in der zerklüfteten Felswand oberhalb des malerischen Mumiensees. Die Ordnungshüter hatten bei Viehtreibern ein Versteck mit 200 Grabbeigaben ausgehoben und den Fundort in Erfahrung gebracht. Voller Eifer kletterte der Archäologe die Felswand hinauf, rutschte auf allen vieren über Simse und Felsrampen und seilte sich schließlich zu fünf zweistöckigen, vier bis fünf Meter hohen und drei Meter breiten Mausoleen ab. Fast 40 Meter lang ist der Felsüberhang und kaum vier Meter tief. Einige der lehmverputzten Häuser sind mit den gleichen Zickzackfriesen und kleinen Geweihen verziert wie die Ruinen in Gran Pajatén und Gran Vilaya. Rote Zeichnungen von Katzenwesen mit Vogelköpfen neben den Grabhäusern scheinen Darstellungen aus der Geisterwelt der Chachapoya zu sein.

Was dem Amateurwissenschaftler Gene Savoy nicht erlaubt war, durfte Kauffmann-Doig: Der Leiter des Instituto de Archeologico Mamazónica in Lima öffnete sieben Begräbnisstätten und fand an die 200 intakte Mumienbündel. Eine Sensationsmeldung, die wie ein Lauffeuer um die Welt ging! Ein Fund, der den Nebel, in den die Geschichte des Volkes der Chachapoya gehüllt ist, ein wenig lichtete. Seine Helfer hievten Kauffmann-Doig zu einer Öffnung drei Meter über dem Boden. Welch ein Anblick! Er ist zwar nicht mit den sensationellen Eindrücken eines Howard Carter zu vergleichen, als er 1922 das Grab des Pharaos Tutenchamun öffnete, aber für einen Amazonas-Forscher war dieser Mumienfund ähnlich berauschend: »Ich habe geweint, als ich die Mumiensäcke plötzlich vor mir liegen sah.«

Über zwei Ebenen verteilt lagen verschnürte Mumienbündel. Eine Zwischendecke aus Holzbalken unterteilte die Gruft. In jedem Totenhaus waren 15 bis 20 Mumien übereinander gestapelt. Was für ein Fund! 60 unversehrte Mumienbündel an einem Ort. Da verschmerzt man auch, dass Grabräuber schon 35 der kokonartigen Hüllen aufgerissen hatten. Weiße Knochen schimmerten zwischen bräunlichen Stofffetzen. Die Holzstäbe, die die Mumien einst umspannten, waren zerbrochen. In Hockstellung, die Knie eng an die Brust gepresst, die Hände vor dem Gesicht verschränkt, schauten die Mumien aus den zerfetzten Tüchern hervor. Einige trugen Muschelketten und Ohrpflöcke aus Holz und Silber. Die Haut der Toten schimmerte wie dunkelbraunes Leder. Sie war verblüffend gut erhalten, sogar die Augäpfel starrten noch aus ihren Höhlen, die Zähne schienen in hervorragendem Zustand, selbst die Geschlechtsteile waren kaum geschrumpft. Kauffmann-Doig war vor allem von der hohen Qualität der Webarbeiten überrascht: Totentücher mit Lamamotiven und geometrischen Formen, dazu fein gewebte, farbige, hemdartige Jacken, *uncus*.

In groben Stichen waren die Umrisse von Gesichtern mit runden Augen und geöffneten Mündern auf die Mumienpakete genäht. Hölzerne Kultfiguren mit geschnitzten Maskenköpfen, die den Gesichtern der Sarkophag-Figuren ähneln, lehnten an den Hüttenwänden. Tonschalen und Krüge standen herum, die einst Mais und Bohnen enthielten – Nahrung für das Leben nach dem Tode. Bei einer Holzfigur entdeckte Kauffmann-Doig einen hohlen Penis. Sprühte er einst heiliges Wasser, um die Felder fruchtbar zu machen? Mumifizierte Jaguare mit fletschenden Zähnen und durchstochenen Nasen, aus denen Knochen herausragen, *tigrilli,* symbolisieren höchstwahrscheinlich die Kraft der Chachapoya-Krieger. Auch die Innenwände waren mit stilisierten Tiersymbolen bemalt.

Die Fundstücke aus den Gräbern am Kondorsee geben Aufschluss über die Spätphase des Chachapoya-Reiches. Einige Tonwaren mit dem typischen Design der Chimú zeigen, dass die Chachapoya mit dem Küstenvolk Handel getrieben haben. Möglicherweise haben die Inka Teile des unterworfenen Volkes der Chimú in die Urwaldgebiete der Ost-Anden verschleppt. Glasierte Keramiken weisen darauf hin, dass einige Mumien während der Kolonialzeit bestattet wurden, da die Glasurtechnik erst von den Spaniern importiert wurde. Dem Archäologen fiel auf, dass fast keine Mumie aus der Zeit vor der Machtergreifung der Inka zu stammen schien, obwohl die Mausoleen schon Jahrhunderte zuvor gebaut wurden. Lässt das den Schluss zu, dass die Inka die Mausoleen nach ihrer Entdeckung leer geräumt haben und den Chachapoya während der letzten Phase ihrer Geschichte nur noch Bestattungen nach inkaischer Tradition erlaubten?

Nach eingehender Untersuchung entschloss sich der Wissenschaftler, das einmalige Ensemble intakt vor Ort zu belassen und nur noch Experten mit Sondergenehmigung den Zugang zu erlauben. Dann begann er Pläne für die Absicherung der Anlage und die Förderung des Tourismus zu entwickeln. Doch Kauffmann Doigs Hoffnungen wurden schon bald abrupt zunichte gemacht. Auf Grund alarmierender Nachrichten über Plünderungen der Grabanlagen beschloss das Kultusministerium, die bedrohten Schätze bergen zu lassen. Unter Leitung der peruanischen Archäologin Sonja Guillén kam es zu einer »Notoperation«, die Kameraleute minuziös dokumentierten.

Selten hat man so eindrucksvolle Bilder gesehen: Die steile Wand ist mit grünem Buschwerk bedeckt, Wege werden freigeschlagen. Das Archäologenteam stellt Leitern an die Felswände und leert systematisch alle Grabhäuser. Eine Mumie nach der anderen wird aus den kleinen Öffnungen gereicht, intakte Bündel und nackte Tote, deren Fingernägel wie Krallen vorstehen, die Hände wie schützend vor dem Gesicht verschränkt – Anblicke, die Grauen auslösen. Man empfindet tiefes Mitleid mit den gespenstischen Wesen. Eine Mumie sieht aus, als wäre sie mit einem entsetzlichen Schrei gestorben, so weit aufgerissen ist der Mund. Rostbraune, wirre Haarbüschel stehen wie eine Perücke vom Kopf. Das erschreckende Aussehen, das bei allen Mumien der Anden-Kulturen auffällt, hat »einen konkreten Hintergrund«, erklärt Federico Kauffmann-Doig. »Selbst noch im Tod sollten die Verstorbenen den Regengott in betender Haltung anflehen, damit er stets zur rechten Zeit den nötigen Regen für ihre Felder schickt. Es ist aber auch möglich, dass es sich in einigen Fällen um Personen handelt, die geopfert wurden. Wegen des Glaubens an ein Leben nach dem Tod haben viele Frauen ihren Mann ins Jenseits begleitet. Sie töteten sich oder ließen sich töten, um dem Mann auch dort dienen zu können.«

Besonders ergreifend ist das Bündel eines Kleinkindes, dessen zerbrechliche Formen man durch die eng anliegenden Wickeltücher erahnt. Mit besonderer Umsicht begutachtet Sonja Guillén einen Kopf, der aus einem Mumienbündel herausragt. Er hat merkwürdig lange Ohren, wie sie nur adlige Inka als Standeszeichen haben durften. Ist das ein *orejones,* ein »Langohr«, wie sie die Konquistadoren genannt haben? Da diese Langohrmumien aber alle in Tüchern mit typischen Chachapoya-Motiven eingewickelt sind, kann man annehmen, dass auch adlige Wolkenmenschen diese Sitte pflegten.

In fieberhafter Eile werden alle Fundstücke registriert, Totenschädel und Keramiken, Waffen und Webstoffe, bunte Federkronen, Bambushelme und Kürbisgefäße, Sandalen aus Pflanzenfasern, Knochenflöten und sogar Knotenschnüre der Inka, so genannte Quipus, mit deren Hilfe das schriftlose Volk zumindest über die Steuereinnahmen Buch führen konnte. Insgesamt konnten mehr als 1000 Grabbeigaben sichergestellt werden. Bei strömendem Regen laden Arrieros 185 erhaltene Bündel und Gebeine von weiteren 150 Toten auf Maultierkarawanen und bringen sie über steile Bergpfade nach Leimebamba.

Dort beginnt Sonja Guillén sofort mit ersten Untersuchungen. Behutsam öffnet sie eines der Bündel, wickelt eine Stoffbahn nach der anderen ab, als ginge es um die Behandlung eines Patienten mit schweren Verbrennungen. Ein etwa elf Jahre altes Mädchen kommt zum Vorschein, mit einer Wunde am Kopf. Die gespenstisch lebendig wirkende Tote ist federleicht, als wäre sie aus Schaumstoff. Ich versuche mir vergebens vorzustellen, wie das zusammengekrümmte Wesen einmal ausgesehen haben mag. Die äußeren Lagen der Wickeltücher bestehen aus gröberem Gewebe, die inneren, mit Streifenmustern verzierten Tücher, sind von höchster Qualität. Guillén zeigt auf die Nase und stellt fest: »Man hat Baumwolle in die Löcher gesteckt, um die Form des Gesichts gut zu erhalten.« Die Archäologin schnuppert an dem Mumiengerippe: »Chachapoya-Mumien riechen anders als andere. Sie müssen einbalsamiert worden sein, wie die Mumien in Ägypten, sonst hätten sie nicht die hohe Luftfeuchtigkeit überstanden. Die Chachapoya müssen bestimmte Chemikalien und Pflanzensäfte gekannt haben.« Einbalsamieren heißt, dass alle inneren Organe entfernt wurden. Die Mumienspezialistin zieht einen Baumwollpfropfen aus der Öffnung zwischen den angezogenen Beinen und weist darauf hin, dass man die Innereien bei Frauen durch die Vagina und bei Männern durch den After entnahm. Röntgenaufnahmen, die wie Wäsche auf eine Leine gehängt werden, bestätigen, dass den Mumien alle Organe fehlen.

Kauffmann-Doig konnte die Aktion, die nach seiner Ansicht alle wissenschaftlichen Prinzipien verletzte, nicht verhindern. Nur in ihrem historischen Umfeld kann man die Mumien und ihre Beigaben fachgerecht studieren, meint er; nur dort sei ihr historischer und öffentlichkeitswirksamer Platz. Heute sind die Mumien in Leimebamba in einem kleinen, mit österreichischer

Hilfe gebauten Museum untergebracht, das unter kollektiver Leitung der Ortsbewohner steht. Die einbalsamierten Körper werden zwar Besuchern in klimatisierten Räumen zugänglich gemacht, aber es bleibt das ungute Gefühl, dass die Toten aus ihrem sakralen Umfeld entfernt wurden.

Im September 2001 lässt unser peruanischer Kameramann an einer Felswand im Carajía Canyon ein Gerüst hinab, wie es Maler beim Streichen hoher Hauswände benutzen. Jorge Vignati ruckt mit dem Holzgerüst Zentimeter für Zentimeter in die Tiefe. Immer wieder verhakt sich das Ganze in überstehenden Felsbrocken, bis endlich der Felsvorsprung erreicht ist, auf dem noch fünf zweieinhalb Meter hohe Lehmsarkophage in Menschenform emporragen, die Kauffmann-Doig 1985 zum ersten Mal untersucht hat. Reste von Bemalungen mit roter Pflanzenfarbe sind zu erkennen, strahlenförmige Röcke und Halskrausen, die sich um die Plastiken legen. Zwei Figuren tragen zwei Köpfe übereinander. Sie sind wie separate Masken auf die mächtigen Körper gesetzt. Die wulstige Stirn und die tiefen Augenlöcher, die ausladenden Nasen und das vorspringende Kinn erinnern mich an den Schauspieler Boris Karlov, der einst das künstliche Menschenmonster Frankenstein spielte. Ähnliche, aus Holz geschnitzte Masken fand man unter den Grabbeigaben in Chullpas am Kondorsee. Aus einem Kopf wächst ein zweiter heraus. Kaufmann-Doig glaubt, dass solche Zwillingsköpfe und Totenschädel, die auf einigen Sarkophagen balancieren, Diener oder Feinde der adligen Toten repräsentierten.

Die Sarkophage sind einzigartig in der Anden-Kultur. Ihre phallische Form symbolisiert das Leben, das nach dem Glauben der alten Peruaner auch nach dem Tod weitergeht. Man hat eine Totenmaske in Form der Eichel auf den Penis gestülpt. Die Mumien werden zu hockenden Bündeln verschnürt, damit sie wie ein Fötus, wie ein Kind im Mutterleib aussehen, als wären sie bereit, wieder neu geboren zu werden. Leben und Tod stellt einen ewigen Kreislauf dar.

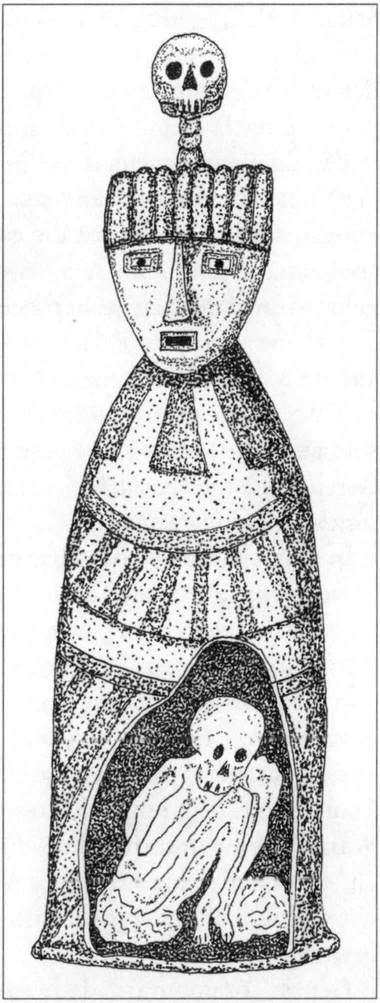

Als Sarkophage dienten Lehmstatuen, in denen ein Hohlraum für die hockende Mumie ausgespart war.

Martín Chumbe, ein Fotograf in Chachapoyas, überrascht uns mit der Nachricht, in der Nähe des Dorfes Colcamar seien neue Sarkophage entdeckt worden. Seine Aufnahmen zeigen Sargfiguren, die den großen Skulpturen im Carajía-Tal ähneln. Spontan entschließen wir uns, dem Hinweis nachzugehen. Nach zwei

Stunden Fahrt durch spektakuläre Landschaften erreichen wir Colcamar, steigen um auf Maultiere und reiten mehrere Stunden durch zerklüftetes Bergland. Doch anders als bei unserer Expedition nach Gran Saposoa gibt es hier überall bebaute Maisfelder. Ein Beweis mehr, dass die historischen Stätten den Bauern der Umgebung längst bekannt sind. Oberhalb von Bananenpflanzungen sehen wir endlich die ersten Grabhöhlen. Rundherum sind Schädel und Knochen verstreut, als hätten hier Vandalen gehaust. Auf der gegenüberliegenden Seite der Schlucht stehen drei kleine Sarkophage, *purunmachos,* auf einem Felsvorsprung. Unsere Macheteros schlagen oberhalb der Figuren einen Pfad in den Wald, bis wir uns acht Meter tief abseilen können. Leider sind auch die Kindersärge bereits ausgeraubt. Auch hier balancieren wieder Totenschädel auf den Maskenköpfen der weiß getünchten Lehmstatuen.

In Leimebamba werden wir direkt mit Vorurteilen gegenüber Gene Savoy konfrontiert, die ihn seit 40 Jahren verfolgen. Er ist hier quasi *persona non grata.* Der Bürgermeister und angesehene Bürger des Ortes erzählen abenteuerliche Geschichten: Taucher von Gene Savoy, die den Kondorsee nach historischen Spuren untersuchten, hätten sich Pistolenduelle geliefert, als sie bei der Verteilung eines Schatzes in Streit gerieten. Der Amerikaner hätte Tunnel gegraben, um Gold zu verstecken, und seitdem wäre die Wasserzufuhr unterbrochen. Eine Frau gibt Savoy die Schuld daran, dass die Jungfrau Maria in der Kirche nicht mehr so glänzt wie früher. Ein anderer erzählt, Mumien seien mit Hubschraubern weggeschafft worden.

Genes Kommentar: »Jede meiner Expeditionen wurde von Polizisten oder Soldaten begleitet. Keine Expedition ohne staatliche Überwachung! Als ich in Vilcabamba war, beschuldigte man mich, 40 Maultierladungen Gold weggeschleppt zu haben. In Wirklichkeit schlugen wir uns mit Polizisten unter Führung von Sergeant Wilfredo Cabrera durch den Urwald – mit Schlamm bespritzt statt mit Gold.« Kein Wunder, dass in einem Land großer Armut, in dem immer wieder Gringo-Expeditionen nach dem Schatz der Inka suchen, die Gerüchteküche brodelt. Und dass die Campesinos versuchen, Nutzen daraus zu ziehen.

Sprechende Steine

Der Deutsche Max Uhle, den man anerkennend »Vater der peruanischen Archäologie nennt«, dokumentierte Ende des 19. Jahrhunderts als erster Wissenschaftler die Entwicklung der Kulturen, die den Inka vorausgingen. Die Kulturen der Moche, Chimú, Nazca, Paraca und Inka sind auch nach ihm relativ umfassend untersucht worden. Über das rätselhafte Volk der Chachapoya wissen wir hingegen kaum etwas, weil es nach der Eroberung durch die Inka dezimiert, umgesiedelt und durch Epidemien ausgelöscht wurde. Die Sprache der Chachapoya ging schon in den ersten Jahren der Kolonisation verloren. Wahrscheinlich haben mehrere mehr oder weniger unabhängige Fürstentümer nebeneinander bestanden, die durch gemeinsame Religion, Sprache und Kultur verbunden waren. Die Chachapoya bildeten eine Zweiklassengesellschaft, in der eine Adels- und möglicherweise auch eine Priesterschicht von Bauern ernährt wurde. Immer wieder wird in alten Chroniken die außerordentliche Schönheit der Frauen betont. Rot bemalt, die Schädel rasiert, die Nase mit Knochen durchbohrt, so sollen die Krieger ihre Feinde in Schre cken versetzt haben. Einige Wandbilder lassen vermuten, dass sie es dabei bevorzugt auf die Köpfe der Gegner abgesehen hatten, die sie im Triumphzug heimbrachten. Der Chronist Blas Valera schreibt: »Die Chachapoya-Indianer beten Schlangen an.« Schmücken deshalb so viele Zickzacklinien die Friese der Chachapoya-Bauten?

Nach dem Niedergang der Kulturen der Moche und Nazca dominierten in Peru die Hochkulturen der Tiahuanaco in der Nähe des Titicaca-Sees und das wahrscheinlich daraus entstehende Huari-Reich. Nach dem Niedergang dieser Völker vor der Jahrtausendwende bildeten sich in Nordperu nach einer Periode zahlreicher Wanderbewegungen neue Reiche, wie das der Chimú mit der Hauptstadt Chan Chan an der Küste und der Chachapoya im Nordosten. Über die Herkunft des Nebelvolkes, ihre Religion und ihre Lebensformen gibt es keine gesicherten Erkenntnisse. Federico Kauffmann-Doig geht von der Theorie aus, dass es Wanderbewegungen aus den übervölkerten Küstengebieten und den hohen Anden-Regionen hin zu den kaum besiedelten nordöstlichen Abhängen der Anden gegeben hat, wo mit Hilfe des Terrassenbaus nach und nach Urwälder in Höhen zwischen 2000 und 3000 Metern zu Ackerland kultiviert wurde.

1989 hörte Gene Savoy in dem kleinen Dorf Vilaya von einem alten Mann, dass es in den Kalksteinfelsen auf der anderen Seite des Tals »sprechende Steine« gebe. Tatsächlich fand er in Felsnischen drei versteckte Dolmen, große Steinplatten, die von je zwei Basissteinen gestützt werden. Solche, nach einem keltischen Begriff *cromlechs* genannten Steinpodeste, kannte man von Irland, Nordosteuropa, Asien und Palästina. Man nimmt an, dass es sich um Gedenksteine oder zeremonielle Plätze handelte. Der größte Dolmen in Gran Vilaya wiegt etwa 4,5 Tonnen und ist 250 Zentimeter lang, 216 Zentimeter breit und 83 Zentimeter dick. Aus der Steinart lässt sich schließen, dass die schweren Brocken an anderer Stelle zurechtgeschlagen und dann unter unsäglichen Mühen in diese Bergverstecke transportiert wurden. In die glatt geschliffene Oberfläche der Monolithen sind Glyphen eingemeißelt, die aussehen wie Schriftzeichen. Ob es Texte sind, wie Savoy glaubt, ist bisher nicht bewiesen worden.

Gene stellt einen Zusammenhang zu den Lehmsarkophagen im Pueblo de los Muertos und im Cutchulia-Tal her: »Es ist erwähnenswert, dass solche menschenähnlichen Lehmsärge auch in Palästina gefunden wurden. 1966 wurde eine ähnliche Figur in Lachish ausgegraben. Später fand T. Dothon von der Hebräischen Universität bei Deir el-Balah und Bet-Shehan Menschensärge, die aus der späten Bronzezeit stammen. In Deir el-Balah, einer ägyptischen Siedlung, kamen Dutzende ähnlicher Sarkophage zum Vorschein, die für hohe Beamte hergestellt worden sein sollen. Wie die Figuren in Pueblo de los Muertos haben sie menschliche Köpfe. An der Wand eines Mausoleums in der Totenstadt der Chachapoya fielen uns zwei eingemeißelte Glyphen von großer Bedeutung auf. Das kleinere, 54,5 Zentimeter lange und 21 Zentimeter hohe Symbol ist das babylonische Zeichen für Schiff, wie es in E. Ungers ›Babylonisches Schrifttum‹ von 1920 abgebildet ist. Die zweite, kleinere Glyphe ist ebenfalls ein primitives Zeichen für Schiff. Die hohen, vertikalen Bugformen ähneln der Hieroglyphe für Gott, *ni-ther*. Diese Glyphe, die einen Stab mit zwei Bannern darstellt, wurde üblicherweise vor Tempeln oder auf Schiffen aufgepflanzt. Wie kommt dieses antike Zeichen an eine Grabstelle in Peru? Und wie ist die Diskrepanz in der Chronologie zu erklären? In der Nekropole, die um 1250 n. Chr. gebaut wurde, ist eine Glyphe eingemeißelt, die in die Zeit der Sumerer zurückreicht. Noch verwirrender wird es, wenn man bedenkt, dass die gleiche Glyphe für Schiff auf Felsen im Sinai entdeckt wurde. Nach genauem Studium der Steintafeln im Chachapoya-Gebiet fanden wir auch hier das sumerische Zeichen für Schiff und die ägyptische Glyphe *ni-ther* integriert in anderen Zeichen.«

Gene Savoy glaubt, auf einer Steintafel eine Schriftform erkannt zu haben, die Ähnlichkeit mit protosinaitischen und semitischen Zeichen aufweist. Was Savoy besonders interessiert, sind einige Glyphen, die große Ähnlichkeit mit Inschriften haben, die auf eine in Tel Qzasile, in der Nähe von Tel Aviv ausgegrabene Scherbe eingraviert sind. Angeblich stammt sie aus der Zeit König Salomos und besagt: »Gold aus Ophir, das Bet-Horon gehört, 30 Schekel.« Das zentrale Ideogramm für *bet-he* hat auch die Form eines Schiffes, wie es auf einer der Steintafeln in Peru erscheint. Wie diese Zeichen ins Hochland der Anden gelangt sein könnten, erklärt sich Savoy so: »Vielleicht hatten die Chachapoya Verbindungen zu den Chimú, die Küstenschifffahrt betrieben, oder sie sind über die Amazonas-Route gekommen, das Einfallstor von der atlantischen Seite. Vielleicht trug ein Schiff aus einem entlegenen Hafen das heilige Zeichen. Wir haben Straßen entdeckt, die von den Siedlungen der Chachapoya zum Río Mayo führen, dessen Wasser in den Huallaga, in den Amazonas und schließlich in den Atlantik fließt. Wir spekulierten, dass dieses Flusssystem als Wasserstraße genutzt wurde und Kontakte möglich machte.«

Die meisten Anthropologen und Historiker stimmen dahingehend überein, dass Kulturen sich zwar gegenseitig beeinflusst, alte Zivilisationen sich aber zum größten Teil unabhängig voneinander entwickelt haben und Ähnlichkeiten nur deshalb auftreten, weil die Menschen sich von Natur aus ähnlich sind. Es wird allgemein angenommen, dass die Indianer Amerikas vor der Ankunft der Spanier keinen Einflüssen von außen ausgesetzt waren. Savoy glaubt das Gegenteil. Wie könnte man sonst erklären, meint er, dass Skelettuntersuchungen mumifizierter Chachapoya auf die Existenz eines überdurchschnittlich groß gewachsenen Volkes hinweisen und spanische Chroniken von Menschen mit heller Hautfarbe berichten? Pedro Cieza León schrieb: »Die Chachapoya sind die weißesten und schönsten Indianer, denen ich bei meinen Reisen begegnet bin.«

Noch heute findet man vor allem in dem Städtchen Mendoza, das vom Rest des Landes durch hohe, urwaldbedeckte Bergriesen isoliert ist, hellhäutige Menschen mit europäisch anmutenden Gesichtszügen. Aber ob sie von den Chachapoya abstammen oder gar Beweise für Savoys provokante Theorie sind, dass sie von Einwanderern aus der Alten Welt abstammen, die lange vor Kolumbus nach Amerika kamen, könnten nur vergleichende DNA-Analysen erbringen.

Große Teile Amerikas waren während der letzten Eiszeit von einem kilometerdicken Eisschild bedeckt. Als es sich zurückzuziehen begann, öffnete sich ein Korridor, über den frühestens vor

11 000 Jahren die ersten Menschen von Asien nach Amerika wanderten und innerhalb weniger Jahrhunderte bis zur Spitze Südamerikas vordrangen. So glaubte man bisher. Heute bewerten Wissenschaftler die bisherigen Besiedlungstheorien Amerikas neu. Gerichtsmediziner untersuchten die Überreste der ältesten bekannten Amerikaner und kommen zu dem Schluss, dass bereits Menschen auf dem Kontinent lebten, bevor die Vorfahren der Indianer auf der Bildfläche erschienen. Im Nationalmuseum von Río de Janeiro bewahrt Hilton de Silva die ältesten bisher gefundenen Überreste eines Amerikaners auf. Untersuchungen des Skeletts einer Frau, die der Archäologe liebevoll Luzia nennt, haben ergeben, dass es 13 000 bis 14 000 Jahre alt ist. Faszinierend an Luzia ist, dass sie und ihre Zeitgenossen sich morphologisch von der heutigen Urbevölkerung Amerikas unterscheiden. Könnte Luzia eine Ahnin der Chachapoya sein? Wohl kaum. Die Vermessung des Schädels ergibt Ähnlichkeiten mit den australischen Aborigines. Das bedeutet nicht, dass die Uraustralier nach Amerika kamen, sondern dass beide gemeinsame Vorfahren hatten, und die hatten keine weiße Hautfarbe.

Das Goldland Ophir und andere Migrationsgeschichten

Bevor wir auf die phantastischen Theorien Savoys eingehen, sollten wir uns kurz vergegenwärtigen, dass Gene Savoys »primäres Interesse immer der Religion galt«, wie seine Pressestelle im Internet verbreitet. Im Alten Testament wird von Hunderten Orten und noch mehr Geschehnissen berichtet, die Pseudowissenschaftler vor große Herausforderungen stellen. Fundamentalisten haben immer wieder versucht, die Wahrheit der Bibel zu beweisen, indem sie nach den Sündenstädten Sodom und Gomorrah, der Bundeslade oder dem Gold König Salomos fahndeten. Seit dem 19. Jahrhundert durchforsten Schatzsucher die Bibel nach Hinweisen, die Rückschlüsse auf die Herkunft von dessen

Reichtum zulassen. Da ist unter anderem zu lesen: »König Salomo baute auch eine Flotte in Ezjon-Geber, das bei Elat an der Küste des Schilfmeers in Edom liegt. Hiram schickte seine Leute, geübte Seefahrer, mit den Leuten Salomos zu Schiff aus. Sie fuhren nach Ophir, holten von dort vierhundertzwanzig Talente Gold und brachten es dem König Salomo.« (I Könige 9 : 26–28)*

Da die Bibel keine Auskunft darüber gibt, wo Ophir liegt, suchte man nach dem Sagenland in Arabien und weit entfernten Regionen Afrikas, Arabiens, Ozeaniens und in Peru. Savoy ist überzeugt, dass die Schiffe des phönizischen Königs Hiram, der im Auftrag Salomos nach Ophir gefahren sein soll, bis nach Südamerika gelangt sein könnten. »Mündliche Überlieferungen in Peru und bedeutsame historische Texte stützen die These ... Alte Völker waren in der Lage, lange Distanzen auf See zu überwinden und ihre Kultur und ihren Glauben zu verbreiten. Es ist keine Frage mehr, ob solche Überseefahrten stattgefunden haben, sondern eher wann und zu welchem Zweck.«

Gene Savoy greift zu den Mitteln der »experimentellen Archäologie«, die sich nicht auf die Ausgrabung und Bewertung toten Materials beschränkt, sondern bestimmte Leistungen unserer Vorfahren durch Rekonstruktion und Nachahmung unter historischen Bedingungen nachvollziehen will. 1969 ließ er nach Schiffsdarstellungen auf alten peruanischen Keramiken ein Boot aus Totora-Schilf bauen und segelte mit der »Feathered Serpent I« von Peru nach Panama, um zu beweisen, dass Verbindungen zwischen Mittel- und Südamerika bestanden. Zwischen 1977 und 1982 steuerte der visionäre Forscher den Schoner »Gefiederte Schlange II« von den Vereinigten Staaten nach Südamerika. Am 17. Dezember 1997 startete der 71-Jährige die »Great Ophir Sea Expedition« mit dem 24 Meter langen Doppelauslegerboot »Gefiederte Schlange III« in Callao (Peru) und erreichte am 28. Januar 1998 Hawaii. Savoys Plan, die ganze Welt zu um-

* Zitiert nach: Die Bibel. Einheitsübersetzung, Freiburg 1993

runden, scheiterte, als der Katamaran auf dem 8000 Kilometer langen Törn von Hawaii nach Japan am 19. August 1998 im Sturm unterging und der Entdecker und seine Crew von der Küstenwache aufgefischt werden mussten.

Die These, dass sich früher Japaner in Südamerika getummelt haben, wie Keramikfunde der Valdivia-Kultur in Ekuador belegen sollen, beschäftigt allerdings auch Graham Hancock im folgenden Kapitel dieses Buches. Gene Savoy resümiert: »Ich glaube, dass Peru in Kontakt mit vielen alten Kulturen war: China, ganz sicher Japan, Israel und Ägypten.«

Dass möglicherweise Schiffe der Phönizier oder anderer Völker aus dem Mittelmeerraum Südamerika erreicht haben könnten, hat nicht zuletzt der Norweger Thor Heyerdahl bewiesen, als er 1970 von der Westküste Afrikas aus mit dem Schilfboot »Ra II« in 57 Tagen den Atlantik überquerte. Die Phönizier waren schon 1200 v. Chr. über die »Säulen des Herkules«, das heutige Gibraltar, hinaus gesegelt. Ihre über 30 Meter langen Schiffe waren hochseetüchtig. Sie hatten erstmals einen Kiel und wurden von einem Segel und Ruderern bewegt. Mit größter Wahrscheinlichkeit sind Phönizier an der Nordwestküste Afrikas entlanggesegelt. Dass aber Schiffe quasi im Pendelverkehr weißhäutige Menschen in großer Zahl zur Westküste Südamerikas transportierten, von wo sie sich den Amazonas aufwärts – entgegen der starken Strömung des zweitgrößten Flusssystems der Erde – 6400 Kilometer quer durch den ganzen Kontinent geschlagen hätten, um schließlich im Urwald der Hoch-Anden zu landen, klingt nach einer Märchenstunde biblischen Ausmaßes.

Noch phantastischer ist die Vorstellung, phönizische Schiffe hätten den Weg über das Rote Meer, den Indischen und schließlich den Pazifischen Ozean gewählt, um in Südamerika das Gold von Ophir zu laden. Dieser Mär sind zuletzt die Spanier mit schrecklichen Konsequenzen aufgesessen. Die Suche nach einem Dorado im Stillen Ozean, der sich in Ost-West-Richtung über 15 000 Kilometer erstreckt, hielt wagemutige Phantasten zwei Jahrhunderte lang in Atem. Spanische Konquistadoren erfuhren von gefangenen Indios, dass der Inka Tupac Yupanqui 80 Jahre vor Ankunft der weißen Eroberer mit einer Flotte von Schilfbooten in die Weiten des Ozeans gesegelt und nach neun Monaten mit glänzender Beute von den »glückseligen Inseln« zurückgekehrt sei. Von Goldschätzen ist die Rede, fruchtbaren Feldern und mitgebrachten schwarzen Sklaven. Weil die bibelhörigen Spanier die Schatzinseln für Salomos Goldland Ophir hielten, segelten nach 1567 gleich drei Flotten in den Untergang. Heute zeugt nur noch der Name einer Inselgruppe im Pazifik von dem Irrglauben: die Salomonen.

Federico Kauffmann-Doig stellt nach 14 Expeditionen ins Anden-Gebiet fest: »Wir fanden heraus, dass die Wurzeln der Chachapoya-Kultur im Andengebiet liegen und nicht im Amazonasbecken. Sie kamen auf der Suche nach Farmland in die Region der Amazonas-Anden. Sie wählten die so genannten Nebelwälder, weil dort fruchtbarer Terrassenbau möglich ist.«

Nun mag man zu den Theorien Gene Savoys stehen, wie man will: Der Geschichtsforschung hat er insofern große Dienste erwiesen, als er viele weiße Flecken von der historischen Landkarte tilgte und das Interesse der Weltöffentlichkeit und vor allem der Wissenschaftler auf ein Gebiet lenkte, das von der Forschung bisher eher stiefmütterlich behandelt worden ist.

Graham Hancock*

KÖNIGREICHE DER EISZEIT

»Vor dieser Sintflut erschraken die Götter.
Sie entwichen hinauf zum Himmel des Anu …
Und das Menschengeschlecht war ganz
zu Erde geworden.«

Gilgamesch-Epos, Elfte Tafel

Jahrzehntelang habe ich die Welt nach Anhaltspunkten für die Ursprünge der Zivilisation durchkämmt. Dabei bin ich manchmal höchst spekulativen Hinweisen gefolgt – von denen mich einige, wie ich heute weiß, weit vom Wege abgebracht haben. Das hat mir viel Kritik eingetragen – zum Teil durchaus verdientermaßen. Doch keiner meiner Kritiker hat mich davon überzeugen können, dass in der Frühgeschichte des Menschen nicht möglicherweise doch ein großes Kapitel fehlt. Für mich ist der Beginn der Zivilisation noch immer mit großen Fragezeichen versehen.

Beispielsweise geht die Forschung heute davon aus, dass es anatomisch moderne Menschen, von uns nicht zu unterscheiden, seit mindestens 120 000 Jahren gibt. Unsere »Geschichte« beginnt aber erst vor 5000 Jahren mit den ersten Städten und den ersten schriftlichen Aufzeichnungen. Den Entwicklungsprozess davor hat man bislang (und das oft eher beiläufig) nur bis zum Ende der letzten Eiszeit, vor etwa 10 000 Jahren, zurückverfolgt, als nach Meinung der Wissenschaftler der Übergang von der Lebensweise der Jäger und Sammler zu produzierenden Wirtschaftsformen und »dörflichen Siedlungen« begann.

* Deutsch von Hainer Kober

Was also haben wir in den 110 000 Jahren davor getan? Ist es nicht merkwürdig, dass wir eine genaue Erinnerung nur an die letzten 5000 Jahre haben, während wir alles, was vorher geschah, aus höchst spärlichen Überresten rekonstruieren müssen, die die Zeit zufällig überdauert haben und Archäologen in die Hände gefallen sind?

Über die Wahrscheinlichkeit eines Missing Link

Aufgrund solcher Überreste hat sich die Auffassung durchgesetzt, die Zivilisation habe mit den Sumerern begonnen, deren Stadtstaaten vor rund 6000 Jahren im »Fruchtbaren Halbmond« Mesopotamiens (im heutigen Irak) entstanden. Man nimmt ferner an, sie hätten sich aus jenen Kulturen entwickelt, die vor 10 000 Jahren die Landwirtschaft erfunden, erste Siedlungen errichtet und Steine in größerem Umfang als Baumaterial verwendet haben sollen – womit sie den Weg für die echten »Zivilisationen« gebahnt hätten, die 4000 Jahre später in Erscheinung traten.

Ich hingegen glaube, dass es ein Missing Link, ein fehlendes Glied, geben könnte. Die ersten »dörflichen Siedlungen« im Fruchtbaren Halbmond und in anderen Regionen wurden in einer Phase der Klimaerwärmung, zwischen 17 000 und 7000 vor unserer Zeit, gegründet. In dieser Periode schmelzender Gletscher und steigender Meeresspiegel wurden weltweit schier unvorstellbare *25 Millionen Quadratkilometer* fruchtbarsten Landes überflutet. Das ist eine Landmasse so groß wie Südamerika und die Vereinigten Staaten zusammen, eine Fläche, fast dreimal so groß wie Kanada und sehr viel ausgedehnter als China und Europa zusammen. In diesen Gebieten sind aber bislang so gut wie keine archäologischen Nachforschungen angestellt worden. Wie können wir da sicher sein, dass die Geschichte, die man uns über den Ursprung der Zivilisation erzählt, auch nur annähernd vollständig ist?

Vielleicht sollten wir endlich auf die mehr als 600 Flutmythen in aller Welt hören, die uns von unseren Vorfahren überliefert worden sind. Egal, ob sie von Manu in Indien, von Ziusudra in Mesopotamien oder Noah in der Bibel – oder Hunderten ähnlicher Gestalten – berichten. Die Mythen bezeugen, dass die Zivilisation, wie wir sie heute kennen, auf die Überlebenden einer früheren Zivilisation zurückgeht, die in einer Reihe großer Überschwemmungen rund um den Erdball zerstört wurde. Viele der Mythen, etwa Platons Bericht über Atlantis, beschreiben eine fortgeschrittene, urbane Zivilisation, die Städte, Tempel und Denkmäler errichtete, segeln konnte, Landwirtschaft betrieb und die Schrift beherrschte.

Über solche Geschichten pflegen sich Archäologen und Historiker lustig zu machen – zum Teil, weil es »nur« Mythen sind, und zum Teil, weil man noch vor kurzem der Meinung war, es habe zu Lebzeiten der Menschheit keine weltweiten Überschwemmungen gegeben, die umfangreich genug gewesen wären, um alle Spuren einer früheren Zivilisation auszulöschen. Doch neue naturwissenschaftliche Methoden, an die sich die Archäologen nur langsam gewöhnen, haben unsere Vorstellung von den Geschehnissen am Ende der Eiszeit, also der Periode, die unmittelbar vor den Anfängen der Zivilisation liegen soll, grundlegend verändert. Heute wissen wir, dass es neben enormen Klimaveränderungen auch einen gewaltigen Anstieg des globalen Meerespiegels von 120 Metern gegeben hat, als die kontinentalen Eiskappen in die Weltmeere abschmolzen. Immer deutlicher zeichnet sich ab, dass das Wasser keineswegs langsam, stetig und unaufhaltsam anstieg, sondern in einer Reihe katastrophaler Ereignisse, die das Gesicht der Erde vollständig veränderten.

Laut John Shaw, Professor für Geowissenschaften an der University of Alberta, gab es drei große »Schmelzwasserschübe«, die besonders hohe Überschwemmungen verursachten. Der erste Schub fand vor rund 14 000 Jahren statt, der zweite vor 12 000 bis 11 000 Jahren – in der Epoche, in der das U-förmige Bauwerk von Poompuhar (vgl. S. 362 ff.)verschwand und in der merkwürdigerweise auch Platon den Untergang von Atlantis ansiedelt, wenngleich in einem anderen Ozean –, der dritte vor 8000 bis 7000 Jahren. Ein viertes Ereignis, das den Meeresspiegel sogar auf ein noch höheres Niveau als das heutige anhob, wird häufig als »Flandrian Transgression« bezeichnet und fand erst vor 6000 Jahren statt.

Zu den Schüben oder Flutwellen kam es, weil sich das Wasser des schmelzenden Eises in riesigen Gletscherseen auf den Eiskappen sammelte. Diese Seen wurden durch natürliche Eisdämme am allmählichen Abfließen gehindert. Brach dann aber ein solcher Damm, wurde das gesamte Wasser des Sees, der sich hinter dem Damm gebildet hatte, mit einem Mal freigesetzt, als hätte jemand eine gewaltige Wasserspülung betätigt. Eine unvorstellbar hohe Wasserwand stürzte ins Meer und riss alles mit, was auf ihrem Weg lag. Derartige Dammbrüche kommentiert Shaw mit den Worten: »Der Meeresspiegel stieg dann schlagartig an, so um die zehn Meter ... Ich denke, das hat tiefe Spuren in den mündlichen Überlieferungen und Mythen hinterlassen.«

Kurzum, nach wissenschaftlichem Kenntnisstand besteht die Möglichkeit, dass die Flutmythen doch stimmen, dass die archäologischen Befunde zur Geschichte der Zivilisation unvollständig sind und dass es unter Wasser in Gebieten, die am Ende der Eiszeit überflutet wurden, fehlende Beweise dafür geben könnte. Da es niemand sonst tut, versuche ich mit meinen begrenzten Mitteln, in diese versunkenen Regionen vorzudringen und Anhaltspunkte für frühe Kulturen zu finden, die dort einst eine Hochblüte erlebt haben mögen.

In vielerlei Hinsicht ist dies ein unrealistisches und scheinbar hoffnungsloses Unterfangen. Das Meer bedeckt 70 Prozent der Erdoberfläche. Erst 1997 stieß man am Grunde des Pazifischen Ozeans auf eine bis dahin unbekannte 2000 Kilometer lange und 3000 Meter hohe unterseeische Gebirgskette. Wenn selbst ein Gebirge von dieser Größenordnung in unserem Hightech-Zeitalter so lange unentdeckt bleiben konnte, ist es sicherlich keine leichte Aufgabe, viel kleinere Ziele wie untergegangene Städte und Denkmäler aufzuspüren. Sogar im Bereich grober kartografischer Erfassung gehört es zu den Absurditäten wissenschaftlicher Prioritäten, dass wir heute bessere Karten von der Oberfläche der Venus haben als vom Meeresboden unseres eigenen Planeten.

Doch es gibt Möglichkeiten, die Suche einzuengen. Dank der großzügigen Unterstützung von Dr. Glenn Milne, University of Durham, war ich in der Lage, modernste computerisierte »Überflutungskarten« zur Rate zu ziehen, die seine Kollegen und er im Fachbereich Geowissenschaften entwickelt haben und mit denen man die Küstenlinien der Erde zu jedem Zeitpunkt während der Schmelze am Ende der Eiszeit simulieren kann. Milne gilt als einer der führenden Experten in der Frage des postglazialen Meeresspiegelanstiegs, und seine Arbeiten zeigen, dass die 25 Millionen Quadratkilometer, die in dieser Periode von den steigenden Weltmeeren verschlungen wurden, Gebiete umfassten, die an bekannte Landwirtschafts- und Zivilisationszentren grenzten:

- Malta, Heimstatt der vermutlich ältesten frei stehenden Tempel der Welt, ist heute nur noch eine winzige Insel im Mittelmeer. Doch bis zum Ende der Eiszeit war es durch eine 90 Kilometer lange Landbrücke mit Sizilien verbunden.
- Außer dem Fruchtbaren Halbmond war auch der Persische Golf trockenes Land, bis sich etwa 12 000 vor unserer Zeit

ein gewaltiger Fluss in ihn ergoss, der von den Strömen Tigris und Euphrat gebildet wurde. Der südliche Teil des Golfs wurde erst rund 4000 Jahre später vollständig überflutet.

- An den Rändern Indiens gingen mehr als eine Million Quadratkilometer verloren – vor allem im Nordwesten und Südosten.
- Ein 1500 Kilometer breiter Streifen vor der Ostküste Chinas wurde weit im Norden, auf der Höhe von Korea, von den Fluten verschlungen.
- Noch vor 12 000 Jahren waren die japanischen Inseln Honshu, Kyushu und Shikoku in einer einzigen Landmasse vereinigt. Hokkaido im Norden war Teil des Festlands.
- Im Süden verband ein Eiszeit-Kontinent namens Sundaland vor rund 10 000 Jahren die Malayische Halbinsel mit Indonesien und den Philippinen.
- An den westlichen Ufern des Atlantiks lagen Florida und die Große Bahama-Bank noch vor 7000 Jahren vollkommen über Wasser – zur selben Zeit, als sich die ersten Spuren der Landwirtschaft auf dem zentralmerikanischen Festland zeigten.

Zur weiteren Einengung der Suche trugen auch Flutmythen alter Völker aus jenen Regionen bei, die nach neueren wissenschaftlichen Erkenntnissen tatsächlich am Ende der Eiszeit von erheblichen Überschwemmungen heimgesucht waren.

Als begeisterter Sporttaucher konnte ich jede Stelle untersuchen, an der anderen Tauchern merkwürdige oder ungewöhnliche Bauwerke aufgefallen waren.

Ruinen vor Yonaguni

Japan ist ein langes, schmales Land. Ganz im Südwesten seiner vielen Inseln, weniger als 100 Kilometer von Taiwan entfernt, liegt Yonaguni. Vor der Süd- und Ostküste von Yonaguni, in Tiefen bis zu 40 Metern, haben einheimische Taucher eine Reihe spektakulärer unterseeischer Bauwerke gefunden. Die auffälligsten sind:

1. Das »Hauptmonument«, wie ich es bezeichnen möchte, das erste Bauwerk aus der Yonaguni-Gruppe, das entdeckt und veröffentlicht wurde. Auf der Südseite hat es einen großräumigen terrassenförmigen Einschnitt, während an der nordwestlichen Ecke zwei parallele Blöcke aufrecht nebeneinander stehen (vgl. Farbe 16).
2. Seltsame Gebilde wie der »Swimmingpool« und die so genannte »Schildkröte«.
3. Einige hundert Meter weiter im Osten befindet sich der »Megalith«, ein abgerundeter Felsbrocken von etwa zwei Tonnen Gewicht, der offenbar in der Mitte einer riesigen Felsplattform absichtlich auf einen aus dem Stein gehauenen Sims gerollt wurde.
4. Zwei Kilometer westlich des »Hauptmonuments« liegt der »Palast«. Hier führt ein Unterwassergang in eine geräumige Kammer mit Wänden und einer Decke aus Fels.
5. Hundert Meter östlich davon und seit mehr als 10 000 Jahren von 20 Meter Wasser bedeckt, hat ein flacher Felsen ein Muster aus tiefen, regelmäßigen Rillen bewahrt (vgl. dazu S. 320 f.).
6. Zwei Kilometer weiter zeigt sich *Tategami*, wörtlich »der stehende Gott«, ein natürlicher Turm aus zerklüftetem schwarzem Gestein, das aus dem Meer ragt. An seinem Fuß, in Wassertiefen zwischen zwölf und 25 Metern, stößt der Taucher auf

Terrassen am »Hauptmonument« der Ruinen vor Yonaguni, 40 Meter unter dem Meeresspiegel.

einen Komplex, der wie eine umfangreiche Anlage für zeremonielle Anlässe anmutet – rechteckige Bauwerke mit kahlen Wänden, durch breite Wege getrennt, in die Abflussrinnen gemeißelt sind (vgl. Farbe 14).

7. Im Mittelpunkt des Gesamtkomplexes befindet sich ein Bauwerk, das die einheimischen Taucher als »Steinbühne« bezeichnen. In seine nach Süden weisende Ecke haben Menschenhände oder die Natur ein Bild gemeißelt, das wie ein riesiges menschenähnliches Gesicht aussieht.

Ein unterseeisches Phantasia-Land

Im Gebiet der *Kerama-Inseln,* 40 Kilometer westlich der großen Insel Okinawa, ist einheimischen Tauchern seit einigen Jahren die Existenz mehrerer unterseeischer Steinkreise bekannt, die sich in einer Tiefe von mehr als 30 Metern befinden. Nicht weit davon gibt es ähnliche rechteckige Anordnungen, die erkennen lassen, dass sie von Menschen behauen und bearbeitet wurden.

In den Gewässern der Kerama-Inseln sind die Tauchverhältnisse äußerst schwierig (wie übrigens oft auch vor Yonaguni). Es gibt da eine tödliche Strömung, die allerdings zwischen den Gezeiten eine Stunde lang fast ganz zur Ruhe kommt. Nur in dieser Zeitspanne ist es möglich, vernünftig zu arbeiten und die rätselhaften Bauwerke in Augenschein zu nehmen, ohne ständig gegen das Meer ankämpfen zu müssen.

Auffälligstes Merkmal von Kerama ist der »Mittelkreis«, der einen Durchmesser von rund 15 Metern hat und in einer Tiefe von knapp 30 Metern liegt. Hier hat man aus dem Felsgrund in konzentrischen Ringen Steinwände herausgemeißelt, die einen zentralen Menhir von drei Meter Höhe umgeben (vgl. auch S. 296).

Ein zweiter ähnlicher Kreis, nicht wesentlich kleiner und von lokalen Tauchern »Kleiner Mittelkreis« genannt, liegt im Nordwesten davon.

Bei den Kerama-Inseln wurden mehrere Steinkreise mit einem Durchmesser bis zu 15 Metern entdeckt. Seit jeher wurde im japanischen Kulturraum großen oder bemerkenswert geformten Steinen Verehrung entgegengebracht.

Ein weiterer »Steinkreis« im Süden besteht aus viel kleineren, abgerundeten Steinen (pro Stück kaum zehn Kilogramm schwer). Wie der Mittelkreis hat er einen Durchmesser von ungefähr 15 Metern. In seinem Inneren befinden sich kleinere Nebenkreise, die sich gelegentlich wie die Glieder einer Kette berühren. Festzuhalten ist, dass die Nebenkreise vor den Kerama-Inseln verblüffende Ähnlichkeit mit bekannten vorgeschichtlichen Fundstellen aufweisen, die im Lichte dieser Entdeckungen möglicherweise vollkommen neu bewertet werden müssen.

Die Insel *Aguni,* 65 Kilometer nördlich der Kerama-Gruppe, ist von schroffen und gefährlichen Klippen umgeben. Im Südwesten der Insel schaut man von diesen Klippen auf eine aufgewühlte Wasserfläche, die einheimische Fischer »Waschmaschine« nennen. Verantwortlich für die Turbulenzen ist ein untersee-

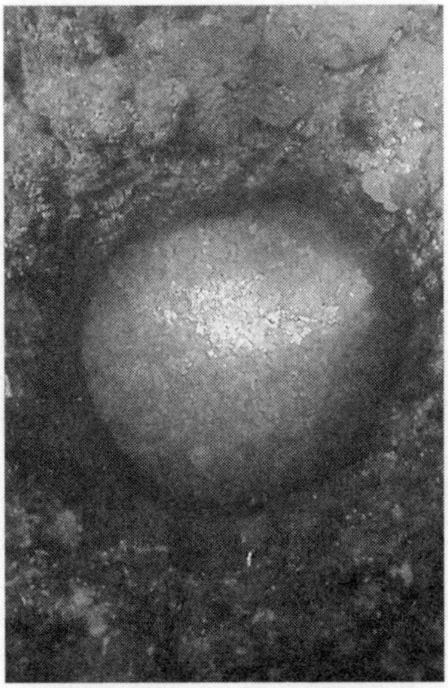

Über die Bedeutung der kreisförmigen Löcher vor Aguni rätseln die Experten immer noch. Sicher ist nur, dass diese »Brunnenschächte« von Menschenhand geformt sind.

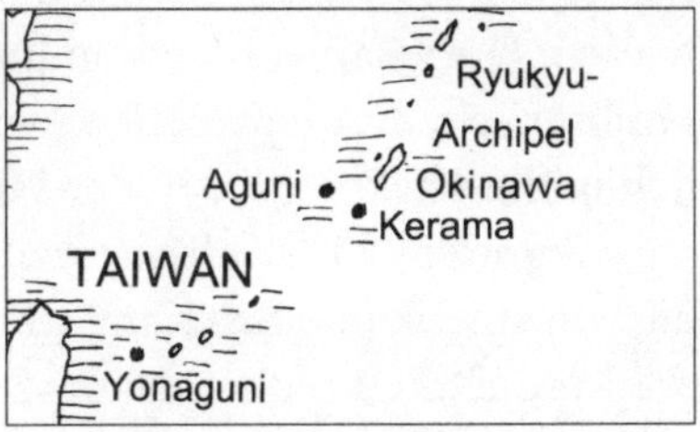

ischer Berg, der aus großen Tiefen aufsteigt und nur vier Meter unter der Wasseroberfläche ein kleines Plateau bildet. Dieses Plateau, über das ständig starke Strömungen dahinschießen, enthält eine Reihe kreisförmiger Löcher, die auf den ersten Blick wie Brunnenschächte aussehen.

Kein Zweifel, dass diese von kleinen Blöcken umgebenen Schächte Menschenwerk sind. Der größte und tiefste hat einen Durchmesser von drei Metern und erreicht eine maximale Tiefe von rund zehn Metern (vom Gipfel des unterseeischen Berges aus gemessen). Die anderen haben in der Regel einen Durchmesser von zwei bis drei Metern und eine Tiefe von weniger als sieben Metern. Manche sind schmaler und flacher. Bei einem ist in die Wand des Hauptschachts eine kleine Nebenkammer gehauen worden.

In den letzten 50 Jahren hat sich die Küste der Hauptinsel Okinawa rasch verändert. Rund 30 Kilometer nördlich der Hauptstadt Naha, an der Westküste der Insel, liegt der beliebte Badeort *Chatan*. Hier stößt der Taucher gut einen halben Kilometer vor der Küste in einer Tiefe zwischen zehn und 30 Metern auf ein bizarres Unterwasser-Phantasia-Land aus »Mauern«, »Zinnen« und »Stufenpyramiden«.

Ich bin mir nie so recht klar darüber geworden, was es mit Chatan auf sich hat. Sind diese merkwürdigen unterseeischen Gebilde nun natürlichen Urpsrungs oder künstlich? Und wenn sie künstlich sind, wann wurden sie geschaffen und durch wen? Auf eine Möglichkeit haben mich einheimische Fischer hingewiesen: Die »Bauwerke« könnten vor relativ kurzer Zeit durch »militärische Baggerarbeiten« verursacht worden sein. Tatsächlich befinden sich ganz in der Nähe von Chatan mehrere große amerikanische Luftwaffenstützpunkte, und die Stelle wird ständig von amerikanischen Kampfflugzeugen überflogen. Ich schließe die Möglichkeit nicht aus, dass Baggerarbeiten einige der Formen unter Wasser verursacht haben könnten. Dagegen spricht allerdings, dass Historiker, die in amerikanischen und japanischen Archiven Nachforschungen angestellt haben, keine Hinweise auf entsprechende Erdbewegungen in diesem Gebiet gefunden haben.

Das auffälligste Gebilde in Chatan ist eine Mauer, deren Fuß auf sandigem Untergrund in knapp 30 Meter Tiefe ruht. Zehn Meter über dem Meeresgrund hat sie »Zinnen« und einen eingelassenen »Wehrgang«. An einer Stelle wird dieser von einem senkrechten U-förmigen Schacht durchbrochen, der die gesamte Höhe der Mauer durchzieht.

Wer in Chatan taucht, wird an eine Episode aus dem »Nihon-Shoki« erinnert, einem der ältesten japanischen Texte, eine Chronik aus frühesten Zeiten. Dort gibt es in einem langen einleitenden Abschnitt mit dem Titel »Das Zeitalter der Götter« eine Passage, in der der Gott Hoho-demi no Mikoto in einen aufrecht stehenden, wasserdichten Korb klettert und sich darin auf den Meeresboden sinken lässt. In seinem behelfsmäßigen U-Boot »landete er an einem lieblichen Gestade … und gelangte auf seinem Weg plötzlich vor das Schloss des Meergottes. Dieses Schloss war mit Zinnen, Erkern und prächtigen Türmen versehen.«

Natürlich lassen sich all die merkwürdigen Dinge, die uns der »Nihon-Shoki« über das Zeitalter der Götter berichtet, als Mythologie und Ausgeburten der Phantasie abtun. Trotzdem finde ich es eigenartig, dass ausgerechnet in Japan, wo es so viele unterseeische »Anomalien« gibt, einer der ältesten Texte von untergegangenen Bauwerken berichtet, die nur von Tauchern aufgesucht werden können.

15 000 Jahre im Visier interdisziplinärer Forschung

Während ich in den Jahren von 1996 bis 2000 meine Erkundungen unterseeischer Ruinen fortsetzte, wurde ich mehrfach in die immer hitziger geführte Debatte über ihre Herkunft verstrickt. Einige Wissenschaftler und Journalisten vertreten die Auffassung, sie seien gänzlich natürlichen oder »überwiegend natürlichen« Ursprungs; so Robert Schoch von der Boston University und Professor Tanabe vom Japanischen Institut für Unterwasserarchäologie. Andere, wie Professor Kimura und Professor Teruaki Ishii von der Universität Tokio, sind zwar der Überzeugung, sie seien künstlich, wollen sich aber bezüglich ihres Alters nicht festlegen. (Bei dem Versuch, die Überschwemmung einer bestimmten Stelle zu datieren, müssen neben dem Anstieg des Meeresspiegels nämlich weitere komplexe Faktoren berücksichtigt werden, etwa die Menge und Art der Ablagerungen sowie mögliche geologische Veränderungen durch Vulkanismus, plastisches Fließen oder isostatischen Rückprall.)

Diese Debatte wird wohl nicht so bald entschieden sein, weil wir es hier nicht nur mit allgemein akzeptierten Tatsachen zu tun haben, sondern in gleichem Maße mit Überzeugungen. Wer der Meinung ist, bei den Gebilden handle es sich um Menschenwerk, wird sich davon nicht abbringen lassen, egal, was die andere Seite vorbringt – und umgekehrt. Im Moment sieht alles nach einem Patt aus.

Doch es gibt einen Erfolg versprechenden Forschungsansatz, der möglicherweise weiterhelfen könnte, aber noch von keiner Seite bedacht wurde. Alle diese japanischen Unterwasserruinen, egal, ob sie durch einen Anstieg des Meeresspiegels oder durch irgendeine Form geologischer Aktivität untergingen – welch letzteres in Japan, einem Gebiet von großer seismischer Instabilität, durchaus denkbar wäre –, befanden sich irgendwann zwischen 17 000 (dem letzten glazialen Maximum) und 2000 vor unserer Zeit (dem spätesten Datum, das für ihren Untergang veranschlagt wurde) über Wasser.

Was geschah während dieses 15 000 Jahre dauernden Zeitraums in Japan? Gibt es in der fernen Vorgeschichte dieser Inseln möglicherweise etwas, was einen Kontext oder sogar eine vollständige und vernünftige Erklärung für diese Unterwasserruinen liefern könnte?

Seltsame Jäger und Sammler

Auf den ersten Blick konnte ich in Japans Vorgeschichte nichts Ermutigendes erkennen. Seit einem halben Jahrhundert ist man sich einig, dass die Inseln in der genannten Periode ausschließlich von Jägern und Sammlern bevölkert waren, den Jomon, die in vielerlei Hinsicht außerordentlich primitiv waren. Dieses »Steinzeit-Image« der Jomon-Kultur hielt mich lange davon ab, mich näher mit ihr zu beschäftigen. Wie konnte ich von einem so rückständigen Volk, das angeblich noch nicht einmal die Landwirtschaft entdeckt hatte, irgendwelche Hinweise der einen oder anderen Art in der Frage erhoffen, der mein zentrales Interesse gilt – der Möglichkeit einer untergegangenen Zivilisation von hohem Alter? Kleine Stammeshorden, die von Ort zu Ort ziehen, in der Erde nach Nüssen und Beeren wühlen und gelegentlich einen Fisch oder ein Säugetier mit ihren Speeren aufspießen, passten nicht in das Bild des Volkes, nach dem ich suchte.

Trotzdem wusste ich, dass ich die Jomon-Kultur nicht vollkommen außer Acht lassen durfte – und wenn auch nur aus dem einzigen Grund, weil sie offenbar am Ende der letzten Eiszeit ganz plötzlich in Japan entstanden ist. Egal, was sich damals rund um die japanische Inselwelt abspielte, die Jomon waren Teil der Geschehnisse, erlebten sie, erlitten sie und überlebten sie um viele tausend Jahre. Obwohl es mir noch immer widerstrebte, wurde mir klar, dass ich früher oder später mehr über dieses prähistorische Volk in Erfahrung bringen musste, dessen Geschichte sich im Dunkel der Vergangenheit verliert.

Eine prähistorische Stadt und ein künstlicher Hügel

1998 besuchte ich auf Drängen japanischer Freunde die Jomon-Siedlung *Sannai-Muriyama* in der Präfektur Aomori und stellte überrascht fest, wie groß und gut organisiert die Siedlung zu ihrer Blütezeit vor 4500 Jahren gewesen sein muss. (Es ist dieselbe Epoche, in der die Pyramiden im alten Ägypten entstanden.) Mit seinen weitläufigen öffentlichen Gebäuden, breiten Straßen und einer durchdachten Kanalisation präsentierte sich Sannai-Muriyama ganz anders, als ich es von primitiven Jägern und Sammlern erwartet hätte. Das waren die unverkennbaren Anzeichen von dauerhaftem Siedeln, von Stabilität, Ordnung, Organisation und wirtschaftlichem Erfolg. Ebenso deutlich waren die Hinweise auf eine Gesellschaft mit höher entwickelten religiösen Vorstellungen. Besonders die Verwendung von Grabbeigaben und symbolischen Bestattungsritualen lassen auf einen komplexen Glauben an das Weiterleben der Seele schließen. Ein Zeremoniengang, zu beiden Seiten von Gräbern gesäumt, beherrscht den Ort. Wie Ausgrabungen zeigten, wurden die Toten mit den Füßen zum Gang und den Köpfen von ihm fort bestattet.

Auf derselben Reise erfuhr ich, dass gewisse pyramidenförmige Hügel und Berge in der japanischen Mythologie als heilige Wesen gelten, und sah Anhaltspunkte, die darauf schließen lassen, dass dieser Glaube nicht nur tief in Jomon-Zeiten zurückreicht, sondern die Jomon auch manchmal veranlasste, die Landschaft in einer Größenordnung »künstlerisch zu gestalten«, die sogar die Ausmaße der Unterwasser-Monumente von Yonaguni, Chatan und Kerama in den Schatten stellt.

So erkletterte ich in der Präfektur Akita, zwei Autostunden von Aomori entfernt, die zedernbewachsenen Hänge eines 80 Meter hohen Hügels, der sich völlig unvermittelt aus der Ebene erhebt. Er heißt *Kuromata Yama* (Berg Kuromata) und ist der Legende zufolge »eine Pyramide, die von einem alten Volk erbaut wurde«. Die Geologen begegneten dieser Legende mit Skepsis, bis ein interdisziplinäres Team von Wissenschaftlern der Japan Pacific Rim Studies Association unter Leitung von Professor Takashi Kato von der Universität Tohoku Gakuin in den Neunzigerjahren detaillierte Radarkarten vom Kuromata Yama anfertigte. Die Karten zeigen, dass das Innere des Hügels »aus sieben Terrassen besteht, die jeweils mit Steinen belegt sind. Das ist ein deutlicher Hinweis darauf, dass sie von Menschenhand stammen. Mit Sicherheit unterscheiden sie sich grundlegend von einem natürlichen Berg, der durch Vulkanausbrüche oder natürliche Verwitterung entstanden ist.«

Die Fachleute gelangten zu dem Schluss, dass zwar ursprünglich ein natürlicher Hügel an dieser Stelle vorhanden gewesen sein muss, dass er aber absichtlich bearbeitet, behauen und mit Steinblöcken verstärkt wurde, zu einem Pyramidenkern mit sieben Terrassen, die schließlich mit herbeigeschaffter Erde bedeckt und bepflanzt wurden. Daraus folgt: »Der Berg ist zwar keine Pyramide im ägyptischen Sinne, er wurde aber doch für religiöse Zwecke in Pyramidenform gebracht.«

Da eine Arbeit von solchem Umfang und Ausmaß noch nie mit den Jomon in Zusammenhang gebracht worden war, nahm man zunächst an, das Bauwerk könne nicht sehr alt sein – womöglich aus dem 11. nachchristlichen Jahrhundert. Der Motomiya-Schrein der japanischen Shinto-Religion auf dem Gipfel des Berges scheint tatsächlich aus dieser Epoche zu stammen, denn er ist nach einem Arzt benannt, der Sadato Abe (1019–1062) diente, einem regionalen Herrscher im Nordosten Honshus. Doch da andererseits Shinto-Schreine nach einem feststehenden Ritual alle 20 Jahre erneuert werden, und zwar an Standorten, die in den meisten Fällen seit Menschengedenken als heilig gelten, war diesem Umstand nicht allzu viel Bedeutung beizumessen. Die Streitfrage war entschieden, als die Archäologen in Professor Katos Team Scherben von Jomon-Keramiken in dem Berg entdeckten und weitere archäologische Hinweise fanden, die zweifelsfrei belegten, dass Kuromata Yama »in der Jomon-Ära« zur Pyramide geformt worden war.

Ebenso wichtig war eine andere Entdeckung, die ein Jahr zuvor Masachika Tsuji von der Doshisha-Universität in Kyoto veröffentlicht hatte. Wie Tsuji nachwies, sind vier Shinto-Schreine am Fuße von Kuromata Yama so angeordnet, dass sie vom Gipfel aus gesehen direkt nach Norden, Süden, Osten und Westen zeigen und auf die Wendepunkte der Sonne ausgerichtet sind. Mit der üblichen Formel zur Berechnung von Veränderungen in der Schiefe der Ekliptik lassen sie sich daher auf 4000 Jahre vor unserer Zeit datieren: »Die Schreine wurden in relativ junger Zeit an Standorten erbaut, die von alters her als heilig galten, sodass sich die Vermutung ergibt, die Schreine könnten diese Verbindung schon seit Jomon-Zeiten besitzen.«

Die erhaltenen Schriften ermöglichen uns, die Geschichte des Shinto bestenfalls 2500 Jahre zurückzuverfolgen; realistisch betrachtet sind es wahrscheinlich weniger als 2000 Jahre; doch zu dieser Zeit schien sich der Shinto bereits vollkommen ausgebildet zu haben. Daher sind sich alle Fachleute einig, dass die Ursprünge des Schintoismus viel älter sein müssen, wenn sie sich auch im Dunkel der Vorgeschichte verlieren. Soweit mir bekannt ist, waren die Entdeckungen am Kuromata Yama jedoch die ersten eindeutigen Beweise für eine Beziehung zwischen der religiösen Architektur der prähistorischen Jomon-Kultur und der Shinto-Religion in der Form, wie sie sich bis in die Gegenwart erhalten hat und praktiziert wird – eine Religion, es sei noch einmal gesagt, die es nur in Japan gibt und deren Alter und Ursprung unbekannt sind.

Vielleicht ist der deutlichste Hinweis, den die Ausgrabungen auf eine solche Familienbeziehung liefern, der Umstand, dass sich der Motomiya-Schrein den Gipfel des Kuromata Yama mit den Überresten eines bislang unbekannten Steinkreises teilt, den die Jomon angelegt haben. Kuromata Yama ist auch deutlich von zwei weiteren Jomon-Steinkreisen zu erkennen, die in Oyu, 2,2 Kilometer im Südwesten ausgegraben wurden. Beide sind ungefähr 4000 Jahre alt, ein bisschen jünger als Großbritanniens Stonehenge. Nach europäischem »Megalith-Standard« sind die Kreise nicht besonders groß und die Steine, die für sie verwendet wurden, sogar ausgesprochen winzig, vergleicht man sie mit Stonehenge oder Carnac. Trotzdem sind sie »Steinkreise« in jeder Bedeutung des Wortes.

Keramik – eine Erfindung der Jomon?

Noch größer war eine andere Überraschung, die die Jomon-Kultur für mich bereithielt. Aus irgendeinem Grund, auf den sich die Gelehrten nicht einigen können, waren diese »primitiven Jäger und Sammler« das erste Volk der Welt, das über Keramik verfügte. Das war einer der größten Fortschritte in der menschlichen Kultur, den die Jomon nicht nur ein paar hundert, sondern einige tausend Jahre vor allen anderen Völkern der Erde erzielten. Noch 1998 glaubten die meisten Gelehrten, die ältesten Jomon-Keramiken seien vor etwa 12 500 Jahren entstanden – schon das wäre verblüffend früh gewesen –, doch die Entdeckungen auf diesem Gebiet folgten in so raschem Tempo aufeinander, dass das Alter der Jomon-Zivilisation ständig nach oben korrigiert werden musste.

Im Mai 2000, bei meinem zweiten Besuch in der Region Aomori, hielt ich vier Scherben eines Jomon-Tontopfes in der Hand, der 16 500 Jahre alt war. Die Scherben sind an einer Fundstelle, die man als »Odayamamaoto Nr. 1 Iseki« bezeichnet, ausgegraben und mit modernster AMS-Technik datiert worden.

Es ist kaum bekannt, dass das Volk der Jomon die älteste Keramik-Kultur der Welt hatte. Doch noch weniger ist bekannt, in welchem Maße dieses prähistorische Volk seine unverkennbare Identität als besondere, homogene Gruppe bewahrt hat. Dazu Dr. Yasuhiro Okada, Chefarchäologe der Präfektur Aomori in Sannai Muriyama: »Von Anfang bis Ende waren sie *eine* Kultur.«

Man stelle sich das vor: eine Kultur. Wahrscheinlich eine Sprache, wahrscheinlich eine Religion, die mehr als 14 000 Jahre erhalten blieben. Das ist die Zeitspanne, die sich zwischen den ältesten Jomon-Keramiken – 16 500 Jahre alt – und den jüngsten Exemplaren – rund 2000 Jahre alt – erstreckt.

Genie oder Einfluss?

Die Historiker sind sich ziemlich sicher, wie und warum die Jomon-Kultur endete. Alle Anhaltspunkte sprechen dafür, dass vor rund 2300 Jahren eine militärisch überlegene Gruppe von Korea aus in Japan einfiel. Es handelte sich um die Yayoi, nach dieser Theorie ein hoch entwickeltes, straff organisiertes Volk von Reisbauern, das die eingeborenen Jäger und Sammler überwand. Vor der Yayoi-Kultur, so noch vor kurzem die herrschende Meinung, habe es keine Landwirtschaft in Japan gegeben; erst die Yayoi hätten den Reisanbau gebracht. Wie wir sehen werden, ist diese Auffassung inzwischen im Wandel begriffen.

Und wie sieht es mit den Anfängen aus? Was ist mit den Ursprüngen der Jomon-Kultur? Was für ein Ereignis vor 16 500 Jahren könnte diese plötzliche Verwandlung der Jomon in so meisterhafte Töpfer erklären?

Shimoyamu Satoru vom Archäologischen Museum Ibusuki auf der Insel Kyushu meint: »Vielleicht war es einfach ein Jomon-Genie, das sich das Ganze ausgedacht hat – ich meine, den Ton, das offene Feuer, die Keramik. Es hat gesehen, welche Möglichkeiten darin stecken.«

Dagegen glaubt Professor Sahara Makoto, Generaldirektor des Nationalmuseums für Japanische Geschichte, dass »es irgendeinen Einfluss gegeben haben muss«. Mit gekreuzten Beinen auf dem Fußboden seines Büros sitzend, zeichnete er eine Karte von Japan, China, Sibirien. »Hier in Japan«, erklärte er, »haben wir einen hohen Entwicklungsstand. Das heißt, ständig werden neue Straßen, neue Häuser, sogar neue Städte gebaut. Und das bedeutet, der Boden muss aufgebrochen und umgewendet werden – und jedes Mal, wenn das geschieht, besteht die Möglichkeit einer archäologischen Entdeckung. In China dagegen passiert das seltener und in Sibirien noch seltener. Daher ist es durchaus möglich, dass die Archäologen eines Tages in Sibirien Spuren einer noch früheren Keramik-Kultur entdecken, die die Jomon beeinflusst hat.«

Von wissenschaftlicher Seite offenbar überhaupt nicht berücksichtigt wurde die merkwürdige zeitliche Übereinstimmung zwischen den frühesten Jomon-Keramiken, vor rund 16 500 Jahren, und dem letzten glazialen Maximum, vor etwa 17 000 Jahren – unmittelbar gefolgt von turbulenten Episoden, in denen der Eisschild abschmolz und der Meeresspiegel weltweit anstieg. Ist es nur ein Zufall, oder gibt es möglicherweise einen ursächlichen Zusammenhang zwischen den kataklysmischen Überschwemmungen und der Keramik?

Sahara Makoto glaubt, die Jomon wurden von einer früheren, wahrscheinlich sibirischen Keramik-Kultur beeinflusst. Doch um der Wahrheit Gerechtigkeit widerfahren zu lassen, das ist nur eine Vermutung von ihm. Noch hat man keine Beweise für das Vorhandensein einer solchen Kultur gefunden. Vielleicht hat Sahara Makoto Recht, und es liegt tatsächlich an der geringen Entwicklung der Infrastruktur, dass man noch nicht auf verheißungsvolle Fundstellen gestoßen ist. Vielleicht ist Sibirien aber auch der falsche Ort für eine solche Suche.

Die Erfindung der Töpferei, die geistigen Voraussetzungen, die erforderlich sind, um diesen großen Entwicklungssprung zu vollziehen, setzen *nicht* den Kontakt mit einem hypothetischen Festlandsvolk voraus – gegen diese Hypothese sprechen im Übrigen die paläogeologischen Befunde. So erklärt der Archäologe Douglas Kenrick: »Vor 10 000 v. Chr. oder davor, als die frühesten dokumentierten Keramiken entstanden, hatte das Meer alle möglicherweise noch verbliebenen Landbrücken verschlungen und eine natürliche Barriere zwischen Japan und dem Festland geschaffen.«

Mit anderen Worten, wenn die Jomon vor 16 500 Jahren tatsächlich einem »Einfluss« ausgesetzt waren – der sie zu Töpfern und was immer sonst werden ließ –, muss dieser Einfluss vom Meer her nach Japan gelangt sein. Theoretisch könnte er von einem einzigen oder ein paar wenigen Überlebenden eines Schiffbruchs weitergegeben worden sein. Und da es eine Zeit weltweiter Überschwemmungen war, lässt sich die Möglichkeit nicht ausschließen, dass ein solches Schiff von weit her nach Japan gelangt sein könnte – theoretisch von überall her. Doch egal, ob die in Japan gestrandeten Seefahrer Angehörige eines sibirischen Stammes oder einer hoch entwickelten hypothetischen Zivilisation waren, sie dürften kaum in der Lage gewesen sein, den primitiven Ureinwohnern mehr als eine Hand voll nützlicher »Kulturtechniken« zu vermitteln.

Es versteht sich von selbst, dass die Keramik in jedem Fall ganz oben auf der Liste eines solchen aus der Not geborenen Technologietransfers gestanden hätte.

Woher die Inspiration auch gekommen sein mag, fest steht, dass die Jomon-Keramik unverwechselbare Züge aufweist. Ihre auffälligste Verzierung ist das Schnurmuster. (Tatsächlich heißt Jomon auf japanisch »Schnur-Muster«, ein Name, den ihnen die Archäologen gegeben haben; wie sich die »Jomon« selbst genannt haben, wissen wir nicht.) Bei dieser dekorativen Technik drückt der Töpfer mit Knoten versehene Schnüre der Länge nach vor dem Brennen in den Ton, oder er rollt die Schnüre zusammen, um andere Effekte zu erzielen. Das Spektrum möglicher Kombinationen ist groß, und die Schnurmuster ihrerseits sind nur ein winziger Ausschnitt des gesamten Jomon-Repertoires an extravaganten und ungewöhnlichen Dekors.

Dieses Repertoire – das gilt es zu bedenken – existiert in vier Dimensionen: in der Zeit ebenso wie im Raum. Ich weise darauf hin, weil die Jomon-Keramik einerseits über ganz Japan verbreitet ist, vom äußersten Süden bis in den äußersten Norden, und sich andererseits zeitlich erstreckt von der Welt einer relativ jungen und bekannten Geschichte, 2500 Jahre zurück, bis zur Welt einer fernen Vorgeschichte, 16 500 Jahre zurück, als die Eiszeit in einer Reihe kataklysmischer Ereignisse endete.

Im archäologischen Zentrum Sato Haramachi bei Miyazaki wurde mir die Ehre zuteil, die älteste bemalte Keramikscherbe der Welt in die Hand nehmen nehmen zu dürfen: Teil eines schönen Jomon-Topfes, der an der Innenseite rot bemalt ist und mit Gewissheit auf ein Alter von 11 500 Jahren datiert wurde. Es war für mich wie eine aufregende Reise in die Urzeit.

»Man braucht schon Phantasie«, sagt Douglas Kenrick, »um zu verstehen, wie lang und lebendig das Zeitalter der Jomon-Keramik war. Das Alter hinterlässt Spuren auf Gefäßen, die so lange in der Erde lagen. Doch die Ehrfurcht, die uns das Alter eines Gefäßes einflößt, sollte uns nicht blind für seine Schönheit machen.«

Auf meinen zahlreichen Reisen durch Japan habe ich eine Fülle schöner Jomon-Keramiken aus allen Epochen gesehen. Ohne Töpferscheibe entstanden und immer im offenen Feuer gebrannt, präsentieren sie sich in einer prachtvollen Vielfalt von Formen – von den 5000 Jahre alten Brandkeramiken mit ihren bizarren und raffinierten Randverzierungen bis zu den strengen und schlichten runden Schüsseln, die über 10 000 Jahre alt sind und nur mit quer verlaufenden Schraffuren oder mittels Muscheln hineingekratzten Rillen verziert sind.

Das Schnurmuster tritt immer wieder zutage. Auch andere Muster wiederholen sich, etwa die entstellten menschlichen Gesichter, wie sie in Rundungen von Vasen eingearbeitet wurden. Man hat Keramikmasken gefunden, denen allen ein Ausdruck des Grauens gemeinsam ist, wobei besonders ein Maskentypus auffällt, der mit seiner rechtwinklig vom Gesicht fortragenden Nase merkwürdig futuristisch wirkt. In einer Galerie mit surrealistischen Objekten würden diese Masken glatt als zeitgenössische Kunstwerke durchgehen; sie sind aber 4500 Jahre alt, so alt wie die Große Pyramide von Giseh, und gehören zur uralten Tradition der Menschendarstellung in der Jomon-Kultur.

Typisch für Jomon-Keramiken sind Schnurmuster und ein hoher Grad an Abstraktion. 5000 Jahre alte Jomon-Töpferware wurde bis in Ekuador gefunden, was auf Hochseefahrten dieses urzeitlichen asiatischen Insel-Volkes schließen lässt.

Zwar habe ich mit eigenen Augen noch kein Exemplar gesehen, das älter gewesen wäre als 8000 Jahre. Archäologen, mit denen ich in Japan gesprochen habe, versichern jedoch, dass einfache Tondarstellungen der menschlichen Gestalt in Erdschichten gefunden wurden, die älter als 12 000 Jahre sind. Die frühen Figuren und alle älteren Exemplare werden in Japan unter dem Oberbegriff »Dogu« zusammengefasst.

Die bekanntesten Dogu sind rund 3000 Jahre alt und eher als »anthropoid« oder menschenähnlich zu bezeichnen denn als menschlich – denn es ist keineswegs sicher, dass die Figuren tatsächlich Menschen darstellen. Sie haben Hände und Füße, Beine und Arme sowie einen Kopf, ganz wie Menschen, aber ihre Gesichtszüge sind merkwürdig entstellt – fast als wären die wirklichen Gesichter hinter einer Art Maske oder einem Helm verborgen. Besonders irritierend sind die Augen dieser Figuren, große Ovale, die jeweils mit einem horizontalen Schlitz versehen sind.

Es gibt auch ganz andere Dogu. Bei einigen scheint ein qualvolles menschliches Gesicht im Schrei erstarrt zu sein (vgl. Umschlagbild); andere nehmen die Gesichtszüge eines Tieres an – beispielsweise einer Katze –, oder erwecken mit unnatürlich in die Länge gezogenen Körpern oder rautenförmigen Gesichtern den Eindruck von mythologischen Wesen. Es gibt vielfältige Beispiele von übertriebenen weiblichen Figuren, vor allem die 5000 Jahre alte »Jomon-Venus«, die unlängst in *Tanabatake Iseki* in der Präfektur Nagano gefunden wurde. Mit ihren gigantischen Schenkeln und Hüften hat diese »Muttergöttin« in ihren Proportionen und ihrem allgemeinem Erscheinungsbild (möglicherweise auch in ihrer Funktion) große Ähnlichkeit mit den Venusfiguren aus Stein, die in den 5000 Jahre alten Steinkreisen der Mittelmeerinsel Malta gefunden wurden.

Es lässt sich nur schwer erraten, welche Absicht die Jomon mit der ununterbrochenen Herstellung so vieler verschiedener

Dogu über einen Zeitraum von mindestens 10 000 Jahren bezweckten. Es ist sehr wahrscheinlich, aber nicht sicher, dass es sich um religiöse Bildwerke handelte, die man in Nischen aufstellte. Aber sie lassen auch erkennen – wie im Übrigen das gesamte Spektrum der Jomon-Keramik –, dass sie das Produkt einer wohlhabenden Kultur sind, die genügend Überschuss erwirtschaftete, um sich eine Klasse von Kunsthandwerkern leisten zu können, die sich ausschließlich und von Berufs wegen der Herstellung dieser schönen Gegenstände widmete.

Die Reis-Sensation

Die nächste Überraschung, die mir die Jomon bereiteten, betraf ihre Lebensweise. Seit ich 1998 Sannai-Muriyama besucht hatte, war mir klar, dass sich diese »Sammler und Jäger« manchmal – etwas untypisch – dazu entschlossen hatten, in großen, dauerhaften Siedlungen zu leben. Fälschlicherweise hatte ich angenommen, Sannai Muriyama, vor rund 4500 Jahren entstanden, sei die früheste dieser Siedlungen.

Im April 2000 besuchte ich *Uenohara,* eine sehr viel ältere Jomon-Siedlung auf der Insel Kyushu. Wie Kuzanori Aozaki, Archäologe der Präfektur, erläuterte, war Uenohara über einen Zeitraum von 2000 Jahren, von etwa 7500 bis 5500 v. Chr., dauerhaft bewohnt. »Das Leben war sehr gut geregelt«, erläuterte er. »Hier haben bis zu 100 Menschen gewohnt. Sie lebten in gesicherten, ich würde sogar sagen, wohlhabenden Verhältnissen. Für alle Grundbedürfnisse war gesorgt. Es gab reichlich Lebensmittel, guten Wohnraum, bequeme, elegante Kleidung.« Ferner hätten sich die Bewohner von Uenohara seiner Meinung nach durch eine Art organisierte »Kultivierung« und »Ernte« des Waldes ernährt. Es war vermutlich keine echte Landwirtschaft, aber doch eine geplante Bewirtschaftung der Natur mit dem Ziel, das Überleben langfristig zu sichern.

Dies war übrigens nicht das letzte Mal, dass ich während meiner siebenwöchigen Reise durch Japan im April und Mai 2000 auf Anhaltspunkte für landwirtschaftliche Aktivitäten der Jomon stieß. In *Ofuna C Iseki* auf Hokkaido erzählte mir der Chefarchäologe Chiharu Abe, er sei davon überzeugt, dass die Jomon Kastanienbäume gezogen hätten: »Sie haben Setzlinge von Honshu eingeführt und sie hier gepflanzt. Das war Landwirtschaft in der vollen Bedeutung des Wortes.«

Vor kurzem gelang eine weitere faszinierende Entdeckung: Bereits vor 8000 Jahren bauten die Jomon eine nicht einheimische Pflanze an, den Flaschenkürbis, der, wie aus paläobiologischen Untersuchungen hervorgeht, aus Afrika importiert worden sein muss. Es gibt auch Hinweise auf einen sehr frühzeitigen Anbau von Bohnen. Laut Professor Tatsuo Kobyashi machten die Jomon klugen Gebrauch von fast jeder der verfügbaren Pflanzen- und Tierarten – »eine bewusste und vernünftige Nutzung des natürlichen Überflusses, wobei in geringerem Maße auch weniger begehrte Arten verzehrt wurden, um den Raubbau an hoch geschätzten Arten zu vermeiden.«

Doch die sensationellste Eröffnung kam von Sahara Makoto. Als ich mich am 17. März 2000 mit ihm traf, berichtete er mir beiläufig von neuen Funden, von denen er gehört habe – noch unbestätigt, aber höchst erstaunlich, wenn sie wahr seien: Die Jomon könnten bereits vor 12 000 Jahren Reis angebaut haben.

Bisher war man der Auffassung, der Reis sei erst vor rund 2000 Jahren – zur Zeit der Yayoi-Invasion – in Japan kultiviert und nirgends auf der Welt vor 5000 v. Chr. angebaut worden. Plötzlich zeichnete sich die Schwindel erregende Möglichkeit ab, dass die Jomon Reis bereits tief in der Altsteinzeit kannten, lange vor allen anderen Völkern.

Es gebe neue Funde, betonte Makoto, winzige Reisteilchen, die vor dem Brennen irgendwie in den Töpferton gelangt sein müssen. Diese Hinweise waren den Jomon-Spezialisten bereits seit zehn Jahren bekannt und betrafen verschiedene Keramikfunde und Fundstellen, alle im Alter zwischen 3000 und 5000 Jahren. Einige Archäologen haben sich große Mühe gegeben, die Bedeutung dieser Funde herunterzuspielen, bis hin zu der Behauptung, die Reisteilchen seien mit dem Wind oder an den Beinen von Heuschrecken von China herübergetragen worden. Offenbar ist ihnen jeder logische Spagat lieber als der Verzicht auf ihr Lieblingsparadigma: die Jomon als »einfache Jäger und Sammler«.

Doch je eingehender ich mich mit diesen Fragen beschäftigte, desto klarer wurde mir, dass eine wachsende Zahl von japanischen Archäologen das Jäger/Sammler-Paradigma aufgeben und sich ein neues Bild von den Jomon machen, das Bild einer hoch entwickelten und sehr alten Kultur – vielleicht sogar einer »Zivilisation«.

Schlussfolgerungen aus Fakten und Artefakten

Da wir fortlaufend immer neue Dinge über die Jomon erfahren, müssen wir unsere Vorstellungen über sie natürlich ständig korrigieren. Die Ausgrabung hoch entwickelter, durchdacht angelegter städtischer Siedlungen wie Sannai-Muryama und Uenohara (letztere fast 10 000 Jahre alt) hat die alte Theorie widerlegt, die Jomon seien Nomaden gewesen. Kürzlich haben Archäologen in *Sakuramachi Iseki,* bei der Stadt Oyabe im Westen von Honshu, 4000 Jahre alte Beispiele für das hoch entwickelte Zimmerhandwerk der Jomon ausgegraben. Dort wurden komplexe Verbindungen, Schwalbenschwänze und Winkel verwendet, von denen man bisher meinte, sie wären erst 700 n. Chr. in Japan eingeführt worden.

Ein anderes Beispiel dafür, wie gründlich Historiker sich bei der Datierung und Zuweisung von Erfindungen, Ideen und Bildwerken manchmal irren, betrifft das klassische gekrümmte Juwel der japanischen Aristokratie, das kommaförmige (oder fötusförmige?) *Magatama,* häufig aus Jade geschnitten. Erwähnun-

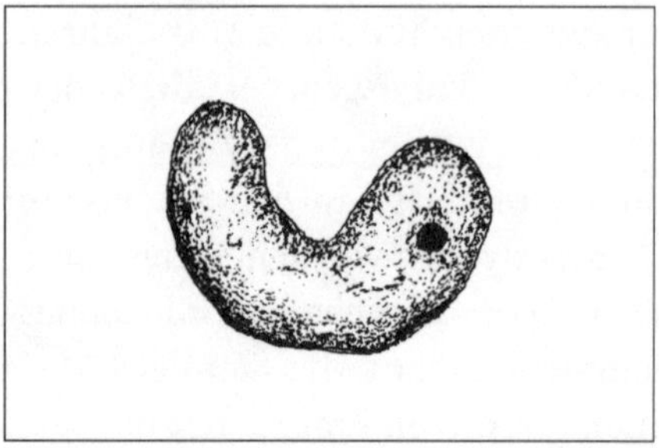

Magatama, das gekrümmte Juwel der Aristokratie, zählt zu den Herrschaftssymbolen Japans. Es vereinigt magische Kräfte und gute Eigenschaften. Die ältesten Beispiele sind mehr als 8000 Jahre alt.

gen des Magatama in Japans Nationalepos, dem »Nihon Shoki«, das Ende des 7. Jahrhunderts n. Chr. entstand, und häufige Magatama-Funde in ärchäologischen Grabungsstellen dieser Epoche, veranlassten die meisten Japaner zu der unangefochtenen Annahme, das Magatama sei eine Erfindung der so genannten Yayoi- und Kofun-Periode, ungefähr von 300 v. Chr. bis 800 n. Chr. Doch auf meinen Reisen durch Japan haben mir Archäologen Dutzende herrlicher Magatama aus Jomon-Zeiten gezeigt, einige von ihnen mehr als 8000 Jahre alt.

Das bezeugt mehr als nur das Alter des Jomon-Handwerks. Entscheidend ist, wie ein sehr altes religiöses Symbol der Jomon die Yayoi-Invasion 300 v. Chr. überlebte und auch weiterhin verehrt wurde, und das zu einer Zeit, als die ältesten Texte von Japans ureigener Religion, dem Shinto, niedergeschrieben wurden.

Heilige Steine und Megalithtempel

In welcher anderen Form hat die prähistorische Kultur der Jomon die der Eroberer noch geprägt? Welche Teile der Jomon-Geschichte müssen noch erzählt werden? Ein neuer Forschungsansatz drängt sich geradezu auf.

Die Archäologen räumen ein, dass große Gebiete der japanischen Inselwelt, die einst über Wasser lagen und irgendwann mit an Sicherheit grenzender Wahrscheinlichkeit von Jomon bewohnt waren, am Ende der Eiszeit überflutet wurden. Manchmal kamen die Überschwemmungen heftig und rasch. Da die Jomon damals und in den verbleibenden 14 000 Jahren überwiegend an den Küsten lebten, ist es sehr gut möglich – sogar wahrscheinlich –, dass dieser unerbittliche Anstieg des Meeresspiegels wichtige Teile der Jomon-Geschichte verschluckt hat. Hätten sie beispielsweise Monumente aus den Felsen der alten Küstenlinie geschlagen, wären diese als erste von den Fluten bedeckt worden.

Neben der Theorie, dass es sich um bizarre natürliche Gebilde handelt, und neben jener anderen Theorie, dass sie das Werk einer untergegangenen Zivilisation sind, sollten wir uns, denke ich, auch fragen, ob Japans Unterwasserruinen nicht einfach das Werk einer bekannten Zivilisation sein könnten – der Jomon – in einer bislang unbekannten Epoche ihrer Kultur.

Bis auf den heutigen Tag hat sich in Japan eine seltsame Verehrung großer Steine – *Iwakura* – erhalten. Auffällig geformte oder gelegene Steine gelten als Verbindung zwischen Himmel und Erde, als Orte, an denen die Götter vom Himmel herabsteigen können. Niemand kennt die Herkunft dieser Überlieferung oder jenes anderen, eng verwandten Glaubens, von dem schon die Rede war, dass die Götter sich auf pyramidenförmigen Bergen niederlassen oder sich in ihnen verkörpern. Meist sind auf einem solchen heiligen Berg unweit des Gipfels einige Iwakura zu einer Gruppe angeordnet – womit die beiden Symbole für die Nähe der Götter vereinigt werden.

In Japan gibt es viele heilige Berge. Sie heißen *Reizan* (wörtlich »Heiliger Berg«) oder auch *Shintaizan* (»der Berg als Gegenstand der Verehrung«). Die Befunde sprechen dafür, dass sie zuerst von den Jomon verehrt und dann von späteren Kulturen übernommen wurden. Betrachten wir das Beispiel von *Hakuzan* (dem »Weißen Berg«) im Westen von Honshu. Er ist noch heute ein Ziel für Pilger, doch die Wurzeln seiner religiösen Bedeutung sind außerordentlich alt. So jedenfalls eine legitime

Interpretation neuerer archäologischer Indizien von der Jomon-Fundstelle *Chichamori Iseki* nahe der modernen Großstadt Kanazawa. Neben vielen schönen Scherben von Jomon-Keramiken, Dogu-Figuren und Magatama haben Ausgrabungen in Chichamori Iseki die Überreste zweier geräumiger Kultanlagen aus Holz zu Tage gefördert, deren Alter man auf rund 3600 Jahre schätzt. Die Säulen bestehen aus den gespaltenen Stämmen zwölf riesiger Kastanienbäume, die zu einem Kreis angeordnet sind. Jeder Kreis hat eine Öffnung, die genau auf Hakuzan ausgerichtet ist.

Sucht man in Japan nach dem Ursprung des Begriffs *Iwakura,* »heilige große Steine«, bietet sich die Jomon-Kultur als der wahrscheinlichste Kandidat an. Die Keramiken der Jomon sind berühmt. Weniger bekannt ist der Umstand, dass sie auch gern und viel mit Stein gearbeitet haben.

Nachdem ich 1998 die Steinkreise in Oyu besucht hatte, kehrte ich im Mai 2000 in die Region Aomori zurück, weil ich gehört hatte, dass Archäologen in der großen Jomon-Siedlung Sannai Muryama sieben kleine Steinkreise entdeckt hatten. Die Wissenschaftler hatten sie vermessen, katalogisiert und dann sogleich wieder mit Erde bedeckt. Vor kurzem war in der Nähe ein weit größerer Jomon-Steinkreis, *Komakino Iseki,* ausgegraben und offen gelassen worden. Als ich auf eine Säulenplatte kletterte, um mir einen Überblick zu verschaffen, konnte ich sehen, dass der äußere Kreis, aus erkennbar abgerundeten Steinen gebildet, einen Durchmesser von rund 60 Metern hatte und seinerseits eine Reihe von inneren Ringen umgab, die konzentrisch angeordnet waren, wobei Gruppen kleinerer Kreise – die einander wie die Glieder einer Kette berührten – manchmal über die ganze Breite eines Rings verstreut waren. Das Ganze hatte, so wurde mir plötzlich klar, eine erstaunliche Ähnlichkeit mit jener Unterwasserstruktur im Gebiet der Kerama-Inseln, die »Steinkreis« genannt wird und in knapp 30 Meter Tiefe liegt.

In Honshus Präfektur Nara gibt es einen heiligen Berg mit Namen *Miwa-Yama*. Er hat die Form einer Pyramide und gilt bei den Anhängern der japanischen Shinto-Religion als Schrein, als beseelt vom Geist eines Gottes, der dort in uralten Zeiten »seine Seele heimisch machte«. Sein richtiger Name lautet *Omononushi-no-Kami,* doch das Volk nennt ihn *Daikokusama*. Nach den alten Schriften ist er »der göttliche Hüter des menschlichen Lebens«, der die Menschen lehrt, Krankheiten zu heilen, Arzneien zu bereiten und Pflanzen anzubauen. Sein Symbol ist – sehr auffällig – eine Schlange. Bis auf den heutigen Tag werden Schlangen auf dem Berg Miwa verehrt. Pilger bringen dort gekochte Eier und Schälchen mit Sake als Opfergaben dar.

Im Mai 2000 unterzog ich mich unter Anleitung der Shinto-Priester von Miwa den komplizierten Reinigungs- und Segnungsritualen, die jeder Pilger absolvieren muss, wenn er den Berg erklimmen möchte. Neben anderen Prozeduren gehört dazu eine rituelle Waschung der Hände und des Mundes mit dem Wasser einer reinen Quelle – über der sich das schlangenförmige Standbild des Gottes erhebt.

Der Aufstieg selbst, im Sonnenlicht eines schönen Morgens, dauert rund zwei Stunden. Von Beginn an führt der Weg steil nach oben und häufig am Ufer eines reißenden Bachs entlang.

Am Fuß des Berges, neben dem Pfad, befindet sich ein Schrein, der aus einer Gruppe Megalithen besteht, alle mindestens eine Tonne schwer und viele mit Spuren, die zeigen, dass sie aus dem Fels gebrochen oder gehauen worden sind. Auf der rechten Seite des Schreins hatten die Gläubigen unter einer hoch aufragenden Zeder ein Dutzend kleine Schlangenfiguren aufgestellt.

Mein Führer war ein junger Shinto-Priester. Als er mein Interesse an dem Steinschrein bemerkte, machte er mich unterwegs auf weitere solche Schreine aufmerksam. Sie alle bestehen aus einem oder mehreren Felsbrocken, die mit dicken Seilschlingen verziert sind. Einige Steine scheinen künstlich angeordnet, andere in ihrer natürlichen Lage belassen worden zu sein.

Auf dem Gipfel des Berges stießen wir auf eine Sammlung von riesigen *Iwakura,* die einen geräumigen, ausgefüllten Kreis bilden. Es ist kaum anzunehmen, dass diese schweren Felsbrocken hier alle durch Zufall zusammengekommen sind. So, wie ich bisher die Stein-Leidenschaft der Jomon und ihren Drang, Berge zu bearbeiten, kennen gelernt habe, sieht mir der Schrein auf dem Gipfel des Miwa-Yama ganz so aus, als könnte er das Werk dieses prähistorischen Volkes sein. Tatsächlich weist er in vielerlei Hinsicht typische Merkmale ihrer »Freiluft-Steintempel« auf. Daher kam es mir ganz merkwürdig vor, als ich die modernen Pilger sah, die sich dort einfanden, weiße Kittel über ihren Jeans trugen und im Chor *Omononushi-no-Kami* intonierten, den Namen des Gottes, dessen Geist den Berg beseelt. In mancher Hinsicht, so schien mir, ist Japan noch immer das Land der Jomon.

»Was die Verehrung von Bergen angeht«, schreibt Professor Hideo Kishimoto von der Universität Tokio,«so mag sich ihre Bedeutung im Laufe der Zeit gewandelt haben und für jeden einen anderen Sinn besitzen. Doch die Bewunderung und Verehrung der Menschen für den Berg werden nicht erlahmen, solange dieser majestätisch in den Himmel aufwächst und von der Atmosphäre uralter, feierlicher Geheimnisse umfangen ist. Solche Gefühle sind dafür verantwortlich, dass der Berg Miwa nach Shinto-Glauben Lebenskräfte spendet.«

Kult und Tradition

Der Berg Miwa liegt im Regierungsbezirk Asuka – einer wahren Schatzkammer an Gräbern und Ruinen. Hier gibt es Hunderte von schlüssellochförmigen Hügeln, so genannten *Kofun* – ein Name, mit dem auch die Kultur bezeichnet wird, die diese Hügel hervorgebracht hat. Die Kofun-Kultur war die unmittelbare Nachfolgerin der Yayoi-Kultur. Man nimmt an, dass die Hügel etwa vom 4. bis zum 8. vorchristlichen Jahrhundert als Gräber für die ersten Mitglieder der japanischen Kaiserfamilie und der Aristokratie gedient haben.

Selbst in unserem aufgeklärten 21. Jahrhundert gestattet der Kaiser nicht, dass Ausgrabungen an unversehrten Kofun vorgenommen werden, daher bleibt das archäologische Verständnis dieser geheimnisvollen Stätten lückenhaft. Mit Sicherheit lässt sich nur feststellen, dass an ihrer Datierung auf das erste Jahrtausend n. Chr. kaum ein Zweifel besteht; das geht aus einer Reihe von Funden in einigen Kofun hervor, die in den letzten Jahrhunderten aus dem einen oder anderen Grund geöffnet wurden.

Heute wissen wir ferner, dass sich unter dem pyramidenförmigen, zentralen Erdhügel immer eine innere Grabkammer aus großen Steinen und ein gewöhnlich nach Süden verlaufender Steingang verbirgt. *Ishibutai,* ein besonders eindrucksvolles »Hügelgrab«, das nach Meinung der Archäologen im 7. Jahrhundert n. Chr. erbaut wurde, kann heute besichtigt werden, weil sein megalithischer Kern schon vor langer Zeit durch Erosion freigelegt wurde. Die beiden riesigen Deckensteine wiegen jeder annähernd 100 Tonnen, und selbst die kleineren der Seitenwände und des Durchgangs sind noch enorme Megalithen mit einem Gewicht bis zu 20 Tonnen.

In unmittelbarer Nähe befinden sich Dutzende anderer Megalithruinen, die alle ungefähr auf ein Alter von 1400 Jahren datiert werden. *Kameishi Iwa* nennt sich ein großer Stein, der zur Form einer Schildkröte behauen wurde. Ein anderer, *Sakafune ishi,* besteht aus einer Granitplatte, in die man mit bemerkenswerter Präzision – aber noch nicht geklärter Absicht – ein kreisähnliches Muster aus Rillen und Kanälen gemeißelt hat. Ein dritter besteht aus dem oberen und unteren Teil eines Steingrabs (bei den Einheimischen bekannt als *Onino Sechin* – wörtlich »Dämonentoilette«! – und *Onino Manaita,* wörtlich »Dämonen-Hackbrett«). Vor langer Zeit wurden die beiden Teile durch ein Erdbeben auseinandergerissen, und heute sind sie durch eine Straße getrennt.

Der »Schiff-Stein« Masuda-no Iwafune gilt als rätselhaftester unter den Megalithen von Asuka. Eine astronomische Ausrichtung ist nicht auszuschließen. Form, Bearbeitungstechnik und eingemeißelte Muster erinnern in vielem an das unterseeische »Hauptmonument« vor Yonaguni (unten).

Aber am rätselhaftesten unter den Megalithen von Asuka ist *Masuda-no Iwafune,* der »Schiff-Stein« (so genannt, weil man eine Ähnlichkeit mit einem gekenterten Schiff wahrzunehmen meint), der aus dem dicht bewaldeten Hang eines Hügels emporragt. Er ist aus einem einzigen Granitblock geformt, wiegt um die 1000 Tonnen, ist zehn Meter lang, acht Meter breit und fast vier Meter hoch. Zu seinen auffälligen Merkmalen gehört, dass er stellenweise roh und unbearbeitet ist und vollkommen natürlichen Ursprungs zu sein scheint, an anderen Stellen aber sorgfältig behauen wurde, sodass glatte, rechtwinklige Flächen entstanden. In dieser Hinsicht erinnert er an das unterseeische Hauptmonument in Yonaguni, das die gleichen Gegensätze erkennen lässt – rohe und unbearbeitete Stellen neben exakten Winkeln und glatten Flächen.

Trotz diverser Theorien – die meisten Forscher neigen dem 7. Jahrhundert n. Chr. zu – ist kein Archäologe in der Lage, mit Gewissheit anzugeben, wie alt Masuda-no Iwafune tatsächlich ist oder welcher Aufgabe er ursprünglich diente. Es gibt Hinweise auf eine astronomische Ausrichtung, aber sie sind zu vage, um wirklich von Nutzen zu sein, und der tatsächliche »Zweck« des großen Megalithen bleibt, wie man im Historischen Museum von Asuka einräumt, »ein Rätsel«.

Vor ein anderes Rätsel stellt uns die Technik der alten Steinmetze – wer immer sie waren und wann immer sie wirkten. Wenn das Monument wirklich erst aus dem 7. Jahrhundert stammt, wie die Forscher mutmaßen, wie ist dann der Umstand zu erklären, dass die gleiche Bearbeitungstechnik vor Yonaguni verwendet wurde, an einer Felsfläche, die vor mehr als 10 000 Jahren überflutet wurde? Wie erwähnt, ist die Technik – bei der große H-förmige Abschnitte vorläufig mit dem Meißel bearbeitet werden – in einer Tiefe von 20 Metern auf einer Felsnase in der Nähe des »Palastes« von Yonaguni erkennbar.

Das Geheimnis des Tauchens ist Entspannung. Doch wie soll man entspannt sein, wenn man sich fast 30 Meter tief im dunkelblauen Meer befindet, an einem Ort, wo plötzlich eine reißende Strömung aufkommen kann, wie eine Sturmbö, sodass man schon in der nächsten Sekunde um sein Leben kämpfen muss? Wie soll man entspannt sein, wenn man auch nur einen Augenblick innehält und sich klar macht, wie unendlich das Meer ist und wie unvorstellbar winzig man selber ist, wie schutzlos der Körper ist und wie kompromisslos das Leben von der Ausrüstung mit ihren anfälligen Ventilen und Schläuchen abhängt?

Meine ersten Tauchgänge bei den Kerama-Inseln unternahm ich im April 1999 und fand die Unterwelt dunkel und unheimlich. Ein Jahr später, im April 2000, kam ich zurück, diesmal mit Freunden und einem einheimischen Taucher, der es sich zur Aufgabe gemacht hat, die unterseeischen Steinkreise zu erforschen, und von sich behauptet, den »Mittelkreis« als ersten entdeckt zu haben. Es war einer jener vollkommenen Tage, von denen jeder Taucher träumt. Obwohl bei unserer Ankunft im Zielgebiet noch eine starke Strömung herrschte, war sie fast ganz zum Erliegen gekommen, als wir uns eine Stunde später ins Wasser gleiten ließen. In absoluter Stille sanken wir hinab, durch eine kühle, blaue Wassersäule, die von den Funken und Splittern des Sonnenlichts erhellt wurde.

Schon früher hatte mich in Kerama ein leichtes Schwindelgefühl erfasst, und ich empfand es wieder, als ich mich jetzt in einer weiten Spirale auf die Megalithen des Mittelkreises zubewegte. Ich landete mitten in der Steinrunde und berührte den Meeresboden am Fuße des Zentralmenhirs, wo meine Instrumente mir eine Tiefe von fast 27 Metern anzeigten.

Ich setzte mich auf den Boden und blickte zu dem hoch aufragenden Ring von Megalithen empor. Dann schwamm ich mehrere

Male um den Zentralmenhir herum und folgte Seitenkanälen, die aus dem Kreis hinausführten – einige zum zweiten Monument, das die einheimischen Taucher den »Kleinen Mittelkreis« nennen, andere nirgendwohin.

Die ganze Anlage wirkte wie ein Labyrinth, in dem man leicht die Orientierung verlieren konnte. Froh, die offene See über mir zu haben, stieg ich auf, schwebte entspannt etwa viereinhalb Meter über dem Kreis und blickte durch das blaue Wasser auf die bizarre und deplaziert wirkende Struktur hinab.

Aus dieser Perspektive, in diesem Licht schien sie das Tor zu einem Märchenreich zu sein, eine Wendeltreppe in die Unterwelt. Ehrfurcht und Staunen erfüllten mich – ein Moment numinoser Faszination. Ein ähnliches Gefühl hatte mich vor anderen religiösen Monumenten erfasst – den großen gotischen Kathedralen in Europa, den Pyramiden in Ägypten, Stonehenge, den antiken unterirdischen Steintempeln auf Malta …

Wenn die Jomon das hier errichtet haben, so dachte ich, was mögen sie dann noch erbaut haben? Bei Bauwerken von solcher Größenordnung ist es weit wahrscheinlicher, dass sie in einen größeren Kontext gehören, als dass es sich um isolierte Projekte handelt. Wo also ist das größere Bild zu finden, dessen Teil sie sind? Einen gewissen Zusammenhang zwischen den kleineren Steinkreisen in Kerama und kleineren Jomon-Steinkreisen wie Oyu und Komakino Iseki vermutete ich bereits – doch am anderen Ende des Größenspektrums, das von den Riesenmegali then des Mittelkreises gebildet wird, sucht man vergeblich nach Entsprechungen über Wasser.

Vielleicht finden sich Hinweise auf noch größere Steinkreise und Monumente weiter draußen im Meer, im tieferen Wasser, auf den Festlandssockeln, die zuletzt vor 16 500 Jahren, zu Beginn der Eiszeitfluten, aus dem Wasser ragten und bewohnbar waren.

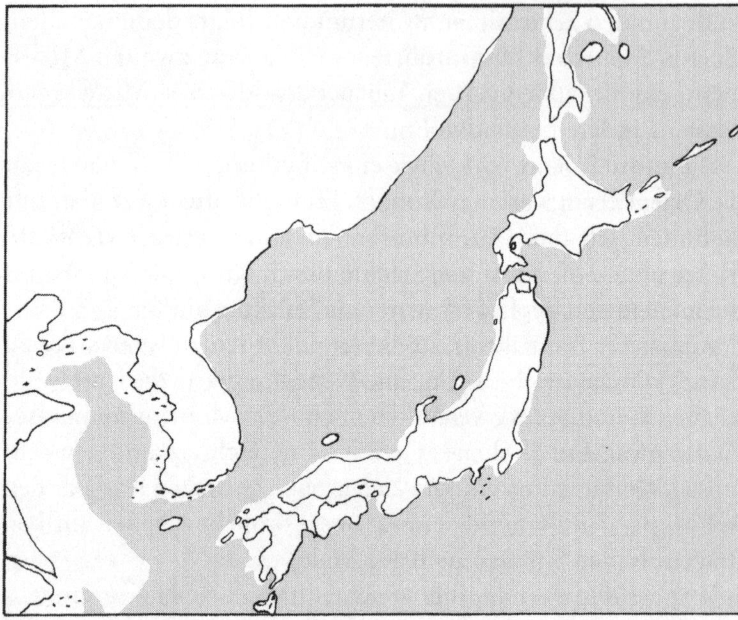

Bis vor 8000 oder 9000 Jahren bildeten die Inseln Honshu und Shikoku noch eine zusammenhängende Landmasse. Dann hat der steigende Meeresspiegel sie auseinander gerissen und weitere besiedelte Küstengebiete unter Wasser gesetzt.

Die Iseki-Spitze

Wenn wir die Unterwassermonumente von Kerama and Yonaguni im Lichte dessen betrachten, was wir über die Verehrung heiliger Berge und Steinkreise im prähistorischen Japan wissen, ergeben sie durchaus einen Sinn und erscheinen keineswegs exotisch oder unwahrscheinlich. Obwohl sie in der Größenordnung alle Jomon-Bauwerke übertreffen, die man bisher an Land entdeckt hat, gehören sie einer Kategorie von Schreinen an, von denen wir wissen, dass die Jomon sie erbaut haben. Die Kreise sprechen für sich selbst, denn niemand kann bestreiten, dass sie in der Jomon-Kultur eine wichtige Rolle gespielt haben. Es bedarf nur geringer Phantasie, um in den Terrassen des Hauptmonuments von Yonaguni die Prinzipien der *Iwakura* und heiligen Berge wieder zu erkennen, die für die Jomon-Periode so gut dokumentiert sind.

Anders als in Kerama, wo die Tauchstelle weit draußen liegt, befindet sich das Hauptmonument von Yonaguni nahe der Küste unter einer düsteren Schlammstein-Klippe. Die Einheimischen nennen sie »Iseki-Spitze« und machen auf die Terrassenform aufmerksam. Doch das ist nicht der einzige beeindruckende Aspekt des Monuments. Weniger offenkundig, aber noch überzeugender ist der allgemeine Zuschnitt der Anlage für zeremonielle Zwecke.

Hinter der Nordwestecke des Monuments versteckt und westöstlich ausgerichtet, liegen zwei riesige, sorgfältig behauene Megalithen wie Toastscheiben nebeneinander. Jeden schätze ich auf 50 Tonnen. Ich glaube, sie sind nicht durch Zufall in diese Lage gekommen, sondern als Orientierungspunkt gedacht (vgl. Farbe S. 16). Auf sie führt ein schmaler Gang aus großen symmetrischen Feldsteinen zu, die in zwei Schichten übereinander gestapelt sind. Der obere Teil des Gangs, der ursprünglich offen war und die Breite eines menschlichen Kopfes hatte, ist heute durch herabgefallende Trümmer versperrt.

Im Süden und Westen liegen die Ruinen eines Komplexes mit einer geschwungenen Rampe, der offenbar von einer Mauer umgeben war. An der Südseite des Monuments verläuft ein deutlich erkennbarer Weg oder Damm von Westen nach Osten. An seinem äußersten westlichen Ende erreicht der Taucher einen klassischen Iwakura-Schrein, der teils aus natürlichem Fels besteht, teils künstlich geschaffen ist. Verlegte man diesen Schrein auf die Hänge des Berges Miwa, fiele er unter seinesgleichen überhaupt nicht auf.

Japan war vor 17 000 Jahren, am Ende der Eiszeit, kurz bevor die weltweiten Überschwemmungen begannen, sehr viel größer, als wir es kennen. Doch sobald die Schmelze richtig eingesetzt hatte, verschwanden die Landbrücken zum Festland rasch unter Wasser, und für die Inseln begann ein langer Schrumpfungsprozess, der bis auf den heutigen Tag anhält.

Noch vor 9000, möglicherweise sogar 8000 Jahren bildete die Insel Shikoku mit der Nachbarinsel Honshu eine zusammenhängende Landmasse. Dann hat der unerbittliche Anstieg des Meeresspiegels sie auseinander gerissen, und seither nagt das Meer unablässig an ihren Küsten. Ein Blick auf moderne Karten erinnert uns daran, dass die Jomon miterlebten, wie das Tiefland zwischen Takamatsu und Tamano überflutet wurde – wie sie überhaupt all die seltsamen Erscheinungen und erdgeschichtlichen Veränderungen miterlebten, die das Ende der Eiszeit kennzeichneten.

Vielleicht war es die Erfahrung dieser raschen und unwiderstehlichen Überschwemmungen, die die Jomon zu kundigen Seefahrern machte, oder sie verdankten dieses Wissen dem gleichen unbekannten »Einfluss«, der ihnen die Keramik und die Steinkreise brachte. Auf jeden Fall geht die Forschung seit langem davon aus, dass die Jomon vielfältige Handelsbeziehungen in der gesamten japanischen Inselwelt und zum Festland unterhielten und daher schon sehr früh über seetüchtige Schiffe verfügt haben müssen.

Umstrittener ist eine wachsende Zahl von Indizien dafür, dass sich die Jomon womöglich nicht damit begnügt haben, ihre eigene Region zu erkunden. Nach Befunden einer internationalen Forschungsgruppe unter Leitung von C. Loring Brace vom Anthropologischen Museum der University of Michigan waren die Migranten, die am Ende der Eiszeit über die Bering-Landbrücke nach Nordamerika gelangten, »Menschen, die große Ähnlich-

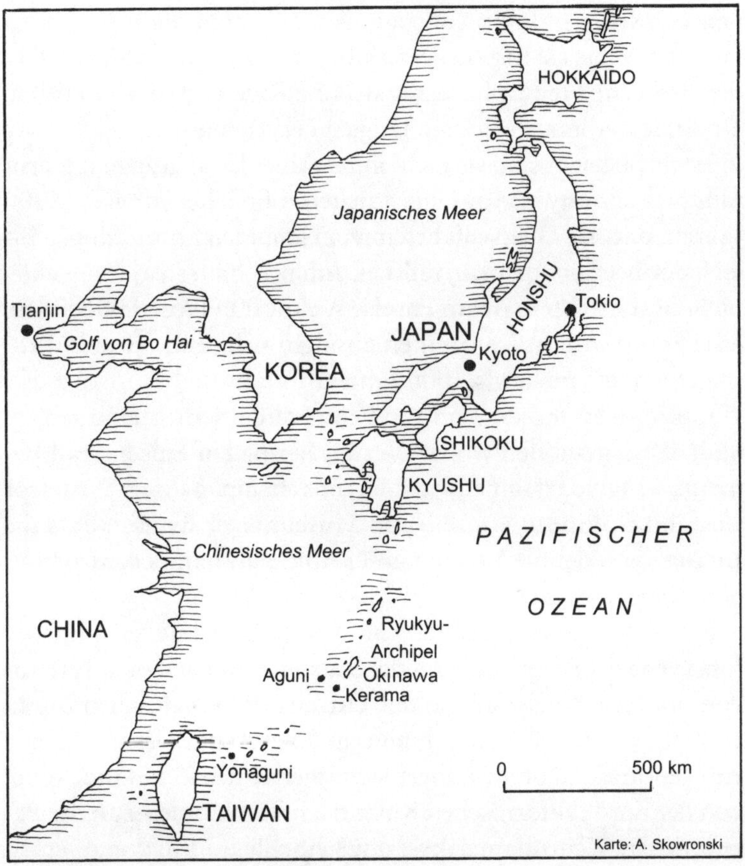

Vielleicht machte die Erfahrung der unaufhaltsamen Überflutungen und des unwiderruflichen Landverlustes die Jomon zu kühnen Seefahrern. Mit der »Schwarzen Strömung« könnten sie in mehreren Schüben bis nach Amerika gelangt sein.

keit mit den prähistorischen Jomon aus Japan hatten«. In den »Proceedings of the National Academy of Sciences« vom 31. Juli 2001 heißt es: »Die Ergebnisse stützen frühere Forschungsdaten, nach denen die Ureinwohner des amerikanischen Kontinents ... von den Jomon abstammen, die über Landbrücken zunächst auf das asiatische Festland wanderten und schließlich in die westliche Hemisphäre, als sich die Erde vor 15 000 Jahren, am Ende der letzten Eiszeit, langsam erwärmte.«

Doch vielleicht sind sie nicht immer über Land gezogen. Jedenfalls gibt es Hinweise aus einer späteren Epoche, vor etwa 5000 Jahren, dass sie Überseefahrten unternommen haben, die sie bis an die Küste Südamerikas führten. Am berühmtesten, wenn auch nicht unumstritten, ist ein Fund in Valdivia in Ekuador, bei dem es sich um Jomon-Keramiken handeln soll, und zwar in Erdschichten, die mehr als 5000 Jahre alt sind.

Jomon-Keramiken sind in ebenso alten Schichten auch im Südpazifik gefunden worden – zum Beispiel in Fidschi und Vanuatu. »Man darf mit einigem Recht annehmen«, sagt Professor Yoshihiko Shinoto vom Bishop Museum in Hawaii, »dass die Jomon ausgedehnte Fahrten im Pazifik unternahmen, also kundige Seeleute waren.«

Eine Route, die sich für solche Wanderbewegungen anbietet, führt vorbei an Kap Ashizuri, der Südspitze von Shikoku, verläuft von dort aus nordwärts an der Ostseite der japanischen Inseln entlang, wendet sich dann hinaus auf den Pazifik, vorbei an den Kurilen und Aleuten, nähert sich wieder dem Festland, führt von der nordkalifornischen Küste nach Süden, vorbei an der Pazifik-Küste Zentralamerikas, um schließlich Ekuador zu erreichen. Diese Route, eine Art »Meeresautobahn«, heißt in Japan »Schwarze Strömung« *(Kuroshio)* und ist besonders deutlich am Kap Ashizuri der Insel Shikoku zu erkennen – wo sie sich wie ein Fluss mit einer stetigen Geschwindigkeit von 40 Seemeilen pro Tag vorbeibewegt. Wenn genügend Zeit zur Verfügung steht und die Mannschaft überlebt, ist durchaus denkbar, dass ein Schiff in der Schwarzen Strömung von Japan nach Südamerika gelangte.

»Worte vermögen kaum zum Ausdruck zu bringen, wie ähnlich sich die Keramiken des frühen Valdivia und die gleichzeitig entstandenen Jomon-Keramiken sind ... Nicht nur die Ritztechnik, sondern auch die Motive und Motiv-Kombinationen sind analog. In den meisten Kategorien der Dekorationstechnik lassen sich Beispiele finden, die sich in ihrem Erscheinungsbild derart gleichen, dass sie fast von demselben Gefäß stammen könnten.«

Mit dieser Feststellung lösten die Anthropologen Betty Meggers, Clifford Evans und Emilio Estrada vom Smithsonian Institute eine erbitterte Kontroverse aus, die noch immer nicht zur Ruhe gekommen ist.

»Frühes Valdivia« heißt, dass die Funde mindestens 5000 Jahre alt sind. Nach dem orthodoxen Geschichtsmodell besaßen die japanischen Jäger und Sammler, selbst wenn sie aus der Art geschlagen waren und töpfern konnten, vor 5000 Jahren aber angeblich nicht die Fähigkeit, über den Pazifik zu gelangen. Doch was Meggers, Evans und Estrada in Valdivia fanden – Tausende von Jomon-Tonscherben in zuverlässig datierten Schichten –, scheint das orthodoxe Modell zu widerlegen. Sobald ihre Funde systematisch erfasst waren, wurde klar, dass »24 der 28 Hauptmerkmale der Valdivia-Keramiken auch bei Jomon-Keramiken anzutreffen sind. Zu den auffälligsten Ähnlichkeiten gehören die dekorativen Elemente und die Ausgüsse«.

Ihre revolutionäre These veröffentlichten Meggers, Evans und Estrada 1965 in der Schriftenreihe »Smithsonian Contributions to Anthropology«. Ihre Erkenntnisse, an denen sie selbst unverbrüchlich festhalten, sind von der wissenschaftlichen Gemeinschaft allerdings weder allgemein anerkannt noch schlüssig widerlegt worden.

In Japan konnte ich mich davon überzeugen, dass Sahara Makoto kein Befürworter der »Valdivia-Connection« ist und die zahlreichen Übereinstimmungen zwischen Jomon- und Valdivia-

Keramiken lieber dem Zufall zuschreibt. Dagegen ist Yasuhiro Okada, Chefarchäologe in Sannai-Muriyama, der Auffassung, es sei »sehr wahrscheinlich«, dass die Keramiken von Valdivia vor 5000 Jahren von Jomon-Migranten beeinflusst worden seien. »Ich komme immer mehr zu der Überzeugung«, erläuterte er mir, »dass wir die Jomon nicht verstehen können, wenn wir sie nur im japanischen Kontext betrachten. Sie haben den Pazifik befahren. Sie nutzten das Meer.«

Auch Professor Mozai Torao von der Universität Tokio ist dieser Meinung: »Wir können durchaus annehmen, dass alte Völker schon vor dem Beginn geschichtlicher Zeiten kundige Seefahrer waren und weite Strecken zurücklegten, indem sie Wind oder Strömung nutzten. Tatsächlich dürften sie Entfernungen bewältigt haben, die uns heute unvorstellbar erscheinen.«

Eine verschollene Zivilisation?

Auf Einladung des japanischen Politikers Senator Sadao Hirano von der Präfektur der Insel Shikoku besuchte ich Kap Ashizuri. Er hatte gehört, dass ich mich für die Frage interessiere, ob die japanische Verehrung großer Steine möglicherweise auf die Jomon zurückgeht, und wollte mich in diesem Zusammenhang auf eine große Gruppe von Iwakura aufmerksam machen, die wie Wachposten über die hügeligen Ausläufer des Kaps verstreut liegen, alle mit Ausblick auf die Schwarze Strömung. Geführt wurden wir von ehrenamtlichen Mitgliedern einer einheimischen historischen Gesellschaft, der »Ashizuri Jomon Kyoseki«, die eine langfristige Untersuchung der Megalithen durchführt und die Überzeugung vertritt, diese Steinmonumente seien das Werk der Jomon.

Während ich im Laufe dieser zwei Tage in den bewaldeten Hügeln von Steinschrein zu Steinschrein geführt wurde, hatte ich mehrfach das eigenartige Empfinden, ich wäre wieder auf Tauchgang. Viele der Ashizuri-Megalithen liegen nämlich verborgen in den Tiefen der Wälder, die selbst am hellen Tag kaum jemals von einem Lichtstrahl erhellt werden. Wer in einem solchen Wald steht, hat das Gefühl, sich am Grunde eines tiefen grünen Sees zu befinden.

Auf einer verzauberten Lichtung sah ich mich plötzlich einem gemeißelten Schildkrötenkopf gegenüber, der aus dem Felsbrocken hervorragte. An einem anderen Ort lagen etwa 20 Megalithen umher, wie kleinere Versionen der Sandsteinblöcke von Stonehenge, von Unkraut und Gras überwuchert. Auf einer Lichtung entdeckte ich einen Steinkreis, der aus sechs großen Platten geformt war. Nicht weit davon, am Grunde eines schmalen Hohlwegs, stand ein aufrechter, phallusförmiger Menhir, auf dem noch ein zweiter, kleinerer Stein ruhte, der offenbar die Eichel darstellte. Ich ging weiter, erklomm einen bewaldeten Hang und gelangte schließlich zu einem grauen, zehn Meter langen Steinblock, aus dem die Form eines Schiffes mit hohem Bug herausgemeißelt war.

Während ich schweigend zwischen den Bäumen und dem Fels stand und zur fernen Sonne emporblickte, ließ ich die Finger über den Bug des Steinschiffs gleiten und sann darüber nach, auf wie viele Arten die Jomon heute noch lebendig sind – lebendig durch ihre Keramik, lebendig durch ihre heiligen Berge, lebendig durch Steinschreine in verlassenen Wäldern und in den Tiefen des Meeres, lebendig als große und mächtige Kami der Vorzeit, lebendig durch die Vorstellungen, die in den Geheimissen der Shinto-Religion verkörpert sind.

Und als ich alles noch einmal Revue passieren ließ, was ich über die Jomon erfahren hatte, wurde mir klar, wie weit ich mich von der vorgefassten Meinung entfernt hatte, mit der ich die Nachforschungen begonnen hatte. Denn hier war ein Volk, das seine Welt zu Land und zu See erkundet hatte – und Amerika in dem Zeitraum zwischen 13 000 and 3000 v. Chr. mindestens zweimal erreichte. Hier war ein Volk, das die Keramik Jahrtausende vor allen anderen Völkern erfunden und zu einer wunderbaren Kunstform entwickelt hatte. Hier war ein Volk, welches seine Landschaft so umgestaltete, dass heilige Berge, Steinkreise und Megalithtempel entstanden. Hier war ein Volk, das in Harmonie mit seiner Umwelt lebte, das mit einer intelligenten Mischung von Strategien sein problemloses Überleben und seine Zukunft sicherte und mit Erfolg die Fallen mied, in denen sich so viele andere Kulturen der antiken Welt fingen – Militarismus, Materialismus, übermäßiger Konsum und Überbevölkerung. Vor allem aber war hier ein Volk, dessen Zivilisation mehr als 14 000 Jahre erhalten blieb und florierte – in einem vernünftigen Rahmen, menschlich, sogar großzügig, soweit sich das aus den archäologischen Funden herauslesen lässt.

Eine verschollene Zivilisation? Nicht ganz – denn die Jomon sind bereits aus dem Dunkel herausgetreten, das unser kollektives Gedächtnis umfängt; fast täglich teilen sie uns Neues über sich mit.

Bislang haben wir sie fast ausschließlich nach den Spuren beurteilt, die sie auf dem Land hinterlassen haben – und schon die waren überraschend genug! Doch wenn ich Recht habe und die Unterwasserentdeckungen an den Küsten Japans Zeugnis ablegen von einer bisher unbekannten monumentalen Phase der Jomon-Zivilisation am Ende der Eiszeit, müssen wir unsere Theorien über dieses rätselhafte alte Volk noch einmal überdenken.

Ich meine, eine solche Neubewertung ist auch bei anderen alten Völkern längst überfällig.

Monumentalarchitektur aus dem Nichts?

Die kleinen Mittelmeerinseln Malta, Comino und Gozo, die zusammen die Republik Malta bilden, nehmen in der Weltgeschichte einen überraschend großen Raum ein. Denn nach Meinung der Archäologen hat man auf diesen Inseln die ältesten frei stehenden Tempel der Welt gefunden – die ersten Versuche der Menschheit, eine monumentale religiöse Architektur zu schaffen. Nach orthodoxer Chronologie ist der erste und älteste von ihnen Gigantija auf Gozo, von dem man meint, er sei um 3700 v. Chr. entstanden. Der »untere Tempel« in Mnajdra auf Malta selbst wird auf dasselbe Alter geschätzt, ebenso das Hypogäum – ein geheimnisvolles Labyrinth von Kammern und Durchgängen, die im gleichen Stil aus dem massiven Fels des Untergrunds gehauen wurden wie die oberirdischen Tempel.

Um mir einen Überblick über die maltesischen Tempel zu verschaffen, habe ich mir im Juni 2001 einen Hubschrauber gemietet. Nachdem wir den Flughafen verlassen hatten, wandten wir uns nach Norden, flogen über die winzige Insel Comino und verharrten einen Augenblick über Gozos Hafen Mgarr, bevor wir Kurs auf das Innere der Insel nahmen.

Dort, im Süden von Xhagra – selbst Fundort eines riesigen halb unterirdischen Steinkreises – befindet sich das Totenschloss, der »Turm des Riesen«, Gigantija. Als ich darauf hinabblickte, war ich nicht nur von seinen enormen Ausmaßen beeindruckt, sondern auch davon, dass dieser Komplex getreulich und exakt die Eigenschaften verkörpert, die man als »Kanon« aller maltesischer Megalithtempel bezeichnen könnte – eine äußere Umfassungsmauer aus zyklopischen Blöcken, einige bis zu fünf Metern hoch und viele 15 Tonnen schwer oder mehr (manche mit einem Gewicht bis zu 100 Tonnen!), in weit ausholenden, eleganten Biegungen gesetzt, sodass die Mauer eine unregelmäßige

Fläche umschließt, deren Form eher organisch als architektonisch wirkt. Diese Innenfläche enthält eine Reihe von Altären, Schreinen und großen apsisähnlichen Räumen, die durch axiale Gänge verbunden sind – sie alle ebenfalls durch riesige Megalithen begrenzt, eine Mischung aus Korallen- und Globigerinen-Kalkstein.

Anders als andere einfachere Tempel weist Gigantija zwei deutlich erkennbare und nicht ganz parallele axiale Gänge auf, die südöstlich verlaufen und den gesamten Komplex beherrschen. Mit Hilfe mächtiger Steintore durchbrechen beide Gänge eine konkave Megalithfassade und bilden so die einzigen »Eingänge« der Anlage. Die östliche Achse führt in vier große Apsiden, die zu zwei Paar gegenüberliegender lappenförmiger Räume angeordnet sind. Die Westachse endet in fünf Apsiden – zwei einander gegenüber, während die drei anderen ein Kleeblatt bilden.

Nach orthodoxer Auffassung waren die maltesischen Inseln bis 5200 v. Chr. »vollkommen unbewohnt» – vor 7200 Jahren also. Anschließend wurden sie nach dieser Theorie von neusteinzeitlichen Bauern aus dem nahen Sizilien besiedelt.

Gigantija wird in der herrschenden Lehrmeinung auf 3600 v. Chr. – auf ein Alter von 5600 Jahren – datiert. Die Zeitspanne zwischen der Besiedlung vor 7200 Jahren und dem Bau von Gigantija vor 5600 Jahren beträgt demnach 1600 Jahre. Zwar gibt es Hinweise darauf, dass in dieser Zeit auf den maltesischen Inseln kleine Bauten errichtet und Felsgräber angelegt wurden, doch die Ausgrabungen haben nichts erbracht, was in irgendeiner Weise die *Entwicklung* des großräumigen Tempelbaus belegen könnte. Ganz im Gegenteil, wie Alastair Service und Jean Bradbury in ihrer Untersuchung »The Standing Stones of Europe« feststellen: »Die Tempelbauer begannen nicht mit bescheidenen Dimensionen. Gigantija ... ist ein gewaltiges Projekt architektonischer Planung und Umsetzung, tausend Jahre vor jener Zeit erbaut, die man üblicherweise für die Große Pyramide ansetzt.«

Und Colin Renfrew, Archäologieprofessor an der University of Cambridge, fügt hinzu: »Die Fassade [von Gigantija], womöglich die erste architektonisch gestaltete Außenfläche der Welt, ist außerordentlich imposant. Große Platten aus Korallenkalkstein, die abwechselnd gerade und schräg gefügt sind, erheben sich zu einer Höhe von acht Metern. In der ersten Schicht sind die Platten bis zu vier Meter hoch, darüber sind noch sechs Schichten Megalithblöcke erhalten. Ein kleines Tempelmodell aus dieser Periode lässt darauf schließen, dass die Fassade ursprünglich 16 Meter hoch gewesen sein könnte.«

Zyklopische Mauern von 16 Metern Höhe?

Dazu wieder Renfrew: »Auf den ersten Blick erscheint es undenkbar, dass ein solches Monument ohne die Organisation und die fortgeschrittene Technik einer städtischen Zivilisation errichtet worden sein soll ... Doch nach der Radiokarbondatierung sind die Tempel die frühesten frei stehenden Steinbauwerke der Welt. Im Nahen Osten entwickelten sich um diese Zeit, 3000 v. Chr. oder vielleicht sogar früher, die Schlammziegel-Tempel der sumerischen Zivilisation aus der ›Periode vor der Schrift‹ – auch sehr eindrucksvolle Monumente, aber doch ganz anders als die maltesischen Bauwerke.«

Nur: Wie lässt sich erklären, dass die ältesten frei stehenden Steinmonumente der Welt, die auf Grund ihrer Größe und Kunstfertigkeit keinen Zweifel daran lassen, dass sie von einem Volk erbaut wurden, welches schon vorher Erfahrung auf dem Gebiet der Megalith-Konstruktion gesammelt haben musste, ausgerechnet auf einer sehr kleinen Inselgruppe, die erst 1600 Jahre zuvor besiedelt worden war, im archäologischen Blickfeld erschienen? Widerspricht das nicht allen Erwartungen? Müsste nicht in den archäologischen Funden auf den maltesischen Inseln (oder anderswo) eine »Zivilisationsgeschichte« erkennbar werden, aus der eine zunehmende Vervollkommnung der Bautechniken hervorgeht? Und müsste man nicht auch ein weiträumiges »Zivilisationsgebiet« (anstelle dieser winzigen, kahlen Inseln) erwarten, das einer Bevölkerung von angemessener Größe ausreichende Lebensbedingungen garantiert – gewissermaßen als Rahmenbedingung für den größten architektonischen Fortschritt der Antike?

Dr. Anton Mifsud, Präsident der Prehistoric Society of Malta, bringt das Problem auf den Punkt: »Malta ist gegenwärtig zu klein, als dass es der frühesten architektonischen Zivilisation eine Lebensgrundlage hätte bieten können. Es fehlt das Zivilisationsgebiet.«

Und Dr. David Trump, einer der weltweit bedeutendsten Experten für maltesische Archälogie, meint: »Außerhalb der maltesischen Inselwelt gibt es nichts, was im Entferntesten Ähnlichkeit mit diesen Tempeln aufwiese. Daher können wir sie mit ›äußeren Einflüssen‹ nicht erklären.«

Wenn es also weder außerhalb noch innerhalb der maltesischen Inseln Anhaltspunkte für die langsame Entwicklung dieser Architektur gibt, wie sollen wir dann die erstaunlichen architektonischen, technischen und organisatorischen Fertigkeiten erklären, die erforderlich waren, um Monumente wie Gigantija, Mnajdra und das Hypogäum zu errichten? Solche beeindruckenden Bauwerke können wohl kaum über Nacht, ohne jede Vorgeschichte, auf der Bildfläche erschienen sein? Irgendwo müsste man doch Vorstufen entdecken können. Und wenn schon keine Tempel, so wenigstens Bauwerke anderer Art, die entsprechende Fertigkeiten voraussetzten. Doch es gibt sie nicht.

Fehlen die Entwicklungsphasen der großen Megalithtempel vielleicht deshalb, weil die betreffenden Gebiete heute unter Wasser liegen? Und – so ist weiter zu fragen – gibt es irgendwelche Anhaltspunkte für Überflutungen in einer Größenordnung, die das gesamte Hinterland einer frühen Kultur auf den Maltesischen Inseln verschlingen konnten?

Die bereits erwähnten, mir von der Universität Durham (vgl. dazu S. 291) zur Verfügung gestellten »Überschwemmungskarten« des zentralen Mittelmeers bringen Licht ins Dunkel.

Vor 18 300 Jahren, als der Meeresspiegel weltweit seinen niedrigsten Stand hatte, war Italien, besonders auf der adriatischen Seite, erheblich größer als heute. Auch Korsika, Sardinien und die afrikanische Küste reichten sehr viel weiter ins Mittelmeer hinein. Und die Maltesischen Inseln waren damals durch einen Isthmus mit Sizilien verbunden und gehörten zum italienischen Festland. Dieser Isthmus war etwa 20 mal so groß wie die heutigen Inseln, denn er führte nicht nur 90 Kilometer nach Norden, sondern erstreckte sich auch mehr als 70 Kilometer nach Süden und Osten. Entlang der gesamten nordöstlichen Küste des vorsintflutlichen Malta, das praktisch eine Verlängerung der Landbrücke war, ragte ein Festlandsockel von acht bis zwölf Kilometer Breite aus dem Wasser.

Obwohl Karten feinste Einzelheiten der Überschwemmungssequenz nicht aufzulösen vermögen, lässt sich doch erkennen, dass Filfila – das heute durch eine drei Kilometer breite Meerenge von Malta getrennt ist – damals mit der Hauptinsel verbunden war. Abgesehen davon hat es an dieser Küste während der letzten 18 000 Jahre jedoch bemerkenswert wenig Veränderungen gegeben – eine Folge der schroffen Klippen und des steil abfallenden Meeresgrunds, der rasch Tiefen erreicht, die den maximalen Anstieg des Meeresspiegels von 120 Metern übertreffen.

Ein wichtiger Gesichtspunkt ergibt sich, wenn wir uns die größeren Zusammenhänge der Computersimulationen anschauen: Da Malta und seine Landbrücke die Ostspitze Siziliens weit nach Süden verlängern und Siziliens Westspitze einen ähnlichen Fortsatz nach Süden aufweist – zwei Hörner, die nahezu die (ihrerseits erheblich erweiterte) afrikanische Küste erreichen –, kann man praktisch davon ausgehen, dass der Osten und der Westen des Mittelmeers vor 18 300 Jahren zwei getrennte Meere waren.

Diese Eingrenzung und Kanalisierung großer Wassermassen in engen Räumen könnte die Wirkung der postglazialen Überflutungen enorm verstärkt haben, als diese die Region erreichten. Man hat sogar die Vermutung geäußert, das Abschmelzen des europäischen Eisschilds ins Mittelmeer könnte gelegentlich so rasch erfolgt sein, dass der Zulauf in die die mediterrane »Badewanne« größer war als der Abfluss durch die Straße von Gibraltar (die beim letzten glazialen Maximum nur eine Breite von acht Kilometern aufwies). Eine These besagt, dass solche Schmelzwasserschübe »das Mittelmeer vorübergehend um bis zu 60 Metern ansteigen ließen«. Allerdings stützt sich diese Berechnung nur auf den durch die Straße von Gibraltar verursachten Engpass.

Nun wissen wir aber, dass es noch einen zweiten Engpass zwischen der sizilianisch-maltesischen Landmasse und der nordafrikanischen Küste gegegeben hat, was die Situation sicherlich noch verschärfte – wenn sich auch kaum ausrechnen lässt, in welchem Maße. Ferner trug der Umstand, dass Korsika und Sardinien damals eine große Insel waren und einen Großteil des Tyrrhenischen Meers einschlossen, zu einer weiteren Verstärkung der lokalen Schmelzwassereffekte bei.

Doch vor 18 300 Jahren dürfte kaum mehr als ein Rinnsal aus den riesigen Schmelzwasserreservoirs, die auf der europäischen Eiskappe eingedämmt waren, das Mittelmeer erreicht haben. Kaum mehr als ein Rinnsal im Laufe der vorangehenden 3000 Jahre – und das noch verteilt über so viele Generationen, dass der Einzelne die unheilvollen Vorzeichen kaum bemerkt haben wird.

In den 1900 Jahren zwischen 18 300 Jahren und 16 400 Jahren vor unserer Zeit kam es wohl nur zu kleineren Erosionen der Küstenlinien und einem leichten Schrumpfen der Landbrücke zwischen Malta und Sizilien.

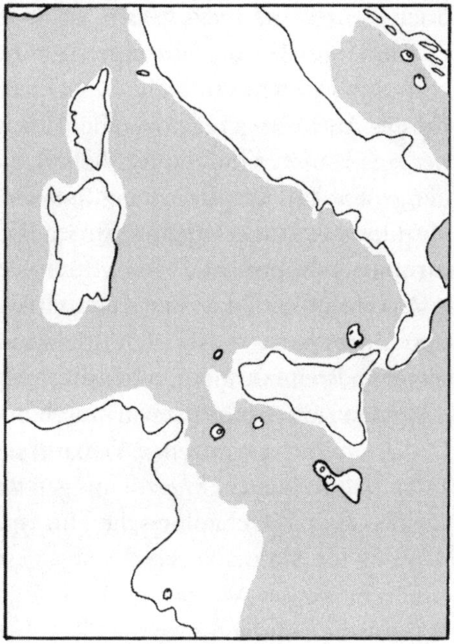

Die Abtrennung Maltas von Sizilien bzw. dem italienischen Festland erfolgte irgendwann zwischen 16 400 und 14 600 vor unserer Zeit. Das dramatische Geschehen von damals hat in der Atlantis-Saga seinen Niederschlag gefunden.

Die Abtrennung Maltas erfolgte irgendwann zwischen 16 400 Jahren und 14 600 Jahren vor unserer Zeit. Gemessen am Landverlust war das Ereignis nicht besonders dramatisch, obwohl es für die altsteinzeitlichen Malteser, die dort, wie wir heute wissen, gelebt haben, äußerst bedeutsam war. Zum ersten Mal sahen sie sich vom Festland abgeschnitten. Vielleicht war diese paläolithische Isolation in viel stärkerem Maße für die Entstehung des besonderen Charakters und der unverwechselbaren Leistungen der maltesischen Zivilisation verantwortlich als die neolithische Invasion, zu der es mehr als 7000 Jahre später kam.

Die erste der drei globalen Superfluten, in denen sich der größte Teil der während der 10 000-jährigen eiszeitlichen Schmelzperiode gebildeten Wassermassen über Europa ergoss, ließ um 12 000 v. Chr. den Meeresspiegel in nur 500 Jahren weltweit um 15 bis 20 Meter steigen. Das hört sich schon schlimm genug an, doch es ist keineswegs gesagt, dass sich dieser enorme Anstieg gleichmäßig über die 500-Jahres-Periode verteilte, die nach Meinung von Überschwemmungswissenschaftlern die äußerste Grenze für das Auflösungsvermögen der Eismassen darstellt. Nach meiner Ansicht ist es durchaus möglich, dass der gesamte oder doch der größte Teil dieses Anstiegs auf ein einziges Ereignis von sehr viel kürzerer Dauer irgendwann in dieser 500-jährigen Phase zusammengedrängt war.

Auf jeden Fall hat Malta, das vor 14 600 Jahren zur Insel wurde, 900 Jahre später – also 13 500 Jahre vor unserer Zeit – 70 Kilometer an Breite verloren, weil seine früheren, im Osten und Süden liegenden Küstengebiete relativ rasch unter Wasser gesetzt wurden. In diesem untergegangenen Tiefland sind bisher noch keine meeresarchäologischen Untersuchungen vorgenommen worden, obwohl sich dort archäologische Hinweise von entscheidender Bedeutung für Maltas Vorgeschichte erhalten haben dürften.

Ferner zerfiel Malta vor 13 500 Jahren in zwei Inseln: im Westen die heutigen Inseln Malta, Comino und Gozo, die eine einzige Landmasse bildeten, und ein Stück weiter im Osten eine zweite, ziemlich kleine Insel. Von der kleinen Insel im Osten abgesehen, blieb in diesem Stadium von der einstigen Größe des vorsintflutlichen Malta als einzige Erweiterung gegenüber heute ein kleiner zwei bis fünf Kilometer breiter Küstenstreifen im Nordosten übrig.

Tempel-Gerüchte

Vor 10 000 Jahren hatte die maltesische Inselgruppe ihre heutige Gestalt angenommen. Das Inselchen im Osten war im Meer versunken, und der zusätzliche Küstenstreifen an der nordöstlichen Küste war ebenfalls vollständig überflutet. Doch unter den Maltesern hielt sich lange Jahre die Legende, irgendwo auf diesem nordöstlichen Küstenstreifen, dem letzten Teil des vorsintflut-

Hagar Qim auf Malta. Ähnliche Bauten »aus rechteckigen Blöcken von unglaublicher Größe« waren vor dem Ausbau des Hafens noch mit bloßem Auge im Meer erkennbar.

lichen Malta, der im Wasser versank, befänden sich die unterseeischen Ruinen eines weitläufigen Megalithtempels.

Wenn es ein solches Bauwerk tatsächlich gibt, dann folgt aus den Überschwemmungskarten, dass es in einem Zeitraum untergegangen sein muss, der zwischen 13 500 und 10 600 Jahren vor unserer Zeit liegt. Wahrscheinlich lässt sich dieser Zeitraum noch enger eingrenzen – auf etwa 11 000 Jahre vor unserer Zeit –, nämlich auf die zweite der drei großen Superfluten, von denen oben die Rede war.

Der früheste erhaltene Hinweis auf untergegangene Tempel vor der Nordostküste von Malta stammt aus einer Zeit lange vor Beginn des Sporttauchens. Es handelt sich um den Bericht von Jean Quintin (als Ordenspriester Johannes Quintinus Haeduus), der in »Insulae Melitae descriptio« einen prähistorischen Megalithtempel im Wasser des Grand Harbour der maltesischen Hauptstadt Valletta beschreibt. Offenbar erstreckte sich dieser

Tempel noch 1536 n. Chr. über »einen großen Teil des Hafens, ja bis weit in die See hinein«. Noch 1606 konnte der deutsche Historiograf Hieronymus Megiser das Bauwerk deutlich genug erkennen, um zu berichten, es sei »aus rechteckigen Blöcken von unglaublicher Größe« errichtet. Sogar von einem Besucher aus dem 19. Jahrhundert hören wir, dass »Steine von fünf bis sechs Fuß Länge und ohne Mörtel geschichtet«, unter Wasser zu erkennen seien. Heute ist kein solches Mauerwerk mehr zu sehen. Man meint, seine untergegangenen Überreste seien beim Ausbau des Grand Harbour zerstört oder bedeckt worden.

Der nächste Bericht, den ich finden konnte, betrifft eine Stelle, die ein Stück weiter vor Maltas Nordostküste auf der Höhe der Stadt Sliema liegt. Am 20. Februar 1994 erschien in der »Sunday Times« von Malta ein Leserbrief zu einem Artikel vom 13. Februar 1994, in dem es um das Thema des Meeresspiegelanstiegs ging:

Veränderungen des Meeresspiegels
Von Commander S.A. Scicluna
In dem Artikel »Veränderungen des Meeresspiegels in Vergangenheit und Gegenwart« von Peter Gatt (*Sunday Times,* 13. Februar) heißt es, Maltas Küsten senkten sich pro Jahr um zwei Millimeter ... Das ist in vielen Mittelmeerländern zu beobachten, vor allem in unserer unmittelbaren Nachbarschaft Sizilien. In Marsameni und Motya ist die Beweislage völlig klar, da heute beide überflutet sind. Auch für Malta ist die Beweislage klar. Es gibt drei Stellen, die jetzt vollkommen unter Wasser liegen: die Ölquellen im Saint George's Bay in Birzebuga (erwähnt bei P. P. Castagna in *Malta u il-Gzejjer Tagha*), ein aus dem Fels gemeißeltes Grab in Sliema (genauso beschaffen wie die Gräber in Bingemma) – es befindet sich jetzt in gut sechs Meter Tiefe; *und ein prähistorischer Tempel bei Sliema,* den ich letzten Sommer ebenfalls sechs Meter unter Wasser entdeckte. Darüber habe ich Präsident Tabone, Dr. Michael Frendo, dem Minister für Jugend und Kultur, und Dr. Tancred Gouder, dem Direktor der Museen, persönlich Bericht erstattet.
S. A. Scicluna,
Sliema

Wie sich herausstellte war der inzwischen verstorbene Commander Scicluna ein ziemlich bekannter archäologischer Taucher, der mehrere Unterwasserexpeditionen geleitet hatte und dafür von der British Navy und dem British Committee of Nautical Archaeology ausgezeichnet worden war. Zunächst nahm ich an, die offiziellen Stellen Maltas, die für archäologische Belange zuständig sind, hätten die Angelegenheit weiter verfolgt, nachdem ein so verdienstvoller und erfahrener Mann in einer überregionalen Zeitung berichtet hatte, er habe einen unterseeischen prähistorischen Tempel gefunden. Leider war das nicht der Fall. Soweit ich feststellen konnte, hatte man in der Angelegenheit gar nichts unternommen.

Mit derselben Gleichgültigkeit und Untätigkeit reagierte man auf offizieller Seite, als die einheimischen Taucher Sean und Kurt Arrigo zusammen mit dem deutschen Forscher Hubert Zeitlmair 1999 vor Sliema abermals einen unterseeischen Megalithtempel sichteten. In Zusammenarbeit mit Zeitlemair und den Arrigos versuchte ich, diese Sichtungen zu bestätigen, doch trotz mehr als 50 Tauchgängen vor Sliema waren wir nicht in der Lage, die ursprünglich von den Arrigos entdeckten Bauwerke wiederzufinden. Das ist nicht so ungewöhnlich, wie es erscheinen mag. Die Unterwassersuche kann außerordentlich schwierig sein, zumal der Meeresgrund vor Malta einen Großteil des Jahres unter einem dichten Bewuchs von Seegras verborgen ist.

Im Jahr 2000 erhielt ich Berichte über zwei weitere Sichtungen: eine vor der Nordostküste von Malta bei Qwara Point durch den einheimischen Taucher und Geschichtsforscher Chris Agius und eine andere vor Maltas Nordostküste bei Marfa Point durch Rupert und Audrey Mifsud, die Inhaber eines Geschäfts für Taucherausrüstung. Obwohl es sich bei den gesichteten Gebilden nicht um unterseeische Megalithtempel handelte, wiesen sie parallele »Kanäle« auf, die mit einem anderen geheimnisvollen archäologischen Phänomen auf Malta identisch zu sein schienen – den so genannten »Wagenspuren«, die in den massiven Felsgrund hineingemeißelt wurden und häufig am Standort von Megalithtempeln zu finden sind, weshalb man sie in die gleiche Periode datiert.

Ich entschloss mich, mir die Sache einmal anzusehen.

Tauchgänge

Zunächst tauchte ich im Juni 2001 mit Rupert Mifsud bei Marfa Point. Nachdem wir im Wasser waren, führte er mich über eine ebene Fläche, die mit wogendem Seegras bedeckt war und sich langsam von sieben auf rund zehn Meter absenkte. Dann gelangten wir an den Rand einer kahlen Unterwasserklippe, die zunächst 15 Meter tief abfiel. Wir warfen uns in die blaue Leere und sanken an der steilen Wand des Felsens hinab wie Fallschirmspringer in Zeitlupe.

Am Boden, in 25 Meter Tiefe und der plötzlichen Kälte einer Temperatursprungschicht, befand sich die Öffnung einer Höhle. Einer sehr merkwürdigen Höhle. Dergleichen hatte ich noch nie gesehen. Der Eingang war unten, so schätze ich, fünf Meter breit und reichte, sich verengend, bis zur halben Höhe der Klippe empor, wo sich die beiden Seiten wieder vereinigten und die Decke bildeten. Im Inneren stellte ich fest, dass der Boden nicht waagerecht war, sondern in einem Winkel von etwa 45 Grad anstieg, sodass er eigentlich eine steile Rampe darstellte. Die Oberfläche der Rampe war zwar überwachsen, aber überraschend glatt. Es war kaum vorstellbar, dass sich in einer Umgebung wie dieser eine solche Beschaffenheit natürlich herausgebildet haben sollte. Nachdem sich mein Auge an die dämmrigen Verhältnisse gewöhnt hatte, konnte ich im Strahl von Ruperts Lampe erkennen, dass einige Flächen offenbar bearbeitet und von Menschenhand in ihre jetzige Form gebracht worden waren.

Als wir etwa fünf Meter in die Höhle eingedrungen waren und fast das obere Ende der Rampe erreicht hatten, zeigte mir Rupert, weswegen er mich hierher geführt hatte: drei große Stufen oder Terrassen, jede rund einen halben Meter hoch und die ganze Breite der Höhle einnehmend. Sie waren zwar völlig mit Wasserpflanzen und Sedimentschichten bedeckt, schienen aber viel zu gerade Kanten und rechte Winkel zu haben, um durch irgendeinen natürlichen Prozess entstanden zu sein – zumal in so geschützter Lage.

Zwei oder drei Meter dahinter endete die Höhle an einer Felswand. Darin klaffte eine Lücke, die so groß war, dass ich mich hindurchzwängen konnte – was ich augenblicklich tat, da ich von der anderen Seite Licht einfallen sah. Die Lücke führte in eine zweite Höhle, die sich in einem rohen und natürlichen Zustand befand und einen eigenen Eingang hatte. Abermals schwamm ich durch die Lücke und kehrte zu den Stufen zurück, die nun in eine Sedimentwolke gehüllt waren.

Künstlich oder natürlich? Für mich sah es ganz so aus, als wären in dieser Höhle Menschen am Werk gewesen, die den Fels nach einem bestimmten Plan bearbeitet und behauen hatten – wie sie es auf Malta jahrtausendelang in unzähligen Höhlen und unterirdischen Gängen getan haben.

Langsam ließ ich mich zur Decke emportreiben, eine einfache Sache für einen Taucher, aber nicht ohne Gerüst zu bewerkstelligen, als die Höhle noch über Wasser lag. Trotzdem war die Decke sauber bearbeitet und wies eine außerordentliche symmetrische »Struktur« auf, mit zwei vertikalen und einer horizontalen Verstrebung.

Unser zweiter Tauchgang bei Marfa Point galt den »Kanälen«, wie Rupert sie nannte. Sie befinden sich in einer Tiefe von ungefähr acht Metern auf einem Plateau über der steil abfallenden Klippe und sind sogleich kenntlich als Exemplare jener Gattung von fraglos künstlichen »Wagenspuren«, wie man ihnen über Wasser in der Umgebung vieler großer Megalithtempel auf Malta begegnet.

Doch gibt es bei den unterseeischen »Wagenspuren« einige Unterschiede:

Wagenspuren, wie sie auf Malta in der Nähe von Megalithtempeln, aber auch – noch breiter und tiefer – unterseeisch anzutreffen sind.

Erstens sind diese Spuren ein gutes Stück breiter und tiefer als diejenigen, die ich über Wasser in der Nähe der Tempel gesehen hatte. In die meisten passte ich waagerecht mit dem ganzen Körper hinein und konnte in ihnen oft 20 Meter weit schwimmen, bevor ich auf eine Unterbrechung stieß.

Zweitens finden sich unter Wasser, obwohl die meisten dieser Spuren, genau wie ihre Gegenstücke über Wasser, in parallelen Paaren verlaufen, als wären sie durch Wagenräder verursacht worden, auch mehrere einzelne »Kanäle« – noch breiter und tiefer als die anderen.

Drittens stieß ich, wo es mir gelang, das dichte Seegras zu entfernen, das den Boden so einer Spur bedeckte, auf ein außerordentlich merkwürdiges Phänomen. Diese Spuren, die unten im Durchschnitt doppelt so breit waren wie ihre Vettern über Wasser, wiesen überall, wo ich nachsah, eine Unterteilung in zwei »Bahnen« auf, einen messerscharfen Kalksteinkamm, etwa eine Handbreit hoch, den man über die ganze Länge der Spur hatte stehen lassen. All das kann nach meiner Auffassung auf keinen Fall das Ergebnis eines natürlichen Vorgangs sein, sondern ist eindeutig künstlichen Ursprungs (vgl. Farbe 13 b).

Viertens, der obere Rand der Wagenspuren von Clapham Junction liegt auf einer Ebene mit der Felssohle. Obwohl die Spuren unter Wasser auf die gleiche Art in die Felssohle gehauen worden sind, erheben sich die Seiten der Spuren rund 30 Zentimeter *über* das Niveau der Felssohle – niedrige, eng zusammenstehende Parallelwände. Wie die Wagenspuren über Wasser sehen auch diese aus, als wären sie mit Werkzeugen aus der massiven Felssohle gemeißelt worden, und nicht, als wären sie das Produkt von Jahrhunderten oder Jahrtausenden Erosion.

Ferner fand ich eine Stelle, wo ein Paar Wagenspuren durch eine quer verlaufende Rinne unterbrochen waren, die fast wie eine Fahrbahn aussah. Die Spuren brachen auf der einen Seite der »Fahrbahn« vollkommen ab, weil diese durch sie hindurch gemeißelt worden war und sie gelöscht hatte, und nahmen ihren Weg auf der anderen Seite wieder auf. Daraus ergab sich der offenkundige Schluss, dass die quer verlaufende Straße nach den Wagenspuren entstanden war und dass die Spuren bereits alt waren, als sie überflutet wurden.

Das dritte Mal tauchte ich bei Qawra Point vor Maltas Nordostküste, wobei ich von Chris Agius geführt wurde. Zunächst suchten wir einen flachen Felsboden in einer Tiefe von 18 Metern auf. Obwohl er wie üblich mit dichtem Seegras überwachsen war, konnte ich sehen, dass sich die ebene Fläche nach allen Seiten erstreckte, so weit mein Blick reichte. Sie schien ganz und gar natürlichen Ursprungs zu sein. Doch schon nach wenigen Augenblicken führte Chris mich zu einer deutlichen, sauberen Lücke im Seegras, die durch eine Rinne verursacht wurde – schon eher einen richtigen Kanal, der 40 bis 50 Meter durch die Felssohle lief. Ein bisschen mehr als zwei Meter tief und ebenso breit, bestand sein Boden aus einer weißen, ebenen Sandschicht.

Aber wie dick ist die Sandschicht? Versuchsweise steckte ich meine behandschuhte Hand hinein, woraufhin sie bis über das Handgelenk verschwand. Die Schicht war jedoch tiefer, vielleicht viel tiefer. Doch um das herauszufinden, hätte wir einen Airlift gebraucht.

Die Wände des Kanals waren senkrecht in die Felssohle gehauen worden und vermittelten deutlich den Eindruck, künstlich zu sein. Nebeneinander schwammen Chris und ich auf dem Boden des Kanals entlang – er bot genügend Platz dafür –, bis wir nach 20 oder 30 Metern an die Stelle gelangten, die er mir zeigen wollte. Hier wurde der Kanal von einer »Brücke« überwölbt, die flach und auf einer Höhe mit der umgebenden Fläche war. Auch sie war aus dem Fels gemeißelt worden: Man hatte beim Bau des Kanals einfach eine schmale Wand der ursprünglichen Felssohle stehen lassen und diese dann zu einem Torbogen ausgehöhlt, durch den der Inhalt des Kanals fließen konnte (vgl. Farbe 13 c).

Mehrfach schwammen wir unter dem Bogen hindurch, und Chris wies mich an den senkrechten Wänden auf Spuren hin, die aussahen, als stammten sie von Werkzeugen. Wieder einmal betrachtete ich unterseeische Gebilde, die sich kaum durch natürliche Entstehungsprozesse erklären ließen. Zwar findet man im Meer gelegentlich Torbögen, manchmal von enormen Ausmaßen, doch fast immer erweisen sie sich als Teile zusammengestürzter Höhlensysteme. Das war hier eindeutig nicht der Fall, weil wir uns in offenem Unterwassergelände – vor der Überflutung also offenem Gelände – befanden und weil dieser Torbogen einen vollkommen geraden, zwei Meter tiefen Kanal überspannte, der mit nichts, was die Natur in der Nachbarschaft zustande gebracht hatte, die geringste Ähnlichkeit hatte.

Schließlich stellte sich noch heraus, dass der Kanal von Norden nach Süden verlief – eine Ausrichtung, die auf Menschen, nicht auf die Natur schließen lässt. Nach der Tiefe zu urteilen muss sich der Kanal schon mindestens 11 000 Jahre unter Wasser befinden.

Die Berichte über und Sichtungen von Unterwasseranomalien rund um Malta, darunter die wenigen, von denen ich mich persönlich überzeugen konnte, lassen darauf schließen, dass gezielte Tauchgänge in diesen Gewässern wahrscheinlich zu bemerkenswerten Entdeckungen führen, vielleicht sogar die fehlenden Vorgänger der überseeischen Megalithtempel aufspüren könnten. Zu dieser Auffassung haben mich nicht nur die Dinge gebracht, von denen ich mich mit eigenen Augen überzeugt habe, sondern auch die umfangreichen Ordner mit Beweismaterial, die Dr. Anton Mifsud, der Präsident der Prähistorischen Gesellschaft von Malta, zusammengetragen hat. Durch eine Reihe von Veröffentlichungen hat Mifsud nachgewiesen, dass die orthodoxe archäologische Chronologie von Malta (nach der die Insel erst vor 7200 Jahren besiedelt wurde) außerordentlich fragwürdig ist. Viele Anhaltspunkte, die in direktem Widerspruch zur orthodoxen Chronologie stehen und den Beginn menschlicher Besiedlung der Insel auf mehr als 12 000 Jahre zurückverlegen, sind entweder »verloren« gegangen oder in orthodoxen Veröffentlichungen nicht berücksichtigt worden. So heißt es, auf offizielles Geheiß seien prähistorische Höhlenmalereien von den Wänden des Hypogäums geschrubbt worden, und menschliche Zähne, deren Alter man in den Fünfziger- und Sechzigerjahren mit wissenschaftlichen Methoden auf mehr als 12 000 Jahre datiert habe, seien später nicht mehr berücksichtigt worden.

Zwar ist hier nicht der Ort, um über die Indizien zu berichten, die nach Ansicht von Mifsud für Verdunkelung und Unterdrückung von Beweismaterial sprechen, doch ich glaube, er kann überzeugend belegen, dass das archäologische Establishment alle Funde systematisch ausgeklammert hat, die der orthodoxen Chronologie widersprechen. Die Gleichgültigkeit, mit der offizielle Stellen den Berichten über Unterwasserentdeckungen begegneten, ist also im Kontext eines viel größeren Problems zu sehen.

Im Juni 2001 drehte ich auf Malta für eine Fernsehserie. Am letzten Abend der Reise arrangierte Anton Mifsud ein Treffen mit dem einheimischen Taucher Shaun Arrigo. Im Gespräch stellte sich heraus, dass Shaun mehrere Male zum unterseeischen »Tempel« von Sliema zurückgekehrt war – jener Anlage, die wir in den Jahren 1999 und 2000 vergeblich versucht hatten wiederzufinden. In Zusammenarbeit mit Anton Mifsud und anderen Kollegen hatte er auch ein zweites versunkenes Bauwerk gefilmt, das sich nicht weit von dem ersten befindet. Die Gruppe nannte es nach den Entdeckern Janet-Johann-Anlage. Schon nach wenigen Sequenzen des Videobandes war klar, dass es sich hier um ein Objekt von großem Interesse handelte.

In Wassertiefen zwischen zehn und 15 Metern zeigt Arrigos Filmmaterial auf dem Meeresboden vor Sliema eine Reihe sehr großer, fast »monumentaler« Kanäle und paralleler »Wagenspuren«, die sehr viel breiter und tiefer sind als diejenigen, die wir bei Marfa und Qawra gesehen haben. Einige der Kanäle durchschneiden den Felsboden in vollkommen geraden, waagerechten Linien ohne Unterbrechung über Strecken von mehr als 100 Metern.

Hinter ihnen fing die Kamera dann plötzlich ein Gebiet ein, das mit riesigen, verstreuten Megalithen bedeckt ist. Alle sind umgefallen, nur einer steht noch schräg aufrecht, allerdings in einem abenteuerlichen Winkel.

»Dort habe ich eine Tonscherbe gefunden«, berichtete uns Arrigo. »Sie hatte sich in einen Spalt verkrochen und war sehr abgerieben und alt. Ich nahm sie mit und brachte sie ins Nationalmuseum, aber dort war man nicht interessiert – man sagte mir, ich könne sie behalten.«

»Und hast du ihnen auch von dieser Anlage erzählt?«, fragte ich und deutete auf die Bilder, die über den Fersehschirm flimmerten.

»Hab ich. Ich teilte ihnen mit, es sei eine sehr auffällige, sehr künstlich aussehende Stelle, und bot ihnen an, ihnen das Videoband zu leihen oder jemanden vom Museum dorthin zu führen.«

»Und?«

»Die gleiche Geschichte. Sie waren nicht interessiert. Tatsächlich schienen sie ziemlich ärgerlich auf mich zu sein. Seit 1999, seit es den Wirbel gegeben hat, sind sie sauer auf mich, und ich weiß nicht warum.«

Auf dieser Reise war keine Zeit mehr, um mit Arrigo die neue Fundstelle anzuschauen – abgesehen davon, wollte er am nächsten Morgen nach Italien fahren. Und ehrlich gesagt, angesichts eines Buches, das ich zu schreiben hatte, sah ich kaum Chancen, in naher Zukunft nach Malta zurückzukehren und den Sliema-Tempel zu erkunden. Ich fühlte mich wie Tantalus, der durstige griechische König, dessen Schicksal es war, bis zum Hals im Wasser zu stehen und dennoch nicht trinken zu können, weil es jedes Mal vor ihm zurückwich.

Der Hagar-Qim-Tempel ist genau auf die Wendepunkte der Sonne hin ausgerichtet. Die Bewohner Maltas müssen also bereits vor Jahrtausenden umfassende astronomische Kenntnisse gehabt haben.

»Sieben Pagoden« im Golf von Bengalen

Als ich anderthalb Kilometer vor der Küstenstadt Mahabalipuram an der indischen Südostküste durch das schlammige Wasser der Bucht von Bengalen hinabsank, tauchten unversehens riesige unterseeische Mauern, Plätze und Türme aus der Dämmerung auf – Bauten, die eher das Werk von Titanen als von Menschen zu sein und eher der Welt der Mythen als der Geschichte anzugehören schienen. Mit einem Schlag meiner Flossen drehte ich mich langsam um mich selbst, und in jede Richtung, in die ich blickte, erstreckten sich weitläufige und imposante Ruinen. Unwillkürlich begann mein Herz schneller zu schlagen und mein Atem rascher zu gehen. Denn seit mehr als fünf Jahren tauchte ich in den Meeren der Welt auf der Suche nach Funden wie diesen – eindeutigen Belegen für Zivilisationen, die sich nach meiner lange gehegten Überzeugung hinter den alten »Flutmythen«, diesem kollektiven Erbe der Menschheit, verbergen.

Das war genau das, was ich in Japan und Malta schon gesucht hatte – nicht mehr und nicht weniger als der Beweis für die Existenz einer vorsintflutlichen Zivilisation. Ich war ihm in Malta nachgejagt, vor Alexandria in Ägypten und zu beiden Seiten des Atlantiks. Doch von Anfang an hatte ich ihn auch in Indien gesucht.

Durch puren Zufall hatte ich Mahabalipuram 1956 schon einmal als Sechsjähriger gesehen. (Mein Vater arbeitete damals als Chirurg am Christian Medical College in der Nachbarstadt Vellore.) Mein nächster Besuch fand 1992 anlässlich einer nostalgischen Reise in die Vergangenheit statt, diesmal in Begleitung meiner Frau Santha – die selbst tamilischer Herkunft ist. Beim Stöbern in einem Antiquariat stieß ich auf eine Reise-Anthologie – Zeitschriftenartikel und Berichte, die ein gewisser Captain M. W. Carr 1869 unter dem Titel »Descriptive and Historical Papers Relating to the Seven Pagodas of the Coromandel Coast« herausgegeben hatte. Die »Sieben Pagoden« ist der alte Seefahrername für Mahabalipuram. Bei meinem dritten Besuch der Stadt im Februar 2000 hatte ich Captain Carrs Anthologie natürlich mit im Reisegepäck.

In einem Artikel hatte J. Goldingham, Esq., im Jahr 1798 von dem Teil Mahabalipurams erzählt, an den ich mich aus der Kindheit am besten erinnerte, den »Küstentempel«, ein Monument, das aus massivem Granit herausgemeißelt und von den Wogen ausgewaschen worden war: »Weit draußen bricht sich die Brandung, wie die Brahmanen zu berichten wissen, über den Ruinen einer Stadt, die unvorstellbar groß und prächtig war ... Ein Brahmane, etwa 50 Jahre alt, ein Einheimischer, mit dem zu sprechen ich nach meiner Ankunft in Madras Gelegenheit hatte, sagte mir, sein Großvater habe häufig erwähnt, er habe die güldenen Spitzen von fünf Pagoden in der Brandung schimmern sehen, was heute nicht mehr möglich sei.«

Und ein früher Reisebericht aus dem Jahr 1784 beschreibt das Wahrzeichen von Mahabalipuram als »Fels oder eher einen Steinhügel«, aus dem man viele Monumente herausgemeißelt habe: »Dieser Fels ist für Seeleute ein wichtiger Orientierungspunkt, wenn sie sich der Küste nähern. Sie nennen die Stelle die ›Sieben Pagoden‹, vielleicht, weil die Gipfel des Felsen ihnen beim Vorbeisegeln so erschienen: Aber ich muss gestehen, dass der Hügel diese Bezeichnung aus keinem Blickwinkel zu rechtfertigen scheint; indes gibt es Umstände, die den Verdacht nähren, dass dieser Name auf eine ebensolche Anzahl von Pagoden zurückgeht, die einst hier standen und später von den Wogen verschlungen wurden.«

Derselbe Autor, William Chambers, geht in seinem Bericht auch auf die mündliche Überlieferung von Mahabalipuram ein, über die ihn Brahmanen bei Besuchen der Stadt in den Jahren 1772 und 1776 unterrichtet und ihn zu der Vermutung veranlasst haben, es gäbe dort überflutete Bauwerke. Nach dieser Überlieferung herrschte in grauer Vorzeit ein Radscha über Mahabalipuram. Er begegnete einem Wesen aus den himmlischen Reichen, das sich mit ihm anfreundete und sich bereit erklärte, »ihn verkleidet an den Hof des Gottes Indra zu bringen« – eine Gunst, die nie zuvor einem Sterblichen zuteil geworden war: »Von dort kehrte der Radscha mit neuen Vorstellungen von Macht und Herrlichkeit zurück, die er sogleich verwirklichte, indem er entsprechende Regeln für Hof und Gefolge festlegte und seine Residenz mit verschwenderischer Pracht ausstattete. So wurde Mahabalipuram bald gepriesen vor allen Städten der Erde; ein Bericht über des Radschas Herrlichkeit gelangte auch vor die versammelten Götter am Hofe Indras und erregte ihren Neid dergestalt, dass sie dem Gott des Meeres befahlen, seine Wogen zu entfesseln und den Ort zu verschlingen, der sich lästerlich anmaßte, mit der Pracht ihrer himmlischen Paläste zu wetteifern. Der Meeresgott gehorchte: Die Stadt wurde sogleich vom wütenden Element überflutet und hat sich nie wieder zu erheben vermocht.«

Geh dorthin, wo die Fische sind

Nun war es dieser Mythos – nicht von überfluteten Tempeln, sondern von einer ganzen unterseeischen Stadt –, der mich immer wieder nach Mahabalipuram zog. Fast genau ein Jahr später, im Februar 2001, war ich abermals dort – dieses Mal, um Fischer vor der Kamera für meine Fernsehserie »Königreiche der Eiszeit« zu interviewen.

Meine Frau Santha, die die Sprache der Leute von Mahabalipuram fließend spricht, saß neben mir auf einem Haufen trocknender Netze am Strand, während uns eine vielköpfige Menge geschwätziger, aufgeregter und scherzender Einheimischer umgab. Jeder Dorfbewohner, der eine Meinung oder Information beizusteuern hatte, war erschienen, darunter alle Fischer – von denen einige schon den ganzen Nachmittag über Palmwein getrunken hatten und sich nun in einer ausgelassenen Stimmung befanden, in der die Argumente hin und wider nur so sprudelten. Bei ihren Wortgefechten ging es um Antworten auf die Fragen, die ich ihnen stellte, genauer: wer was wo unter Wasser gesehen hatte. Daher lauschte ich ihren lebhaften Unterhaltungen und Meinungsverschiedenheiten nur zu gerne.

Ein älterer Fischer mit Falten um die haselnussbraunen Augen und grauem Haar, das Sonne und Meer gebleicht hatte, erzählte ausführlich von einem Bauwerk mit Säulen, das er eines Tages bei ungewöhnlich klarem Wasser von seinem Boot aus erblickt habe. »Da war ein großer Fisch«, berichtete er. »Ein roter Fisch. Ich beobachtete, wie er zwischen einigen Felsen schwamm. Dann bemerkte ich, dass es sich nicht um Felsen, sondern um einen Tempel handelte. Der Fisch verschwand im Tempel, erschien wieder, und ich sah, dass es sich um eine Reihe Säulen handelte, zwischen denen er abwechselnd aus dem Blick geriet und wieder auftauchte.«

»Sind Sie sicher, dass es ein Tempel war?«, fragte ich.

»Natürlich war es ein Tempel«, erwiderte mein Informant. Er wies auf die pyramidenförmige Granitpagode des Küstentempels: »Genauso sah er aus.«

Einige der jüngeren Männer warteten mit den üblichen Geschichten über heldenmütige Tauchabenteuer auf – endlose Minuten, dumpf pochendes Herz, angehaltener Atem, bis die Lunge zu platzen drohte –, Abenteuer, die dazu dienten, in dunklen und trügerischen Unterwassergebäuden verfangene Netze und Angelschnüre zu befreien. In einem Fall sah es so aus, als hätte sich ein riesiges Netz so an einem dieser Bauwerke verhakt, dass der Trawler, der es schleppte, nicht mehr weiter käme. Bei einer anderen Unterwasserruine hatten Taucher ein Tor entdeckt, das in einen Innenraum führte; doch hätten sie Angst gehabt hineinzuschwimmen.

In einem merkwürdigen Bericht war die Rede davon, dass bei

geeigneten Wasserverhältnissen in den unweit Mahabalipurams gelegenen Ruinen »Läuten«, »Dröhnen« und andere musikalische Töne zu vernehmen seien: »Als würde eine große Metallplatte angeschlagen.«

Zwei spektakuläre Projekte

Nun nahm ich mir vor, eine richtige Tauchexpedition für Mahabalipuram vorzubereiten. Die zuständige Behörde in Indien ist die Abteilung für Meeresarchäologie des National Institute of Oceanography (NIO). Doch ich wusste, dass das NIO nicht genügend Mittel hatte, um eine solche Expedition zu finanzieren.

Zufällig wandte sich zu diesem Zeitpunkt – im Früjahr 2001 – John Blashford Snell von der in Dorset ansässigen Scientific Exploration Society (SES) an mich. Er wollte wissen, ob eines der Rätsel, auf die ich bei den Untersuchungen zu meinem neuen Buch »Underworld« gestoßen sei, eine SES-Expedition lohne.

Natürlich schlug ich die Suche nach der überfluteten »mythischen« Stadt bei Mahabalipuram vor. Aber ich nannte noch eine zweite Stelle, Poompuhar, das etwa 160 Kilometer südlich von Mahabalipuram liegt. Ich wusste nämlich, dass das NIO Anfang der Neunzigerjahre im Auftrag der Regierung des Bundesstaates Tamil Nadu eine meeresarchäologische Untersuchung vor der Küste von Poompuhar durchgeführt hatte. Die offiziellen Berichte besagten, dass die Forscher neben unspektakulären Objekten in der Nähe des Strandes – kaum einen Meter tief und annähernd 2000 Jahre alt – auch auf ein sehr großes, offenbar künstliches Bauwerk stießen, das mehr als fünf Kilometer vor der Küste und in einer Tiefe von 23 Metern lag. Dieses Gebilde, im Allgemeinen als der »U-förmige Bau« bezeichnet, gleicht einem riesigen Hufeisen von rund 300 Meter Umfang. Seine Umfassungsmauer erhebt sich unvermittelt zu einer Höhe von zwei Metern über dem Meeresgrund.

Wenn es sich tatsächlich um einen Bau von Menschenhand handelt, so ist er nicht nur von gewaltigen Ausmaßen, sondern auch äußerst ungewöhnlich. Was ihn so interessant macht, ist die Tiefe, in der er sich befindet – denn mit ihrer Hilfe können wir berechnen, wann sich der Bau zuletzt über Wasser befand, und das ist zugleich das späteste Datum, zu dem er errichtet werden konnte. Weltweit steigt der Meeresspiegel seit 19 000 Jahren praktisch ununterbrochen an, und daraus folgt doch wohl, dass ein Bauwerk, das 23 Meter unter Wasser und fünf Kilometer vor der Küste liegt, erheblich älter ist als Gebilde, die sich weniger als einen Meter unter Wasser befinden und bei Ebbe trocken fallen. Wenn diese schon auf 2000 Jahre datiert werden, um wie vieles älter muss dann der viel tiefer und weiter seewärts liegende Bau sein?

Schon zu einem sehr viel früheren Zeitpunkt hatte ich die Koordinaten des U-förmigen Bauwerks an Dr. Glenn Milne weitergegeben, den weltweit führenden Experten für den Anstieg des

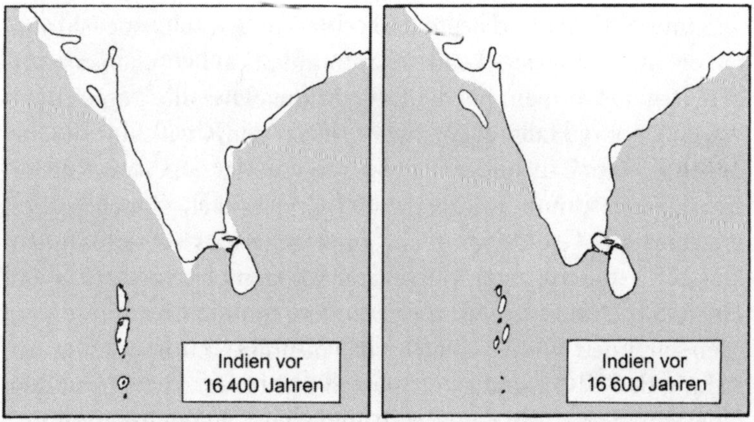

An den Rändern des indischen Subkontinents gingen durch den Anstieg der Weltmeere mehr als eine Million Quadratkilometer Land verloren – vor allem im Nordwesten und Südosten. In Computersimulationen lässt sich der einstige Küstenverlauf ziemlich genau rekonstruieren.

Meeresspiegels. Seine Überschwemmungskarten waren, wie bereits erwähnt, stets von entscheidender Bedeutung für meine Forschungsarbeiten.

Seine Antwort versetzte mich in helle Aufregung: »Ich habe das Programm für diesen Standort rasch durchlaufen lassen, und die vorhergesagte Meeresspiegelkurve zeigt, dass Gebiete, die gegenwärtig 23 Meter tief liegen, etwa 11 000 Jahre vor unserer Zeit überflutet wurden. Das lässt darauf schließen, dass die von Ihnen erwähnten Bauwerke 11 000 Jahre alt oder älter sind ...«

Den Archäologen ist keine Kultur in Südindien (überhaupt in Indien oder auf der Erde) bekannt, die vor mehr als 11 000 Jahren in der Lage gewesen wäre, ein Projekt von der Größenordnung des U-förmigen Baues durchzuführen. Daher hielt ich eine sehr viel eingehendere Untersuchung für durchaus gerechtfertigt und eine gut ausgerüstete Tauchexpedition nach Poompuhar und Mahabalipuram für eine gute Chance, hochinteressante Entdeckungen zu machen.

Auf Blashford Snells Bitte stellte ich einen Kontakt zwischen SES und NIO her und hegte und pflegte in den folgenden Monaten die manchmal stockende Kommunikation zwischen den beiden Organisationen, bis die Expeditionspläne alle gutgeheißen waren. Monty Halls, ehemaliger Offizier der Royal Marines, bei denen er Tauchausbilder war, wurde von der SES zum Expeditionsleiter bestimmt, während zwölf ehrenamtliche Taucher, überwiegend aus Großbritannien, auf eigene Kosten teilnahmen. Das NIO steuerte zwei Meeresarchäologen bei, Sundaresh und Dr. A. S. Gaur, einen Meeresgeologen, nämlich Kamlesh Vora (den leitenden Wissenschaftler der meeresarchäologischen Abteilung des NIO), und zwei Spezialisten für die Arbeit mit dem Side-Scan-Sonar, mit dem sich Anomalien auf dem Meeresgrund feststellen lassen.

Der Test in Mahabalipuram

So kam es, dass ich mich im April 2002 erneut in Mahabalipuram befand, doch dieses Mal mit der Unterstützung all der Taucher und Experten, die ich brauchte, um die Hypothese zu testen, dass uns die einheimischen Mythen von einer untergegangenen Stadt tatsächlich zu einer Unterwasserstadt führen könnten. Bei allem Optimismus fürchtete ich natürlich, dass diese unter den Augen der Öffentlichkeit stattfindende Suche fehlschlagen könnte. Doch selbst in meinen kühnsten Träumen hatte ich nicht zu hoffen gewagt, dass sich der Erfolg so selbstverständlich einstellen würde, dass wir von dem Augenblick an, da wir ins Wasser glitten, nur den Hinweisen aus den Mythen und einheimischen Überlieferungen folgen mussten, um auf eine archäologische Fundstelle ersten Ranges zu stoßen. Doch auf welches Alter sind die spektakulären Unterwasserruinen zu schätzen, die wir vor der Küste von Mahabalipuram entdeckt haben?

Als ich auf meinem ersten Tauchgang durch das trübe Wasser dort hinabsank und allmählich die riesigen Mauern erkannte, die sich über den Meeresboden schlängeln, war ich trotz all der Dinge, die ich von den Fischern gehört hatte, sehr überrascht von den großen architektonischen Unterschieden zwischen diesen hoch aufragenden unterseeischen Bauten und den Tempeln der historischen Epoche, die ich über Wasser gesehen hatte – etwa dem Küstentempel. Das Material war das gleiche – einheimischer roter Granit –, doch im Allgemeinen waren die Steinblöcke der Unterwasserbauten sehr viel größer. Bei späteren Tauchgängen sollte ich Haufen von wahrhaften Riesenmegalithen entdecken, die pro Stück bis zu vier Tonnen wogen. Offenbar waren sie die Überreste gewaltiger Gebäude, die irgendein fürchterlicher Kataklysmus auseinander gerissen hatte – wahrscheinlich eben jenes schreckliche Ereignis, das auch zur Überflutung dieses Ortes geführt hatte. Jeder Riesenhaufen lag in der Mitte und auf dem höchsten Punkt eines großen Ruinenrechtecks, wobei die rechteckigen Flächen im Norden und Süden durch Abstände von etwa 400 Metern getrennt waren und parallel zur Küste verliefen.

Ich unternahm ein paar Tauchgänge mit meiner Frau Santha Faiia, die Unterwasserfotos machte, und ein paar Tauchgänge mit Trevor Jenkins, der für die Videoaufnahmen der Expedition zuständig war. Bei einem dieser Tauchgänge folgten Trevor und ich einer wunderbaren, geschwungenen Mauer, die sich ohne Unterbrechung mehr als 16 Meter fortsetzte. Bei einem anderen Tauchgang gelang es mir, das innere Mauerwerk eines anderen Mauerstücks freizulegen, so dass man die delikate Verfugung der Blöcke erkennen konnte.

Beim allerletzten Tauchgang, an der Stelle, die wir »Location 4« getauft hatten, entdeckte Trevor am Meeresgrund einen liegenden Stein, in dem er das Profil eines gemeißelten Löwenkopfes zu erkennen meinte. Ich war mir da nicht so sicher: Er war zu stark beschädigt und zu dicht mit Wasserpflanzen bewachsen, als dass man sagen hätte können, ob er überhaupt von Menschenhand stammte. Während Trevor ihn filmte, versuchte ich, ein Stück der Oberfläche freizulegen, doch ich konnte lediglich feststellen, dass er aus massivem Granit war, etwa den Radius und die Dicke eines Autorads hatte und annähernd Sichelform aufwies. Weitere Merkmale konnte ich nicht erkennen – was jedoch nicht heißt, dass es sie nicht gibt. Man müsste den Stein bergen und im Labor untersuchen; erst dann wird sich mit Gewissheit entscheiden lassen, was es mit ihm auf sich hat.

Das jedenfalls wäre die normale archäologische Vorgehensweise gewesen. Daher vernahm ich nach unserer Rückkehr von Mahabalipuram mit Überraschung, dass das NIO eine Presseverlautbarung herausgegeben hatte, in der es nicht nur Vermutungen über Datierung und Aufgabe der unterseeischen Ruinen anstellte, sondern auch diese »Löwenfigur« als Beweis anführte: »Ausgehend von einer in Location 4 entdeckten Steinplastik, die offenbar einen Löwen darstellt, ist davon auszugehen, dass es sich um Teile eines Tempelkomplexes handelt. Die Ruinen dürften zwischen 1500 und 1200 Jahre alt sein. Die Pallava-Dynastie, die hier in dieser Epoche herrschte, hat viele solche Fels- und Steintempel in Mahabalipuram und Kanchipuram erbaut.«

Aus mehrdeutigen Videoaufnahmen einer angeblichen »Löwenfigur« so weitreichende Schlussfolgerungen abzuleiten erscheint mir, um es vorsichtig auszudrücken, ziemlich voreilig. Keiner der NIO-Archäologen hat die Figur mit eigenen Augen gesehen, das waren nur Trevor und ich, und ich für meinen Teil bin nicht davon überzeugt, dass es sich überhaupt um eine Figur handelt. Ferner ist die Löwensymbolik in ganz Indien verbreitet und kommt in der Bildhauerei fast aller Perioden vor. Deshalb muss ein solch bewachsenes und beschädigtes Objekt sicherlich gründlich untersucht werden, bevor es samt den überfluteten Ruinen in seiner Umgebung einer bestimmten Dynastie, wie den Pallavas, oder einer bestimmten Periode, wie der Zeit von 1500 bis 1200 Jahren vor der Gegenwart, zugeschrieben werden kann.

Weiterhin sind die auf dem Land liegenden Pallava-Tempel in Mahabalipuram zuverlässig auf 1500 bis 1200 Jahre vor der Gegenwart datiert – also auf genau die Periode, die das NIO für die unterseeischen Ruinen angibt, doch die liegen jetzt mehr als anderthalb Kilometer vor der Küste. Wenn die Bauwerke beider Gruppen aus ein und derselben Periode stammen, muss das NIO erklären können, warum die eine Gruppe heute in Wassertiefen von fünf und sieben Metern liegt, während die anderen sich noch über Wasser befinden.

Nach einer nahe liegenden Erklärung – und derjenigen, die das NIO favorisiert – hat in diesem Gebiet eine massive Küstenerosion stattgefunden oder ist ein ganzer Küstenstrich im Zuge eines heftigen tektonischen Ereignisses abgesunken – vielleicht vor gar nicht so langer Zeit –, mit dem Ergebnis, dass die großen Pallava-Bauten auf der einen Seite der Bruchlinie überschwemmt wurden, während die auf der anderen Seite noch unversehrt und auf dem trockenen Land sind.

Eine andere Möglichkeit jedoch – eine, die in der Verlautbarung des NIO noch nicht einmal berücksichtigt wurde – besagt, dass die unterseeische Gruppe erheblich *älter* sein könnte als die Gruppe auf dem Land, weil sie am Ende der letzten Eiszeit vom ansteigenden Meer überflutet wurde.

Um Genaueres herauszufinden, wandte ich mich erneut an Dr. Glenn Milne von der University of Durham. Konnten er und seine Kollegen klären, welche Rolle der Anstieg des Meeresspiegels (im Vergleich zu anderen Faktoren wie Erosion und geologischen Aktivitäten) bei der Überflutung der Ruinen gespielt hatte? Und konnte er ungefähr angeben, wann sie sich zuletzt über Wasser befunden hatten?

Glenn Milnes Antwort, die einige Tage später in den Abendnachrichten der BBC wiederholt wurde, schlug ein wie eine Bombe: »Nach einem Gespräch mit meinen Kollegen hier im Fachbereich Geowissenschaften denke ich, dass es während der letzten rund 5000 Jahre in dieser Region nur ganz wenig senkrechte tektonische Bewegung gegeben hat. Daher dürfte der für die Veränderungen des Meeresspiegels verantwortliche Prozess das Abschmelzen der Eisschilde am Ende des Pleistozäns gewesen sein. Computersimulationen dieses Prozesses legen die Vermutung nahe, dass das Gebiet, in dem sich die Bauten heute befinden, vor etwa 6000 Jahren überflutet wurde. Natürlich gibt es eine gewisse Unsicherheit in Bezug auf die Modellvorhersagen, daher kann das tatsächliche Datum um plus/minus tausend Jahre von unserer Angabe abweichen.«

Der U-förmige Bau von Poompuhar

Die Fischer von Mahabalipuram erzählen auch von anderen Ruinen, noch weiter von der Küste entfernt, in viel tieferem Wasser, die noch nicht entdeckt und erforscht worden sind.

Auf meinen Reisen in diese indische Region hatte ich ferner Berichte gehört über geheimnisvolle Unterwasserbauten vor Rameswaran (an der Palk-Straße zwischen Indien und Sri Lanka), vor Kaniya Kumari (Kap Comorin) weit im Süden des Subkontinents und vor Poompuhar. Der weit verbreitete tamilische Flutmythos, der alle diese Gebiete einbezieht, spricht von dem versunkenen Land Kumari Kandam, das in drei schrecklichen Sintfluten von der See verschlungen wurde, wobei die erste vor 11 500 Jahren stattfand – ein Datum, das sich weitgehend mit demjenigen deckt, das Glenn Milne für die Überflutung des U-förmigen Baus angibt.

Doch ist der Bau künstlich?

Die Ergebnisse, die die Expedition 2002 für den Abschnitt von Poompuhar erbrachte, waren nicht eindeutig. Trotz umfangreicher Tauchgänge über einen Zeitraum von zehn Tagen konnte das Team nicht zu einem einheitlichen Urteil über den U-förmigen Bau gelangen. Bei zwei Abstimmungen durch Handzeichen kam eine klare Mehrheit der Gruppe, darunter auch einer der beiden NIO-Meeresarchäologen, zu dem Schluss, er sei künstlich. Doch es gibt entschiedene Gegenpositionen zu dieser Auffassung. Daher möchte ich nicht behaupten, ich hätte den künstlichen Charakter des Gebildes bewiesen.

Bei meinen eigenen Tauchgängen mit dem Team im März 2002 fielen mir jedoch mehrere Merkmale des Gebildes auf, die ich bis dahin nicht bemerkt hatte. Zu den meiner Meinung nach interessantesten Merkmalen gehören (1) Abschnitte eines Baus, der eine zweite, niedrigere Mauer zu sein scheint, rund zwei Meter von der Hauptmauer entfernt und parallel zu ihr, ein Bau, der einmal den gesamten Komplex umgeben haben könnte; (2) mein Eindruck, der von mehreren Tauchern bestätigt wurde, dass die Hauptmauer des Bauwerks eher acht- oder sechseckig als wirklich »U-förmig« ist; (3) saubere Schichten von Steinblöcken, die unter dem Bewuchs von Wasserpflanzen deutlich zu erkennen sind; (4) Anhaltspunkte bei einer visuellen Begutachtung von

Proben des Baumaterials, dass die Steinblöcke aus Laterit bestehen – einem Material, das in Südindien seit unvordenklichen Zeiten zum Bauen verwendet wird; (5) das Vorhandensein großer symmetrischer Platten (annähernd 1,5 x 1,5 x 0,5 Meter), die in der Nähe eines kleineren Hügels, 45 Meter nordwestlich des U-förmigen Baus über den Meeresboden verstreut liegen; (6) Side-Scan-Sonar-Daten, die zeigen, dass es in der Nähe noch weitere Bodenanomalien gibt, unter anderem eine, die im März 2002 als eine gerade Mauer von annähernd 100 Metern Länge identifiziert wurde, in 25 Metern Wassertiefe und fast sieben Kilometer von der Küste entfernt.

Zwar ist die Frage noch keineswegs entschieden, doch ich glaube, dass der U-förmige Bau die erste eingehende Prüfung über eine längere Periode durch ein Team von Tauchern und Meeresarchäologen bestanden hat. Noch ist nicht mit letzter Klarheit bewiesen, dass er wirklich von Menschenhand stammt, doch genauso wenig ist bewiesen, dass er natürlichen Ursprungs ist. So bleiben eine Anomalie und ein Rätsel. Wie im Falle der geheimnisvollen Unterwasserruinen von Mahabalipuram sind auch hier weitere Forschungsarbeiten dringend erforderlich.

Reisen in die Unterwelt und lokale Flutüberlieferungen

Seit ich Ende 1996 meine erste PADI-Lizenz machte, habe ich auf der ganzen Welt getaucht und große Gefahren für Leib und Leben in Kauf genommen, um viel versprechenden Hinweisen zu folgen, die sich am Ende dann doch häufig als Flop erwiesen. Einige unterseeische Fundstellen konnte ich zwar als künstlich identifizieren, musste sie aber als zu jung ausschließen; andere waren keineswegs künstlich, sondern nur von merkwürdiger natürlicher Bildung. Doch da ich nicht über die Mittel eines meereskundlichen Instituts verfüge, sondern mich bei der Planung meiner Tauchexpeditionen auf einfache Detektivarbeit verlassen muss, finde ich es bemerkenswert, dass ich eine Hand voll wirklich rätselhafter Unterwasserruinen im Mittelmeer, im Indischen Ozean und Pazifik entdecken konnte, die sich im Rahmen des allgemein anerkannten prähistorischen Modells nicht leicht erklären lassen. Alle waren am Ende der Eiszeit zwischen 8000 und 12 000 Jahre vor unserer Zeit noch über Wasser, und alle waren zu groß und zu komplex, um irgendeiner bekannten Kultur dieser Periode zugeordnet werden zu können.

In jedem Fall gibt es eine ungewöhnliche einheimische Flutüberlieferung und in den Mythen ziemlich häufige, konkrete Hinweise auf überflutete Ruinen in der Nachbarschaft. In Mahabalipuram und Poompuhar haben Fischer nicht selten Kenntnis von solchen Ruinen – manchmal müssen sie sogar hinabtauchen, um Netze zu befreien, die sich an den Bauwerken verfangen haben. In manchen Fällen haben wir auch alte Karten (vor Hunderten von Jahren von noch älteren Karten kopiert), die heute überflutete Regionen zeigen, wie sie während der Eiszeit ausgesehen haben dürften, als der Meeresspiegel noch sehr viel niedriger war. Beispielsweise bilden portugiesische Karten, die Anfang des 16. Jahrhunderts entstanden, die indische Nordwestküste nicht ab, wie sie im 16. Jahrhundert aussah, sondern wie sie vor rund 13 500 Jahren beschaffen war, kurz nach dem ersten der großen Schmelzwasserschübe, die die Eiszeit beendeten. Ganz ähnlich ist auf einer chinesischen Karte, die 1137 n. Chr. in Xian in eine Steinstele graviert wurde, die koreanische Halbinsel und die Bucht von Korea zu erkennen, aber nicht, wie sie 1137 n. Chr. aussahen, sondern abermals wie sie sich vor 13 500 Jahren präsentierten.

Solche »geisterhaften« Länder tauchen auch auf alten Karten des Atlantiks, Mittelmeers und Pazifiks auf, lauter Gebiete, in denen man unerklärte Unterwasserruinen gefunden hat.

Ist es möglich, dass diese Karten das Erbe einer untergegangen Eiszeitkultur sind? Das Maß an Exaktheit, das einige alte »Eiszeitkarten« erkennen lassen (eine Exaktheit, die sich offenbart, wenn wir sie mit Überschwemmungskarten vergleichen, die die eiszeitlichen Küstenverläufe zeigen), haben wir jedenfalls erst am Ende des 18. Jahrhunderts erreicht.

Unterseeische Städte im Golf von Cambay

Im Januar 2002 gab Indiens Minister für Wissenschaft und Technik die Entdeckung zweier Städte bekannt, die heute auf dem Meeresgrund liegen, und äußerte die Vermutung, es handle sich bei ihnen um Überreste einer bislang unentdeckten Zivilisation der fernen Vorgeschichte.

Die beiden Städte, die bei einer kartografischen Erfassung des Meeresgrunds durch Indiens Nationales Institut für Meerestechnik entdeckt wurden, umfassen jeweils rund 25 Quadratkilometer und liegen in einer Tiefe zwischen 25 und 40 Metern im Golf von Cambay vor der Halbinsel Gujarat in einem Gebiet, das noch vor 7700 Jahren ein riesiges fruchtbares Tal war und vollkommen über Wasser lag. Dann erfolgte der dritte der großen Schmelzwasserschübe am Ende der Eiszeit, woraufhin sich der Meeresspiegel noch einmal hob und den Golf von Cambay überflutete.

Allein aus den Meeresspiegel-Daten geht hervor, dass diese rätselhaften unterseeischen Städte mit ihren hoch aufragenden Mauern, massigen geometrischen Gebäuden und gewaltigen technischen Leistungen, wie zum Beispiel Deichen, 8000 Jahre alt sein könnten. Auf ein noch größeres Alter lassen die rund 2000 Artefakte von Menschenhand schließen, die man an diesen Fundstellen geborgen hat. Die Tests, die unlängst in zwei verschiedenen indischen Labors durchgeführt wurden, ergaben Radiokarbondatierungen zwischen 8500 und 9500 Jahren vor unserer Zeit. Damit sind sie mehr als 4000 Jahre älter als irgendeine fortgeschrittene urbane Hochkultur, die bislang von Archäologen entdeckt wurde. Und natürlich wachsen Groß-

Artefakte aus den verlorenen Städten im Golf von Cambay.

städte wie die am Grund des Golfs von Cambay nicht über Nacht aus dem Boden. Aus technischen Gründen stammen die radiokarbondatierten Artefakte nur aus den oberen Schichten der Fundstellen. Geeignete Bohrkerne aus tieferen Schichten der überfluteten Städte dürften noch ältere Datierungen ergeben.

Wenn also die Städte im Golf von Cambay wirklich sind, was sie zu sein scheinen, dann bilden sie, zusammen mit den Bauwerken vor Mahabalipuram und Poompuhar, genau das, wonach ich suchte: eine untergegangene Zivilisation der Eiszeit, die, wie die Mythen berichten, von einer großen Flut zerstört wurde.

Bildnachweis

I: Kapitel Lasseters Millionentraum

Im Text: S. 42 Archiv Bob Lasseter
Farbe: 1–5c Patricia East

Kapitel II: Das Geheimnis der Wolkenmenschen

Im Text: S. 237 Wolfgang Schüler, S. 261 Archiv Gene Savoy, S. 262 Martin Chumbe
Farbe: 6a u. 6b Michael Tauchert, 7a ZDF-Bilderdienst: Thomas Hies 7b ZDF-Bilderdienst: Heinz v. Matthey, 8a Michael Tauchert, 8b Archiv Gene Savoy, 9–11 Martin Chumbe

Kapitel III: Königreiche der Eiszeit

Schwarzweiß und Farbe: Santha Faiia

Zeichnungen und Karten: Alfred Skowronski